講談社選書メチエ
589

原敬

外交と政治の理想

上

伊藤之雄

MÉTIER

目次

第二章

学成らざれば死すとも還らず

――苦学・キリスト教・司法省法学校―― 51

「作人館」から盛岡県洋学校へ／東京への旅立ち／苦学の中でキリスト教の洗礼を受ける／新潟での原とエヴラール宣教師／外交・政治への強い関心／外交官・海軍将校への道に失敗／司法省法学校に入学する／厳しい学業と政治・外交への満たされない思い／司法省法学校の青春／嫌気が差していた司法省法学校を退学となる／退学への後悔はない

第三章

自己確立への模索

――中江兆民塾から『郵便報知新聞』記者時代へ―― 76

中江兆民との出会い／『峡中新報』への寄稿から郵便報知新聞社に入社／藩閥政府と日本の近代化／藩閥政府の政策も評価／旧武士の特権等を否定する／イギリスを理想とする／国会開設論に転換／国会開設の準備としての府県会の役割／維新後の天皇の権力と役割／原の天皇・皇室論／知識人の西欧思想の受け売りを批判／

／太政官と外務省の御用掛を兼任する／太政官御用掛として官報を改良／山陽西海巡回日記／天津領事任命の理由／天皇への拝謁と中井貞子との結婚／「およし」との別れ／天津に赴任／李鴻章の考えを知る／清仏戦争への対応／甲申事変への対応／原の情報が重要な根拠となる／伊藤博文大使が天津に来る／パリ公使館の書記官に抜擢／伊藤博文に気に入られたい／昇進と伊藤への満たされない気持ち／軍事問題への関心と理解

第六章

パリ公使館時代の成長

――国際法、欧州の政治・外交と文化を学ぶ――

井上馨外務卿の期待／パリに着任／夜会にも出ず、観光もせず／キリスト教国・労働争議の実態を伊藤に報告／国際法と政治・外交・文化への関心／伏見宮貞愛親王・西園寺公望との出会い／条約改正交渉の裏で／「旅愁」とフランス人女優／貞子を呼び寄せる／田中公使着任／国際法の翻訳／大隈外相から意に反する帰国命令／山県有朋の世話をする／ロンドン・ベルリン見物と帰国／パリ公使館で得たもの

原家略系図

- 七代 原直記《なおき》 ＝ （女）
  - 長男 （早世）
  - 八代 直治《なおじ》 元治二（一八六五）四・二没 ＝ リツ〔山田〕 文政六（一八二三）一〇・一四生 一九一四・五・九没
    - 長女 琴子《ことこ》〔関根〕 嘉永元（一八四八）・八・二生 一八八七・一二・二没
    - 次女 磯子《いそこ》〔波岡〕 一九一七・六・三没
    - 九代 長男 恭《ゆたか》 嘉永五（一八五二）・三・二八生 一九一八・七・四没 ＝ りう〔葛《くず》〕 安政二（一八五五）・二・九生
      - 長女 栄子《えいこ》（エイ）〔上田〕 一八七七・七・二六生 一九〇四・九・一二没 ＝ 上田常記《つねき》 一九四一・五・一七没
        - 長男 常隆《つねたか》 一九〇〇・七・四生 一九八〇・一〇・一四没
        - 次男 貢《みつぎ》〔原〕 一九〇二・七・二〇生 一九一一・一二・一二 原敬家に養子 一九八三・七・二四没
        - 長女 美代 一九〇四・八・二一生 同年九・一六没
      - 長男 （早世）
      - 次男 達《とおる》 一八八三・二・五生 一九一二・一・一七没
      - 次女 ツマ〔小笠原〕 一八八六・五・二生
      - 三男 彬《さかり》 一八九二・五・二二生 一九〇一・一一・二五 原敬家に養子 一九一一・九・一九離縁、原恭家に復帰
      - 四男 広 一八九八・一一・七生
    - 次男 敬《たかし》 安政三（一八五六）・二・九生 一九二一・一一・四没
      - ＝ 浅《あさ》〔菅野〕 明治四（一八七一）・四・三〇生 一九〇八・一・一三入籍 一九二三・三・二没
      - ＝ 貞子《さだこ》〔中井〕 明治二（一八六九）・八・一五生 一八八三・一二・二二入籍 一九〇五・一二・一六離婚 一九一九・三・二四没（中井弘《ひろむ》 天保九・一一・二九（一八三九・一・一四）生 一八九四・一〇・一〇没 ＝ フミ の娘）
      - 貢《みつぎ》 一九一一・一二・一二 上田家より養子
    - 三男 勉《つとむ》 安政五（一八五八）・一・九生 一八八三・七・二没
    - 四男 誠《まこと》 万延元（一八六〇）・七・四生 一九五〇・八没
    - 五男 良治《よしじ》 文久二（一八六二）生 一八七三・八・九没

※〔　〕は旧姓または婚姻・養子による改姓。

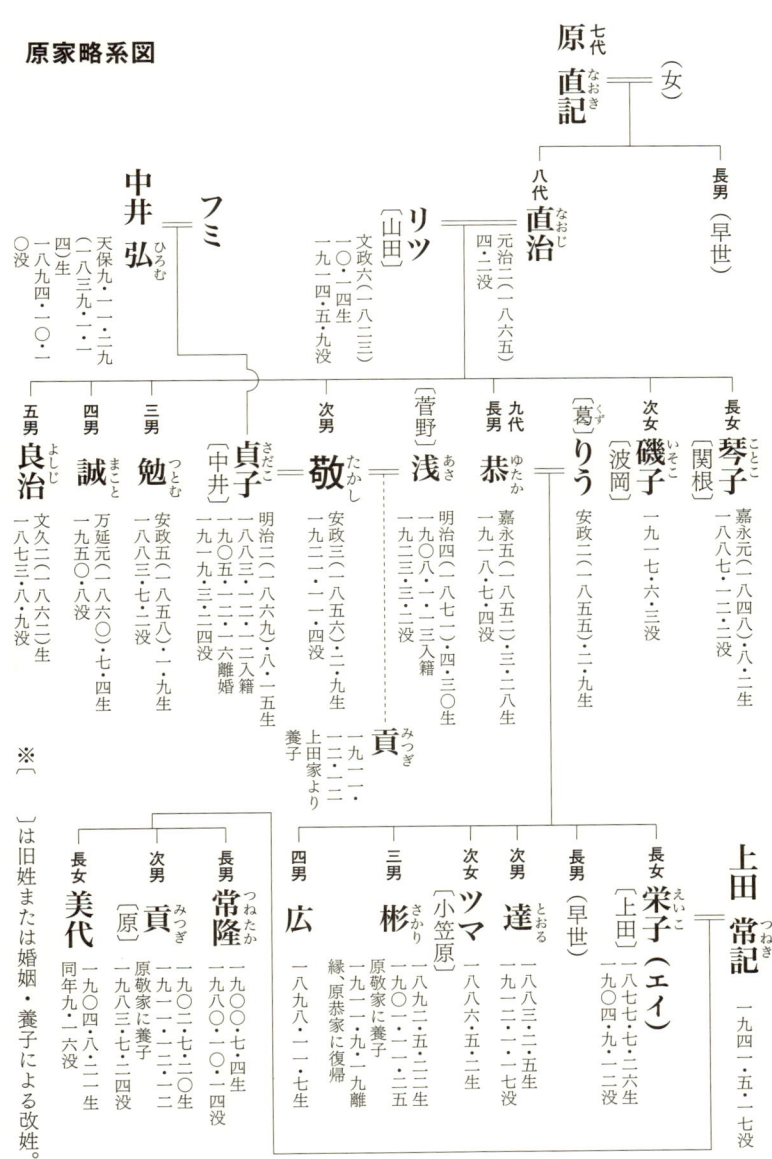

主要人物の生没年とおもなできごと

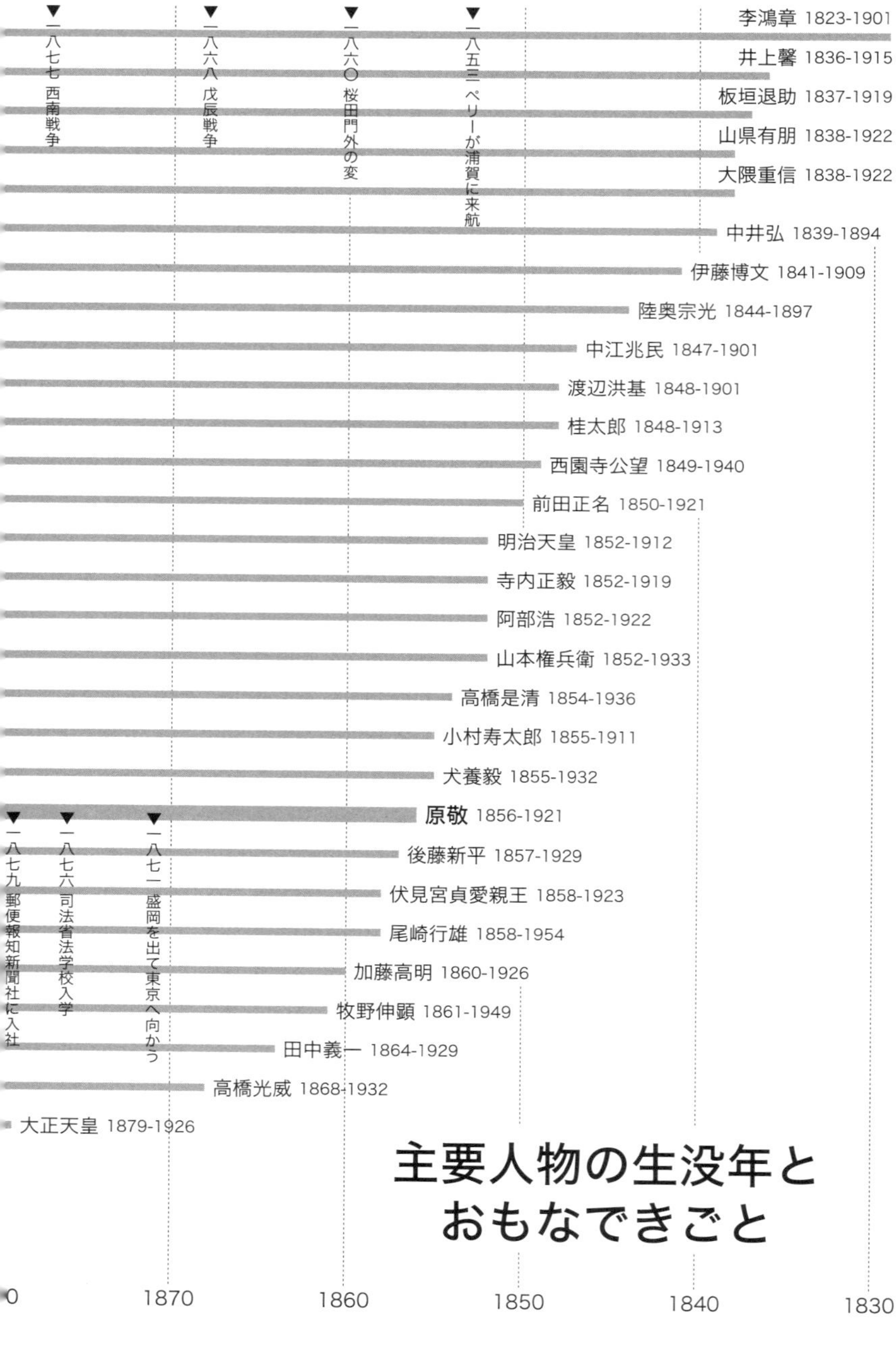

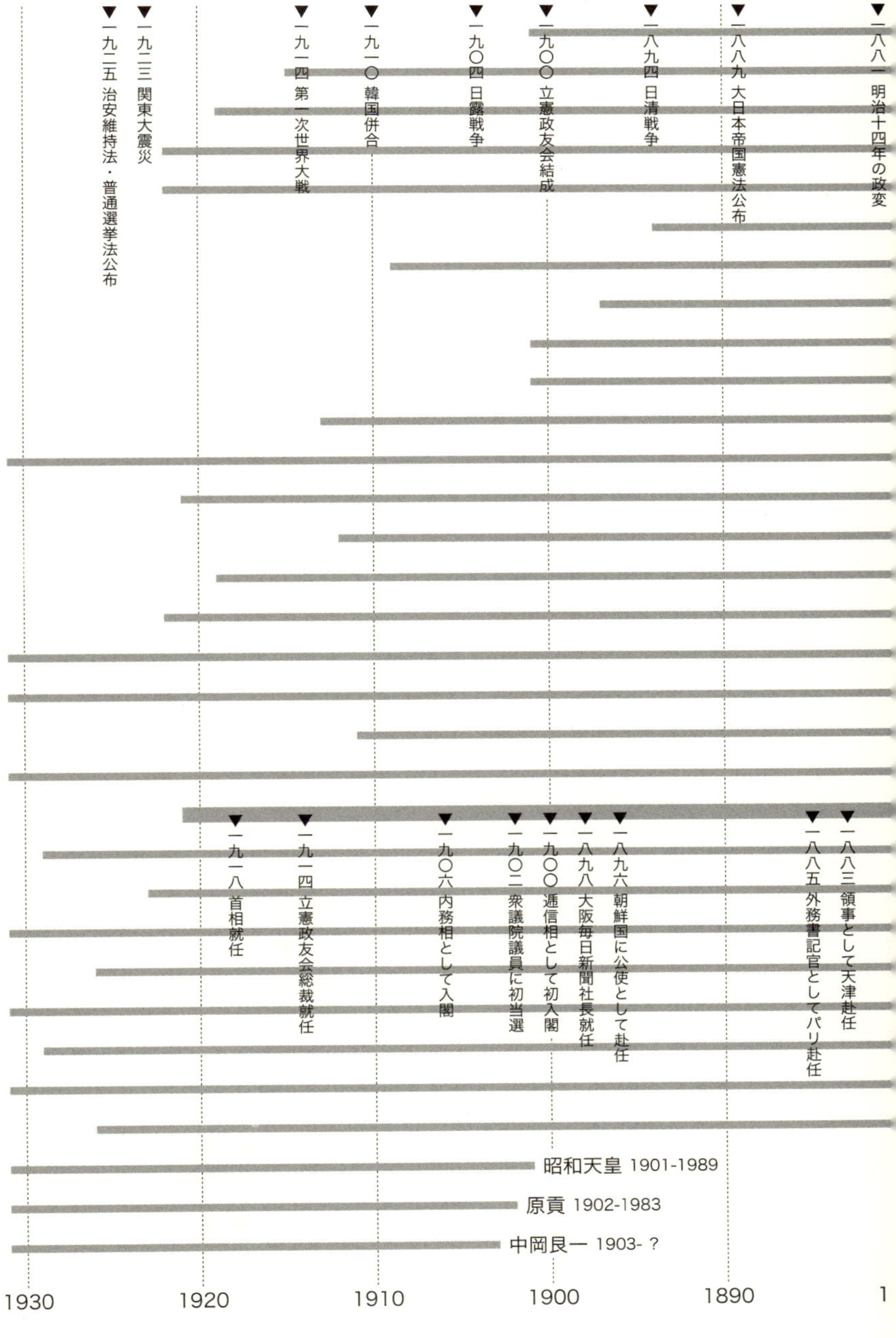

▼一八八一 明治十四年の政変
▼一八八九 大日本帝国憲法公布
▼一八九四 日清戦争
▼一九〇〇 立憲政友会結成
▼一九〇四 日露戦争
▼一九一〇 韓国併合
▼一九一四 第一次世界大戦
▼一九二三 関東大震災
▼一九二五 治安維持法・普通選挙法公布
▼一八八三 領事として天津赴任
▼一八八五 外務書記官としてパリ赴任
▼一八九六 朝鮮国に公使として赴任
▼一八九八 大阪毎日新聞社長就任
▼一九〇〇 逓信相として初入閣
▼一九〇二 衆議院議員に初当選
▼一九〇六 内務相として入閣
▼一九一四 立憲政友会総裁就任
▼一九一八 首相就任
昭和天皇 1901-1989
原貢 1902-1983
中岡良一 1903- ?
1930
1920
1910
1900
1890
1

〔凡　例〕

本文中の表記に関しては、以下のように統一した。

一、旧暦の明治五年一二月三日が太陽暦の一八七三年（明治六）一月一日となる。旧暦を西暦で表すと年月日がずれるため、旧暦の時代は日本の年号を主とし、太陽暦採用後は西暦を主として表記した。

一、清国・中華民国の東北地方である「満洲」は、単に満州と表記した。

一、当時混在して使用された「朝鮮」「韓国」の表記は原則として、朝鮮国が一八九七年一〇月一二日に国号を大韓と改める前は朝鮮国、それ以降は韓国とし、韓国併合後はその地域を朝鮮と表記した。

一、登場人物の官職の注記は、前職・元職を区別せず、すべて前職と表記した。

引用史料の文章表記に関しては、読者の読みやすさを第一に考え、以下のように統一した。

一、漢字に関し、旧漢字・異体字は原則として常用漢字に改め、難しい漢字にはふりがなをつけた。また、一般にカタカナ表記されるものを除いてひらがなに統一した。

一、適宜、句読点等をつけた。また、歴史的仮名遣いのひらがなに、必要に応じて濁点を補った。

一、史料中の、史料執筆者による注記は（　）内に、伊藤之雄による注記は〔　〕内に記した。なお、史料を現代文で要約した部分についても、同様にした。

一、明白な誤字・誤植等については、特に注記せずに訂正した場合もある。

原敬を考える意味——はじめに

今なぜ原敬か

第二次世界大戦の敗戦の荒廃の中から、戦後日本は驚異的な経済復興を果たし、アメリカ合衆国に次ぐ経済大国になった。二〇一一年（平成二三）に中国のＧＤＰが日本を超えたとはいえ、まだ日本は経済や技術の面で大国の地位を保っている。

他方、現代の日本は日中関係・日韓関係や北朝鮮問題において、安全保障上の問題も含め、大きな課題を抱えている。さらに、経済のグローバル化の波の中で、ＴＰＰ（環太平洋パートナーシップ協定）など、日本の経済社会に大きな影響を及ぼす問題への対応も迫られている。高齢化の急速な進展や、膨大な財政赤字を抱え、行政の効率化や日本経済の再生などの内政改革も焦眉《しょうび》の課題となってきた。

私たちは日本の未来を模索し、理想と勇気を持って現実に合った決断をする必要があるだろう。そのためには、日本の近現代の歴史の中で、類似した状況に直面した先人たちが、どのように立ち向かったのかを考えてみることが参考となる。最も類似しているのは、第一次世界大戦中から、大戦による大きな変動に見舞われた大戦後までの時代であろう。この時代に、明治維新直後は小国にすぎなかった日本が、経済・軍事の両面で、米国・英国に次いで世界第三位の大国になった。

しかし外交面では、大戦中のロシア革命により日露協商（最終的には日露軍事同盟）が崩壊し、大戦後には日英同盟もイギリスから破棄され、日本外交の基軸を失った。米国のウィルソン大統領は、帝国主義的な旧秩序を批判し、秘密外交の廃止・海洋の自由・経済障壁の除去・軍備縮小・民族自決などの新しい国際秩序構想を表明し、国際連盟の設立を提唱した。

ウィルソン主義やロシア革命に刺激されて、中国や朝鮮においても民族自決と植民地主義反対を主張するナショナリズム運動が高まった。日本の国内でも普選運動や労働農民運動が拡大していった。経済面でも、中国市場をめぐり、日・米・英等の熾烈《しれつ》な競争が始まり、日本国内でも経済改革が課題となった。

このような新状況下に首相を務めたのが、衆議院の有力政党立憲政友会の指導者原敬《はらたかし》であった。原は、第一次世界大戦中から米国中心の国際秩序が形成されていくことを予測し、大戦末期の一九一八年九月に六二歳で首相となり、新状況に立ち向かうべく、積極的に外交・内政の改革に取り組む。原はすでに二〇歳代半ばの新聞記者時代以来、日本の外交・内政についての理念を培っており、国際協調外交と政党政治を一貫して目標とし、活動してきた。

原が首相に就任してから約一〇〇年たった現在においても、日本の国際協調外交や政党政治は必ずしもうまくいっていない。むしろ、政治家や国民の間に、外交や政党政治、それらの改革はどうあるべきかの理念があいまいになっているようにも見える。

本書では、原の生涯をたどりながら、彼が第一次世界大戦後の新状況にどのように対応していったのかを見てみたい。そのことで、理想を持ちつつ現実的に対応する政治家原敬の実相がわかり、真の改革とはどういうことかを考えることができるであろう。まず、原敬の一生をざっと眺めてみよう。

明治から大正へ、六五年の生涯

原敬は安政《あんせい》三年（一八五六）二月九日に南部（盛岡）藩士の次男として生まれ、*『郵便報知新聞』の記者などを経て、一八八二年（明治一五）に二六歳で外務省に入った。のち、陸奥宗光《むつむねみつ》外相の下で昇進し、通商局長・次官・朝鮮公使（現在の大使）を歴任した。次いで、大阪毎日新聞社長を経て、伊藤博文《ひろぶみ》が創設した新党の立憲政友会に参加、四四歳で第四次伊藤内閣の逓信《ていしん》大臣となった。原は東北出身の初めての閣僚である。

* 盛岡城下を中心に南部氏の支配した藩の呼び方については、「南部藩」・「盛岡藩」が混用されるが、本書では現代まで地元で通例行われてきた呼称に従い（たとえば、原敬編の『南部史要』）、維新期盛岡藩時代の官職などの例を除き、すべて「南部藩」と呼ぶことにする。

伊藤内閣倒閣後は、古河《ふるかわ》鉱業の実質的な経営の責任者である副社長に就任するなど、原は実業の経験をさらに深めた。また、政友会の最高幹部の一人として、党員の団結を強め、政友会が衆議院第一党の地位を保つのに、大きな役割を果たした。それを背景に、日露戦争後には、西園寺公望《さいおんじきんもち》内閣（第一次・第二次）の内相を二度にわたって務めた。この間に、首相である西園寺政友会総裁以上に、原が政友会の実権を掌握してしまう。また、元老の山県有朋《やまがたありとも》元帥を盟主とし、陸軍・内務省・貴族院・枢密院や宮中を横断する勢力を誇った山県系官僚閥と対決した。一方、一九〇八年八月から翌年二月までの米欧視察旅行で、これからのアメリカ合衆国の台頭を予測する。日本で最も早くこの点に着目したのは、原である。

第一次護憲運動の後には、海軍大将の山本権兵衛《やまもとごんべえ》（薩摩《さつま》）が首班の内閣成立に協力し、みずからは三度目の内務大臣となった。衆議院第一党の政友会を背景に、山本首相とともに内閣の主導権を握り、外交・財政・内政を主導し、山県系官僚閥を追い詰めた。しかし、山本内閣は海軍の汚職事件のシーメンス事件で倒れる。その反動で、反対党の立憲同志会を背景とした第二次大隈重信《おおくましげのぶ》内閣ができ、同じころ五八歳で第三代立憲政友会総裁に就任した原には、その後二年半の苦節の時代が待っていた。大隈内閣期に第一次世界大戦が勃発する。ヨーロッパの戦争とはいえ、国際秩序の大変動と新思想の拡大は、日本にも大きな動揺をもたらした。それに対応するため、原は早い時期から大戦後の構想を考えた。

一九一八年九月に、原は六二歳で政友会内閣の首相となり、大戦による変動への対応として、対米協調の外交路線を創出し、原の個人的力量によって、陸海軍までも内閣の統制下に置いていった。こうして原は、シベリアからの撤兵や、産業振興のための鉄道の建設・改良を行う一方で、普通選挙制度即行は否定するなど、社会の秩序ある改革を目指した。

原は一九二〇年五月の総選挙で圧勝し、衆議院での圧倒的多数を背景に、貴族院も屈服させた。翌年には皇太子妃選定問題で、元老の山県有朋元帥が打撃を受ける。これに対し原は、山県の没落を防いで秩序を維持し、山県や山県系官僚閥、陸軍のみならず宮中をも統制下に置いた。

原は個人的な力量で、慣行として首相権限や内閣の権限を強めていったが、それを法制化して、日本にイギリス風の立憲君主制（政党政治）を本格的に展開させる可能性があった。また、それを背景に、世界一の強国となった米国との強力な連携を実現し、東アジアの安定した秩序を形成する可能性もあった。そうすれば日本国内に政党政治を定着させることもできたかもしれない。ところが、一九二一年一一月四日、原敬は東京駅で暗殺されてしまった。

原は「我田引鉄」を行い普選即行を妨害した権力政治家か

本書では、「公利」を重視した原の理念や政治活動をたどり、原に対する従来の評価も見直していきたい。

原といえば一般に、普選即行に反対し、地方の鉄道支線の建設という公約を有権者に訴えること、すなわち地方利益誘導で選挙に勝利し、政友会の勢力を拡大した、と論じられることが多い。「我田引水」をもじった、いわゆる「我田引鉄」である。

代表例に、原敬の研究書として評価の高い、三谷太一郎『日本政党政治の形成』や、テツオ・ナジタ『原敬――政治技術の巨匠』がある。ナジタは、まず政友会の機関誌『政友』や刊行された原の膨大な日記『原敬日記』によって、鉄道の地方支線建設などを拾い出し、原や政友会の積極政策志向を示す。次いで、細井肇《はじめ》『政争と党弊』など、原と同時代の人物で、原や政友会に批判的なジャーナリストの著書によって、地方利益誘導で反対党を切り崩したことを論じる。*

* 三谷太一郎『日本政党政治の形成』は、「原のイニシアティヴによって方向付けられた政友会の鉄道政策」を、「地方線の増設をすべてに優先させることによって、対内的な地方的利益の要求に応えようとするもの」と論じる。またそれを、原と同時代の後藤新平《ごとうしんぺい》（第二次桂内閣の逓相兼鉄道院総裁）が、軽便鉄道で地方未成線を補完し、「〔東京・下関間等の〕幹線の広軌化をすべてに優先させることによって、対外的意味における国家的利益の要求に応えようとしたのとまさに逆の対応関係に立つ」と、対照させた（一五八頁）。さすがに三谷は、原と政友会の

「我田引鉄」を直接結びつけていない。しかし、すでに述べた細井肇『政争と党弊』を引用し、第二次西園寺公望内閣・第一次山本権兵衛内閣にかけて、政友会の鉄道政策は、「いわば国内の農村地帯を中心とする地方的利益の要求に密着して展開された」、「この時期において各地方に頻発した政友会の『党弊』の多くが、その鉄道政策に胚《はい》胎《たい》したものであった」と論じる(一六四〜一六五頁)。三谷・ナジタの二人はともに、原と鉄道等による政友会の地方利益誘導政策による「党弊」を結びつけるイメージを出しているといえる。

しかし、原が実権を持つ政友会が政権を担当している時期に、鉄道計画などを政友会の地盤拡大に有利なように捻《ね》じ曲げて反対党を切り崩した、との根拠の確かな具体例はこれまで提示されていない。

三谷やナジタのように地方利益誘導を党勢拡大に利用したという論を立てる研究者は、原の理念や生涯の動向をすべてにわたって検討しようとする姿勢が必ずしも十分でない。原が若き日の自由民権期以来、一貫して「公利」という概念を重視したことがとらえきれていない(伊藤之雄「若き原敬の動向と国家観・自由民権観」。同「若き原敬の国制観・外交観」)。本書では、「我田引鉄」とまで言われる原の鉄道政策の真の姿についても明らかにしていく。また、なぜ原が普選即行に反対したのかも、自由民権運動期以来、原が人間や政治、運動をどう見てきたのかと関連づけて、考察していきたい。これら二つの問題を原の理念と統合させてとらえ直すことを、原を理解する第一の視点としたい。

原は内政と外交のどちらを重視したか

原は外務官僚として局長や次官・朝鮮国公使(現在の大使)にまで昇進する。しかし、日露戦争後に政友会内で重きをなすようになってからは、内務大臣を三度務め、鉄道院総裁を一度務めたが、外相にはならなかった。このことと、鉄道の地方支線等の「地方利益」を使って党勢を拡張した、という前項で述べた原敬論を重ねると、原は外交よりも内政に関心のある政治家のようにも見える。

ところが原が暗殺された一ヵ月後に、牧野伸顕《まきののぶあき》宮相は、原について、「第一、私心なきの人であつた、第二、胆力あり度胸の据《すわ》つた人であつた、第三、理解力の極めて鋭い問題の解決に早い人であつた」と共に、「第四、内政的手腕にも優れて居たが特に外交的政治家たるの資格を具《そな》へた人であつた、国際間に於ける我国の地位を諒解《りようかい》し眼前の小利害に拘《かか》はらず常に国家永遠の利害を考慮して居つた、外交上の事は原君が居れば先《ま》づ安心だとの感を抱かしめた」などと論じた（牧野伸顕「序」、井上雅二『平民宰相原敬』一～二頁）。

牧野は原の外交への関心と手腕をきわめて高く評価しているのである。本書でも述べるように、牧野は、第一次西園寺内閣期は文相、第二次同内閣期は農商相、第一次山本権兵衛内閣期は外相として、内相の原と同じ内閣の一員であった。この三つの内閣期に原は外交にも大きな発言力を持っていた。しかも、原内閣組閣時に原は牧野が外相になることを望んだ。原内閣の後期には、原首相と牧野宮相は連携して、皇太子裕仁《ひろひと》親王の渡欧を推進した。このような牧野の原評価であるから、原の本質をよくとらえていると思われる。

これに対し、ジャーナリストとして首相時代の原に接した前田蓮山《まえだれんざん》は、原の伝記の原内閣期の叙述において、外交政策にはほとんど触れていない（前田蓮山『原敬伝』下巻、三四四～四二四頁）。また、二〇代の原が外務省に入ったのは、「〔原〕自身、決して得意でもなかつた。寧《むし》ろ口惜《くや》しかつたくらゐであらう」（同上巻、二七九頁）と、消極的な選択だった、と記している。

前田の『原敬伝』は、太平洋戦争たけなわの一九四三年（昭和一八）に出版されている。前田には、自分が実際に接した平民宰相の人間像を書き残しておきたい、という執筆理由がある。それに加え、政党が解散させられて大政翼賛会が結成された後、一九四一年一二月に日本は米英等と開戦し、あらゆる方面で国家統制が厳しくなってゆく中で、健全だった原の時代を懐かしく思い出し、あのような時代が再び来てほしい、という潜在的なメッセージを発信したのであろう。時勢柄、前田は原の目指した米国との協調外交に関わることは、執筆できなかった。この結果、前田の原イメージも、原はむしろ内政に強い関心を寄せる政治家というものにならざるを得なかった。

すでに述べた三谷太一郎『日本政党政治の形成』は第一部（全一七八頁）を、郡制廃止問題・鉄道問題・小選挙区問題等、内政の課題に当てる。第二部（全八九頁）では、第一次世界大戦後の新しい国際環境に適応すべく、米国との協調を重視するという、それまでにない外交路線を展開させたと論じる。三谷は、国内において政党（政友会）の台頭という形で「大正デモクラシー」状況を促進した原が、第一次世界大戦後に「世界的デモクラシー化の推進者としてのアメリカとの協調」を重視したと述べている（二五八〜二五九頁）。しかし、大戦以前に原がどのように外交に対応したのか、明確には論じていない。

他方、川田稔《みのる》『原敬』は、政治思想史の立場から、第一次世界大戦中から戦後の原の構想を一貫した視角で論じ、米国と中国との関係が良好であるべきと、原が外交政策を転換したことを重視し、原の外交重視の姿勢を強調した。

本書では、青年期からの原の外交観・内政観と、実際の行動を一貫して論じ、原が外交と内政のどちらを重視していたのかを、両者の関連も含めて考える。またそれを、原の理念と関連づけてとらえ直すことで、原を理解する第二の視点としたい。このことで原が外交を重視し、内政にも国際環境の変化を意識して対応するという姿勢であったことが明らかになるであろう。

また本書では、維新後の少年期の原が薩長藩閥に抱いた激しい怨念《おんねん》を、これまで言われているのとは異なり、思想的には比較的早い時期に克服したことも明らかにしたい。さらに、原が郷里の選挙区は盛岡市や岩手県に対し、どのような政策や理念を発信し、鉄道建設などを実現していったのかについても、十分に検討したい。それとの対応で、原に絶大な支持を与え、彼の心の支えとなった盛岡市民・岩手県民の動向も論じたい。また原を精神的に支え、くつろぎを与えた母リツ、二度目の妻の浅《あさ》、姪の栄子《えいこ》、栄子の次男で原の嗣子となる貢《みつぎ》ら、原と家族や親戚との関係について、離婚した最初の妻貞子も含め、目を向けたい。こうして、第一・第二の視点とは異なる角度から光を当てることにより、原の人間性を浮かび上がらせることができるであろう。これが、原を理解する第三の視点である。

以上、本書では、原敬について、青年期から晩年までできる限り多くの史料を読み、まず原を理解することを通して、原がどのような理念を持っていたのかを検討する。さらに、理念を実現するために、原はどのような現実的手法を取ったのかも関連づけて論じたい。

本書の執筆に当たっては、これまでの原敬研究に使われてきた史料に加えて、新出で未公刊の「原敬関係文書」（大慈会《だいじかい》所蔵）、原敬記念館（盛岡市）所蔵の新出史料、これまでほとんど使われていない「清岡等関係文書」（岩手県立図書館寄託）等の一次史料を使用する。[*]

また、原敬の選挙地盤である盛岡市や岩手県における、原と地域住民の関係や動向を明らかにするため、『岩手毎日新聞』(岩手県立図書館所蔵マイクロフィルム)や『岩手日報』(国立国会図書館新聞閲覧室所蔵マイクロフィルム)等を、初めて本格的に利用した。

＊ これまでの原敬の研究や伝記の叙述は、すでに述べたように、執筆された時代の制約を直接・間接に反映している。それとともに、原敬に関連する史料がどの程度発見され、公開されているかにも制約されている。前田蓮山『原敬伝』上・下巻(一九四三年)は、首相時代の原敬に直接接した人の筆になる伝記として重要であるが、執筆当時『原敬日記』は刊行されておらず、その点で大きな限界がある。

一九六〇年代から一九七〇年代にかけて、公刊された『原敬日記』を読み、他の刊行された著作と融合させた、原敬と政友会の研究や伝記が出版された。主なものは、三谷太一郎『日本政党政治の形成』(一九六七年)、Tetsuo Najita, *Hara Kei in the Politics of Compromise, 1905-1915*, 1967〔翻訳版は、テツオ・ナジタ『原敬』一九七四年〕、山本四郎『初期政友会の研究』(一九七五年)、升味準之輔『日本政党史論』四・五巻(一九六八年・一九七九年)である。これらの著作は、現在の概説書や高校の教科書での原敬叙述の大枠のイメージを作っている。

ここで、『原敬日記』の史料的な特色について、私の見解を述べておこう。

原の日記の中で最も古い時期の記述は、一八七五年(明治八)四月、原が一九歳の時にさかのぼる。しかし主には、原が外交官から新聞経営者を経て、立憲政友会に入党し、政党政治家として活動し暗殺されるまでの、一八八四年(明治一七)から一九二一年(大正一〇)までの約三八年間を対象としている。とりわけ、原が新党(政友会)に入党する少し前から記述が詳細になり、近・現代の政治家の日記としては、質・量ともに最も充実したものとなっている。

それは、原が日記を書いた第一の目的が、政党政治家として活動するにあたり、いつ誰がどのような話をし、自分がどのように対応したのかを、時系列に沿って記録に残し、自分の政治活動に役立てようとしたことだったからである。

この目的から、『原敬日記』は二つの大きな特色を持っている。一つは、自分の政治活動の参考にするためであるので、いつ、誰が誰(原や他の人物)にどのような話をし、原がどのように答えたかを正確に記述していることである。そこには、原の感情はあまり表現されていないことから、自己を客観的にとらえる、原の冷静で実務的な性格がわかる。他方、日記に見える原の応答は、相手が敵対する政治家の場合、必ずしも原の本心ではなく、相手の政治家との駆け引きのための発言が多いことも、日記を熟読すればわかる。駆け引きの言葉であっても、特にそのように明示せずに記述されることが普通であるから、日記を一部しか読まない者や、日記の読解に慣れない者には、正確に理解するのが難しい。また原の記述は厳密な文章で書かれているものの、ある政治家が他人から聞いた話を原に話す場合、間接話法の形を取るために、慣れない者が読むと、誰の発言か読み誤ることも少なくない。したがって本書で行ったように、『原敬日記』の全体をじっくり読み込み、原の本当の方針や気持ちを理解することが重要となる。

もう一つの特色は、原が日記を書くのは自分の政治活動の参考にするためであるので、重要な問題であっても、原が大きな政治問題にならないとか、解決が困難でないと思うことについては、日記にあまり叙述されないことである。また、原や政友会の政策構想なども、日記には断片的にしか記述されない。したがって、『原敬日記』の叙述を整理しても、原の政治活動の力点や政策構想とその変化等の全貌はわからない。そこで、本書で行ったような、『原敬日記』を厳密に読む一方で、集められる限り様々な原敬関係史料を収集して熟読し、両者を合わせて原敬の実像をつかむことが必要となるのである。

日記の公刊に次ぐ原敬の新出史料といえば、一九七九年に盛岡市の旧原敬別邸(古川端別邸)の蔵から原敬の膨大な関係文書が発見され、後に出版されたことである(『原敬関係文書』全一一巻)。この他、国立国会図書館憲政資料室に原敬と関わった伊藤博文(『伊藤博文関係文書』として順次公刊)・井上馨・陸奥宗光・山県有朋・桂太郎・寺内正毅らの文書の収集や整理・公開が進んだ。また、原が執筆した新聞記事等を昭和初期に刊行した『原敬全集』上・下巻以外に、政友会の機関誌『政友』が復刻出版され、帝国議会の議事録等も利用しやすくなった。この結果、原敬論・原内閣論・政友会論はさらに豊かになった。主なものとして、原首相が陸海軍・宮中にまで内閣の統制を及ぼしていく実態を解明した、伊藤之雄『大正デモクラシーと政党政治』(一九八七年)、同「原敬内閣と立憲君主制」（一九九八年）、同『政党政治と天皇　日本の歴史22』（二〇〇二年）、小林道彦『政党内閣の崩壊と満州事変』（二〇一〇年）がある。また、原が第一次世界大戦の国際環境の変化に対応する対米協調外交を創出したことを一貫して論じた、川田稔『原敬』（一九九五年）も注目される。この他、伊藤之雄『立憲国家と日露戦争』（二〇〇〇年）は、閣僚経験すらない原が、政友会に入党し、なぜ台頭していくのかを日露戦争まで論じ、玉井清『原敬と立憲政友会』（一九九九年）は、政友会総裁就任前後から原が政友会内でどのような位置にいたのかを検討した。原の伝記としては、新出史料を公刊した『原敬関係文書』の編集の中心であった山本四郎が、旧著『原敬』を拡充し、山本のこれまでの著作の成果や新しい原史料から判明した事実を盛り込んで、『評伝　原敬』上・下（一九九七年）を刊行した。しかし、少年期・青年期からの原の思想の形成や深まりをたどったうえで動向を十分に描くまでには至っていない。また、山本が原内閣期をあまり研究してこなかったこともあり、最大の山場となるべき首相時代の記述が手薄になったことも、惜しまれる。この他、木村幸治『本懐・宰相　原敬』（二〇〇八年）は、原の家族や地元盛岡市・岩手県との関わりの記述に優れ、山本の伝記を補完している。

近年においても、佐高信『平民宰相原敬伝説』（二〇一〇年）、季武嘉也『原敬』（日本史リブレット、二〇一〇年）、松本健一『原敬の大正』（二〇一三年）、福田和也『大宰相・原敬』（二〇一三年）などの著作が刊行され、原敬への関心は再度高まりつつあるといえる。

第一部 青春編

上京してまもない16歳ごろの原敬

第一章　維新後の没落——南部藩の少年の成長

南部藩「家老」の孫

これから、原敬が生まれてから、明治四年（一八七一）に一五歳で東京に遊学に出るまでの、少年期の原の成長を見ていく。この時代は明治維新をはさみ、原の思想形成にとっても興味深い。その後の時代と比べ、信頼できる関係史料があまり残っていないが、原の暗殺後に、原の少年期や青年期の様子を関係者が回想した記事が多数、地元の新聞に掲載された。それらを初めて通読することによって、謎の多い若い時代の動向を少しでも正確に描いていきたい。*

＊　前田蓮山『原敬伝』にも、執筆にあたって前田が原の関係者の回想を集め、それに基づいて書いたと思われる叙述があり、その後の原の伝記にもよく引用されるが、前田の『原敬伝』の出版は原の死から二〇年以上経ってからであり、回想を集めた時期もかなり後のことと推定され、疑問点も少なくない。冒頭で述べた前田の『原敬伝』の叙述への時代の制約を別にしても、原の死の直後の回想のほうが、真実が見える。

原敬は安政三年（一八五六）二月九日に、南部藩御側用人原直治《なおじ》・リツの次男として生まれた。旧藩時代には子どもが生まれると幼名をつけ、数えの十五、六歳で元服すると本名と通称をつける慣例があり、原は幼名として健次郎の名を与えられた。直治夫妻にはすでに、長女琴《こと》（後に嫁して関根琴子）、次女磯《いそ》（後に嫁して波岡磯子）と、長男恭《ゆたか》（幼名平太郎、後に岩手県郡長）がいた。

当時、原の家は本宮村《もとみや》（現在は盛岡市本宮、盛岡市街から車で西へ十数分）にあった。そこには現在、原敬記念館がある。原の生家の敷地から西北を見わたせば、南部富士と言われる岩手山がどっしり座している。標高二〇三八メートルのこの山は、冬には斜面の雪が陽光を反射して、いっそう大きく見える。この堂々たる山容を毎日のように眺めながら、原は少年期を過ごした。

原敬の生家の一部。原敬記念館の一画に保存されている。写真提供・原敬記念館

南部藩では、藩士を九つの階級に分けており、原家は藩主と特別の関係を有している第一の階級の高地《たかち》（高知とも。家老になる家柄）に次ぐ、第二の階級の高地格（高家）であった。その下に平士の階級が三つあり、本番組（第三）、加番組（第四）、新番組（第五）と続く。郡村に土着する士分は、各代官所に配属され、給人という。この下に、徒士《かち》以下卒族がある。祖父の直記《なおき》は、家老たちに連署する家老加判《かはん》として、実質的に家老の役割を果たし、藩政に重きをなしたという。原家は、直記の時に高地格となった（菊池悟郎『南部史要』四二九頁）。

南部藩は文化年間（一八〇四～一八）に表高《おもてだか》二〇万石であったが、新田開発の結果、安政年間（一八五四～六〇）には裏高《うらだか》二八万石、維新直前には三二万石にもなっていた。

原家の家禄《かろく》は、維新直前において二二六石八斗八升三合であった。しかし、この中には原家が開墾した新田九二石余を含んでおり、新田の場合は知行主（原家）の取り分が多くなるので、原家は実質的には三〇〇石の家禄に相当する収入があった。なお、原の母リツは、宝蔵院流《ほうぞういんりゆう》槍術師範山田氏（三〇〇石）から原家に嫁していた（前田蓮山『原敬伝』上巻、四〜九頁）。

原家の先祖は、戦国時代に北近江に勢力を張った浅井《あざい》氏から出たという。織田信長に敗れ滅ぼされた浅井長政から四代さかのぼった浅井重政に、次男定政があった。彼が曾祖母の生家三田村家を継ぎ、その子孫が寛永《かんえい》一〇年（一六三三）に南部家に召し抱えられた。その時に知行一〇〇石を拝領し、原政澄を名のったという。原姓の由緒は定かではない。原の祖父直記は、原家の七代目に当たる（前田蓮山『原敬伝』上巻、二四〜二五、三八頁）。

このように原敬は、南部藩のかなり裕福な上級武士の家の次男として生まれたのである。原の誕生当時、アメリカ合衆国のペリーが浦賀に来航してから三年近くが経っていた。後に原が生涯にわたって対抗していく山県有朋は、長州藩の足軽の息子として生まれ、この時一七歳、最下級の武士として長州藩に仕えていた。また伊藤博文は、長州藩の農民の一人息子として生まれた後、足軽身分となり、この年一四歳で相模《さがみ》の警備に随従している。

のち原と伊藤の出会いから二〇年ほど経った原四九歳、伊藤六四歳の時に、やっと原は伊藤に心から敬意を抱くようになり、原は伊藤の憲法政治の継承者と自負するようになる。陸軍などを背景とする山県系官僚閥を率いる山県とは、その後も対決を続けたが、原が首相になって第一次世界大戦後の新状況に対応する手腕を見せると、山県が原にすり寄り、山県が屈服する形で、良好な関係となった。西欧列強が日本に開国を迫ったのをきっかけに、幕府が崩壊し、明治維新という大変革が起こらなかったなら、遠く離れた南部藩と長州藩に生まれ、身分も大きく違ったこの三人の人生は、決して交わることはなかったであろう。

太田代塾と父の死

原敬が数えで三歳の時に、祖父直記が隠居し、父直治が家督（原家八代目）を継いだ。祖父は藩主を補佐し藩内の産業開発にも力を注ぐ、政治や行政の手腕を持った人物であった。しかし父は学者肌で多趣味な、温厚篤実の人であったという。祖父直記は、原が四歳の時、数え七五歳で亡くなった。その三年後、父直治は病気で隠居し、兄の平太郎（のちに恭）が家督を継ぐ。父は、原が九歳の時に、数え五一歳で死去した。

　その時までに、原敬の下にはさらに三人の弟が生まれていた。橘五郎（のち勉《つとむ》）、誠《まこと》、七五郎（のち良治《よしじ》）で、勉と良治は早く亡くなった（前田蓮山『原敬伝』上巻、三八～五三頁。木村幸治『本懐・宰相原敬』所収の「原敬年譜」）。父直治が死去する九歳のころまでの原敬は、どのような少年だったのだろうか。

　原は、五歳になるころの文久元年（一八六一）二月ごろから約六年間、太田《おおた》代清長《しろきよなが》の「寺子屋」の「手習ひ」に通った。太田代は本宮村に生まれ、寺子屋を始め、のち二度まで南部藩に下級役人として仕えたが、村人に求められて職を辞し寺子屋を再開した。原が太田代の塾に入ったのは、このころである。原家では子どもたちの遊び相手として、清五郎という少年を雇っていた。原ははにかみ屋で、この清五郎の他は遊び友達が少なかった。また原は、「若党の勘之助」の背に負われたり、腕にぶら下がったりなどして、太田代塾に通ったという（前田蓮山『原敬伝』上巻、四八～四九頁。木村幸治「原敬年譜」）。

後年、原の弟の誠が、太田代塾のことを回想している。太田代塾では午前中に手習いを、午後は読書を教えた。手習い本は千字文《せんじもん》や消息往来《しょうそくおうらい》で、武士の子弟には四書五経の素読、農家の子弟には農業訓や商売往来など、女子には女大学《おんなだいがく》や庭訓往来《ていきんおうらい》などを教えた。生徒は三〇〇人近くもあり、そのうち武士の子弟は十四、五人、女子は六、七人で、その他は農家の子弟であった（原誠「原敬追想」5、『新岩手人』九－一、一九三九年一月二五日）。このように、学習内容に区別があるとはいえ、本宮村で育った原は、幼いころから農家の子どもとともに学ぶことにより、武士以外の身分の人々に対して違和感をあまり持たなくなっていったようである。

維新後、本宮小学校が建てられると、太田代は訓導《くんどう》（正教員）となったが、一八八六年（明治一九）一一月二三日に数えの七三歳で死去した。その後、太田代の名が忘れ去られようとしているので、原前内相が心を痛め、資金を出して太田代の記念碑を大宮神社内に一九一七年（大正六）一一月に建てた（「太田代清長先生碑」『岩手日報』一九二一年一一月六日）。

その建碑式は、一九二〇年一〇月二三日、同社境内で行われた。太田代の遺族・郡長・佐藤清右衛門村長の他、原家から盛岡別邸執事の山口宮治が参列し、神楽《かぐら》や相撲の催しもあった（「盛岡別邸日誌」一九二〇年一〇月二三日、「原敬文書」Ⅸ－五二七、大慈会所蔵）。

原の嗣子貢《みつぎ》は、近親の年寄りから聞いた話として、原が七、八歳のころに、朝起きて庭に出てみると、飼い犬が死んでいた話を書いている。原は、その犬の亡骸《なきがら》を見て、めそめそ泣きだした。すると、兄弟たちから弱虫とからかわれて笑われたうえ、母リツの前へ呼びつけられて「武家の子としてあるまじき気弱なふるまい」を厳しくたしなめられたという。貢に話をした年寄りは、「たかし（敬）さんは小さいときずいぶん弱虫だったようですよ」とも言った。

貢はこの犬の話から、原が小さい時に気の弱い子どもだったことがわかるし、貢の目に映った父原の「柔和で温順な一面がその延長である」と見た。原は「その気弱さを、自分で意識して、そこから脱出しようと試み、また克服しようとつとめ」「ある年齢に達した時分には、弱さから脱皮し」「ある強さを身につけるにいたった」とも、貢は解釈している（原奎一郎〔貢〕『ふだん着の原敬』〔中公文庫版〕二一三〜二一四頁）。

しかしこの解釈は、後に述べるように、南部藩校「作人館《さくじんかん》」で「神童」といわれたほど、原が知的能力に優れていたことを、十分に考慮していない。少年時代の原がはにかみ屋であったことと、飼い犬の死をめぐるエピソードから見えてくるものは、本当に原が本来は気弱であったということだろうか。

年齢相応の普通の知的能力の少年たちは、相手の反応などあまり考えずに友達に話しかけ、遊ぶことができる。一般に子どもは、大人のように相手を気遣いながら緻密《ちみつ》な会話をしているのではない。どこか互いにズレながら、互いにそのことに気づかないで遊んでいる。ところが、原のようにきわめて知的にすぐれた少年は、友人との交友の経験がないにもかかわらず、相手の反応を考えたり、緻密な会話をしなくてはいけないと気を使ったりして緊張し、はにかみ屋になってしまう。飼い犬の死も、少年ながら自分の世界に深く入り込んでいる親しい存在の死、ということを深くとらえ過ぎてしまい、感情の処理が追いつかなくなって泣き出したのであろう。

多くの人間は、青年や大人になって初めて物事の不安さや怖さを感じるようになり、臆病になる。

少年原は普通の子どもより、感受性と理解力に優れていたため、早くから不安や恐怖を強く感じたのである。これは本当の大物政治家になる資質といえる。

小山田佐七郎塾で才能を示す

原は九歳になるころ（一八六五年）には、手習いの太田代塾に通うかたわら、小山田佐七郎《おやまださしちろう》の下で漢籍の素読を始め、約六年間続けた。小山田は『春秋左氏伝《しゅんじゅうさしでん》』の講義で有名な儒者であったという。原は習字が上手でなかったので、太田代塾では平凡な子どもであったが、小山田は原の非凡さを見抜き、期待して愛したという。

小山田は一九〇四年（明治三七）に岩手県二戸《にのへ》郡（現・八幡平市）で死去したが、墓標を建てる者すらなく、その名はまったく忘れ去られようとしていた。当時は内相を務めていた原がそれを知り、建碑料その他一切の費用を出し、石碑が建てられることになった（『岩手日報』一九一三年九月七日）。

原が寄付をして小山田の碑を建てるに際し、原は山本権兵衛内閣の内相としての激務を縫って祭文を書き、一九一三年（大正二）九月四日に送った。そこには、小山田先生は「資性温厚、操守堅実、恬淡《てんたん》にして物に拘泥《こうでい》せず、清貧自ら甘んず」「人を教ゆるや懇切丁寧諄々《じゅんじゅん》として」子どもがわかるまで教えてくれる、とある。原の才能を評価し、自信をつけてくれた恩師、小山田への原の敬愛がにじみ出ている。なお、祭文の日付は九月一六日で、「内務大臣原敬」と肩書を入れていた（米川権四郎宛原敬書状および祭文〔代筆〕、一九一三年九月四日、「原敬記念館所蔵資料」三－簡－二〇号。『岩手日報』一九一三年九月七日）。

ところで、父直治が亡くなった時、原は九歳、母リツは四二歳であった。リツの手元に、七人の子どもが残された。リツは、女の手で育てられたのでろくでもない者になったと世間から笑われるようなことがあっては御先祖様に申し訳ないと思い、子どもたちの教育にはきわめて厳格かつ細心であった。それを見て原は、母を悲しませてはならないと、常に努力し、また不正にかかわらないように努めたという（前田蓮山『原敬伝』上巻、五三〜五四頁）。

リツは原が内務大臣になっても、おん身はこの頃金を貯めているという噂があるが、それは怪《け》しからん、そういう不心得では大臣の大役は務まらぬ、という厳しい訓戒の書をわざわざ盛岡から送ってきたことがある。夫人の浅《あさ》から「金が貯《たま》る所《どころ》か、例の通りの貧乏である」と返事を送ったら、やっと安心したという（『岩手日報』一九一八年九月三〇日）。

本書で述べていくように、原は同時代の大物政治家としては、きわめて質素な生活を送り、生涯を通じて金銭を不正な手段で蓄積しようとはしなかった。このような生き方には、母の影響も大きかったと思われる。

寺田直助塾の「温順」で「怜悧」な少年

一一歳ごろになると、原は一〇歳以下の幼年生が多い太田代塾をやめ、仙北《せんぼく》組町（現・盛岡市）の寺田直助塾に移った。

当時の盛岡には、場所がら非常に繁盛した三つの塾があったが、寺田塾は特に有名ではなかった。寺田塾の付近には同心が多く住み、原の生家のある本宮村には原家を含め、十幾軒の藩士の家があったので、農民の子弟のみならず、これら武士の子弟も通っていた。寺田塾の売り物は、直助が前南部藩の御用筆で、玉置《たまき》流（御家流から分かれた流派）の達筆であったことである。また、人格も高く学識も深かった。もう一つの売り物は、直助が隠居して塾を開いたので、当時としては老人といっても良い五〇歳前後の年齢になっていて、娘と息子が一人ずついたこともあり、塾生を「非常に可愛がった」ことである。直助は酒が何よりの好物で、いつも酒気を放っていたので、「樽《たる》コ先生」の異名で呼ばれたほどであった。原は兄の平太郎（恭《ゆたか》）とともに、脇差を帯び、供を連れて寺田塾に通い、毎日午後一時ごろまで四時間ほど学んだという（『岩手日報』一九一七年一月一四日、一九二二年一一月一六日、一七日）。

寺田塾は維新後に振るわなくなり、寺田は明治初年に北海道に渡り、北見方面から釧路に移って、一九〇四年に数えの八〇歳で死去した（同前、一九二一年一二月一六日）。

原は寺田塾において、「温順」で「怜悧《れいり》」な塾生として、直助塾頭からきわめて覚えがめでたかったと、原と同塾で机を並べた吉田角徳（青物屋）は証言している（同前、一九二一年一一月六日）。原が一一歳ごろになり、塾で学習する素材が難しくなると、原の知的能力がはっきりと周りから注目されるようになった。

寺田直助の教え子の間には、寺田の碑を建てて霊を祭りたい、という希望が早くからあったが、費用の目途がつかず、延び延びとなっていた。一九一六年秋に当時の門弟たちの間で記念碑を建てようという話が再燃すると、それを知った原は仙北町長 松寺内《ちょうしょうじ》に建てることを提案し、費用のほとんど全額を寄付した。碑は同年一二月に完成した（『原敬日記』一九一六年一〇月二二日、一九一七年九月二日。『岩手日報』一九一七年一月一四日。『岩手毎日新聞』一九二二年一一月六日）。

寺田塾に通うかたわら、原は同町の工藤祐方に算術を約二年間学び、小山田の下で漢籍の素読も続けた。原は史書が特に好きで、『国史略』などを声を張り上げて読んだという（前田蓮山『原敬伝』上

巻、五〇、五四〜五八頁。木村幸治「原敬年譜」）。

のち原は外務省に入り、二九歳から三二歳にかけて、パリ公使館書記官として赴任し、そこでフランス語に磨きをかけ、フランス語を使って国際法やヨーロッパ各国の政治外交を勉強した。その際にヨーロッパ諸国の歴史や思想の本も読み、深いレベルで現実に展開する事象を考えた（本書第六章）。小山田の下で約六年間漢籍の素読を習ったことは、その後の藩校「作人館」での学びや、那珂通高《なかみちたか》（戊辰戦争で休校する前の「作人館」教授の江幡《えばた》五郎）の下での漢籍学習の基礎となり、原が歴史や思想を学ぶ土台を育成したのだろう。

すでに述べたように、原は寺田の碑（一九一六年一二月）・太田代の碑（一九一七年一一月）の建立にも関係しているが、小山田の碑（一九一三年九月）が最も早く、原が特に積極的に対応している。小山田から高度なものを学び自信がついたことに対し、とりわけ感謝していたのだろう。

なお、寺田塾の時代には、後年の原敬を髣髴《ほうふつ》させるいくつかの逸話が残っている。

原の死の直後の回想をまず見ると、寺田塾で原の学友の吉田角徳は、原のことを「大変落着いたゆつたりとした威厳のある」人であったと証言している。同じく学友の佐藤九十郎は、原は「[数えで]十二、三の頃は大変温和《おとな》しい方でしたが水泳などは矢張《やは》り私等と一緒に」近くの堰《せき》でやったものだ、と回想した（『岩手毎日新聞』一九二一年一一月六日、七日）。藩校「作人館」に入る前、維新直後で十一、二歳のころの原は、活発ではないが落ちついた少年に成長し、士族以外の少年たちとも、少し距離を保ちながらも交わっていた。

これらの証言は、前田蓮山がもう少し後に集めた、次のような証言と一致するところが多い。寺田塾には八〇名ばかりの生徒がいたが、多くは農民の子弟であった。武士の子どもたちが威張り散らし、村の子どもたちをいじめた。しかし原は、村の子どもたちと馴《な》れ馴《な》れしく遊ぶこともなかったが、誰に対してもやさしく、村民の子どもをいじめることは一度もなかったという。また、仙北組町にある二、三の寺子屋の門弟がそれぞれ集団になって争う喧嘩が、毎日のように行われていた。原は背が高く腕力も強く、友人たちにも一目置かれていたが、喧嘩には積極的に関わらなかったという。

またある時、下級武士のいたずら小僧たちが、原の服装の立派なのに反感を持ち、大勢で待ち伏せ、取り囲んで暴行しようとした。それを察知した原は、人が変わったように刀を引き抜いて一隊の中に躍り込んだので、不意をくらった小僧たちは総崩れで逃げ散ったという（前田蓮山『原敬伝』上巻、五五～五七頁）。

のち、原は一九歳で分家する際に、属籍を士族とせず、あえて「商」を選んだ。また後に詳しく述べるように、二〇歳代前半の新聞記者時代には、鷲山樵夫《しゅうざんしょうふ》のペンネームで、封建制の時代に武士の専横を厳しく批判する記事を『峡中新報《こうちゅうしんぽう》』紙上に書いた。維新の変革後に中江兆民《なかえちょうみん》にフランス啓蒙思想を学ぶよりずっと前の、盛岡での少年期のエピソードからも、感情にまかせた非合理なものを拒絶する、という原の思想の源流を垣間《かいま》見ることができる。

正当な理由がないにもかかわらず、集団の力を借りて暴行を働こうとする非合理なものに対しては、敢然と戦うという気魄《きはく》が、一〇代前半のころに現れていることも注目される。原が生来気弱などではなかったことばかりでなく、理屈が合わないことには決して屈しない、という青年期以降の原の精神的強さが確認される。

維新による南部藩の苦難

慶応四年（九月八日より明治元年となる。一八六八）正月、鳥羽・伏見の戦いで薩長両軍は旧幕府軍（徳川宗家軍・会津藩軍など）を破り、官軍としての地位を確立し、維新政府を作った。その後、維新政府は仙台・米沢・秋田・南部（盛岡）等の東北諸藩に対し、鳥羽・伏見の戦いで薩長両軍に敵対した会津・庄内両藩討伐の出兵を命じた。

これに対し、東北諸藩は仙台・米沢両藩を中心に同年五月三日、奥羽越列藩同盟《おううえつれっぱんどうめい》を結成し、会津・庄内両藩討伐命令を拒否した。南部藩は奥羽越列藩同盟に加わることを決した。ところが秋田藩が同盟を離脱し、維新政府側に立ったので、同盟軍は秋田藩を討伐することになり、南部藩も秋田藩攻撃に出兵した。

しかし、同盟側の軍事力や結束は、不十分であった。七月に開戦するが、まもなく北越の中心長岡城が落城し、九月一五日には仙台藩が降伏し、二二日に会津藩が降伏、同盟は崩壊した。

南部藩は秋田藩と交戦中に、同盟側の敗色が濃いことを知って驚き、九月二〇日に秋田にあった奥羽鎮撫《ちんぶ》総督府に対して降伏を嘆願した。

一〇月九日、維新政府は藩主南部利剛《としひさ》の謹慎、軍資金七万両の献金、反逆の首謀者である家臣を捕縛することを条件に謝罪を容認した。翌一〇日、盛岡城は開城し、維新政府の占領下に置かれ、一二月には南部利剛の長男の利恭《としゆき》が家督を継ぎ、二〇万石を一三万石に削減されて、白石《しろいし》（現・宮城県白石市）へ転封を命じられた。南部藩士たちは命に従い、混乱の中で、白石へ移住するため二〇〇キロメートルの行程を歩いた。苦労して白石に着いても、維新政府軍の占領中に建物が壊されていたりで、苦難は続いた。

原家は白石に相当の家を割り当てられたが、当主の兄恭《ゆたか》（平太郎）はまだ一六歳で、出発できずにいた。明治二年（一八六九）六月一七日には版籍奉還が行われ、土地と人民が各藩主から天皇に返還され、各藩主は新たに旧藩の知事に任命された。翌日、七〇万両を献金する条件で、藩主南部利恭は、旧領の内、一三万石の盛岡（南部）藩知藩事として、盛岡への復帰を許された。七〇万両の献金については、まず五万両を上納したが、残りを納入するのが不可能であったので、明治三年五月に残金を免除される命が出された。こうして一応、維新にともなう南部藩の大混乱は収まった。

この間、明治二年六月二三日、家老の楢山佐渡《ならやまさど》は、維新政府に対抗した最高責任者として、盛岡の報恩寺で切腹の刑に服した。報恩寺は盛岡でも最も由緒正しい禅宗の大寺院の一つである。一三歳の原少年は、近くに潜んで楢山佐渡の切腹を見て、非常に憤慨したという（木村幸治『本懐・宰相　原敬』三七、四一～四二頁）。

また同年一二月には、士族の禄《ろく》制が改正され、全国の士族は旧高の平均一〇分の一に禄（俸給）を減額された。原家は当主の恭（平太郎）がまだ若年で近習にすぎなかったので、中士に編入され、二二石《こく》二斗《と》を支給されるにすぎなくなった。開墾地の小作米も入らなくなった（前田蓮山『原敬伝』上巻、七六～七九頁）。祖父が家老加判《かはん》まで務め、高地《たかち》格であった原家も、維新の変動で他の士族同様に経済的にかなり苦しい状況に追い込まれた。

維新における原家の経済的苦難についても、弟の誠が回想している。原家には土蔵が三つあり、それぞれ、米・豆・小豆、三月五月用の人形・幟《のぼり》その他の道具類・客用膳椀《ぜんわん》・馬具および支配下用の甲《かっ》冑《ちゅう》、拝領品はじめ原家歴代の刀剣・甲冑および衣類などの高級品を収蔵していた。これらの品々を、南部家の白石への転封や七〇万両の献金のため、売り払ったり献金・献納したりした。この結果、家は五分の一に壊し、使用人も下男一人と女中二人に削減した。ある日、原は誠に、ああ世の中はわからぬものだ、人生浮沈《うきしず》み、よしこの家運挽回《ばんかい》をしてみせる、と話したという（原誠「原敬追想」4、『新岩手人』八―一一、一九三八年一一月二五日）。

また原たちは、戊辰戦争に敗北して会津から新設の斗南《となみ》藩（青森県）に移された旧会津藩士たちの、さらに悲惨な状況も目の当たりにした。誠は次のような情景を記憶している。北上川にかかる船橋（後述。後の明治橋の場所にあった）に、会津から国替えの人々が毎日のようにやってきた。老人、婦女、幼児たちが手を引き合って、また足の痛む者が杖にすがって行く様子は、実に筆紙に尽くしがたく、同情に堪えなかった。橋のたもとの川原町《かわらちょう》の、ある商店で休息する一家があり、黒山の見物人ができた。その中には、手ぬぐいとか煎餅《せんべい》とかを差し出す者がいたが、会津人はすぐには受け取ろうとはしなかった。物もらいではない、という意味だったのだろうか。そこで一人の老人が進み出て、どうぞお受け取りください、つまらない物でご迷惑でもございましょうが、どうぞどうぞ、と言って渡したのであった。

これについて原は、ああ、と同情の嘆声を発して、またいつか花咲く春に会うこともあろうから、今日の境遇を忘れずに奮発してもらいたいなあ、などと言ったという（原誠「原敬追想」6、『新岩手人』九―二、一九三九年二月二五日）。

維新の苦難に対して原が見せた感情は、同じ境遇にある者への同情や連帯意識と、この苦難を克服して再興しようという強い決意であった。薩長への強い怨念といった感情は、あまり見られない。あとに述べるように、母リツの影響で原少年には大人顔負けの思慮分別が育まれていた。このため、人間の成長にとって後ろ向き志向になりがちな怨みの感情に、とらわれることが少なかったのであろう。

藩校「作人館」入校

維新による南部藩の混乱が落ち着いてくると、明治二年（一八六九）八月一日から藩校「作人館《さくじんかん》」は再開の準備を始め、明治三年一月二一日から本格的に再開した。原はこの時、「作人館」修文所に入校する。

近世の南部藩には、藩校「明義堂《みょうぎどう》」があり伝統的な教育をしていたが、幕末の激動の時代に対応し、文武兼備の行動的な人材を育成するため、慶応元年（一八六五）に藩校を新編成して「作人館」と改称した。ところが「作人館」は維新の南部藩を巻き込んだ戦乱のため、慶応四年（明治元年）七月から明治二年末まで実質的に休校状態になっていた（長岡高人『盛岡藩校作人館物語』九二〜一二〇頁）。

「作人館」は現在の盛岡市の中心部にある岩手県庁から中央通りを西へ三〇〇メートル行った内堀に面し（現在の北日本銀行付近）、東西約八七メートル、南北約七三メートル、総坪数一九二〇坪の敷地を有していた（同前、「まえがき」）。「作人館」の入校基準は、文学（修文所）は数えで八、九歳、武術は十一、二歳であった。

しかし、原の家のある本宮村から「作人館」までの道のりは、後で述べるように約五キロメートルもあった。寺子屋である太田塾では物足りなくなっていても、当時一〇歳の原が通うのは少し無理だったのだろう。そこで原は、自宅から約二・六キロメートルと比較的近い、仙北町の寺田直助塾や工藤祐方（算術）のもとに通い始め、引き続き小山田佐七郎のところで漢籍も学んだのである。

維新による「作人館」の休校がなければ、原は一年ほど早く「作人館」に入っていたかもしれない。明治三年に「作人館」が再開されると、原は一三歳で入校し、初めは毎日歩いて通った。

本宮村の原の家から「作人館」への当時の通学路は、北上川の船橋→中津川の下の橋→大沢川原を通って「作人館」へ、というものだったと推定される。船橋とは、船を二〇艘《そう》あまり並べて鉄の鎖でつなぎ、それを両岸と中洲の大黒柱に結びつけた上に長さ三間ほどの厚板を敷き詰めて、人馬の通行ができるようにした、簡易な橋である。それが一八七三年（明治六）まであり、翌年に木橋が架けられた。原が「作人館」の生徒であったのは明治三年から四年までであるので、原が「作人館」に行くには船橋を渡るしかなかった。当時は城下を通って北へ向かう近道がまだできていなかったので、合計で約五キロメートルと推定される（加藤章〔盛岡大学名誉教授・前盛岡市教育委員長〕のご教示）。

原は「作人館」入校半年後の七月に寮生となった。歩き慣れている一四歳になった当時の少年にとって、片道五キロメートルの通学距離自体は、それほど苦痛だったとは思われない。次項で述べるように、原は寮で共同生活することで、阿部浩《あべひろし》（内務官僚となり、のちに原内相、原首相のもとで東京府知事）ら先輩および同輩たちとの交流と学びを深める時間を増やしたかったのであろう。

一〇月になると、原は藩費生となった。規則では、数えで一七歳以上でなければ藩費生になれないが、原はこの時数えで一五歳にすぎず、破格の待遇といえる（原敬「浮沈録」〔成稿は一八八一年ごろか〕原敬文書研究会編『原敬関係文書』第四巻、四四頁）。

「作人館」で歴史・思想を深める

原は、「作人館」に入校して六年半後、二〇歳で東京の司法省法学校（東京帝国大学法科の前身、当時は裁判官や検事の養成を目的とした官費の学校）に入学する。司法省法学校に出願した際に、原が書いた修学歴には、最初藩校に入学し、明治四年（一八七一）に東京に出て、那珂通高《なかみちたか》に漢学を学び、その後洋学に転じた、と書いてあり、学んだ本が列挙してある。そのうち、「作人館」の教科書と一致するものが、次の一六点である（原敬「浮沈録」。長岡高人『盛岡藩校作人館物語』二二六頁）。これらの本を通し、原が「作人館」で学んだことが推定できる。

【中国書】十八史略・史記・漢書・資治通鑑《しじつがん》・歴史綱鑑補・易知録・戦国策・四書・五経・春秋左氏伝

【和書】国史略・大日本史・日本政記・日本外史・令義解・職原抄

この中には、四書五経など寺子屋で当時の士族の子弟が学んだもの（『岩手日報』一九二二年一一月一六日）も入っている。原が「作人館」に入校する前に、小山田佐七郎塾や寺田直助塾で学んでいたものも含まれている可能性がある。

いずれにしても歴史や思想書が多く、「作人館」時代の一〇代前半の原は、漢文の文章能力を磨くとともに、時代の大きな流れの中で諸事は変化していくという感覚を学んだはずである。文章能力は司法省法学校などの入試科目に関連する。歴史的感覚は、のちに外務省に入り、フランスの公使館に派遣された時に、欧州諸国を理解するために、それらの国の歴史やそれと深く関連する西欧哲学を学ぶ土台となった。原は、日本や中国の歴史や思想、西欧のそれを学び考えたことで、政治家となった際に、政治・外交の流れの変化を先取りして判断する特異な才能を開花させることができた。

「作人館」で原とともに学んだ新渡戸《にとべ》長世《ながよ》によると、原の学んだ当時の「作人館」修文所は、漢学の南寮と洋学の北寮に区分されていた。南寮には一ノ寮から七ノ寮まであり、原は寮生になると、六ノ寮に入った。寮長は阿部浩で、同室には六人が六畳の部屋にいるという狭さであった。阿部は嘉永五年（一八五二）一月生まれで、原より四歳年長である。

「腕白」な「神童」の論戦相手の阿部浩

原と阿部は「大の仲良し」で常に意気投合し「腕白な書生」であった。しかし親しいがゆえに、遠慮なく論戦することもあった。原が「俺は東北を始める〔『肇《はじ》める』の誤りか〕サ」〔私は東北を正しく導く〕と言うと、阿部は「俺は南の国だ」と始終言っていたという。また、このころの原は骨格ががっしりして丈夫だったが、ひょろ長い体型であったので、「トマ鳥〔軍鶏《しゃも》〕」というあだ名であった。同じく「作人館」で一緒に学んだ太田小二郎《こじろう》の印象では、阿部浩がいわゆるガキ大将で、阿部の前には誰も頭が上がらなかったが、原も腕白盛りで、常に元気に満ちて快活であったという。

原の成績は良く、工藤熊太郎とともに「神童」といわれた。教員の照井小作（大助教、教授に次ぐ地位）や山崎謙蔵（小助教、大助教に次ぐ地位）も、早くから原の秀才ぶりを認めていた。

また新渡戸長世は、「作人館」の寮生活についてもさらに証言している。藩からの寮生への食事の給付は「半人扶持《はんにんぶち》」で乏しく、日に三度ともお粥《かゆ》であり、日曜だけ小豆粥が出された。そこで寮生たちは、小遣いを出し合って「啖切り《たんき》」飴《あめ》や「醬油餅《しょうゆもち》」などの食べ物を買い、じゃんけんをして食べていたという（『岩手日報』一九二一年一一月七日〔二面、五面〕、二六日）。

「作人館」に入って半年ほどで寮生活を始めたことは、原の人柄を幅広くしたと思われる。一四歳になった原が、四歳も上の阿部と少なくともほぼ対等に渡り合っている。

すでに述べたように、原は「作人館」に入った明治三年（一八七〇）の一〇月には藩費生となった。母のリツは大いに喜び、原の幼少からの世話役だった女中の駒婆《こまばあ》は、お祝いに「作人館」の友達を招いて「トロロ飯」をごちそうすることになった。いつも休日になると本宮の家へ阿部浩・栃内元吉・八角彪一郎・松岡毅夫《たけお》・工藤熊太郎ら十五、六人がやってきていたが、この日の昼に招待されたのは六人だったという。

当時のこの地方の風習では、特に若い人を招いた場合、飯櫃《めしびつ》が空《から》になるまで食べたら客方の勝ちで、接待主は飯べらを担いで踊りつつお詫《わ》びをしなければならなかった。駒婆は負けてはならじと飯とトロロをたくさんこしらえたので、「食戦」は接待主駒婆の勝利となった。

原の制止も聞かず駒婆は客席に出て、「お敗けですから、敗けましたと云つて、お辞儀をなさつては」と言った。原の友人たちは、下を向いてお辞儀をすればせっかくのごちそうが口から出るから勘弁、勘弁と答え、こうして主客ともに手を叩いて大笑いした。

その後、原は腹ごなしに皆を庭に誘い、池の周りなどをぐるぐる歩きつつ、詩吟などに笑い興じ、一同は夕刻ごろ、元気良く帰っていった（原誠「原敬追想」5、『新岩手人』九－一、一九三九年一月二五日）。

これらのことから、原は「作人館」時代に寮に入ったことも加わり、十一、二歳ごろまでの威厳があり落ちついているがおとなしい性格を脱却した。知的に自信を持ち、健康で、堂々と議論し、少し年長の人も含めた同年代のいろいろな人々との交流が苦にならなくなったといえる。

元服して敬と名乗る

すでに述べたように、当時の「作人館」には洋学を学ぶ「洋学所」も設置されたが、洋学を教える教官の確保がうまくいかず、開店休業状態に近かったようである（長岡高人『盛岡藩校作人館物語』二二一頁）。

さて、明治四年（一八七一）春に、原は句読《くとう》師《し》心得となった。学生ながら、幼童や四書の素読を終えた程度の初級の生徒に、素読を教える役である。「作人館」に入校して一年でこの役をもらえたのは、原が「神童」といわれたゆえんであろう。七月には元服し、幼名の健次郎をやめて敬《たかし》とした（前田蓮山『原敬伝』上巻、一一〇頁）。

原の弟誠の回想で、原が敬に名前を変えたころ、「作人館」に入学前の一一～一三歳ごろから、入学後の一三～一五歳までぐらいに、少年としては非常に分別ある人間に成長していることがわかる。二つの例のみを挙げよう。

おそらく原の「作人館」時代のことであろう。馬に乗った農民が誠たち武士の子どもに挨拶もせずに通ったので、子どもたちは武士に対して無礼と石を投げつけたら、馬が跳ね上がり、馬子は荷物もろとも落馬した。騒いでいる所に原や親類が駆けつけて馬子を助けて荷物を着けてやった。原は家に帰ってから、武士は馬方をいじめてはいけない、怪我《けが》でもさせると当方はかえって悪者になるから、以後はやめなさい、と述べた。付き添いの若党は、私どもが不行き届きで、と誠らへの指導不足を謝罪したという（原誠「原敬追想」2、『新岩手人』八－九、一九三八年九月二五日）。

この話から、少年の原が円熟した大人のような思慮分別を持っていることと、士・農・工・商という近世の身分制下での意識を越える感覚を見せていることがわかる。

また、新調した草履《ぞうり》を「作人館」で取られた弟の誠が、仇《あだ》を討つため毎日「作人館」の玄関で見張ると言うのに対し、原と母リツは、草履ぐらいで毎日仇討に出かけるというような小さい心がけでは立身出世できない、と戒めたことがあった。また、原や長兄の恭《ゆたか》たちは、常に正直と精勤は人間立身出世のもとであると言っていたという(原誠「原敬追想」1・9、『新岩手人』八‐八・九‐五、一九三八年八月二五日・一九三九年五月二五日)。

母を心配させたくないという少年原のエピソードが他にもいくつか残されている。原の分別は母リツの教えを深く受け止めて形成されたものといえよう。

後年の原の性格の原型が見えてきた。* この性格は、のちに外交官から政治家となるうえで、原の大きな財産となる。

＊ 前田蓮山は、「彼の非社交的の羞《はに》かみ性は、作人館時代にも、依然抜けてゐなかつた」と主張する。そして「作人館」で「同室の寄宿生」であったという栃内元吉が、当時の原は「無口の方で、余り議論はしなかつたが、時として議論をした場合にも、一回だけは強く自分の意見を述べる」が、これに反対説が出ても、「それには冷然として取り合はなかつた」といっていることを根拠とした(『原敬伝』上巻、一〇一～一〇二頁)。しかし、一回だけは強く自分の意見を述べるというのは、「羞かみ性」の性格ではない。なお、藩主南部利恭の御付きで、原と同じころに「作人館」に入校した佐藤昌介によると、栃内元吉は事務室の事務員であったという(長岡高人『盛岡藩校作人館物語』二二五頁)。

第二章　学成らざれば死すとも還らず
——苦学・キリスト教・司法省法学校

「作人館」から盛岡県洋学校へ

この間に「作人館」は制度上では大きな変化をとげていく。明治三年（一八七〇）七月一〇日、南部利恭《としゆき》は盛岡（南部）藩知事の職を辞任したので、新たに盛岡県が置かれた。このため明治三年閏《うるう》一〇月に、「作人館」は「盛岡県学校」と改称され、教育も皇学・漢学・洋学・算学の四教科に編成変えされた。これら四課を修学すれば卒業という規則であったが、実施する方針も固まらず、生徒は混乱し、どこまで実行されたか定かではない。

明治三年に維新政府は、東京の大学南校《なんこう》で洋学を、東校《とうこう》で西洋医学を教えるようにしたように（いずれも東京大学の前身）、大学で洋学教育を中心とすることに方針を変えた。それに対応する形で明治四年九月になると、盛岡県学校は和漢学を休業し、もっぱら洋学教育を行うことになり、盛岡県学校は盛岡県洋学校に編成を変えた。しかも盛岡県においても、明治四年七月二〇日に渡辺昇《のぼる》（大村藩〔後の長崎県〕士族）が権知事《ごんのちじ》（正式な知事が置かれない場合に代理で知事の仕事をする役職）に就任して以降、県庁のトップは旧南部藩士以外の士族か、公家が占めていた。

このため漢学の教員の多くは辞任し、それに憤慨して去る生徒も出た。盛岡県洋学校は、普通科と専門科の二科に分かれていた。しかし、欧米流の法科・理科・文科・医科の高度な教育を行う教員を確保することは無理で、洋学を中心とした普通科教育を行い、東京の大学南校入学につなげるというのが、一つの実質的な役割であった(長岡高人『盛岡藩校作人館物語』二二八〜二三五頁)。

明治三年閏一〇月から約一年間、盛岡県学校と名前は変わっても、漢学や和学を学ぶ生徒にとっては実質的に「作人館」であった。この県庁の指導者の交代や学校の制度的変化と混乱を、原はどのような気持ちで眺めていたのだろうか。和漢学が廃止され、実質的な「作人館」が廃校となると、今後の進路を考えねばならない。このまま盛岡県洋学校に留まり、普通科を卒業し、大学南校への進学を目指すか。盛岡県洋学校を退学し、東京で学ぶのか。

東京への旅立ち

原の決断を促進したのが、旧南部藩主南部利恭《としゆき》が明治四年(一八七一)八月に東京に移住し、共慣義塾《きょうかんぎじゅく》という英語学校を設立したことであろう。原は、旧藩主南部利恭ら旧藩関係者が運営する、東京の英語学校で未来を拓くことに決めた。母リツも「横文字の学問」のことを勧めていた(原誠「原敬追想」9、『新岩手人』九-五、一九三九年五月二五日)。

問題は費用であった。すでに述べたように、原家の家計は楽ではなかったが、母リツが本宮村の原家の蔵を、仙北町の酒造業者に売却して原の東京への遊学資金を作った。この蔵は移築されて、酒蔵として使われたという(酒造業者の子孫金沢裕臣〔金沢林業会長〕の発言、「原敬内閣総理大臣就任九五周年記念シンポジウム」二〇一三年一〇月六日)。

原は少年時代からお洒落《しゃれ》で、いつも白足袋《しろたび》をはいていたので、同輩たちから「原のオヂッコの白《しら》足袋《たび》」と言われていた。これは、身だしなみにやかましい母リツの影響であった。「作人館」に通う時も、いつも折り目正しい仙台平《せんだいひら》の袴《はかま》を着け、原家の定紋《じょうもん》の三つ割菊を浮かした黒羽《くろは》二重《ぶたえ》の羽織を着けていたという（『岩手日報』一九二一年一一月一一日）。また、原がリツの影響で少年ながら思慮分別を示していたことはすでに述べた。

このようにもともと母の影響を強く受けていた原は、次男であるにもかかわらず、リツが蔵まで売却して無理に金策をし、西洋学を学ぶ機会を作ってくれたことで、憧れていた東京遊学を決断したと思われる。そしてさらに強い絆を母に感じるようになっていったはずである。それは終生変わることがなかった。

明治四年一二月一〇日、原は、「作人館」の友人で、週末に本宮の家にもよく来ていた松岡毅夫《たけお》（後に『満洲日日新聞』旅順支局長）と共に、東京に出発した。従兄弟や学友十数人が「加久保」まで見送り、茶屋で餅や団子で送別会を行った後、二人は松並木を東京に向かって歩き出した。見送りに来た新渡戸長世によると、その時の原の服装は、三斎羽《さんさいば》織《おり》（筒袖で背縫いの裾が割れている）という黒《くろ》羅紗《らしゃ》の乗馬羽織に半袴《はんばかま》（足首までの長さの袴）であったという。「男子志を立てて郷関を出づ、若し学成らざれば死すとも還らず」と高吟した、と松岡は回想している（原敬「浮沈録」。『岩手日報』一九二一年一一月七日。『岩手毎日新聞』一九二一年一一月二八日。前田蓮山『原敬伝』上巻、一一四頁）。

当時は、仙台まで行って汽船に乗れば三日ほどで品川に着いたので、まず仙台に向かった。同道した松岡によると、原と松岡は仙台で、南部藩出身の自称政府のかなりの高官という者に、交際上で多額の失費があったのでほんのしばらくの間お金を貸してほしいと頼まれ、その金をだまし取られてしまった。原の取られた金は、原の学資のみならず、すでに東京に来ていた兄恭《ゆたか》の学資といったん盛岡へ帰郷するための旅費も含まれていた。原らは、事情を知った船長の好意で、無料で仙台から東京まで送ってもらったという。結局、その旧南部藩士や盛岡の身内にも金がなく、金は返してもらえないまま泣き寝入りとなった（原誠「原敬追想」14、『新岩手人』一〇－三、一九四〇年三月二五日）。

分別ある人柄に成長した原であるが、世の中に悪意のある人間が少なからずいることを十分に自覚しておらず、善意のあまり先輩の南部藩士の言葉にまんまとだまされてしまった。

苦学の中でキリスト教の洗礼を受ける

原が東京にやってきたのは明治四年（一八七一）一二月二四日、二五日ごろであろう。原はひとまず、那珂通高《なかみちたか》の塾に厄介になった。翌明治五年に洋学を学ぼうとして共慣義塾に入り、次いで斗南《となみ》県（旧会津藩）人の岸俊雄家塾に入るが、いずれも長くはいないでやめた。これは学費が続かなかったためである。

仙台で原が旧南部藩士に金をだまし取られたため、兄の恭《ゆたか》は伯父に頼んで本宮村の原家の田畑の一部を売り払い、送金を得てようやく帰郷できた。恭は原に学費としてわずかの金を分け与えるのがやっとであった（原誠「原敬追想」14）。原は兄の旅費までだまし取られたにもかかわらず、わずかとはいえ兄から分与金をもらい、兄に借りを作った思いだったろう。これ以上の送金を求められるはずもなかった。

窮した原は、同年秋に、海軍将校養成の学校で官費で学問ができる海軍兵学寮（後の海軍兵学校）を受験したが、不合格であった（原敬「浮沈録」）。

そこで原は同年冬に、番町にあったフランス人のマラン神父の神学校に学僕《がくぼく》として住みこんだ。学僕とは、雇い人の下働きをしながら生活を保障され、多少の勉強ができる仕事である。その後、一八七三年（明治六）四月に横浜に行き、四月一二日に一六人の日本人と共にフランス人フェリクス・エヴラール宣教師によって洗礼を受け（洗礼名はダビデ・ハラ）、同年冬にはエヴラールに従って摂津に行った。一二月に横浜に戻り、もっぱらエヴラールに漢書の授業をすることを仕事とし、そのかたわら原はエヴラールからキリスト教とフランス語を教わった。この間に、一八七三年八月九日に、弟良《よし》治《じ》が数えの一二歳で死去した（原敬「浮沈録」。「壬申拾星録」（諜者野上二郎の報告書）、「大隈重信文書」マイクロフィルムRⅢ、国立国会図書館憲政資料室所蔵。原誠「原敬追想」14）。

原が東京遊学のため盛岡を出発したのは、岩倉使節団が横浜港を出港して約一ヵ月後のことであった。同使節団に参加した岩倉具視《ともみ》右大臣・木戸孝允《たかよし》参議・大久保利通《としみち》大蔵卿・伊藤博文工部大輔《たいふ》（次官）らは、一八七三年五月下旬から九月中旬にかけて帰国した。その後まもなく、一〇月下旬に、朝鮮に使節派遣すること（征韓論）を阻止され、西郷隆盛《さいごうたかもり》・板垣退助《いたがきたいすけ》らが下野する征韓論政変となった。

約二年の間に起きた明治政府の大変動とほぼ同じ時期に、原も東京で、これらの政治的な大変動とはまったく関わりがないながら、生活や精神の大変動を体験したのである。共慣義塾等での洋学修業の願いがかなわず、海軍兵学寮の受験にも失敗し、フランス人宣教師の学僕になり、キリスト教の洗礼まで受けるに至った。この間の原の行動を考察するための信頼できる史料はほとんどなく、本書で述べた以上の叙述はできない。

最も大きな問題は、原は苦し紛れに屈辱を感じながらもフランス人宣教師の学僕となり、洗礼をしたのか、積極的にキリスト教を信仰するようになったのか、などのキリスト教との関係である。

原がエヴラールにもっぱら漢書を教え、その一方でエヴラールからフランス語やキリスト教について教わるという関係は、学僕という立場にもかかわらず、かなり対等な関係である。一八七五年の原の日記の冒頭には、一八七四年四月「当時師とせし所の仏国人エブラル氏」とともに新潟に行くことになったと、エヴラールを師と表記している。このことからも、原がエヴラールを尊敬していたことがわかる。原はフランス人のエヴラール宣教師に出会い、その人柄を尊敬し、西欧理解への関心もあってキリスト教についても強い興味を示し、洗礼を受けたのである。

エヴラールは、信者の回想によると、きわめて質素な生活を送り、自己を厳しく律する人物である。また原と同じ頃に接したフランス人医師によると、日本語能力に富んだ「気品のある神父」で、「超人的な仕事」をこなす人物であった（山梨淳「ジョルジュ・ビゴーと明治中期のカトリック教会」五〇頁）。このように清廉で勤勉なエヴラールの人柄は、原の信条と共通する面があり、エヴラールと原は神父と学僕という関係を越え、互いに認め合う関係にあったのだろう。

それから一〇年余り経って、原が天津領事に昇進して赴任する時、エヴラールは東京におらず、見送ることができなかった。エヴラールは残念がって、原に次のようなフランス語の手紙を寄こした。

> あなたに対して私はいつも、特別に愛情を注いできましたが、それを忘れないでください。それから、あなたはクリスチャンです。だから、信徒の務めを忘れずに果たさなければなりません。天津にはカトリックの布教団と教会がありますから、行かねばなりません。…（中略）…あなたがこんなにも早く昇進されたことを喜ぶとともに、私がつねにあなたに対して変わらぬ愛情を抱いていていることを忘れないでほしいと願っています（原敬宛エヴラール書状、一八八四年四月三〇日、

『原敬関係文書』第三巻、五四三頁)。

エヴラールは原に深い愛情を持ち続けていたとともに、原が信仰を守ることを信じ期待していた。しかし、エヴラールに学僕として新潟まで同行してつながりを深めても、原はキリスト教信仰の深まりを示す言葉を書いてはいない（山本四郎「解説」『原敬関係文書』第四巻、六三七頁）。

エヴラールは一九一九年（大正八）五月に、横浜山手教会で病没した。当時首相となっていた原は日記に、「余が少年時代仏語の師エブラル横浜にて死去」と記し、葬儀には山田敬徳秘書官を代理として差し遣わした（『原敬日記』一九一九年五月七日）。原はエヴラールをフランス語を習った先生としてのみ記述している。このことからも原はエヴラールの人格に敬意を払っていたが、キリスト教は原にとって、生涯続く強い信仰になるものではなかったとわかる。

新潟での原とエヴラール宣教師

話を戻すと、一八七四年（明治七）四月二一日、原はエヴラールに従って新潟へ行った。原は陸路を取り、エヴラールは海路を選んだ。二人とも二八日に新潟に着いた。この年の夏に原は帰省し、故郷に七日間滞在した。故郷を出て約二年半ぶりである。六月二九日に四歳下の弟誠を連れて新潟に行き、弟は翌年九月二四日まで新潟に滞在した（原敬「浮沈録」。「帰省日記」の冒頭、『原敬日記』一巻、二頁。「上京日記」、同前、一八七五年九月二四日）。一八歳の原が、エヴラールの学僕として、のびのびと学び、弟まで連れて行くほど満足していたことがわかる。

新潟での原の学びと生活の様子を、弟誠の回想から見てみよう。エヴラールは新潟に横浜の教会の分教場を設けており、本明寺境内の医師の家を借り受けて教会とし、布教を行っていた。エヴラールは振り仮名つきの新聞くらいは読め、ミサの時以外は常に日本服を着用し、銀行や藤井久三（幕末に昌平黌《しょうへいこう》に学び、維新後に新潟で塾を開き、新潟の有力商人等を門人に持つ）を訪問する時は、袴をはき、ヘルメット帽を深くかぶり、表《おもて》つきの下駄をはいて行く姿は、外国人には見えなかった。原は庶務や会計を担当した。

誠は新潟で、キリスト教の概要を和訳した石版刷りの本を与えられた。また朝夕のミサの時には、それを「捧読」した。遠方より新潟に来て「御経」を暗記せねばならぬか、と奇妙な気持ちになった。また毎夜、エヴラールはフランス語を教えた。学生は原の他、運上所（税関）の官吏や銀行員等で、誠と仙台から来た少年も加わったが、その二人はフランス語学習にあまり気が進まず、「今夜は何をオツシヤル談（花園と訳す〔「ジャルダン」はフランス語で「花園、庭園」の意〕）」と駄洒落《だじゃれ》を言って原から叱責されたこともあった。フランス語ができない誠から見て、西洋の鳥料理を作るのを誠らが手伝わされた際に、原がもう一人のフランス人神父の指示を通訳できたように、それなりに原はフランス語を話せるようになっていた（原誠「原敬追想」14・15、『新岩手人』一〇－三・四、一九四〇年三月二五日・四月二五日）。

原は誠がキリスト教を熱心に身につけようとしていなくても、ミサに出てさえいれば気にしなかったが、フランス語の学習をおろそかにする姿勢を見ると、強く注意した。このことから、原はフランス語を学ばせたくて誠を新潟に連れてきたことがわかる。フランス語を中心に西欧について学ぶことは、原の姿勢でもあったといえよう。

弟を新潟に連れて行った年の一一月、原は新潟の新聞に評論を投稿したが、文章に勝手に手を入れられたので、原稿を引き上げた。原は文明開化に関し、「半開の人民〔十分に深く物ごとをとらえられない人々〕」は、外国の物や法・制度の「形体」を利用する「華色」のみを強く望んで、「精神開明」が在ることを知らない（『原敬関係文書』第四巻、二〇頁）と論じた。西欧文明の表面のみ導入しても仕方がなく、西欧の物や法・制度の根本精神を理解しなければ、本当の文明開化はできない、と論じたのである。

この論は、異なった文明を理解する際に、今日でも当てはまる正当なものである。原はエヴラールの学僕として彼との交流を通して、キリスト教などを学び、一八歳にして西欧文明を理解する本質的なものをつかんだのである。この原の主張は、数年後、フランス語を身につけた原が中江兆民からフランス語で西欧思想を集中的に学んだ後、『郵便報知新聞』の記者となり、さらに自分で西欧のことを幅広く学ぶ中で、原の思想として本格的に登場するようになる（本書第三章）。

外交・政治への強い関心

原がエヴラール宣教師とともに新潟へ行った翌年、一八七五年（明治八）になると、原は国防や国家のあり方、教育に関して、様々な文章を書くようになったようで、現在七点が残っている（『原敬関係文書』第四巻、二一～二八頁）。

原の主張として第一に、国防に関し、ロシアの南下策に伴う日本への侵略を警戒していることが目立つ。一八七五年五月七日に、日本はロシアと樺太《からふと》・千島《ちしま》交換条約を結び、樺太をあきらめる代わりに千島列島を日本領として確保した。原はその三ヵ月前に、樺太を捨てることを提案している。それどころか、千島を欧米に売却して禍《わざわい》の因《もと》を減らし、北海道開拓の費用に充てることすら主張した

（原敬「辺境論」上・下〔一八七五年二月・三月〕、同「北門論」〕。原が過度にロシアを恐れているのは、まだ外国語ができず、ロシアの国情や国際関係を十分につかんでいないからである。

第二に原は、清国《しん》が国土も広く人口も多く、産物も不足していないのに、諸列強からしばしば辱《はずかし》めを受けていることを問題にし、国のあり方について論じた。清国がこうなった理由は、君主専制であり、君主が賢くなく、統治ができず、愛国者がいないからである、と主張した。原は開明の国〔日本〕が隣にあると論じているので、日本の維新後の改革をある程度評価しているといえる（原敬「送人游于支那序」一八七五年一月）。

薩長への怨念がある原が、それを切り離して、維新後の改革の進展をある程度評価していることと、専制君主国は富強になれない、と論じていることが注目される。これらは、数年後の『郵便報知新聞』紙上で、原が展開する自由民権運動観（本書第三章）の原型となるものである。エヴラールとの交流を通して、このような見方が育成されたのであろう。もっとも、まだフランス語を使った学習ではないので、欧米諸国とその歴史は比較の対象に入っておらず、数年後の原の評論と比べると見劣りする。

第三に原は、天下の人材を養うには、まず父母が子や孫に及ぼす教育が大切であることを主張した。そこをおろそかにすると、どれほど可能性のある人材でも育たない、と原は論じた。

原はワシントンの智、ナポレオンの勇、孔孟の学等を例として挙げているように、孔孟のみならず、ワシントン・ナポレオン等の西欧の人物についても知るようになっていた（原敬「明治八年一月家書ヲ得タリ中ニ云フ去十二月五日阿兄嫡男ヲ得タリト因テ早卒祝詞ヲ作ル」一八七五年一月、同「人材ヲ養フノ説」一八七五年二月）。

また教育に関し、父優先ではなく、父母両方を重んじていることが注目される。この姿勢は、その後も原の教育論を貫いている。原の女性観の原点に、母リツという賢くてしっかりした女性があり、原は当時の男尊女卑の風潮に流されていなかったのである。

原は一八七五年四月一四日より始まる日記の冒頭に、一八七五年になり、就学のことに関し考えがあり、また分家別戸する必要が生じたので、エヴラールに相談した、と書いた（「帰省日記」『原敬日記』一巻、二頁）。一八七五年四月までに、右のような評論を書く力をつけた原は、エヴラールから学ぶこともそろそろ終わりに近づいた、と感じたのである。

エヴラールも病気療養のため、東北を漫遊しようという考えがあったので、一緒に東北に向けて出発することになった。一八七五年四月一四日、原は弟の誠を残し、エヴラールとともに新潟を出発し、長岡・高崎・富岡を経て、四月二二日に東京に到着した。東京には四月二五日まで滞在し、二五日には、原がよく手紙のやり取りをしている栃内元吉・八角彪一郎（翌年に七等警部に昇進）の二人や、本堂圭（「作人館」修文所で学ぶ、四等巡査、警部補になり西南戦争で戦死）・菊池武夫（のち司法省民事局長、東京弁護士会会長、貴族院勅選議員）・馬場練兵と一緒に写真を撮った。東京にはこのように南部藩出身の友人グループができていた。

その後、原とエヴラールは東京を二六日に出発し、富岡・日光・仙台（五月九日より一六日まで滞在、一七日に出発）・松島・一関などを経て、五月二一日に盛岡に着いた。エヴラールは旅館古川に泊まり、原は家に帰った。三八日間の旅行であった。エヴラールは鹿角《かづの》（現・秋田県鹿角市）を経て青森に向かうべく、五月二六日に盛岡を出発し、原は安倍館《あべたて》の近くまで見送った（『原敬日記』一八七五年四月一四日〜五月二一日）。これがエヴラールとの別れであった。

外交官・海軍将校への道に失敗

一八七五年（明治八）五月二一日にエヴラールとともに盛岡に帰省して後、原は本宮村の家に滞在し続けた。誠が後に原から聞いたところによると、原は宣教師になる志望はなく、兄の恭《ゆたか》は常に「立身出世の道」を早めるようにと助言してくるので、相談のために帰京したという。原は六月二七日に分家し、「商」と登記して平民となった。一九歳二ヵ月の時のことである（原敬「浮沈録」。原誠「原敬追想」15、『新岩手人』一〇‐四、一九四〇年四月二五日）。

この数年後、原は甲府を中心に発行されていた新聞『峡中新報《こうちゅうしんぽう》』紙上で、封建制の時代には「武士即ち富者〔財産の有無でなく、国民の上流に安座して生活する者〕」の専横が無いところはない、と自分の出身母体である武士階級を厳しく批判した（本書第三章）。すでに述べたように、少年時代に通った寺田直助塾においても、原は士族意識から農民を軽んじるような行動をしなかった。その後、エヴラールの学僕をしている間に書いた評論にも、武士の役割を強調するものはなく、広く国民の愛国心を求めるものであった。これらから、原が「商」として平民を選んだのは、自分の中の士族意識と決別するための、意図的な行動であるといえる。*

＊　前田蓮山は、原が没落して家名を汚すことになってはいけないと、分家して「平民」になったと推察しているが、根拠は示していない（『原敬伝』上巻、一五四頁）。

原は分家する用事が済み、また学資の都合が兄の恭の「恵与」によってできたので、東京に行くことを決心した（「上京日記」冒頭、『原敬日記』一巻、六頁）。原家が原に学資を渡す余裕ができたのは、一八七三年一二月に政府が一〇〇石未満の者に秩禄奉還《ちつろくほうかん》の法を定め、家禄六ヵ年分を現金と秩禄公債（八分利付）の半々で下賜《かし》したからであろう。原家は約三〇〇〇円の現金と同額の秩禄公債を受け取ったと思われる（前田蓮山『原敬伝』上巻、一五〇～一五一頁）。原は分家をすることで、分家の費用として当分の学資を与えてもらったのであろう。

一八七五年九月六日に盛岡を出発した原は、仙台・米沢・関・新発田《しばた》などを経て、一七日に新潟に入った。エヴラールの家を訪ねたが、彼は東京に発った後であった。原は二三日まで新潟に滞在し、昨年新潟に連れてきた弟誠らを伴って新潟を出発した。長岡・湯沢・高崎などを経て、三〇日に東京に到着した。原は一九歳になっていたが、誠の回想によると、この旅でもある時は宿引きに、またある時は茶店でぼられたこともあった。（『原敬日記』一八七五年九月六～三〇日。原誠「原敬追想」15）。一五歳で旧南部藩士に東京での勉学費用をだまし取られてから四年経っていたが、原はまだ十分には世間慣れしていなかったのである。

原は、一〇月一八日に箕作秋坪《みつくりしゅうへい》塾（三叉《さんさ》学舎、英・仏学を教授）に入り、官費で学べる学校の受験準備を始めた。一〇月二〇日付で、同郷の友人八角彪一郎に宛てた手紙によると、「都下の近況は惟《た》だ朝鮮の義に付、東西南北皆々論談」しているが交渉の様子はわからない、と江華島事件について書いている（田中朝吉編〔代表〕『原敬全集』上巻、一一七五頁）。

江華島《こうかとう》事件とは、同年九月二〇日に日本の一隻の軍艦が朝鮮国の漢城《かんじょう》（現・ソウル）に近い江華島の砲台に近づき、乗組員の乗ったボートが砲台から射撃されたため、日本側が反撃し、翌日砲台を占領した事件である。この事件の処理を誤り、日本が清国の属国である朝鮮国に出兵することになれば、日清戦争に発展する可能性があった。九月二九日、日本はまず軍艦一隻を朝鮮国に派遣して居留民の保護に当たらせることにした。次いで、一〇月二七日に大臣・参議が集まり、朝鮮国に使節を派遣して射撃事件について詰問することになった。

八角への手紙から、原が外交や国防に強い関心を持っていたことがわかる。これは、この年の一月から四月までに書いたと思われる、原の評論の傾向と同じである。

翌一八七六年三月に原は再び帰省し、四月に東京に戻った（原敬「浮沈録」）。その後、原は外務省の交際官養成のための生徒の試験や、海軍兵学校（四年前に不合格になった海軍兵学寮を改称）の試験を受けたが、いずれも不合格であったという（前田蓮山『原敬伝』上巻、一六七頁）。原は、外務省や海軍兵学校という、自分の興味に合った志望先の受験に失敗したのである。

司法省法学校に入学する

そこで一八七六年（明治九）七月三日に、官費でフランス法を通して司法官を養成する司法省法学校の筆記試験を受け、今度は合格した。その後、体格検査を経て、七月二九日に最終合格者となった。志願者約二〇〇〇人のうち、最終合格者は一〇四人（そのうち四人は華族で自費）という難関を、原は二番の好成績で合格した（「附記・入校紀事」「及第生徒名簿」『原敬関係文書』第四巻、四五〜四七頁）。

筆記試験は、午前中が「通鑑綱目《つがんこうもく》」の中から一枚半が出題され、白文に句を切り点を付す問題である。原は数十分を余らせて解答を完成させた。午後は「論語」の文章が一部出て意義と解釈を区別して解答させるものであった。原は一〇分余りの余裕を持って完成させた（「入校紀事」『原敬日記』六巻、一三頁）。

「通鑑綱目」は、中国の北宋時代に編纂《へんさん》された長大な歴史書「資治通鑑《しじつがん》」の史実を要約し、批評を加えて簡便に読めるようにしたものである。すでに述べたように「資治通鑑」は藩校「作人館」の教科書にも挙げられており、原が司法省法学校に提出した修業歴の控えにも記入されていた。「論語」も小山田佐七郎塾などの寺子屋以来、原が学んできたものであった。これからフランス語で洋学を教えるという学校の入試の筆答試験が漢文だけだったのは、奇妙なことではない。それは、当時の日本人の若者が一般的に学んでいたものを通して、志願者の言語能力・論理能力のレベルを試すことで、洋学への適応能力を知ろうということだった。

箕作塾で学んだことはあまり試験に役立たなかったが、ようやく「作人館」の「神童」の本領が発揮されたのである。

司法省法学校は、明治五年（一八七二）七月に明法寮《みょうぼうりょう》という名で一回目の募集をし、一八七六年七月に二五名の卒業生を出したばかりであった。原たちは二回目の募集に合格したのである。二回目では規則を改めて、司法省法学校と改称され、予科四年、本科四年の八年制になった。予科では、フランス書によって法学通論・歴史・地理・物理・経済学・数学・作文・フランス語会話を教え、本科ではフランス法を教える規定になっていた。校長は植村長（薩摩出身）で、フランス人教師が二人いたという（前田蓮山『原敬伝』上巻、一六八～一六九頁）。

厳しい学業と政治・外交への満たされない思い

司法省法学校に合格すると、入学のため原たちは保証証書を提出させられた。そこには、官命でなければ決して退校を願わないこと、卒業の上は一五年間奉職し、その時の指令に待つべきことの文言があった（「附記・入校紀事」『原敬関係文書』第四巻、四五頁）。要するに、官費で学費はいらず、衣食住を保証されているのであるから、勝手に退学せず、また卒業後は一五年間司法官を務めよ、ということである。原は入学時に二〇歳であったので、二八歳で卒業し、四三歳まで司法官を続けなければいけない。「人生五十年」と言われた当時において、司法官にほとんど一生を捧げることになってしまう。すでに述べたように、外交や政治に関心がある原にとって、それは望ましい人生ではなかった。

原は司法省法学校に入った年の秋にも、外交・政治への関心を、郷里の親友八角彪一郎に次のように述べている。「南門の件〔南方の防衛〕」について過日伝聞したまま申し述べたところ、「北門の」防衛はどうかとの質問を受けた。私には大きな謀《はかりごと》や良策がないので、どうすれば良いか決する良い考えはない。しかし、開拓使官吏の黒田清隆《くろだきよたか》をはじめ、みな武官を兼任しているので、事があればただちに武官として行動するつもりであろう、と。また、翌一八七七年（明治一〇）二月初めには、薩摩が云々とはたぶん「虚説」であろうと、西南戦争について自分の考えを述べている（八角彪一郎宛原敬書状、一八七六年一一月一二日、一八七七年二月七日、『原敬全集』上巻、一一七六、一一七八頁）。

しかし、一八七六年九月一二日から始まった司法省法学校の授業はとても厳しく、九月二三日以降は、一週間ごとに小試験があり、一〇点満点で採点され、一〇回ごとに合計点にもとづいて席替えが行われた。また、翌一八七七年一月二九日から二月五日までは大試験があった。二月六日には、小試験と大試験の合計点数で順位がつけられた。小試験が一七回で一七〇点満点、大試験が一二〇点満点、合計二九〇点満点のうち、原は合計二三五点（約八一パーセント）を得て、一〇位の好成績であった（「在校紀事」『原敬日記』六巻、一五～一六頁）。原は司法省法学校に二番で合格したとはいえ、それは得意の漢文のみの入試だったことが幸いしたからである。

一八七六年一一月には、原は親友の八角への手紙で、私たちの多忙の身に比べ八角の様子をお聞きすると羨《うらや》ましく思うと述べ、翌年二月七日には、春期の大試験が一月二九日より一昨日まであったので、多忙のため少しの暇もなく手紙を書けなかったことをお許しください、などと書いている（八角彪一郎宛原敬書状、一八七六年一一月一二日、一八七七年二月七日、『原敬全集』上巻、一一七七～一一七八頁）。原はきわめて熱心に勉強したのである。

このような学業生活について、入校後五ヵ月経ったころ、原は「学業督責《とくせき》」はなはだ厳しく日々「課業に追立られ」、世の中のことに追いつく暇がなく、ついに「時務」〔当世の急務〕は八年間投げ棄てざるを得ず、心残りながら束縛された身なので、やむを得ないことである、と親友に書いている（八角彪一郎宛原敬書状、一八七七年二月七日、同前、一一七八頁）。

司法省法学校に入学した頃の原敬

原は勉強を続け、すでに述べたように第一学年第一期は一〇一名中で一〇番、同第二期は九二名中八番と、少なくとも最初の一年間は好成績であった（司法省学校課「法学生徒初年第一期考科表」一八七七年七月、「原敬記念館所蔵資料」）。

この間、藩校「作人館」修文所で一緒に学び、たがいに東京に出てきて原の親友となった本堂圭（警部補）は、西南戦争に巡査部隊の一員として参戦し、一八七七年三月一七日に熊本県の田原坂《たばるざか》で部下を指揮し、戦死した。原は本堂のために、碑文を書いた(「故警部補本堂君墓表」、〔本堂圭〕「履歴」、『原敬関係文書』第四巻、二八～二九頁)。

本堂は温厚で寡黙な性格であったが、維新の際の薩摩への憤りから、警部補として巡査を率い、勇んで西南戦争に出征したのだろう。原は「鹿児島逆徒作乱」と西郷軍を憎み、友の死に深い感慨を覚えた。

司法省法学校の青春

原たちは司法省法学校での猛勉強のかたわら、若者らしい行動で発散もしていた。たとえば、試験の点数によって金を出し合い、焼き芋を買うことが流行した。ある時、原はくじによって芋を買いに行く係になり、大風呂敷に焼き芋を包んで戻ったところ、当直の職員に出会った。きまりが悪くて脇に抱えたところ、わき腹が熱くなり、湯気が体にホヤホヤと立ち上がり、芋の匂いもひどい。職員は微笑し、原は赤面して玄関に駆け入った。

また、ある春(一八七七年か七八年)の日曜日、法学校の同窓の国分豁《こくぶあきら》(宮城県出身)と、新橋から大森まで汽車に乗り、蒲田《かまた》に梅を見に行った。梅林で料理の値段を考えながら、「鯛《たい》のうしお」などを肴《さかな》に酒を飲み始めた。ところが、梅の漬物のようなものを無料と思って、肴としてたくさん食べたところ、有料であったため、帰りの汽車賃がなくなってしまった。歩いて帰ることにしたが、芝の山内まで来たころには腹が減り、足も疲れたので、残りの金で大福餅を買って食べた。遅くなったので、駆け足でやっと門限前に帰校できた。この日は、観梅の「風流」とはかけ離れた、苦労の日になってしまった（『原敬日記』六巻、一八頁）。

原たちは「放廃社」を作って、善を勧め悪を懲《こ》らしめるよう、互いに励まし合おうともした。同窓の永島貞（山梨県出身、三番で合格）は、人の材は点数のみで決まらず、素行が大切である、酒が腸を腐らす薬であるというなら敢えて飲まぬ、色は性を伐《う》つ斧というなら敢えて近づかぬ、などと論じた。その一方で、『原敬関係文書』の中には、「退黌《たいこう》記」と題して、吉原に遊んで舟で隅田川を朝帰り、絃《げん》歌《か》が耳に残る、といった内容の漢詩も残っている（山本四郎『評伝　原敬』上巻、五四〜五五頁）。原たちは、自己を律し向上しようと思う反面、厳しい勉学による精神の疲れを癒《い》やすため、いろいろなことをしたのである。

右の永島は、漢詩で原のことを次のように高く評価している。主要部を読み下すと、「〔永島が頼みとなす者は〕独り吾兄のみ。吾兄にして一たび頷《うなず》かば則《すなわ》ち諸子亦《また》皆必ず頷く也」「校中人望の属する者、吾兄より盛なるはなし」「才学原君の如き、識量原君の如き、好んで天下の形勢を論じ、古今の成敗《せいばい》を論ずる原君の如き、他日西洋に航す可《べ》き者は必ず原君の儔《ともがら》也」（同前、五三頁）。

原は司法省法学校で、友人から人望と才能・知識のいずれの面でも優れていると認められた。また、「天下の形勢」など、時事問題にも相変わらず強い関心を持っていたことがわかる。

嫌気が差していた司法省法学校を退学となる

すでに述べたように、原は司法省法学校で最初の一年目を、上位一〇パーセント以内の好成績で通した。ところが、三年目の前期の成績は、六五名中で四〇番（上から約六二パーセント）に落ちてしまった（「法学予科第三学年前期生徒試験点数表」一八七九年二月、「原敬記念館所蔵資料」三一九号）。外交や政治に関心のあった原は、法学校での司法官になるための厳しい予備教育を受けることに嫌気が差してきたためであろう。

こうした状況下で、「賄征伐《まかないせいばつ》」の事件が起きた。「賄征伐」とは、寄宿制の学校において、賄料（食費）の割に食事の質が悪いなどの理由で、寄宿生がお代わり自由の飯を少し無理して全部食べたうえで、さらに飯を要求し、飯が出てこないと食器等をこわすなどして騒ぐ事件である。寄宿生たちはこのような方法で、賄を請け負っている業者が不当な利益を得続けないように抗議したのである。明治期の学校では珍しくない事件であった。

法学校の「賄征伐」は、薩摩出身の校長とつながった同郷の賄業者が、食事の質を落としたのが発端であるという。原の回想によると、原たちが夕食のために食事に行くと、湯呑み所あたりで、皆が食事を済ませたと言って帰ってきたので、やむなく部屋に戻った。原が素直に部屋に帰ったので、原は「賄征伐」が行われるとの話、あるいは噂を知っていたが、首謀者の一人ではなかったことがわかる。「賄征伐」の結果、発起人と目された生徒二〇名ほどが、二週間の外出禁止を命じられたという（『原敬日記』六巻、一九頁。前田蓮山『原敬伝』上巻、一八一〜一八二頁）。

再び原の回想に戻ろう。法学校の学生たちは湯呑み所で連夜集会し、結局、大木喬任《たかとう》（佐賀藩出身）司法卿と面会することになった。委員を選挙し、原と河村譲三郎（滋賀県出身）・吉田義静《ぎせい》（熊本県出身）の三人を選んだ。

三人は大木司法卿に永田町の自宅で面会し、まず河村が、次いで原が意見を述べたところ、大木は「育するに徳敬を以てする」などの話をし、君らは心服しないだろうが、「犯則者」は外出禁止にするので、それで良いのではないか、と説得してきた。ここで二〇分くらいという約束した会見時間は終わった。吉田は何も言う機会がなく、会見後に一人で憤っていた（『原敬日記』六巻、一九頁）。結局、大木司法卿は「賄征伐」の主謀者たちを穏便に処置するという訓示を出したという。ところが、面目をつぶされた校長は、春期大試験後に原ら一六名に突然退学を命じたという（前田蓮山『原敬伝』一八三〜一八四頁）。

原が保存していた、直筆の書き込みのある司法省法学校の「及第生徒名簿」で、原と同じ「〔明治〕十二年二月退校」と記載されている者は、他に中田実《みのる》（陸羯南《くがかつなん》、青森県出身）がいるだけである。明治一二年に退校したとのみ記してある者二名を含めても、四名にしかならない（『原敬関係文書』第四巻、四五〜四七頁）。また原が大木司法卿宅を一緒に訪れたと回想している吉田義静は退学しているが、河村譲三郎は、司法省法学校を卒業し、司法省民刑局長や次官を歴任し、一九一二年には勅選の貴族院議員にまでなっている。

「賄征伐」の中心的人物として大木司法卿に面会した三人の中で、河村は学校に残り、原と吉田が退学することになった理由は、成績の違いであろう。河村が六五名中一番（二五三点）の成績だったのに対し、原は四〇番（一六二点）、吉田にいたっては六三番（七五点）である（前掲、「法学予科第三年前期生徒試験点数表」）。なお、中田実（陸羯南）も五三番（一三八点）と、成績は良くない。彼らはやる気をなくしていたのだろう。

前田蓮山は、薩摩出身の校長が横暴であるというストーリーを強調しすぎている。* また前田は、特に根拠を挙げずに原ら一六名が退学になったとしているが、「賄征伐」事件で退学させられた者がそこまで多かったかどうかは、確認できない。

＊　前田蓮山『原敬伝』上巻は、原の成績が落ちたことに言及せず、法学校の校長が「賄征伐」事件で面目を失

い、何の理由もあきらかにせずに突然原らに退学を命じ、原は戊辰の際の南部藩よりもいっそうひどい目にあったと論じている（一八三〜一八四頁）。山本四郎『評伝　原敬』上巻も、原の入試や一年目の好成績から、成績不良で原が退学処分となったのは口実であるとする（六一頁）。

いずれにしても一八七九年（明治一二）二月六日に、原は司法省法学生の免職（退学）を命じられ、それが東京府より原籍の本宮村役所に通達され、二月二四日付で同村役所が公示した（『原敬関係文書』第四巻、四七、五六頁）。

原は法学校を退学したいがために「賄征伐」に関与したのではない。しかし、すでに述べたように、法学校を退学して本来の関心である外交や政治を学び、その分野で活躍することは原の願望であった。すでに前年二月には寺島宗則《てらしまむねのり》外務卿は関税自主権回復の条約改正方針を決定し、交渉を始めていた。七月には、府県会規則など地方行政・自治に関する三つの重要な法が出された。また、九月には愛国社再興第一回大会が大阪で開かれ、国会開設を目標とする自由民権運動が拡大し始めていた。

退学への後悔はない

法学校の退学からわずか二週間で、原は中江兆民《なかえちょうみん》の塾に入り、「フランス学」を学び始めた。中江の塾に入った翌日、原は司法省法学校の旧友であった吉原三郎（大多喜《おおたき》藩士〔千葉県〕の子弟）・窪田《くぼた》洋平（佐倉藩士〔千葉県〕の子弟）の二人に、「麹町区五番町二番地仏学塾へ転寓」したので、諸君にお伝えください、と手紙を書いた（吉原三郎・窪田洋平宛原敬書状、一八七九年二月二一日、「原敬記念館所蔵資料」三－簡－一六号）。

原が彼らを代表として転居先の住所を知らせたのは、この二人の司法省法学校に対する気持ちが原と同様で、心の距離が近かったからだろう。

窪田の司法省法学校の成績は、初年一期が一二番（二二九点）、初年二期が二〇番（二一九点）と、原と同じく良好だったにもかかわらず、予科三年前期には四三番（一五七点）と急落している。窪田が佐倉藩家老の弟窪田官兵衛（儒者で藩校「温故堂」付教〔教授の次〕）の次男であることも（内田儀久『明治に生きた佐倉藩ゆかりの人々』八七、一三八頁。前川公秀「窪田洋平という人」四二頁）、原の境遇と似ている。窪田は、後に洋画家として名を成す浅井忠《ちゅう》の母方の従兄弟で、浅井より一ヵ月ほど遅く生まれたと見られる。

浅井の関係史料の中で、窪田が初めて登場するのは、原が法学校を中退して五ヵ月経ったころ、一八七九年（明治一二）七月の日記である。浅井と窪田は故郷の佐倉を出発し、八日市場・銚子と回って、筑波山に登頂した。翌一八八〇年に、窪田は新潟新聞社に勤めている（前川公秀「窪田洋平という人」四二〜四六頁）。原が中退して二年以内に、窪田も法学校を退学したのである。後述するように、原が郵便報知新聞社に入社した一八七九年一一月に、法学校の友人に宛てた葉書の宛名に、窪田が入っていないところを見ると、窪田は原が中退して一〇ヵ月もしないうちに法学校を退学した可能性がある。原の中退は、法学校を飽き足らなく思っていた秀才に、退学を促したと思われる。

その後、窪田は一八八三年に『中学校、師範学校　臨画帖』という本を、浅井忠らの協力を得て出版し、一八八七年には朝野《ちょうや》新聞に勤めていることが確認され、一八九一年には浅井らの協力を得て、神田にパノラマ館（円形等の建物の内壁全体に、一つのテーマで三六〇度絵画を張りめぐらしたもの）を開館した。翌九二年一〇月には練炭を発明し、実用化を目指していたという。その後の窪田についてはよくわからない（同前、四六～五一頁）。

本書で述べていくように、一八九二年といえば、原は天津領事・フランス公使館書記官等を経て、陸奥宗光外相の下で外務省通商局長として、念願の外交官の道で相当の地位を確立していたころである。志と能力のある青年が法学校を中退しても、志を得られるかどうか、人生は様々で難しい。

次に、法学校中退後に原が住所を知らせた、もう一人の友人、吉原三郎を見てみよう。吉原は、法学校の初年次において原や窪田ほど成績が良くなかったが（第一期が六六番〔一七一点〕、第二期が三四番〔二〇二点〕）、予科三年前期には好成績とは言えないまでも、原や窪田よりも良い成績を取った（三一番〔一七二点〕）。吉原は司法省法学校を卒業して判事補として司法官生活に入ったが、一年四ヵ月で依願免官となり、帝国大学法科大学に入学して卒業した。その後、内務官僚となり、岡山県知事・地方局長を歴任、一九〇六年に原が内相となると内務次官に就任した。さらに、原が内相として副総理格の第一次山本内閣下で、東洋拓殖株式会社総裁になった。吉原も、帝大法科に入学でき、原の引き立てとは関係なく地方局長にまで出世できたことから、優秀な人材だったといえる。

法学校時代に原が共感を覚えたのは、本来は優秀だったが、将来司法官になる人生に嫌気がさして法学校の成績が振るわなくなったタイプの人達だったといえよう。*

＊　なお、原は中江兆民塾を終え、しばらくして郵便報知新聞社に一八七九年一一月一六日に入社する。それから約一週間後、司法省法学校の友人であった吉原三郎・寺尾亨・小野衛門太に、本日より本所松坂町一丁目一三番地に引っ越したことを伝える葉書を出した（吉原三郎他への原敬葉書、一八七九年一一月二二日、「原敬記念館所蔵資料」三－簡－一七号）。寺尾亨は、初年第一期は一七番（二二三点）、初年第二期は一五番（二二五点）と成績が良く、予科第三年前期も二番（二三七点）と、成績を伸ばしている。しかし寺尾も、司法省法学校を卒業して判

事補から判事になった後、帝大法科大学助教授・教授に転じ、欧州留学を経て、一八九五年九月から帝大法科で国際法講座を担任する教授となった。寺尾も、司法官として民法・刑法・商法等と主に関わって生涯を送ることに飽き足らなかったのである。その意味で、同校の基本的な進路に違和感を持っていた学生だったといえる。

原が司法省法学校を中退して約二三年後、原は前逓信大臣の肩書で久しぶりに盛岡に帰省し、盛岡中学校で講話を行った。中学生として聴いた小沢恒一《こういち》によると、原の話は次のようなもので、普通に聴いていた「修身」の講話とは大きく趣を異にしていた。

若い時は自分の信ずる所に向つて突進すればよい。家のためとか、郷里のためとか、かやうなことに心を砕く必要はない。先づ何者よりも先きに自分を築き上げなければならぬ。自分が築き上れば自然に家のためにも、郷里のためにも尽し得る。郷里の者も自然に自分を必要とするやうになるものである（小沢恒一「『歩む人』を見る」『新岩手人』一－一、一九三一年七月二五日）。

二三歳を目前にした原は、自分を築こうと必死であった。司法省法学校を退学になったことについて、まったく後悔はなかった。後ろを振り返っている余裕などなく、目標に向けて前進あるのみだ。中江兆民塾で何を学んだかについては、次章で述べる。

第三章　自己確立への模索
——中江兆民塾から『郵便報知新聞』記者時代へ

中江兆民との出会い

一八七九年（明治一二）二月六日、原敬は二三歳になる直前に、「賄征伐」に関連して司法省法学校を退学させられると、同月二〇日に中江兆民（篤介《とくすけ》）の私塾に入った。原は中江塾に七月まで在籍し、フランス学を学んだ（原敬「浮沈録」『原敬関係文書』第四巻、四七頁）。

中江兆民は明治四年（一八七一）一一月、岩倉具視を全権大使とする欧米への使節団に、五九名の留学生の一人として随行した。兆民は第三共和制下のフランスで学んだが、日本政府から帰国命令が出て、一八七四年六月九日に横浜港に着いた。

フランス留学は二年数ヵ月ほどであったが、兆民は幕末以来フランス語を勉強しており、フランスに着いた時点でかなりの読解力があった。当時、フランス共和主義の思想が普及していたので、兆民はヴォルテール、モンテスキュー、ルソーなどの啓蒙思想を学んだ。フランスから帰国した後、同年八月に「家塾開業願」を出した際、教科書として、ヴォルテールの『ルイ一四世史』、モンテスキューの『ローマ興亡論』、ルソーの『民約論（社会契約論）』等を挙げている（以下、兆民の叙述は、米原謙『兆民とその時代』一九～一〇三頁）。

兆民といえば、自由民権運動の左派の思想家として有名であるが、兆民が民権運動に関わるようになるのは、原が兆民の塾を退いた翌年の一八八〇年一二月からである。また兆民が急進的な主張をするのは、フランス留学時代の親友である西園寺公望が社長、兆民が主筆となって創刊された『東洋自由新聞』に対し、西園寺に社長を辞任させようという強い圧力がかかったころからである（西園寺は一八八一年四月八日に社長を辞任）。

原敬が兆民の私塾に在籍していた時期の兆民の主張の特色は、第一に、人民に権利さえ与えれば国家が富強になると考えるのは誤りで、民権が発達するには、国家にそれなりの条件がなければならない、というものであった。兆民は、制度の整備のみならず、人民が政治に慣れないといけないと見ていた。兆民は民選議院を否定しているわけではないが、現在の段階では時期尚早であると見て、「今より十数年」の後に予定しているにすぎなかった。兆民の文章は、ようやく形を取り始めた民権運動に冷水を浴びせる類いのものだった。このような、国民に権利を与える前に国民の成熟が必要であるという見解は、以下で述べるように、兆民の塾を経た後、原敬が山梨県の新聞『峡中新報《こうちゅうしんぽう》』や『郵便報知新聞』で、一八七九年八月から一八八一年にかけて展開する考えと同じである。

中江兆民

第二に、分別のない欧化政策を批判し、儒教に代表される東洋の伝統的価値観を近代的なものに錬成するという問題意識を持っていることであった。のちの『郵便報知新聞』時代に、原も「改進主義」を主張しながらも、「旧制遺法」を破壊しようとだけするのは「改進主義」の誤用であると論じている（原敬「改進主義の誤用」『原敬全集』上巻、二八頁）。兆民と原の考えの根本は、類似している。

第三に兆民は、儒教的な徳治主義をルソーの政治論に結びつけ、明治初期に日本に広く受容されたベンサムやミルの功利主義を批判し、自己利益の追求を否定し、「公利」「正義にかなつた行為」を追求すべきだと論じた。このような「公利」や「公衆の利益」追求という考えも、新聞記者時代以降、原敬の生涯に一貫して見られ、この時期から原自身が「公利」等という用語を用いた（『郵便報知新聞』一八八一年三月一四日、一一月五日。『峡中新報』一八七九年一二月二七日、一八八〇年二月二六日）。

原は、中江兆民の私塾での半年ほどの学習のなかで、まだ民権運動に参加する前で急進思想を唱えていなかった兆民から、フランス語だけでなくフランス啓蒙主義の根本精神を学んだと思われる。それは、あるべき国家は、法や制度の整備のみならず、「公利」を追求する成熟して自立した国民によって支えられることが必要だ、という考えである。* 原が兆民のいう「公利」というヨーロッパ近代に生まれた考え方をすぐに身につけることができたのは、司法省法学校でフランス人教員から法の持つ公共性の概念をある程度学んでいたからという可能性もある。いずれにしても、原はフランス革命のような「過激」な動きを理想視しない考えを身につけた。

こうした考えは、一八七九年八月から、『峡中新報』や『郵便報知新聞』で展開される原の主張の核となったのみならず、この後、原の生涯を貫く考え方となった。おそらく、原は南部藩の明治維新での激変を見聞し、理想をそのまま実行しようとすることに対し、冷めた気持ちを持っていたので、当時の兆民の考えがよく理解できたのだろう。

＊ 地域においても、一八八〇年代後半にかけて、県道・里道の修繕や建設に関し、道路がその沿線だけでなく、

社会全体の「公益」に関わるとの認識が生まれ、道路の修繕や建設を積極的に進めようという空気が強まったと推定される。これは、近世の小さな村単位の発想や意思決定を越える近代の新しい潮流である（松沢裕作『明治地方自治体制の起源』三七九～四〇九頁）。原の「公利」追求の姿勢は、このような少し遅れて強まってくる各地域の潮流と共鳴していく。しかし、本書で述べていくように、各地域の鉄道や道路建設などの「公益」を追求する潮流は、より広い地域レベルでは、各地域の「公益」としての地方利益を奪い合う、地域ごとの対立になりがちである。原は国家全体を考慮し、より広い「公利」を実現するという観点から、地域ごとの「公益」（地方利益）を抑制しながら調整した。

原は兆民から多くのものを学んだが、外交については、兆民には出兵・戦争や条約改正等について国際法や実際の国際関係の歴史にもとづいた明確なヴィジョンがなかったため、学ぶことができなかったようである。原は新聞記者時代にフランス語等を使い、外交を独学で学んでいったと思われるが、以下に述べるように、慎重な原は十分に自信が持てるまで、なかなか外交の記事を書かなかった。

『峡中新報』への寄稿から郵便報知新聞社に入社

原は中江塾で学んだ学識を背景に、中江塾をやめた一八七九年（明治一二）八月ごろより、『峡中《こうちゅう》新報《しんぽう》』に鷲山樵夫《しゅうざんしょうふ》のペンネームで寄稿するようになった。『峡中新報』は、山梨県の甲府を中心とする峡中で、同年三月から発行された新聞である。「峡中」を明治初年は「こうちゅう」と呼び、現在は「きょうちゅう」と呼んでいる。鷲山樵夫のペンネームは、釈迦《しゃか》が法華経を説いたという山の木こり、または切られた雑木の意味である。原は自分のことを、物事の道理が少しわかりかけてきた者と

郵便報知新聞
明治十三年八月三日　火曜日　第貳千貳百五拾號
東京府記事
社説
官民相對スルノ道ヲ論ス　社員　原敬稿

原の署名入り社説が掲載された1880年8月3日付『郵便報知新聞』

して位置付けているのだろう。

『峡中新報』に寄稿する一方で、一八七九年一一月一六日、原は郵便報知新聞社に入社した。この新聞は、東京で発行されていた有力紙で、のちに改進党に入党する大隈重信系の藤田茂吉《ふじたもきち》が中心であった。しかし一八八一年一〇月に大隈が参議を辞任するまでは、大隈は藩閥政府の一員であったので、政府批判一色ではなく、以下で見ていくように、原の主張も社説として許容され、掲載される余地もあった。

入社後、まず原に与えられたのは、フランス語新聞を翻訳するだけの役目で、午後から出社した。後には雑報も書き、「論説」を書いたこともある、と約二八年後に原は回想している（『原敬日記』六巻、一〇七頁）。原が『郵便報知新聞』に署名入りの社説を初めて載せるのは、入社後約九ヵ月経った一八八〇年八月三日である。郵便報知新聞社における原の月給は、最初わずか七円で、後に一五円に上がった。同じ新聞社にいた一歳年上の犬養毅《いぬかいつよし》は、すでに五〇円以上もらっていたという（松本健一『原敬の大正』六九～七〇頁）。一八八一年の巡査の初任給六円と比べると、原の給料はそれなりといえたが、犬養とは大きな差がついていた。

このころの原の下宿は、両国薬研堀《やげんぼり》町（現・東日本橋一〜二丁目）の石村という三味線屋の二階であった。石村の息子の茂吉は、後に原が大臣になったころより、芝公園の原邸に出入りするようになった。石村茂吉は盛岡にもやってきて、当時の原が貧乏生活の中で勤勉であったことを讃嘆し、自分のことのように話していたという（原誠「原敬追想」17、『新岩手人』一〇 - 七、一九四〇年七月二五日）。

原が『峡中新報』に寄稿し、郵便報知新聞社に入社した、一八七九年夏から一八八〇年二月までの時期とは、どのような時代であろうか。西南戦争の翌年、一八七八年に自由民権運動が再興し、七九年一一月には大阪で全国的民権政社の愛国社第三回大会が開かれ、国会開設の署名を集めることが決議された。このように、民権運動が少しずつ高まってくる時期である。一八八〇年四月九日には、大阪での愛国社第四回大会で、社名が国会期成同盟と改称され、国会開設に向けての運動がさらに強まっていった（伊藤之雄「若き原敬の動向と国家観・自由民権観」）。

藩閥政府と日本の近代化

他方、伊藤博文を中心とした藩閥政府は、府県会を作るなど、内政では地方自治制を少しずつ整備した。外交では、一八七九年（明治一二）四月四日に琉球藩を廃止し、沖縄県を設置し、近世において日清両属の関係にあった琉球が日本領であることを、改めて宣言した。また政府は、同年九月一〇日には、井上馨参議の工部卿兼任をやめ、外務卿のみ兼任として、不平等条約改正への意欲を示した。

ここで、藩閥政府について簡単に説明しておこう。周知のように、慶応四年（一八六八）一月の鳥羽・伏見の戦いで、前年に大政奉還した徳川勢力は敗北し、維新政権から排除されることが決定的となった。この戦いの中心となったのが、薩摩藩と長州藩であり、土佐藩も薩長側に立って参戦した。その後、江戸や北陸・東北地方、北海道などに残っていた、維新政権に服従しない旧徳川勢力などを圧服する戊辰《ぼしん》戦争に、肥前（佐賀）藩も加わり、軍事力や人材に優る薩・長・土・肥の四藩が維新政権の中心となった。この四つの藩は、明治四年（一八七一）の廃藩置県も主導した。

しかし、一八七三年の征韓論政変によって、西郷隆盛（薩摩）のみならず、板垣退助（土佐）・後藤象二郎《しょうじろう》（土佐）・江藤新平《しんぺい》（肥前）・副島種臣《そえじまたねおみ》（肥前）らが政府を去ったので、政府の薩長藩閥色が強くなった。政府は大久保利通（薩摩）・木戸孝允（長州）・伊藤博文（長州）・大隈重信（肥前）らが主導し、在野からは藩閥政府と批判されるようになった。

その後、一八七七年に木戸は病死、西南戦争で西郷が敗死し、翌年に大久保が暗殺されると、伊藤が政府の中心となった。藩閥政府は近代化をめざし、廃藩置県・地租改正などの改革的政策を進めてきており、一八七〇年代後半に自由民権運動が起こると、右に述べたように伊藤を中心とした政府は、それに対抗するためにも改革的な政策を推進した。

維新後一〇年ほどの間の藩閥政府は、近代化を進めて日本が列強の植民地にならないように安全保障をはかるという課題を抱えていた。また、列強なみの国として列強に認められ、欧米との不平等条約（関税自主権がない、領事裁判権があり、日本にいる外国人の裁判を日本の裁判所で行えない）を改正することは、安全保障との関連でも必要であった。問題は、近代化のための財源が不足していることと、議会運営なども含め、近代的な国家を運営する人材が不足していることであった。また、経験もないのに、欧米で二〇〇年以上かけて発達させてきた議会政治などの立憲政治を簡単に実現できる、と考えている知識人が少なくないことであった（伊藤之雄『伊藤博文』第四～八章）。

このような時期に、原は新聞紙上でどのような主張を行っていたのだろうか。その特色を見てみよう。

藩閥政府の政策も評価

原の主張の特色の一つは、明治維新以後に藩閥政府が行ってきたことに対して一定の評価をしたことである。たとえば、一八七九年（明治一二）一〇月には、維新以来の日本の状況を観察すると、「封建の制度と共に社会の階位消滅して」「昔日の農夫は今日の顕官」となり、「昨日の細民は今日の豪家となり天下の事物は其力量に因《よ》て博取《り》」される、などと論じた。さらに原は、維新後、政府が中央集権の政策を取り、大改革を行ってきたのは、やむを得ない処置であった、と政府を評価した。

翌年二月には、日本の警察について、欧米のように完全無欠ではないが、「公衆の利益を感ずる」ことが多いので、それほど欠陥があるとは見えない、と論じた。その一方で、警察官吏が社会からさほど「貴重せられ」ないのは、「自ら取る所の過失」であるとし、警察官吏の横暴を戒めてもいる。

しかし原は、政府・府県の合理性のない政策に対しては、批判した。一八七九年八月には、「悪疫〔コレラ〕」が流行しているにもかかわらず、楠本正隆《くすもとまさたか》東京府知事が天皇の上野臨幸を強引に進めようとしているが、天皇も東京市民もこの時期の臨幸を望んでおらず、「悪疫」に感染する者が増加したなら「聖恩」にもならなくなる、と批判した。一一月には、府県の租税負担が過重になるにもかかわらず、立派な学校・病院・本庁・道路を作った「賢知事・名県令」なるものは、「開進に急にして遂に干渉主義に出づるもの」と批判的に論じた（伊藤之雄「若き原敬の動向と国家観・自由民権観」）。

旧武士の特権等を否定する

原は日本の近代化を進めるために、国民が自立心を持ち、国家的問題についての知識を得る一方で、実業に従事するような着実な生き方をすべきだと主張した。したがって原は、旧有力武士や華族・豪農、官吏の特権意識や専横を批判した。原は貧富の差が拡大することも好ましいとは見ていなかった。

たとえば、原は歴史を振り返り、かつての封建制の時代には、「武士即ち富者〔財産の如何《いかん》を論ぜず国民の上流に位し安座して生活せし故に暫《しばら》く之を富者と看做《みな》す可し〕は専横到らざる所なかりき」「下民を見ること昆虫の如く其命に逆ふ者は之を斬捨するも妨げなきの極度に達し」ていたと、自分の出身母体である武士階級を厳しく批判した。原は武士中心の体制が終わってからは、「金力」中心の体制となり、富豪として名のある者は、「稍《や》や専横の本色を発現し」ていると見る。

原は富豪の中でも、豪農は農村において田畑を集積するので社会の最も害悪をなすが、豪商は資金を経済活動に使い、田畑を購入しようとする者は少ないので、それほどの害をもたらさない、と見る。ところが、華族は旧領において田畑を購入しようとするとの話があるので、人民を嘆かせることになるかもしれない、と論じた（『峡中新報』一八八〇年一月二三日、二六日）。

このように、原は商工業や農業などの実業を重んじ、商工業者や地主・自作農などの農民が自立することを求めた。実業をよく知った彼らが政府と積極的に意見を交換し、彼らが中心となって政府を支える近代化を理想とし、武士が専横な旧体制を批判したのである。自分の出身である士族を否定したところに、近代国家形成にかける原の強い意志がわかる。原が平民となったのは、このためである。また、これから二〇年から二十数年後に、原が大阪毎日新聞社長・古河鉱山副社長〔実質的社長〕

として、実業にも情熱を傾ける背景もわかる。

イギリスを理想とする

一八七九年（明治一二）一一月になると、原は、イギリスを日本の工業化の将来の理想として見るようになっていた。

原は「農産工産」の二種を「富国の原資」ととらえた。しかし、農産は土地が肥えているか痩せているかの状態に左右されるのみならず、インドのように「農産に富む」国が衰退していく状況がある、と見る。それに反し、イギリスは全ヨーロッパ中でも「農産」に乏しいが、「富国」という意味では欧州第一であり、それは「工産」に富むからである、と論じる。したがって、「工産」のほうが重要である、と原は断言した。

そのうえで、日本の輸入中で巨額であるのは「工産」であり、インドのような道を日本がたどることはないにしても、将来衰退を招かないように、工業を起こすのは日本の「今日の急務」である、と主張した（『峡中新報』一八七九年一一月二〇日）。

その一方で、一八八一年に入ると、原はイギリスや日本の政情について、さらに深い洞察を示すようになった。イギリスには大別すれば「保守党と改進党（自由党）」の二党があって、議院選挙で多数を制したほうが内閣を組織し、もう一つは平穏に政権を離れるようである、と見た。在野党は、政権を奪還しようと力を尽くし、「政党の弊害」も見られるが、政府党も他党から攻撃されないように施政に注意し、「専恣《せんし》横檀《おうだん》（自分勝手に物事を決める）の悪意」を生じない。こうしてイギリスは、自然と「英政の美を発揚して富強の域」に進むと評価した。

フランスについては、政党が互いに政権を授受するのはイギリスと似ているが、政権を争うに際しては、イギリスのように平穏ではなく、「往々執拗《しつよう》の極端に走つて相敵視する」感情がないわけではない、とイギリスより低く見る。それにもかかわらず、英・仏ともに政党があって国に利益を与えていることは明らかである、と原は結論づけた（同前、一八八一年一月一五日）。

原は、政党について当時の日本の状況を、未だ「真正なる政党」はなく、国会論者が全国に興起するのを見れば政党があるようにも見えるが、それは互いに主義を持って争っているのではないことからも、政党とはいえないと考える（同前、一八八一年一月一七日）。

原は一八八一年一月には、英・仏など欧米の状況をフランス語を通してさらによく知り、日本の民権運動への実情への理解も深めたので、日本がイギリスのような政党政治を実現するのには、かなり時間がかかると確信するようになったのである。

国会開設論に転換

一八八〇年（明治一三）四月九日に国会期成同盟ができたように、一八八〇年初頭にかけて、国会開設を求める運動を中心に、自由民権運動が急速に盛り上がっていた。

一八八〇年一月、原は「国会開設の論頗《すこぶ》る世上に其《その》勢力を得んとせり」と、国会開設論が高まったことを認識し、国会ができるかどうかは政府の意向にかかっている、と論じた。そのうえで、政府に国会を作らせるか否かは「余輩人民の意見に因《よ》」る、とも論じた（『峡中新報』一八八〇年一月三一日）。

さらに原は、自立した国民がいないなら、国会を開けないし、開いてもうまく運用できず、予想外の害毒が生じる可能性がある、とも論じた（同前）。

原は現在の状況を、国会開設の時期にきたのかどうか明断できない事実が存在していると見る。それは「国会論者中往々軽薄無識の徒を発見する」と思うからであり、「国会論を主張する者其幾千人なるを推測するを得ざるの大数に達したれば悉《ことごと》く善良の君子人にもあらざる可し、又た悉く報国尽忠の愛国人にもあらざる可き」は明白だからである（同前）。

当時の民権派はすぐに国会を開いてもうまく運営できると楽観的であったが、原は国会を開き運用することの困難さを、このように最もよく知っている一人であったので、早期の国会開設に否定的であった。

自由民権運動が急速に盛り上がっていく時期にあたる、一八八〇年八月以降になっても、原は前の時期以上に、革命等の過激主義に走ることを批判し、秩序ある発展を訴えた。

原は一八八〇年八月三日の『郵便報知新聞』に、「官民相対するの道を論ず」と題して、最初の論説を載せた。原はまず、ロシアについて、皇帝や政治には学識があるが、皇帝にしばしば暗殺等の危害を加えられるなど治安が不安定であるのは、「専制の国」であるから、と論じる。これに対し、イギリスは保守党と自由党が政権を常に争っているが、その争いは「君子」のもので、政権交代を「平穏」に行っており、官民は「理と情」とを併存させて接している、と見た。

そのうえで、国会開設の請願が全国に広がっている中で、官民が調和するようにしないと、「英国の美蹟」に達することはできず、かえって言葉にできないほどの災いを招くかもしれない、と原は主張した（『原敬全集』上巻、四～五頁）。これは、フランス革命のような混乱が日本に起きることを恐れたためである。

原は、モンテスキュー、ヴォルテール、ルソーらの思想は革命前にあったが、フランス革命当初には活かすことができず、数年後に担い手となった人々がモンテスキューらの思想を実行した、と見る。しかし、この革命は、いたずらに「旧を厭《いと》ひ新を喜ぶの弊風に陥り」「改革の一事に偏して事物の正否を問ふ」ことに余念がなく、旧制をおしなべて廃棄して、「終に名状すべからざる惨劇を演じた」と論じる。結局、革命の争乱が収まり、「法国〔フランス〕の政法稍々《やや》確定して国安を保全するの道に就きたるは革命後数十年の後ちに在り」「六法の完備は革命後殆《ほと》んど四十年後に在り」と、フランス革命を批判的にとらえた(『郵便報知新聞』一八八〇年九月三日)。原は、フランス革命の混乱から秩序の形成までの本質を、しっかりと理解していた。

そのうえで、フランス国王が、この時勢を感知し、「早く政体を変更して民情に従ひ時勢に応ぜば」、革命の禍を招かなかった可能性があると見た。原は、専制政治を行っているロシアにも批判の目を向け、「虚無党《きよむとう》」〔無政府主義者〕や「社会党」が活動し、治安が悪いのは、政府が「権威を恃《たの》んで専制の極度に走」り、「自由の徒」を全力で抑圧するからであるとする。

一一月になっても、原は国会開設を請願するなど、民権運動を行っている人々を、おおむね「無学無術」で、国会を利用して名利を得ようとしているだけで、天下の大事を託せる人たちではないと、批判的に見ていた(同前、一八八〇年一一月四日、八日)。

他方、政府に対しても、一国の政府はその動静に関して国民から疑いを受けることがあれば、それを解くように努めるべきだと論じた。

その後、翌一八八一年の三月一〇日前後になると、原は、政府は国会開設の方針を決めるべきだ、とはっきり主張するようになった。さらに、少々過激であっても「自由民権」を主張する者を評価するまでになった（『峡中新報』一八八一年三月九日、一〇日）。

三月一四日にも原は、今日アジアが欧米よりはるかに下位になっているのは「進取の気力」がないからであるとし、現在、「自由民権の説到る処に嘖々《さくさく》たる〔しきりに称賛されている〕を以て後来を推測し益々其進取の気力を増進せん事を希望して」やまない、と論じた（同前、一八八一年三月一四日）。原は、日本を欧米列強に対抗できる国家にするためにも、自由民権を推進し、国会を開設すべきだと考えたのだった。また原は、友人の八角彪一郎宛の手紙で、近頃「民権家」なども大分あることは賀すべきです、と論じている（八角彪一郎宛原書状、〔年不明〕二月一一日、『原敬全集』上巻、一一七九頁）。これも、一八八一年二月のことだろう。

国会開設の準備としての府県会の役割

原は、国会開設論にふみきる以前においても、自立した国民の意思形成の障害となるものとして、官吏の専横を挙げ、それを助長するものとして、官吏が「勲等位階」などをもって平民を蔑視することを指摘した。

原は、官吏の「平民」に対する態度を、「勲等位階の差違あるにもせよ、等級月俸の区別あるにもせよ、其吾人平民の頭上に位《くら》いし吾人平民に向て傲然《ごうぜん》たると、吾人平民を蔑視すること犬馬の如くなると、吾人平民を苦役する奴隷の如くせんと欲する実況に至」る、と強く批判した。また、戸長《こちょう》・区長・郡長および巡査たちも、各々権威を占有し、その権威をもてあそぼうとしている、とも見た（『峡中新報』一八八〇年二月九日、一〇日）。このような原の感覚は、政党政治家として成功した後も、授爵を嫌った態度につながっていく。

原は国家意思の決定についても論じている。まず各町村の意思の集まりとして各府県の意思を形成し、それらと東京の藩閥政府で決められた政府の意思を調和させて国務の方向を決めるべき、と原はいう。この原の主張は、すでに述べた、自立した商工業者や農民が日本の近代化を支える中心となるべきだ、という考えと関連している。

一八七九年（明治一二）に府県会が始まると、原は各町村や各府県の意思を形成するには、その地域の自立した人々による自由な意見の交換が必要で、そのために「民権自由」が必要だとみなした。それがなくては、「一国の福利（日本国民の生活の向上と発展）」が望めないと見たのである。その関連で、藩閥政府による言論や社会・経済活動への不当な「圧制束縛」は、国民の自立した意思形成を抑圧する、と批判したのである。他方原は、藩閥政府が府県会や町村会を設ける方針を出し、それが少しずつ実現していることを評価した（同前、一八七九年九月五日、一〇月七日）。

原は、自制心を持った府県会を、府県庁の専横を抑制し、政府が国家意思を決める際にも考慮すべき機関としてとらえたのみならず、一八八一年二月から三月ごろに国会開設論に転換すると、国会開設に向けて、議会政治の練習の場としても考えた。

一八八一年四月四日、原は国会と府県会の関係について、国会のある国においては「天下の大事」はことごとく国会によって議決されるので、府県会は国会の議定するものを継承して、その府県内に施行するのと、府県内にとどまる実務を議決施行するにすぎない、と、府県会と国会の役割・権限の違いについて論じた。そのうえで、国会のない国においては、府県内の他に重要な議会がないので、府県会の権限はさておき、この議会に期待するところが「甚だ厚く」、また関係するところも「甚だ大ならざるを得」ない、とも述べた。

さらに国会がない国の府県会議員は、精神において自ら重要の地位に在ることを記憶し、国会議員が常に国家の大事を処置することをみずからの任とするように、「確然不抜《ふばつ》、利の為めに動かず、害の為に変ぜざる」精神がなくてはいけない、と原は続けた（同前、一八八一年四月四日）。

四月末には、地方分権の必要も論じた。その中で、地方分権とは、中央政府に画一の政令を放棄させることで、そのためには地方議会に十分の権利を分与するべきである、と主張した。また、地方議会に十分の権利を分与するには、府県会規則を「改定」「修正」するか、それを全廃してふさわしい規則を作るかである、とも論じた（『郵便報知新聞』一八八一年四月二七日）。

原は、日本が憲法を制定し、国会を開設して立憲国家となる一つの段階として、府県会が理性的で合理的な議論と議決を行い、府県民の民意を反映した方向が決まるようになるべきだと主張した。国会開設の準備として、府県会の活動や地方分権を重視していたのである。

維新後の天皇の権力と役割

憲法を作り、国会を開くことが課題になってくると、憲法により大枠を決められる新しい国家体制に、天皇や皇室の役割をどのように位置づけるかが問題となる。

ここで、維新後からこの時期、一八八〇年（明治一三）までの天皇の政治権力と役割について、簡単に振り返ってみよう。

明治天皇は、父孝明天皇が病気で崩御《ほうぎょ》すると、慶応三年（一八六七）一月に一四歳で践祚《せんそ》〔事実上の即位〕し、翌年一五歳で明治維新を迎えた。維新政府の建て前としては、政治は天皇が「親政」「万機親裁《ばんき》〔すべてを自ら決裁〕」すると公言されていたが、実際は薩・長・土・肥などの藩閥有力者や公家の岩倉具視・三条実美《さねとみ》らを中心に、政治が行われた。少年天皇は、日本の統合の象徴としての役割を果たしただけであった。

したがって、征韓論政変（一八七三年）・西南戦争（一八七七年）・大久保利通暗殺後の人事（一八七八年）など、表《おもて》の政治では、天皇は実権を持てなかった。ところが、天皇家や宮中に直接関わる奥《おく》の問題には、二五歳前後から影響力を持ってくる。たとえば、京都御所とその周りの公家の屋敷だった場所が荒れていることに対し、天皇が一八七八年に、その場所を整備し即位の大礼を京都で行ってはどうか、と発言した。岩倉右大臣がそれに従い、京都御所を整備し、旧公家屋敷地に御苑を作った。

後述する、伊藤に次ぐ政府の実力者である大隈重信参議（前大蔵卿）が一八八一年（明治一四）に政府から追放されるという明治十四年政変においても、天皇は伊藤ら長州と薩摩や岩倉・三条らによる意思決定を追認したにすぎなかった。天皇が表の政治に影響力を及ぼせるようになるのは、憲法発布の二年ほど前、天皇が三四歳になった一八八七年頃からであった。それも、日常は表の政治への関与を抑制し、藩閥内等で政治対立が激しくなった場合に調停する、といった消極的な権力行使であった。このような役割を天皇に与える制度設計をしたのは、伊藤博文である。彼は欧州へ憲法調査に行き、ウィーン大のシュタイン教授に学び、明治憲法を作る中心となった（伊藤之雄『明治天皇』第一～四章、同『伊藤博文』第七～一一章、瀧井一博『伊藤博文』第二章、伊藤之雄「明治天皇とその時代」）。

この間、天皇や皇室の役割が政府内でも固まらない中で、次のように、原も一八八〇年にはそれらを論じた。ここから、若き原の天皇・皇室観がわかる。

原の天皇・皇室論

一八八〇年（明治一三）五月、原は中井弘《ひろむ》の依頼で、皇室についての「時論」を執筆した。中井は、これを「内閣」に提出したという（「時論」への原の自筆による加筆、『原敬関係文書』第四巻、一〇四頁）。

中井弘は、この約三年半後に原が結婚する相手、中井貞子《さだこ》の父で、この時、工部《こうぶ》権大書記官《ごんのだいしょきかん》（工部省で局長に準じる役職）をしていた。中井が二四歳の原を知っていたことは、注目される。中井は薩摩出身であるが、改革的思想を持っていたため、維新後は木戸孝允系の人脈に連なった。薩摩人のねたみでいったん政府を離れざるを得ず、政府内での出世は遅れたが、このころ政府をリードした伊藤博文（参議兼内務卿）や、伊藤の親友の井上馨《かおる》（参議兼工部卿）らと親しかった。原が書いた「時論」が提出されたという太政官制下の「内閣」とは、太政大臣・左大臣・右大臣と伊藤・大隈重信ら数人の参議から構成されており、明治四年（一八七一）以来一八八五年一二月に近代的内閣制度ができるまで、政府の中枢であった。

中井弘

原が中井に提出した「時論」では、まず外国の「皇室」は、戦いや他の貴族たちの推薦によって国を治めるようになるために、興亡の変化は常がないが、日本は「一系万世」の皇室で、「君臣の大義上下の名分一定して動か」ないようなもので、外国とは大きく異なる、とする。すでに「二千五百有余年」の歴史があり、これを「億万年の悠久」に伝えるのみ、とも述べて、天皇・皇室が永遠であることも主張した。

原は立法・行政・司法の確立は、それほど困難なことではなく、目下すでにその作業が始まったと見る。他方、皇室についてはは深く心にかけておかなくてはいけない、とした。その一つとして、原は「皇室の礼典」を挙げた。原は日本の皇室の古代以来の礼典の盛衰の歴史を振り返りながらも、「儼然《げんぜん》其《その》壮を感」じさせることが国家を治める道である、と見る。しかし、古来の礼典の中には、今日に適さないものがあるので、海外の「良制を斟酌《しんしゃく》し」、適当な形で日本の礼典に取り入れるべきだとも主張した（『原敬関係文書』第四巻、一〇四〜一〇五頁）。このような考え方は、一八八〇年代後半に伊藤博文が行っていった宮中の儀式改革の方向と同じであった（伊藤之雄『伊藤博文』二六二〜二六四頁）。

もっとも原は、来るべき立憲国家の中に、天皇の政治的役割をどのように位置づけるかについては、はっきりとした考えを持っていなかった。しかし、当時の藩閥政府の中で、具体的な政治状況と関連させて、体系的に天皇の政治的役割について提示できる者はいなかった。それは、すでに述べたように、天皇「親政」の建て前を維新後の政府は採ってきたが、実際にはまだ若い天皇は政治の意思決定に関わっていなかったからである。今後、天皇を政治にどのように関わらせ、憲法の条文上で、それをどのように表現するのかは、難しい問題であった。当時の政府の最高実力者で四〇歳に近づいていた伊藤博文ですら、欧州に憲法調査に行きシュタイン教授に会うまでは、確固としたものがなかった（同前、第八〜九章）。若い原にそれがなくとも、仕方のないことである。

知識人の西欧思想の受け売りを批判

原は民権派も含め、当時の知識人のあり方についても批判的であった。「文人学士（知識人）」は、「前人未発の主義」を発見すべきであり、「先哲の論説を墨守《ぼくしゅ》し其の範囲内を脱出」できずに、どうして「人民の智識を啓発し社会の開明を」進めることができるであろうか、と原は論じ、彼らを「精神の奴隷」と呼んだ。そして、今日の「文人学士」は、精神思想は「欧米人の奴隷」といっても良く、政府から派遣されて海外に留学しても、「精神独立せざれば自由に思考する」ことができず、「前人未発の真理」を発見できない。そのようでは、西欧人が一説を創れば、それを伝えるだけで、「幾千百年を経過するも決して欧米独立の精神思想を我国に移す」ことができない、と論じた（『峡中新報』一八八一年五月九日）。

西欧の受け売りだけでは、「精神の奴隷」であり、日本の現状に合わないのみならず、独自の思想を発達させている西欧と対等になることができない、と原は欧米に学ぶ際に注意すべき根本的なものをつかんでいた。すでに述べたように、一時的であれ原の師であった中江兆民は、ルソーを東洋思想との関連で理解し、民権運動の中にある軽薄さも認識していた。原は兆民の刺激を得て、国会開設論の土台となる独自の政治思想を発達させていたのである。

ここで、原は科学や工業技術については述べていないが、それらについても同様である。西欧の科学や工業技術の表面だけを理解しても、後を追って類似した製品を作ることはできる。しかし、科学で全く新しい見解を出し、新しい考えにもとづいた次世代の製品を開発しない限り、欧米と競うことはできない。日本はとりわけ第二次世界大戦後にそれらを相当達成したが、現在においても経済的に伸びあぐねている国にはそうした問題があることが多い。

留学経験もない二五歳の原が、維新後わずか十数年という時期に、このような本質的なことをつかんでいたのは驚くべきことだといえる。

女子教育論

原は、女子教育についても発言した。維新後の女子教育論の現状を、日本において「女子教育なき既に久しく、因襲数百年の今日に及んで、女子教育の必要なるを知る者甚《はなは》だ稀な」るものである、と見た。欧米にあっては「男女同権」を早くから唱え、特に米国においては女性の権利を拡張しようとするようである、と論じた。

米国において一八四〇年代に、投票権や財産所有権・高等教育を受ける機会・幅広い職種への就業を求めて、女性の権利運動が起こった。一八五〇年代になると、女性の権利運動は、しだいに婦人参政権の獲得に目標を絞るようになった。一九一二年までに女性は九つの州で投票権を与えられ、一九二〇年に憲法修正第一九条が成立し、米国全土で国政レベルにまで投票権を実現した。原は米国における初期の婦人参政権運動を知っていたのである。

原は、男女は同等であるが、社会での役割分担の面では、〔将来はともかく〕まだ同権ということはできない、と主張した。それは、男子は政治・軍務などの「社会の公務」に従事し、女子は常に「一家の私務」に従事して、各々その本分を同じくしないのは、古来いずれの国においても「自然の定則」のようである、と考えていたからである。

そこで、男子と女子の教育目的や内容は異なる、と論じる。女性は一家を調和し、児童を養育することが「婦人の美徳」であるので、女性の教育は急務だが、いたずらに「高尚の学課」を女子教育に取り入れることは、「女子をして婦人の性格を失はしめ」る恐れがある、と見ていた（『峡中新報』一八八一年四月八日、二六日、二七日）。

原の女子教育論は、男子との差を強調しており、現代の感覚からすると保守的に見える。しかし、日本のみならず、欧米においてすら女子への本格的な教育の必要すら認めない意見が根強かった当時において、男女同等の原則を認め、その必要を論じた点で、国会開設への姿勢と同様に、実情を十分に考慮して実施する漸進主義だったといえる。原の女子教育論の枠には、女性の意識も含め、社会における女性の状況が大きく変わっていけば、男女の役割を区別する意識も弱まり、女子にも高度な教育を与えるべきだという考えに変わるであろう可能性があった。

後に、原は兄の長女の栄子が当時としては最高の教育を得られるように尽力し、東京女学館高等専門科にまで学ばせた（本書第一三章）。このことがそれを示している。

東北・北海道周遊

一八八一年（明治一四）、原は、元・外務省の官僚で、のちに東京府知事となる渡辺洪基《ひろもと》に随伴して、東北・北海道を周遊する機会を得た。

五月二三日に東京を出発し、千葉県・茨城県・福島県（西部）・山形県・秋田県・青森県（日本海側）・北海道を回り、再び青森県（太平洋側）・岩手県・宮城県・福島県（東部）・栃木県を周遊、一〇月二日に足利から船で両国橋（東京）に戻った。一三三日間に及ぶ旅で、東京に着いた時は、一〇月一一日に大隈重信参議が政府から追放される明治十四年政変の九日前だった。

周遊の中心人物である渡辺洪基は、福井出身で、維新後、岩倉使節団に随行した後、外交官としてイタリア・オーストリアに勤務、外務省記録局長を経て、東北・北海道周遊の前に外務省を依願辞任退職している。

同年五月二日に書かれた原の「周遊日記」の序によると、原は年来各地に周遊して地方の実情を理解しようと考えていたが、機会がなかった。そこに、渡辺洪基が「全国に周遊して地方の実況を通観」しようとしていることを知り、渡辺を訪問した。渡辺が同行しないかと誘ってくれたので、原は喜んで渡辺に従って周遊することを約束した。原は郵便報知新聞の記者として、周遊中に各地の見聞を書いて本社に送り記事とすれば、新聞の読者も「地方の実況」を知ることができると考えた。この考えは同社に受け入れられ、原は同社から旅行の費用を出してもらい、五月三日から一二月二三日まで同紙に「海内周遊日記」を掲載した（『原敬全集』上巻、四五〜一八〇頁。『原敬日記』六巻、一〇七頁）。

原が関心のあった、この時期の「地方の実況」とは、とりわけ、①国会開設を求める自由民権運動の実情を、それが立憲国家を作るためにどこまで着実なものかも含めて知る、②地方官と府県会の関係、③各地の産業の実情、④産業や思想の発達の基礎として重要な各地の交通事情と交通が開けない原因、等を探ることであったといえる。

すでに述べたように、これら四点は、これまで原が『峡中新報』『郵便報知新聞』で論じてきたところであった。原は多くの地域を見ることで、もっとしっかりとした意見を固めようとしたのであろう。

東北・北海道周遊で確認したこと

原は東北・北海道周遊で、「地方の民権家」は自分に政治を行う「高尚なる気力」がないことを確認した。それなのに、彼らは「人民」が「幼稚」であると言う。たとえ「人民」がそうであったとしてもみずからは「高尚」であるべきだ、と原は地方のリーダーとしての民権家に、改めて不信の念を持った。原の見解では、農商に志す財産がある者が政治思想を発達させない限り、「真の民権家」は生まれないのである。

したがって、今の状況では、初めから「完全の国会」を望むことはできないが、「時勢を見て」開設することが重要である。原は県令を公選にする日はまだ先のことであるが、郡長を公選にするのは、もう可能だと見た。また、「無産者の政事思想」や「窮民」が「政府を敵視する」状況は、「共和政治の性質」があるので、この「禍を未然に防禦《ぼうぎょ》して立憲政を定む」べきだ、とも考えた。

原は地方人民のみならず、地方「民権家」の政治思想を未熟ととらえたが、県会や郡長公選を行い、不完全でも国会を開くことで、国民の政治思想を充実させていこうとしたのである。

原は千葉県で、中央政府と地方の関係の問題を見た。たとえば県会の会議中または議案調整中に政府の布令が出て、しばしば内容が変わることがあり、地方官吏の不便は大変なものであった。

地方官の地方の人々に対する姿勢にも、山形県と福島県では問題があった。山形県では、県庁・郡役所・師範学校・中学校は「王侯の宮殿」と見間違えるような洋風の「外観美」を持ったもので、原には、そこまで地方の経費を使う理由がわからなかった。福島県においては、会津若松等と、福島地方とでは、状況が大変異なり、対立さえあるようだった。これは道路が「険悪」なせいであり、地方官が「人民に向て干渉の政策」を行うのを止め、「交通の便を開ひて一県相和する」ようにすべきだ、と原は見た。

原は福島県・山形県・青森県など、東北地方の開拓地にも関心を示し、実情を調べ、不毛の地は奥羽地方に多いと世人は常に言うが、すべて誤りであり、奥羽には少々開墾の余地はあるが、「大に開らくの地なし」と見た。

原は北海道の開拓に強い関心を示し、開拓地を見学した。そして、「北海道は富裕の源なり、富を欲する者は北海道に行け」とまで、北海道開拓を推奨した。

原は開発との関係で、交通に目を向けた。たとえば、札幌から室蘭に鉄道を建設すれば、室蘭から小樽港を経て、内地の各府県と函館を経由せずに物産の輸送ができる、と提言した。青森県八戸においても、港が不十分で良港が必要だと考えたが、東奥州の通運を開発するには東北の鉄道に着手する話があるので、それに注意することが必要だと指摘した。

原は、船舶の発達が不十分で天候に左右されやすい条件の下では、将来は海運よりも陸運を発達させることに力を注ぐべきだと考え、そのうえで、鉄道と港の連絡にも目を配った。

また、交通が発達する利益について、産業面からのみならず、封建的旧慣を破り近代化を進める精神を育成することや、さらには安全保障の面からもとらえた（伊藤之雄「若き原敬の動向と国家観・自由民権観」）。

盛岡人・奥州人への思い

この周遊の帰路で、原は八月二八日午後に盛岡に着き、二九・三〇日の両日、盛岡に滞在し、三一日に大迫《おおはさま》（現・花巻市）に向けて出発した。『郵便報知新聞』の記事に、原は某友人が民権自由の徒が日増しに勢力を強めていると証言したが、実業は栄えていない、と期待したほど変革していない現状を描いた。

さらに原は、公開を予定してしない「周遊日記」には、盛岡の現状への批判も書いている。それによると、渡辺洪基が集会条例の草案を作ったとの「評説」があり、「非常の圧制家」と思い込んだため、渡辺と同行している原のところに、盛岡の「少年輩〔若者〕」はあまり訪問しなかった。原は

「我県人の見聞に狭き、今に脱せず、誠に憫《あわれ》むに堪へたり」と嘆いた。

おそらく、盛岡の人々が渡辺について誤解したことのみならず、実業が興らず民権運動のみが盛んになっていることで、原は失望感を強めたのであろう。それでは、盛岡では原が理想とする実業を行い幅広い視野を持った真の自由民権家が成長することに期待できない。

原は九月九日に仙台に着き、一三日に出発するまで滞在した。仙台は、原が東北において最も良い印象を持った都市で、原は、「殆《ほと》んど奥羽七国の牛耳を執るの傾きあり」と評価した。

なお原は、「奥羽人の卑屈は政事上より来る」として、昔は他の藩の人に対しても「畏懼《いく》〔おびえてびくびくする〕」の情はなかったが、今おびえるのは政治的理由からである、と維新で「朝敵藩」となり萎縮した東北地方の現状を、精神的にも変えるべきだと考えていた。しかし衣食住ともに「奥羽は不開化の地」ではない、とも断じた。事業については、「関西の人は政府に縁故多くして恒《つね》に資本より販売に至るまで政府の手を借り」るので、とても都合が良いが、奥州人はそれと異なり、ただ「自己の脳力」によって行う、と論じた。そこで、「実着の事業は奥羽人の手に成るべし」と評価し、東北人の誇りを示した。その根拠の一つは、伊達《だて》氏が北海道の紋鼈《もんべつ》（現・伊達市）開墾を政府に頼らずに行って、苦難の末に成功させつつあることだった。

原は盛岡や東北に愛着と誇りを持ち、とりわけ盛岡に対しては、実業を着実に成長させ、堅実で自立した精神を持ってほしいと期待していた。しかし、東北の中心としては、郷里の盛岡ではなく、仙台がその役割を果たすべきと自然に受け止めて期待した。晩年の首相時代も含め、原は政治や社会の大きな流れを見極め、それに逆行せず、その流れに対応する最も良い政策を選ぶ手法を取った。その原の政治・社会観は、二〇歳代半ばには原型ができていたといえる（伊藤之雄「若き原敬の動向と国家観・自由民権観」)。

アイヌ民族の可能性を見る

今回の周遊旅行中、原は北海道で初めてアイヌ民族とその生活を見た。当時、アイヌ民族は能力的に劣り、その発展の可能性はない、と差別する風潮が強かった。その中で原が次のように、アイヌ民族の可能性を信じ、教育の重要性を説き、それも長期にわたって続ける必要があるとしたことは、大きな特色である。

教育なるものは俄《にわ》かに進歩すべきものにあらず。土人にあらずとも、旧幕時代の老人に洋書を教へたらんには、アイノ〔アイヌ〕人に図書を読ましたるよりも幾倍困難なるを知らざるべし。然るが故に五年や十年アイノ人を教育したるまでにては、是も非も未だ判断を下すべきの時にあらざるなり。其務に当る者、力の及ばん限りは此アイノ人をして遂に日本上流の偉丈夫たるに至らしむること怠る勿《なか》れ(『原敬全集』上巻、一四六頁)。

原はすべての人々に可能性があり、それは教育により生まれる、との信条を持っており、女性についても同様であったことは、すでに見た。当時の日本において最も劣ると見られていたアイヌ民族も例外ではなかった。

第四章　外交を深く考える――『大東日報』主筆

突然の明治十四年政変

原の東北・北海道周遊中に、藩閥政府内部には深い亀裂が生じていた。それは、一八八一年（明治一四）三月に大隈重信参議が有栖川宮《ありすがわのみや》熾仁《たるひと》左大臣を通して天皇に内密に上奏し、二年後に国会を開設し、イギリス風の政党内閣制を日本に導入することを建言したからである。大隈の建言は、ただちに実行するとすれば、国柄の違いや日本の発達段階を十分に考慮に入れたものとはいえない。また憲法だけでなく、国会のための議院法、国会議員を選出するための選挙法などの関連法や、新しい内閣制度・官僚制度を作らねばならず、さらにそれを国民に周知させて実施することが必要である。それを考えると、二年という期間は現実離れしている。

大隈重信

六月下旬にこのことを知ると、伊藤は大隈を政府から追放する決意を七月に固める。これが三ヵ月後の明治十四年政変へとつながった（伊藤之雄『伊藤博文』一六三〜一六九頁)。

原は『郵便報知新聞』の若手記者にすぎず、東北・北海道周遊に出かけていなくとも、政府中枢の限られた者しか知らない大隈の建言を知ることはないだろう。しかし、これまで述べてきた原の国会開設論など、立憲国家形成の構想や自由民権派への認識を考慮すると、大隈建言を原が知った場合、伊藤同様に現実味のないものとして反発したはずである。

一〇月一一日、大臣・参議一同から、憲法制定と国会開設、および大隈の免官が上奏された。天皇は内閣の意見ということで承知した。大隈は、伊藤から辞任の勧告を受けると了承し、上奏はいずれも裁可された。

翌一二日、民権派から不当に安い値で薩摩系政商に払い下げていると攻撃された開拓使官有物払い下げを中止し、一八九〇年に国会を開設することや、大隈の辞任を認めることが公表された。また、大隈系と見られた官吏らは、辞任しない者は罷免された。

原を従えた渡辺洪基一行が、一〇月二日に東京に戻った後、周遊を打ち切ったのは、この政変が関係していた。原は一〇月一二日の新聞に、維新後に東京が中心となり、東京から政令・文物すべて起こり、維新後わずか一四年の間に「驚くべき進歩をなしたる」ことを考慮すると、「非常の急進」といえる、とこれまでと同様に藩閥政府の「進歩主義」を評価した。そのうえで、このため中央政府と府県の官吏や地方民の間に、「都鄙《とひ》隔絶」が生じ、「官民の軋轢《あつれき》」が多く起こると論じた。原は、欧米のように「汽船なり汽車なり電信なり郵信なり其他《そのた》殆《ほと》んど交通の便に乏し」くない国でも、都と田舎は多少の懸隔を免れないとも書いている(『郵便報知新聞』一八八一年一〇月一二日)。

原は中央政府が「最も急進なる民情」によって法令を作ることを戒め、地方の実情に合った政策を行うように主張した。またそれとともに、言外に、汽船・汽車・電信・郵便などの運輸・通信手段を発達させれば、中央と地方の「隔絶」の問題が緩和されると提言したのである（同前）。

原の論は、大隈の建言の方向を言外に否定している。五月下旬から一〇月初頭まで東北・北海道を周遊した体験が生かされたものであった。

政変と原の国会開設論

原が初めて明治十四年政変について具体的に論じるのは、政変が公表されてから六日後、一〇月一八日の『峡中新報《こうちゅうしんぽう》』社説においてである。そこでは、まず一二日付の、開拓使官有物払い下げ中止の達《たつし》と、一八九〇年（明治二三）を期し国会を開くという勅諭を紹介し、①天皇が東京に戻った後、開拓使の官有物払い下げ問題について何か決定があると思っていたら、一二日に取り消された、②この達《たつし》を読んで、「輿論《よろん》に従て其非挙を改めたる」を、官府のために慶《よろこ》び、「輿論の勢力を得たるを」社会のために賀したい、③政府が「輿論」に従うのは「千古の偉績」であり、ここから始まったといえる、④開拓使の存廃および官有物の処分をどうするかは、遠くない時期に決まるだろう、⑤〔国会開設の〕勅諭に対して、見解を述べることは「臣民の分」としてできることではなく、ただ「聖勅」を捧読し、「天恩」が海のように深く山のように高いのを感じるのみである、⑥しかし、「万民」のために敢えて「聖勅」を解釈すると、「国会の開設は今日既に迫りたる」ことであり、一八九〇年を期してとは、「明治二十三年に達すれば勿論《もちろん》、其達せざるも、組織権限の既に定まる以上は速かに国会を開設せらるゝこと」であると信じる、などと論じた（『峡中新報』一八八一年一〇月一八日、一九日）。

『峡中新報』記事から見ると、原の勅諭解釈は、勅諭が出た以上は遅くとも一八九〇年に国会は開かれるし、準備さえできればそれよりも早く開設される、と国会開設を現実のものとしてとらえ、少しでも早くすべきとの積極的なものであった。

また原は、開拓使官有物払い下げを中止したことを、古代からの歴史で「輿論《よろん》」が国政を動かした初めての例である、と高く評価している。なお、原は「輿論〔しっかりした責任感のある国民の意見〕」と「世論《せろん》〔物事を十分に考えていない多くの人々の意向〕」をはっきりと区別していた（住友陽文「近代日本の政治社会の転回」）。ここでは、大隈ら急進的な民権派や国会を有害なものと見る藩閥政府内の守旧派を除いた、伊藤ら藩閥政府主脳や原ら真の「自由民権」論者の意見を「輿論」としているのである。

原は東北・北海道周遊で、国民の政治思想は発達しつつあるが、未熟であると改めて感じ、大隈のように二年後に国会を開設し、政党内閣を作るといった極端な意見には賛同しなかった。しかし、民権派を中心とした開拓使官有物払い下げ批判の「輿論」の盛り上がりを評価し、国民が九年も待たずとも、政治思想を発達させることを見越し、準備ができれば少しでも早く国会を開設させることを望んだのである。

続いて原は、『峡中新報』で一〇月二四日から二六日にかけて、政党について論じ、政党を組織すべきだと主張した。原はこれまでも「政党の利害」を論じ、欧米の政党について紹介してきた。原は改めて繰り返すとして、イギリスは政党が最も「善良なる国」であり、主義の異なる政党があって、イギリスの富強が生じたと述べる。また、米・仏・イタリア・オーストリアでも政党があって国が存在する。欧米諸国は「政党に因《よ》て存すと」いえる、と政党の必要を論じ、各国の政治における政党の状況を紹介した。

そのうえで、原は欧米の例を参考に、国会開設を前に、まず各地に小政党を作り、その内実が充実した後、主義の似たものが結合して大政党を結成すべきだ、という具体的方策を提言した（『峡中新報』一八八一年一〇月二四～二六日）。

なお原は、真の「自由民権」とは、より良い国作りのため、藩閥政府と「人民」、また「人民」同士で議論することで、国益や「勤王」にかなうものである、とした。また、イギリスの保守党を「自由民権」の政党ととらえたように、「自由民権」を保守層まで取り込む幅広い概念で理解したのである（『郵便報知新聞』一八八一年一二月一六日）。原はこの約一九年後に伊藤博文の創立した政党、立憲政友会に入党する。原の理解では、この政党は「自由民権」思想の延長線上にある政党といえる。

郵便報知新聞社を退社

一八八一年（明治一四）一二月二七日、明治十四年政変で大隈を追って下野した矢野文雄《ふみお》（前統計院幹事兼太政官大書記官）が、以前から郵便報知新聞社にいた藤田茂吉と共同で、小西義敬《ぎけい》・行岡庄兵衛から同社を買収した。矢野が社長、藤田が主幹となり、矢野と同じく下野した犬養毅（前統計院権少書記官）・尾崎行雄《ゆきお》（同前）らが主幹補助として入社してきた（『原敬日記』一八八一年一二月二七日、『郵便報知新聞』一八八二年一月四日）。矢野は、社員を上局と下局の二部に分け、下局員は上局へ顔出しもできなくなった。上局員となったのは、犬養・尾崎の外に、藤田茂吉・箕浦勝人《みのうらかつんど》であった。四人の上局員と矢野社長は、全員、慶應義塾出身であった。原は下局に押し込められた。

この約二六年後、福本日南《にちなん》の「原敬論」（『中央公論』二二七号、一九〇八年二月一日）に対し、原が内々でみずから訂正した書き込みによると、矢野が『郵便報知新聞』を引き受ける前から、原には退社の意思があったが申し出る機会がなく、藤田らも懇切に接してくれたので、退社を引き延ばしていた。矢野により同社の「改革」が行われたので、それが退社の動機となった、という（『原敬日記』六巻、一〇七頁）。原が前から退社の意思を持っていたというのは、明治十四年政変後のことであろう。政変についての記事を『峡中新報』に書いているように、『郵便報知新聞』では、原の本当の意見を書けないと、原は感じるようになったのである。

矢野による郵便報知新聞社の「改革」とは、上局員と下局員という制度を作り、原が非幹部である下局に入れられたことだけではない。大隈直系の矢野社長一派が同社の主導権を握ることによって、それまでの幅のある論調が大きく変わったのである。同社自身、翌一八八二年の一月四日発刊より「大に社会に尽す」ために「一説を為すこと」にした、と社説で社論の変化を認めている。原は「少しく考ふる所あり」、翌一八八二年一月七日から出社を止めた。

同社の新しい論調は第一に、国会開設の詔について、遠回しに批判があることを匂わせ、素直に喜びを示さない姿勢である。大隈が二年後の国会開設を唱えたのに対し、九年後とは遅すぎる、ということであろう。また、同紙は「漸進」主義・「保守」主義を批判し、「急進」主義・「改進」主義を主張した。

第二に、同紙は、藩閥政府との敵対姿勢を明確にし、明治十四年政変まで政府にいた大隈らを弁護しようとした。

原は、日本の現状を考え、九年後の国会開設を歓迎し、その準備に官民一致して全力で取り組もう、と主張している。矢野一派により統一された社論は、原にとって受け入れられるところではない。

一月二五日、原は病気を理由に、退社したいという手紙を、矢野と藤田に書いた。本当の理由は、「報知新聞今回の主義に合せず、又余〔原〕同社に在りて大に其意志を伸ぶるに由なき」ためであった。原は、「今回同社に改革あり、其主義急進に傾く」ともみていた（『原敬日記』一八八二年一月二五日）。

藤田は原を慰留したが、原は辞意を変えず、二六日に辞職を認められた（伊藤之雄「若き原敬の動向と国家観・自由民権観」）。

大東日報社に入社する

原が一八八二年（明治一五）四月に大阪で発刊することになる立憲帝政党系の新聞、大東日報社《だいとうにっぽう》に入ったのは、藩閥政府系新聞の『東京日日新聞《とうきょうにちにちしんぶん》』を主宰していた福地源一郎《ふくちげんいちろう》の推薦があったからだという。あるいは、三月上旬に二度、井上外務卿と対面しており、そのおめがねにかなって、井上が福地に原の名を挙げ、福地の推薦となったのかもしれない。このように大東日報社は藩閥政府系新聞社である。

大阪で行われる『大東日報』の創刊に参加するため、三月一四日、原は自分の上席になる草野宜隆《よしたか》と共に、横浜に向かった。一五日に横浜から汽船で神戸に向かい、一七日に神戸に着いて、藩校「作《さく》人館《じんかん》」以来の先輩で友人である阿部浩（南部藩士の長男、岡山天瀬陶器場の管理者、後に東京府知事）の家に泊まった。大東日報社に入社するという腹は決まっており、阿部に会って自分の進路について確認し、助言を受けるためであろう。二六日には阿部とともに岡山に行き、三〇日に大阪に戻った。『大東日報』は四月四日から発刊された。同紙の主筆の地位を得た原の月給は八〇円で、交際費が三〇円（後に五〇円）である。『郵便報知新聞』記者時代の月給一五円と比べると、給与面では非常に好条件だったといえる。

『大東日報』の発刊号に、原は大東日報「入社の理由」を掲載した。それによると、①原がひそかに政治上に望んだところは「過激急躁」ではないので、郵便報知新聞社に在籍していた時も「過激の論、急躁の説」を書いたことがない、②郵便報知新聞社を退社したのは、内外の史書を読んで、「政理を講究」しようとしたからである、③今や詔が降りて、一八九〇年を期して国会を開設することになったので、かねがね持っていた願いは達成されたといって良い、④これからなすべきことは、「国体」〔天皇中心の政体〕にもとづき、社会の秩序を重んじて「開進」の計画を立てることのみである、⑤郵便報知新聞社を退社した後、「数回大東日報社に入社せよ」と勧めた人があり、社の主義を聞くと、原の見るところと一致するようであった、⑥そこで、主義を同じくする大東日報社に入り、「政理を講究し」かつ「今日の実務を論弁」するのに妨げはないと考え、勧められるままに「再び政論場」に入った、⑦郵便報知を退いたのも、大東日報社に入ったのも、かつて持っていた主義において少しも変わったところがないのみならず、自分の主義を拡張する機会を得た、などである。

原が対立する新聞に移ることになっても、かつての自分の言説に責任を持つ、誠実な人間であることがわかる。また、原は「自由民権〔国会開設〕」を願うようになったが、常に「過激の論、急躁の説」を嫌い、藩閥政府にも「進歩」「開進」性を認めていたことなどから、原の主張には一貫性があった（伊藤之雄「若き原敬の国制観・外交観」）。

原の主張と類似した基調

『大東日報』の社説等の論説記事には、原則として執筆者の署名がない。原の署名記事が初めて掲載されるのは、入社後約四ヵ月半経った一八八二年（明治一五）八月一八日の社説「朝鮮論（第二）」である。今回、原敬の伝記を書くにあたって、これまで現物が見つからず「幻の新聞」であった『大東日報』が、京都大学付属図書館に所蔵されていることを発見した。以下は、それによって叙述していく。

『大東日報』は、羽田恭輔《はだきょうすけ》が社長で、三上活夫が仮編輯長兼印刷長（後に高木貞衛が印刷長に就任し、三上は仮編輯長専任となる）、原が主筆だが、上席に草野宜隆がいた。したがって、社説は、署名がなくとも、原とこれらの幹部らが執筆したものと推定される。同紙の社説の内容を検討すると、原の主張と類似したものと、それと異なるものとの、二つの基調があることがわかる。

前者は、原が『郵便報知新聞』や『峡中新報』で書いていたように、国民の政治参加要求として、国会開設を求める「自由民権」を達成すべき目標とし、政党（「自由民権」派）と藩閥の間や、政党相互で合理的な議論を行って政策を決めていくことである。また、民権運動側の「過激の論」や「急躁」「軽躁」の論や行動を批判し、かつ藩閥政府側が合理性のない政策を専制的に行うことを批判するものであった。同時に、原は維新以来、藩閥政府が改革的政策を行ってきたことを評価した。民権運動側（国民）も藩閥政府も、現実に根差した改革的姿勢を維持し、合理的な相互批判を行いつつ連携し、秩序を持って漸進的に日本の近代化を進めていくことを、主張するものであった。また、「公利」という用語を使い、「公利」が「私利」より重要であると強調するのも（『大東日報』一八八二年七月一日、二日、四日）、原が以前に書いた『峡中新報』の記事によく見られる。

さらに、キリスト教を信じることと、愛国心を持ち「国体」を信じることは両立できる、という社説もある。この社説は、そうでないなら「宗教は自由なりと云ふと雖《いえど》も其自由を誤用して国を毒したる」との疑いを免れることはできない、と論じた（同前、一八八二年六月二五日）。この主張も、九年前に洗礼を受けた原の感覚に近いものと思われる。

これらの主張は、おそらく原か、彼の考えに近い者が書いた社説といえよう。

社説のもう一つの論調は、原の考えよりも保守的なもので、イギリスの政党政治を理想とし将来の目標とするというより、それに否定的なものである。イギリスと日本との差異を強調するものであった（同前、一八八二年四月九日、一一日、一二日、一四日、一六日、一八日）。

外交観と条約改正論

原は『峡中新報』に投稿したり、『郵便報知新聞』の記者として働いたりしていた時期には、積極的に外交関係の記事を書いていない。それは中江兆民から国際関係や外交のことを学ぶことができなかったので、軽薄な記事を書きたくなかったからであろう。それでも数少ない外交論はある。

まず原は、政府が琉球に沖縄県を置き、近世以来、清国との間で帰属が確定していなかった琉球が、日本の所属であることをはっきりと示したことについて、日清関係のような外交上の機密に関することの判断は、基本的に政府に任せるべきだ、と論じた。帝国主義時代の国家の外交政策の決定は、万一の戦争をも覚悟したものでなければならない、と原は論じる（『峡中新報』一八七九年九月二日）。しかし、それに対し外国から異議が来たといっても、すぐに戦争云々を論じるのは軽率で意味のないことだ、とする冷静なものでもあった。深慮もなく対外強硬論を唱えがちな在野の対外硬派とは、このように一線を画していた。原の発想は、大久保・伊藤らと同じであった。

一八七九年（明治一二）一二月段階で、原は条約改正に関し、改正の期限は過ぎており、また法の準備も十分であるので、改正実施の時期が来ていると見て、地方の人々に条約改正の意味をよく理解させる必要がある、と論じた。この原の見通しは、他の自由民権派の人々と同様に甘かった。しかし、このころまでに寺島宗則外務卿の改正交渉が行われていて、一八八〇年代には井上馨外務卿（外相）の改正交渉が行われ、いずれも最終的に失敗する。このように、日本国内で対外情報が最も入る藩閥政府ですら、条約改正の困難さを十分に理解していなかった。原の現状認識が日本の中で特に甘かったわけではない。

こうした状況を踏まえ、原は、「条約改正なる一大事件は早晩之《これ》を施行するを得る者なり、且つ施行せざるを得ざるものなり」と、条約改正は近い将来に実現されるべき課題だとする（同前、一八七九年一二月四日）。原にとっては、国会開設よりも条約改正のほうが、早く実現する課題だと思われたのである。それは、国会開設には、憲法の制定や国民意識の成熟を待たねばならないが、条約改正は、輿論《よろん》の理解が必要だとしても、政府が列強と交渉することに頼る部分が大きいので、早く実現できる、と考えたのだろう。

そこで原は、条約改正の成否ではなく、どの条款を改正すれば日本の利益になるのかを論じようとする。原は、〔外国人に対する〕裁判権と関税自主権の回復を、最も重要だと論じた（同前、一八七九年一二月五日、六日）。

しかしこのころの原には、不平等条約は、条約を結ぶ際に日本に十分な軍事力と、それを支える国力や知識がなかった結果であり、日本が軍事力も含めて国力をつけ、何か列強に利益を与えないと、関税自主権を回復することは困難である、との洞察はない。また、治外法権の撤廃の問題は、日本に西欧のような法律を整備しないと難しい、との見通しもない。

これらは、その後の条約改正交渉の中で、日本政府がはっきりと認識していくものである。外交官として条約改正に関与したわけでも、訪欧経験があるわけでもない原には、この段階で条約改正への的確な見通しを得ることは無理であった。中江の私塾やその後の勉強で、フランス語やフランスの啓蒙思想、フランスや西欧の歴史を学んでも、「文明国」である西欧が、条約改正問題で、非「文明国」である日本にどのような態度をとるかの本質をつかむことはできなかったのである。それでも、原のすぐれたところは、条約改正という列強との交渉を伴う専門性の強い問題について、少し後に自由民権派が主唱するように、国民の力を結集して政府を突き上げて完全な改正を実施すべきだ、というような煽動《せんどう》的発言をしていないことである。原自身は、自分が条約改正について十分掌握していないことや、国内の論理だけで改正ができないことを、感覚的には理解していたといえよう。

朝鮮国についての原の署名記事

原は、『大東日報』入社後約四ヵ月半経った一八八二年（明治一五）八月八日から九月六日にかけて、朝鮮国関係の記事を集中的に書いている。これは新聞記者になって国際関係や外交の勉強を積んで、自信がついてきたころと思われる七月二三日に、漢城《かんじょう》（現・ソウル）で壬午事変《じんごじへん》が起こったことによる（伊藤之雄「若き原敬の国制観・外交観」）。この事変は、朝鮮国の旧軍隊の兵士が、日本の支援の下で兵制改革が行われたことに不満を持って、日本陸軍将校を殺害し反乱を起こしたことをきっかけとする。それに開国によって生活が困難になった民衆が合流し、日本公使館などを襲った。朝鮮国公使の花房義質《はなぶさよしもと》は漢城を二三日に退去し、イギリス艦に助けられて朝鮮国から脱出し、二九日に長崎に帰着した。その翌日、事件発生の電報を政府に打った。朝鮮国は清国の属国であり、対応を誤ると日清戦争となる可能性があった。

七月三一日、日本政府は事変への対応を決めるため、閣議を開いた。閣議では、薩摩の最有力者で対外強硬論を持つ黒田清隆がみずから使節となって交渉することを希望した。しかし、清国との戦争を避けたい井上馨外務卿の意向が通り、花房公使が使節となり、護衛兵二個中隊（数百名）と共に漢城に派遣された。井上は、護衛兵の指揮官に、攻撃されても防御にとどめ、進退は公使と協議のうえで行うことを命じた。

花房公使は清国側の協力も得て朝鮮国と交渉を進め、八月三〇日に済物浦《さいもっぽ》条約を結んだ。その内容は、朝鮮国側の事件への謝罪と犯人の処刑、日本側への補償など、日本の要求を満たすものであった（高橋秀直『日清戦争への道』二一九～四九頁）。

壬午事変への対応についての原の原則

原は、八月上旬までの『大東日報』の社説で、壬午事変に関し強硬論を求める黒田清隆らの潮流を、これまで日本が採ってきた征韓論を否定した朝鮮国への外交路線から外れる、と批判した。

原は、井上外務卿が馬関《ばかん》（下関）に行き馬関にいる花房公使に指示を与え、花房が朝鮮国に使節として赴く、との政府の方針を紹介し、政府の朝鮮国への対応姿勢を推定した。それは、日本政府が従来の政策を一変させて、朝鮮国に向かって非常に厳しい「談判」を試みるなら、外交官を派遣することもない、井上外務卿が馬関に行く必要もない。ただちに戦争の準備をして事の進展に従うべきである。日本政府はそうしていないのだから、従来の政策を採って、あくまでも「平和なる談判」を試みるようである、と論じた（『大東日報』一八八二年八月九日）。日本政府がどのような方針で対応するか、原の予想は的確である。

　次いで、朝鮮国側にどのような事情があるにせよ、日本の国旗を侮辱したことについては、「日本人民」はその罪を許すことはできない、と原は述べる。したがって、朝鮮国を討伐する十分な名義は日本にある。しかし、その名義があるといっても、ただちに朝鮮国を討伐することは、外交の「偏理（偏った理屈）」である。あくまでも平和な「談判」を行って、やむを得ない場合にならない限り、戦争に訴えないようにするのが望ましい。日本においても、二十余年前は、（攘夷《じょうい》運動が盛んで）朝鮮国と同様の「活劇」を演じた、と原は日本の幕末の歴史と比較して、朝鮮国の状況を理解しようとした。

　また原は、朝鮮国の「狂暴」を奇貨としてそれに乗ずるようなことがあれば、朝鮮国を「誘導して開明に上達せしめん」と望んだ素志も水泡に帰すと論じた。

　さらに原は、朝鮮国の罪を問うて「討伐」すること自体は難しくないが、「討伐」した後において、どのような「実益」があるか、と疑問を投げかける。また近頃、朝鮮国と「締盟」した各国は、日本の行動をどのように思うのであろうか、と列強との国際関係に注意を向ける。そのうえで、「妄《みだ》りに兵を外に動かすが如きは吾輩固《もと》より我邦の為めに取らざる所也」と、安易な出兵論・開戦論を戒めた。原は朝鮮国を植民地化しようとするのでなく、近代化しようという姿勢であり、列強との関係も重視していた。

　最後に原は政府に対する希望として、次の四点を提示した。それは、①朝鮮国に向け若干の軍艦を派遣し、日本公使を保護して「充分に平和なる談判」を試みるべき、②日本公使を襲撃したのが「乱民」の行為であり、朝鮮国政府が関知していないなら、その乱民を「誅戮《ちゅうりく》（罪に処して殺す）」させるべき、③「乱民」がもし「暴威」をふるってすでに朝鮮国政府を倒して、政権を取ったのなら、「平和の談判」を行うことをやめるべき、④日本公使の襲撃に「乱民」のみならず朝鮮国政府も関与していたなら、「平和の交際」はすでに断絶したと考えて、これへの対応をすべき、というものであった（同前、一八八二年八月一〇日）。

井上外務卿や日本政府の事変に対応する方針を十分に知る前であるにもかかわらず、原はそれに類似した慎重な方針を提言していた。

井上外務卿と下関に同行した後の朝鮮論

井上外務卿が馬関（下関）に行く際、八月六日から一五日まで原は同行した。その間、壬午事変への対応について、原は井上から意見を聞いたはずである。しかし、井上は一五日に神戸に一泊したにもかかわらず、原は一五日に神戸港に着くとただちに大阪に戻った。これは、井上と十分に意見を交換したので、早く大阪に帰って「朝鮮論」の記事を書きたいと思ったからであろう。

井上馨

原は八月一八日から三日間、『大東日報』に社説「朝鮮論」を掲載した。その主張を、すでに論じた八月八日からの「朝鮮処分を論ず」と比較してみよう。

「朝鮮論」の特色は第一に、「朝鮮処分」にあたっては、列強の日本への視線や動向を気にすべきだという主張を、さらに強調したことである。また、できる限り「平和の談判」をすべきだという考えを、列強の日本への視線の観点から繰り返し、日本政府もその方向でやってくれるだろうと論じていることだ。

原は朝鮮国が独立国の「体面を以て」、条約を英・仏・米その他の国と結んでいることに注目した。そのうえで、日本の対応は列強からの日本評価にもつながる、と論じた。

第二に原は、もし朝鮮国側が日本の国旗を侮辱した罪を「乱民」の行為とのみなして逃れようとするなら、「平和の談判」は断絶せざるを得ないので、充分なる「兵備をなす」のは今日の急務だ、と論じたことである。

戦争を避けようと外交交渉を行う一方で、万一うまくいかなかった場合の備えとして、軍事力を整備しておくことは、第二次世界大戦後も、とりわけ米ソ冷戦下での交渉で取られた手段である。壬午事変が起こったのは、帝国主義の時代である。列強が日本の交渉やその後の対応を見守っており、日本が列強の基準から見てふがいない行動をとれば、彼らから見くびられ、将来にわたって列強の最末端の一員にも加えてもらえなくなる。不平等条約の改正が不可能になるのみならず、侵略されても仕方のない「未開国」の一員に近いものとして扱われる恐れすらあった。

第三に原は、日本の要求は、朝鮮国側が「乱民」を罪ある者として死刑にして日本の損害を賠償し、「港を開らき」、日本に駐兵を認め、謝罪することである、と論じた。八月二〇日以降の朝鮮国側との交渉で、花房公使は、日本公使館警備のための駐兵と、「兇徒」を逮捕し、罪の重さに応じて厳しく罰すること、と損害の賠償を主要な要求とし、元山《ウオンサン》・釜山《プサン》・仁川《インチョン》各開港場における日本の権利の拡大を求めた。三〇日調印の済物浦条約および日朝修好条規続約で、これらをほぼ認めさせた。

以上、原は井上外務卿に同行したことで、日本政府の方針を十分に理解し、外交についての自分の見識と融合させて記事を書いているといえよう。

二三日から、原は社説「続朝鮮論」を四日間連続で連載し、朝鮮国政府の内情について考察した。原によると、今回の事変は親日派（「主和者」）と排日派（「斥和者」）の二党派の争いによって生じたものである。親日派の閔《ミン》氏の政権を奪ったのは、排日派の「李《イ》氏」（大院君《テウオングン》）である。

朝鮮国内の閔氏と大院君の政争は権力争いだ、と原はその一面を正確にとらえているが、漢城における反日の空気に影響されて大院君が日本に対決的になっていることまでは、見通せていない。これは、当時の日本政府においても同様であり、日本と朝鮮国の間に電信すらない当時において、刻々と変わる漢城や朝鮮国政府の状勢をとらえることは困難であった。

『大東日報』紙上には、一八八二年（明治一五）八月に原の対朝鮮論が連載される一方、八月三〇日に済物浦条約が結ばれ、壬午事変が決着した後、九月には、対清強硬論を含んだ朝鮮論が掲載されるようになった。この論調は、原の朝鮮論と異なるものであった。

原のものと異なるこれらの論は、まず清国が朝鮮国を属国として内治・外交に干渉することを承認しないと論じる。さらに清国が朝鮮国に干渉しても、国力が不十分なため、統治する力がなく、日本も含め朝鮮国と「対等」の条約を結んだ国の干渉を招き、朝鮮国を四分五裂させ、列強が占領する状況を招き、日本にとって深い影響を及ぼすだろう、と見る。日本の国力を考えて慎重に対朝鮮政策を行うというより、清国の国力を軽んじ、清国に代わって日本が朝鮮国を指導する、との姿勢をはっきり示すものであった。潜在的には、清国が日本の方針を受け入れないなら、近い将来に日清戦争をも覚悟するような方向での論だった（伊藤之雄「若き原敬の国制観・外交観」）。

大東日報社を退社し外務省に入る

一八八二年（明治一五）一〇月一七日、原は藩校「作人館」以来の先輩で友人、阿部浩（工部権少書記官・工作局）に面会するため岡山に行き、二一日に岡山から帰った。その日の日記に、「〔大東日報〕社中紛議あり、羽田恭輔〔社長〕等と議合はず、依て改革中東京に赴くべき旨を告げ出社せず」とある。また一〇月二六日に、草野宜隆（原の上席）・羽田恭輔らが原に先立ち東京へ向かった、と記している。原は羽田や草野ら、原の上役と対立したのである。

大東日報社の内部の紛議の内容は、同時代の史料では確認できないが、原と羽田社長らとの意見が合わないという問題には、おそらくこれまで見たような論調の違いも含まれていたと思われる。

すでに見たように、大東日報社中には、国内政治に関しては、原のようにイギリスの政党政治を理想とし、将来の目標とする論調と、それに否定的な論調があった。一方、朝鮮政策に関しては、清国や李鴻章《りこうしょう》の実力を評価し、列強の動向にも配慮したうえで、列強から見られていることも意識して慎重に朝鮮国の近代化を促進していくべきだという、原のような立場が主に報じられた。これは井上馨外務卿ら藩閥政府主流の外交政策であった。しかし他方で、清国の力を軽んじ、二つの独立国である日朝間の交渉に清国は関与すべきでない、との原則的立場を強く主張する論調もあった。この主張は、将来的に日清戦争が起きてもやむをえないとのニュアンスを含んでいた。

原が阿部浩に会いに岡山へ行ったのは、郵便報知新聞社を辞める前と同様に、阿部に身のふり方を確認するためだったと思われる。

結局、一〇月三一日に原は東京に出発し、一一月二一日に外務省御用掛《ごようがかり》（准奏任、月俸八〇円、公信局勤務）を命じられた。交際費こそないが、大東日報社時代と同額の月俸を受け、悪い待遇ではない。その当時、司法省法学校の同窓生は、入学して七年目に入ったところで、卒業まで二年を残していた。原の出世を大いに驚き羨望《せんぼう》したという（原誠「原敬追想」21、『新岩手人』一一－七、一九四一年七月二五日）。

この任用についても、「原敬氏の人物性格」（『中央公論』二三七号、一九〇八年二月一日）は、原が大東日報通信員として、〔壬午事変の際、〕井上外務卿・斎藤修一郎（福井藩士の子、外務少書記官）・中田敬義《たかのり》（公信局勤務）らに同伴し、まもなく斎藤の周旋によって外務省御用掛となったとしている。原は修正を入れていないので（『原敬日記』六巻、一〇八頁）、斎藤の紹介で外務省に入ったことは間違いないであろう。

原は大東日報社に入る約一ヵ月前には、井上の知遇を得ていた。また、九月二八日の『大東日報』には、井上馨外務卿の壬午事変への対応を支持する記事が出ており、その記事は原が書いた可能性が強い。原が外務省入りすることについては、井上外務卿も好ましく思ったことは間違いない。

また八月以来、原は朝鮮政策の記事を意欲的に書き、朝鮮国にも強い関心を示している。原は日本外交にこれまで以上に強い関心を持つようになったといえ、それも原の外務省入りの背景となったはずである。

すなわち原は、大東日報社が思ったほど居心地の良い場所ではないとわかり、外交に強い関心が出てきたこともあり、たまたま知り合った斎藤をつてと頼って、外務省入りをしたのであった。*

＊　前田蓮山『原敬伝』上巻は、本書とは異なり、原の外務省入りを、「原敬が官界に入ったのは、彼の目的でもなく、井上の引立てゞもなく、そして彼自身、決して得意でもなかつた。寧ろ口惜しかつたくらゐであらう」（二

七九頁）などと論じている。その根拠は、前田が原から聞いたという、いつのことか定かでない話だけである（同前）。この解釈は、三谷太一郎『日本政党政治の形成』（一一〜一二頁）、山本四郎『評伝　原敬』上巻（一〇七頁）に受け継がれるなど、通説となっている。

しかし、本書で述べてきたように、一〇代後半の新潟時代から原は外交に相当の関心を持っており、『大東日報』紙上での原の外交論から、原が外交にさらに強い関心を寄せるようになったことがわかる。また原の「自由民権」の主張は、藩閥政府の維新以来の改革を評価し、藩閥政府も在野もともに立憲国家の形成に向けてさらに大きく変わるべきだ、というもので、藩閥政府を否定的にとらえる「自由民権」派の考えとは異なっていた。このことも前田は十分にとらえていない。前田は、いわゆる「自由民権」派の脈絡で原をとらえ、原を弁護しようとするあまり、原が外務省に入るのは生活のためのやむを得ない選択だったとして、外務省入りを否定的にとらえるのである。同時代の史料は前田以来の解釈を疑わせるものである。

外務省に入った原は、何か調べ事などに下宿屋住まいでは不便であると、赤坂溜池《ためいけ》町に一軒家を借り、書生二人を置き、老婆を雇い入れて食事の世話などをさせた（前掲、原誠「原敬追想」21）。外務省に入って原は本来のあるべきコースに乗ったと考え、精神的な余裕も出てきたのであろう。二六歳の原は、ようやく書生的な下宿生活を脱却したのであった。

第二部 上昇編

外務省御用掛となった26歳ごろの原敬

第五章　新進気鋭の外交官
——天津条約と伊藤博文との出会い

外務省御用掛（公信局）を拝命する

一八八二年（明治一五）一一月二一日、すでに述べたように、原は二六歳で外務省御用掛に任じられ、公信局勤務を命じられた。続いて、一二月二五日には正七位にも叙せられた（「原敬個人履歴ファイル」「外務省記録」H132、外務省外交史料館所蔵）。

公信局長は、浅田徳則《とくのり》（後に外務省総務長官〔外務次官〕）であった。公信局での原の仕事は、フランス語の翻訳であった。この時期の原の活動内容は、必ずしも明らかではない。しかし、原がフランス語の翻訳の仕事のみで満足していたのではないことも確かである。

原の死後、原家に残された文書には、元治元年（一八六四）の英・仏・米・蘭の四国連合艦隊が長州藩の下関砲台と交戦し、長州藩が屈服した事件の償金支払いの内容と経過を取り調べたものがある。この償金はまず幕府が払い、維新後は新政府が、一八七四年七月までかかって、利子を含めた総額を払った。原はこの取り調べの文書を一八八三年四月二三日付としている（『原敬関係文書』第四巻、二二〇～二二二頁）。

また、同年三月七日付の「外務卿附書記事務取扱心得」の文書もある。この文書は、外務卿直轄の外務卿付書記の仕事内容を定めたものである。同書記は、公信等に関し機密文書を扱い、不在の時は輔《ふ》（次官）の指令を受けて対応し、外務卿より発遣する文書の起草などもする。このようなことが六ヵ条にわたって記してあった（同前、二二二〜二二三頁）。

公信局での仕事の延長として、外務卿不在の場合に公信等が滞らないようにし、さらに外務卿の仕事を円滑にするため、外務卿付書記の仕事内容を検討することに、原は関わったようである。

また原は、一八八二年一〇月に日本銀行が開業し、翌年春にその祝宴が行われた際、井上馨外務卿の卓上演説の原稿を起草した（「日本銀行の開業を祝す」『原敬関係文書』第四巻、三〇二〜三〇四頁）。

入省後数ヵ月で、原は公信局の一介の翻訳担当者ではなく、井上馨外務卿にも十分に認知される存在になっていった。

地方分権の抑制論を井上外務卿に提言する

すでに述べたように原は、一八八一年（明治一四）五月から『郵便報知新聞』の記者として渡辺洪《ひろ》基《もと》に随伴して東北・北海道を周遊するまでは、中央政府が地方に画一の政令を行うことを放棄させ、地方議会に十分の権利を分与する「地方分権」を主張していた。

しかし原はこの周遊旅行で各地の実況を視察して、「地方分権」が現在の日本にふさわしくないことを悟った。

その理由は第一に、府県会が未熟だったからである。当時の府県会は、従来持っている地方税の収支についての審議を行う権限に加え、地方の治安や幸福を全うするのに必要な制度を設ける審議をするなどの、もっと高度な権限を与えるレベルにはほど遠い、というのが実態であったからである。原が周遊中に見たのは、一七号の議案中でわずか三号を議決するのに四十余日もかかった県会や、議員の出席が過半数に満たず、常置委員（幹部議員）の尽力でかろうじて過半数を得た県会など、「地方自治」にとって頼りにならない府県会であった（原敬「非分権論」一八八三年、[*]「井上馨文書」六六四－三、国立国会図書館憲政資料室所蔵）。

＊　国立国会図書館『井上馨関係文書目録』には、原の「非分権論」を「明治一五六年ノ作カ〔一八八二年か一八八三年の作か〕」と推定している。一八八二年の可能性もないわけではないが、府県会の状況の叙述からこの文書中に出てくる「昨年の府県会」は一八八二年と考えるのが妥当で、この文書は一八八三年のものといえる。原は井上馨外務卿の個人的なブレーンとして信頼を得ようと「非分権論」を書いたのであろう。

しかも原の聞いたところでは、昨年〔一八八二年〕の府県会は一昨年に比べ、「空理」に走るものがいっそう多くなった。例としては石川県会や福島県会などがあり、また「〔府知事・県令や郡長・区長〕公撰論」のために、あるいは土木問題のために、非常に議場を騒然とさせた府県会は二、三のみではないからである（同前）。このころも含め第二次世界大戦前には、知事（県令）は内務省が任命し、郡長・区長（東京・大阪・京都の区長）は知事（県令）が任命したが、自由民権運動期において公選せよとの議論が出てきた。原は府県会の実情から見てそのようなことができる状態ではないと、公選論を批判したのであった。

土木費を例に見ると、府県会で土木費を審議すると「常に一部局の利害に偏」り、その府県内の土木ですら、わずかに意見を異にすれば執拗に紛争して互いに譲ることができない。いわんや他の府県と関わるものは、A県で道路・堤防を修築しても、B県で同じものを修築しないため、その効果を得ることができない（同前）。

原は「政令」の普及は交通の便が良くないとできず、フランスが国として進歩したのは道路を修築し交通の便を良くしたからだ、ととらえる。さらに、電信・郵便・汽船・汽車その他、馬車・人力車の便ができたので「政令」の普及が進み人智が開けた、とも断言する（同前）。

また府県会で理性的で合理的な議論がなされないと、府県会はこれらの実現を障害することにすらつながる。原は府県会で理性的で合理的な議論と議決がなされることを期待したのであるが、東北・北海道周遊の結果、それがなされていない実態を知った。それのみならず、その状況がさらに悪化しているとの話を聞いて、一八八三年ごろには府県会の現状への失望を深めたのであった。

そこで原は、「地方分権」は現在の日本に適する制度ではなく、強いてそれを始めると、「国家の開明」はそのために逆戻りし、「政令」の普及は妨害され、いたずらに国内の「紛擾《ふんじょう》」を引き起こすにすぎない、と論じた（同前）。原は将来にわたって日本に「地方分権」が不適当と論じているのでなく、現在のところは、国民意識の発達が不十分なので、日本では「地方分権」は不適当と論じたのである。

原は、府県会の問題のみならず、各地の「人民」はなお「旧習に固着し区々土地に依つて事を図り」全国的な観点から物事を考える配慮が非常に少ないと見る。それにもかかわらず、「地方分権」論者は外国の「分権の制」を挙げて日本における「分権論」を唱えるが、それはまったく「地方自治の空論」である、と断言する。

アメリカ合衆国は州ごとの「分権の国」であるが、それは自治をする各州ができた後に、イギリスから独立し州が合体して合衆国となったのであり、日本と国の成り立ちが異なっている。また、日本は国内の人種・言語・風俗・人情も交通の便等も大きな差がなく、「政令」を同一に出して全国を「一家」のようにするべきである。ドイツ連邦は、帝国となってから、富強は昔に比べ倍増し、現今の政策は「分権の弊」を矯正しようとしているようである。

現在の日本においては、政党のみならず地方官吏も「地方分権」の弊害に影響されているほどなので、「地方分権」の方向を採用するべきではない（同前）。

原は以上のように論じる中で、当時のアメリカ合衆国三五州のうち、メイン州・ニューハンプシャー州・マサチューセッツ州・ヴァージニア州・ロードアイランド州・コネチカット州の六州の歴史にも触れており、米国の歴史も相当勉強していることがうかがわれる。

外国の例を深く考えずに日本に導入しようとするのではなく、日本の実情を見聞して十分に考察し、さらに対象とする外国の歴史にまでさかのぼって、少なくとも複数の国についてよく考え、両者を融合させて、日本はどうあるべきかを考える。これは原が新聞記者時代までに身につけた手法を、当時争点となっていた地方分権論で本格的に展開したものといえる。

当時、井上馨は参議兼外務卿であり、条約改正に尽力していたが、参議（閣僚）で藩閥最大の実力者の伊藤博文の下で、参議の山県有朋（参事院議長、前陸軍卿で陸軍の実力者）とともに、国政の大枠の決定に関わる立場にあった。原は、得意でない条約改正問題で軽率な献言をするよりも、自信のある「地方分権」について井上に提言して、井上に実力を認めてもらいたいと考えたのであろう。

太政官と外務省の御用掛を兼任する

外務省御用掛となって約八ヵ月後、一八八三年（明治一六）七月一四日、原は太政官《だじょうかん》御用掛（月俸などの待遇は、外務省御用掛と同じ）に任じられ、文書局勤務を命じられた（前掲、「原敬個人履歴ファイル」）。なぜ原は、外務省から太政官に異動することになったのだろうか。

明治十四年政変後、在野の新聞の多くが政府批判に流れた。その状況に対抗するため、一八八三年七月一日（実際には、一日が日曜日だったので二日）から、『官報』が発行された。『官報』を発行し、新聞紙・雑誌その他政治に関係ある著書や訳書を検閲するために、すでに同年五月に太政官内に文書局が設置され、平田東助《とうすけ》（米沢藩出身、ドイツのハイデルベルク大学で学位）が局長に、山県有朋参議が文書局監督に就任した。文書局には、ジャーナリズムに見識のある人材が求められたので、原は太政官御用掛に引き抜かれたのである（鈴木栄樹「『官報』創刊過程の史的分析」）。

原を太政官に異動させる依頼の文書は、七月一一日付で外務卿井上馨（参議）宛に、参議山県有朋名で出されている。他方、七月一九日付で、参議山県宛に井上外務卿名で、原に外務省御用掛を兼務させてほしい、との依頼状が出された。結局、七月二七日付で、原は外務省御用掛兼勤を命じられ、太政官御用掛（文書局勤務）と外務省御用掛を兼務するようになった（前掲、「原敬個人履歴ファイル」）。

すでに述べたように、井上外務卿は、政府系新聞として『大東日報』を大阪で発刊することに関わるなど、ジャーナリズム対策を重視している。したがって、井上外務卿は、原が太政官文書局に異動し、『官報』の仕事をすることに原則的に賛成であることは間違いない。しかし井上は、「日本銀行の開業を祝す」という自分の卓上演説の原稿を起草できるほどの能力のある原を手放したくなかったので、原を外務卿御用掛兼務にしたのだろう。一方、この時点での原と山県との関係についてはよくわからない。しかし原が大東日報社に入社する前、三月一〇日の井上外務卿邸の会合に、山県は西郷従《つぐ》道《みち》・松方正義《まさよし》両参議とともに同席している。『大東日報』での原の記事や評判を考慮し、山県が自分の意志で原を異動させたのかもしれない。

すなわち原は、二七歳の七月時点で、少なくとも井上馨には注目される存在であり、山県の目にも留まっていた可能性がある。

太政官御用掛として官報を改良

さて、七月一四日に太政官御用掛に異動すると、早くも一〇日後に、原は「官報改良意見書」を当局に差し出した。そのうち記事の内容についての意見は、①各地からの報告は「府県人民の利害」に注意せず、一郡一村の小事であることが多いので、官報発行の理由をよく理解させることが必要である、②「兵事欄」において、日本にあまり影響しない海外事情を掲載する代わりに、日本の陸海軍省が現在行っている事業および将校・兵士の賞罰等、尚武の気力を養成する種々の事項を記載する、③それに加えて、海外の兵事、特に清国の兵備について集めて載せれば、目下の陸海軍拡張の主意に適し、国民の気力を養成する助けにもなる、④農工商に関する事項は日本の国益のために最も重要であるが、不十分なところが多い、通商については、欧米との通商を奨励するのは当然として、同時に東洋の商況に注意し、日本人の進取の気力を養成したい、⑤農と工については、近来、各地の農工の進歩を企てる者の多くは、海外の方法を妄信し、かえって旧来固有の事業を害する者が少なくないので、官報に登載する農工事項は、珍奇で注目を集めるものをなるべく除いて、着実で永続する事業のみ記載するようにすべきだというものであった（『原敬関係文書』第四巻、二三八〜二三九頁）。

これらは、『官報』によって日本の現状を少しでも変えるには、どのような『官報』にするべきか、という原の現実主義的視点で貫かれている。日本の現状の認識については、一八八一年（明治一四）五月から一〇月までの関東・東北・北海道周遊等での実地の経験が反映されていた。

また原は『官報』の「体裁」についても、①航海奨励のため、兵事欄とは別に海事（海軍に関しない航海術）については一つの欄を設けるべき、②西洋語新聞の記事を抄録することは良いが、その記事の内容をよく検討しないで行っているので、日本政府や日本人を非難する傾向のある、横浜で発行する西洋語新聞から抄録したり、それとなく日本政府を指して当てこする記事を抄録したりする結果となる、③今後は、外国の事は、すべて本国の官報もしくは半官報、その他十分信用できる「原新聞」より抄録すべきである、などと提言した（同前、二三九〜二四〇頁）。『官報』が抄録している西洋語新聞の記事に関し、原の分析は鋭い。

原によると、「官報改良意見書」での提言は、おおむね採用されたという（同前、二三八頁）。外務省公信局から太政官文書局に異動しても、原はやる気満々だった。

さらに九月になると、原は「巡回員を地方に派出すべきの意見」を提出した。それは、『官報』が影響を与えられるようにするため、地方の実況を調べる目的で、文書局において巡回員を派遣すべきというものである。派遣先は、東海道の主な県より始め、畿内・中国と、四国・九州とに派遣し、可能なら奥羽七県にも及ぼすと提言した。また原は北陸・山陰・北海の三道および関東八州は、影響を他の地方から類推することができるので、派遣の必要はないと見た（同前、二四一〜二四二頁）。

原の建言は認められ、原は岡山・広島・山口および九州全部の巡回を命じられた。官報発行のための巡回というのは、「表面」上の理由で、「実は民情視察」であった（「山陽西海巡回日記」一八八三年、『原敬日記』第一巻、一一頁）。すでに原は、関東・東北・北海道の巡遊をしているので、主に西日本の巡回を希望した。

山陽西海巡回日記

一八八三年（明治一六）一〇月一四日、原は東京を出発して、まず横浜に行った。岡山・広島・山口から九州巡回の旅の始まりである。国分豁（宮城県出身、原と同じく司法省法学校退学、前大東日報社員で、近畿立憲政党員）・加藤恒忠《つねただ》（愛媛県出身、原と同じく司法省法学校退学）が横浜まで見送りに来た（『原敬日記』一八八三年一〇月一四日）。司法省法学校でともに学び、同校に十分なじめなかった同志である。退学から四年以上経っても、友情は続いていた。

加藤はこの翌月から、フランス遊学に出発した。原が二年後にパリ（フランス）公使館書記官として着任すると、加藤は翌一八八六年六月から外務省交際官試補として同公使館で働いた。のち、加藤は原内閣下でシベリア派遣臨時全権大使になるなど、二人の友情は生涯続く。

さて、原は横浜から汽船で三重県四日市に行き、陸路を取って亀山から滋賀県に入り、大津から汽車に乗り、一六日深夜、大阪に着いた。その後、兵庫県を経て、一九日に岡山に行き、同県を視察した後、一一月三日に広島に到着した。広島県を視察し、一三日に広島に戻ったところ、太政官より、外国へ赴任する用があるのですぐに東京に戻るべし、と命じる電報が届いていた。すぐに広島を出発して「二十一日頃」に東京に戻ると（『原敬日記』一八八三年一一月一三日）、原を清国の天津《てんしん》領事に命じる上申が一一月一二日付で行われており、一一月二六日付で原は天津領事に任命された。七等官相当で、後述するように、年俸は海外での生活手当を含め外務省御用掛時代の四倍にもなった。かなりの昇給である。

結局、原はわずかに岡山・広島の二県を巡回しただけで、山口県や九州の巡回はせずに終わった。岡山では県令はじめ県の官吏に、広島では県令が東京に出張中だったので、原は県令に次ぐ大書記官や県の官吏に面会し、地方の状況を尋ねた。さらに両県の各地に行くごとに、郡長や郡書記・戸長（町・村長）らに会い、土地を案内されたり、その状況を聞いたりした（同前、一八八三年一〇月一九日〜一一月一三日）。

原の日記に断片的に出てくる郡長や戸長の評価は、「郡中に人望ある」者であっても多くは質問に答えることができないような人物で、中央政府の政策を地方に実施していくには、問題があった。しかし広島県世羅《せら》郡書記の話に、商業地なので「民権者流」の者はないとあったように、原の見る「軽躁な」民権家の動きは特に感じられなかった。

原は、士族授産としての士族による開墾地も、熱心に見て回った。これらは概してそれほどうまくいっておらず、士族の困窮はひどかった。

原は、中学や小学校など、中等・初等教育の学校も熱心に見学した。また、紡績工場・塩田・製糸工場・勧業試験場・煙草《たばこ》工場などの殖産興業に関連した施設を訪れた。これらの中には、士族授産に関係するものも多かった。

原の日記の記述は簡単であるが、そこからうかがえるのは、これまで述べてきたように、地方の郡長・戸長らの質は必ずしも優れてはいないが近代化は少しずつ進展している、ということだったといえよう。また、士族の職業転換は必ずしもうまくいっていないことも、注目された。

二年前の東北・北海道周遊と比べ、原にとって特に目新しいものはなかったようである。おそらく、東京での政策や変化がなかなか地方に伝わらない実情を再確認し、東北・北海道周遊で得た地域イメージを普遍化していける、と確信したことであろう。

天津領事任命の理由

原は、太政官文書局の許可を得て山陽・西海の巡回に出たにもかかわらず、なぜ途中で急に呼び戻され、天津領事として赴任することになったのだろうか。

原の前の天津領事は、竹添進一郎《たけぞえ》であった（着任一八八〇年七月一九日、離任一八八二年五月二日）。竹添はその後、朝鮮国の弁理《べんり》公使となり、一八八二年（明治一五）一一月六日に着任し、壬午事変に直面、朝鮮国をめぐる日清間の対立に対応した。弁理公使は特命全権公使（以下、公使と略す）の下であるが、現在の大使と同様の仕事ができるポストである。

このように天津領事は、そこで能力を見せれば、当時の日本外交の焦点の一つでもあった朝鮮国の弁理公使として、第一線に立てるようになる重要ポストであった。ところが、竹添が離任して以来、天津には領事が着任せず、副領事や外務書記生が領事代理や事務代理を務めていた。

一方、この時期のアジア情勢に大きな影響を与えていたのが、フランスの動向である。一八六〇年代にフランスは、カンボジアからヴェトナム南部地方を併合した。その後、北ヴェトナムにも進出し、一八七四年三月にサイゴン条約を結び、ヴェトナムを独立国と認め、保護することを規定した。一八八三年八月にフランスはヴェトナムに出兵し、同国政府とフエ条約を結び、明確にヴェトナムをフランスの「保護国」と定めた。清国はヴェトナムを属国としていたので強く反発し、同年末にソンタイで、翌一八八四年三月にはバクニンで、フランスと戦闘を起こし敗北した（岡本隆司『李鴻章』一五〇～一五二頁）。

原が天津領事に任じられた一八八三年一一月前後は、このように清国とフランスが戦闘を始める直前の、緊迫した時期であった。北京に近い天津領事は、北京の榎本武揚《えのもとたけあき》公使（前海軍卿の大物）と連携して清国の動向や清仏間の状況を探り、朝鮮国での日清の対立に対応し、日本外交を支えなければならなかった。そこに、フランス語もできる原の手腕が期待されたのである。

天津領事として原を井上外務卿に推薦した人物がいる可能性もあるが、すでに見たように井上は原に注目しており、井上の大きな期待を背に、原が天津領事に任命されたことは間違いない。*

＊　前田蓮山『原敬伝』上巻は、原が天津領事になった理由を、①一八八三年八月に清・仏間に戦争が勃発した、②原が天津領事に昇進したのも、井上馨の引き立てのように言われているが、「急場のことであつたから、好むと好まざるとに拘はらず、ひどく憎まれてゐない限り、原敬の外、手近かに適任者を見出し得なかつた」、③原が「偶然に学んだフランス語が、偶然に役に立つたわけだ」、としている（二八八〜二八九頁）。しかし、①と②は誤りであり、③は事実であるが、フランス語ができるだけであるなら、原と同様に「賄征伐」事件に関連して司法省法学校を退学した中田実（陸羯南、太政官文書局翻訳課仏文掛、御用掛）等もいる。

すでに述べたように、原は『大東日報』等に外交関係の評論を書き、外交上の見識を示し、井上外務卿にも個人的に評価されていたので、天津領事に抜擢されたのである。前田は原の書いた新聞記事等、同時代の史料を十分に読まず、原は反藩閥の立場であったというイメージのみで、かなり強引に青年期の原の行動を解釈しているのである。

なお、原は、天津領事に赴任した直後に、フランス領事代理が原の「不充分なる仏語を厭はず懇《ねんごろ》に長談して帰」ったと、伊藤博文に報じている（伊藤博文宛原敬書状、一八八四年一月三〇日、『原敬関係文書』第四巻、四〇九頁）。この時点での原のフランス語会話能力は、意思疎通はできるが、流暢とはいえないものであった。

天皇への拝謁と中井貞子との結婚

原は、一八八三年（明治一六）一一月二六日付で天津領事に任命された。当時、清国にあった日本の公館は、北京の公使館、上海の総領事館・天津の領事館と、芝罘《チーフー》（現在の煙台《イエンタイ》）に新設された領事館のみで、原の役割は重要である。

赴任のため東京を出発する二日前の一二月三日に、井上外務卿の配慮で、初めて天皇に拝謁することができた。当時は、公使はもちろん、領事や領事代理心得・副領事等として海外に赴任もしくは出張する者は、外務卿の申請で拝謁を許された（外務卿井上馨宛宮内大輔杉孫七郎書状、一八八三年一一月二九日、『原敬関係文書』第四巻、三〇八頁。『明治天皇紀』第六、一四二、四一六、六〇八、七八五頁等）。原の拝謁も特別なことではなかったが、拝謁できる身分になったことに、原は感動を覚えたにちがいない。

拝謁を許されたのと同じ日、原は中井弘《なかいひろむ》（工部大書記官〔局長〕）の娘、貞子（貞）と結婚した。* この時原は二七歳、貞子は明治二年（一八六九）八月一五日生まれで一四歳、東京の跡見女学校の生徒であった。原との年齢差は一三歳もあったが、当時としては珍しいことではなかった。しかし、わずか一四歳の娘を原に嫁がせるというのは、中井が原をよほど気に入っていたということであろう。

＊　中井弘の最初の妻は井上馨の妻となり、後妻フミが貞子を産んだ。ところが、その後フミも中井家を去ったので、三番目の妻となった竹子が貞子を育てた。中井には、嫡子が三男二女（貞子を含む）、庶子が三男あった（木村幸治『本懐・宰相　原敬』九三頁）。のち『中央公論』二二七号（一九〇八年二月一日）が「原敬論」を特集した際、貞子の母は「今の井上夫人」と記述したところ、原はその記事に対し、いろいろの本にこのように書いてあり、世間にはそう信じる人が多いが「大間違の話」であると注記した。さらに原は、今の井上夫人は中井との間に

は一人の子もなく、貞子はその後に中井と結婚したフミという婦人から生まれ、フミは一女一男を産んだ後に離縁となり、別の男性に嫁して一八八七年末に死亡したとも言及している（『原敬日記』六巻、一〇九〜一一〇頁）。

外交官は妻同行が望ましいと言って、原に中井貞子と結婚するよう勧めたのは、井上馨参議兼外務卿である。井上は中井の親友でもあった。媒酌人は、二年半前に東北・北海道周遊に随伴させてくれた渡辺洪基《ひろもと》だった。原は几帳面であり、すぐに盛岡の役場に郵便で貞子の入籍を届け、一二日付で受理された（木村幸治『本懐・宰相　原敬』九一〜九二頁）。

すでに述べたように、中井は薩摩出身であったが、保守的な薩摩出身者が好きでなく、明治初年以来、藩閥勢力の中の改革派の木戸孝允系の人脈に属していた。その関係で、このころの藩閥政府の最高実力者の伊藤博文参議や、伊藤の親友の井上馨とも親しかった。話はさかのぼるが、慶応四年（一八六八）二月、英公使パークスが初めて明治天皇に拝謁しようと、京都市中を御所に向かっていた時、攘夷派の刺客に襲撃された。その時パークスの警護をしていた中井が、刺客と戦い斬って捨てて公使を守った、という武勇伝がある。

井上外務卿から中井の娘を勧められた際、すでに述べたように原は中井の依頼で天皇・皇室論を書いており、彼を知っていた（本書第三章）。中井は藩閥が嫌いで改革志向を持っていたので、その娘ならと結婚を承諾したのだろう。見合いで中井貞子と一度会ったかどうかすら定かでないが、いずれにしても原は貞子をじっくり見定めて結婚に踏み切ったというより、父である中井を信頼した結果の結婚だったといえよう。

「およし」との別れ

ところで原には『郵便報知新聞』の記者時代から、吉原の中米楼《なかごめろう》の芸妓《げいぎ》から麴町《こうじまち》の三好家《みよしや》に看板を掲げた芳松《よしまつ》（およし）というなじみの芸妓がいた。芳松の本名は「羽田《はねだ》よし」、原と同じ年齢で、元は神田の「由緒ある武士《さむらい》」の家に生まれ、維新で一家が没落して芸妓になったという。「およし」はしばしば浅草の三味線屋の二階の原の下宿を訪れる仲であった。

そのころに原がくれた手紙数十通を「およし」は生涯手元に置いた。それが彼女の死後、遺品の中に残されていたことが、大正初めの『報知新聞』の記事になった。その一通に、「明五日は臨時の休暇に御座《ござ》候《そうろう》間《あいだ》御都合出来候はゞ、午前より御来車被下度《くだされたく》、委詳《いしょう》は御めもじの上万々可申上《ばんばんもうしあぐべく》候《そうろう》（明日五日は臨時の休暇ですので、ご都合がつきましたら午前中よりお出でください。詳しくは御目にかかったうえでいろいろ申し上げます）、早々《そうそう》、八月四日、はら、およしさま」というものがある。この手紙を掲載した『報知新聞』の記事には写真もあり、原の直筆と確認できる。他には、『大東日報』の記者として大阪に行っていた際に書いたと思われる、「東京の空なつかしく候」と記した手紙もあるという。

原が中井貞子と結婚し、天津領事として赴任し、「およし」との関係は絶たれていったという。その後、「およし」は結婚したが、夫に死に別れた後、踊りの師匠をして暮らした。一九〇七年（明治四〇）に病死して「操月庵一芳蘆翠大姉《そうげつあんいちほうろすいだいし》」の法名を得て、山谷《さんや》の寺に葬られたという（『報知新聞』一九一四年二月二七日）。

「およし」は芸妓であるにもかかわらず、掲載された原の手紙は、短いながらきわめて丁寧で、相手への思いやりと敬意が見られる。手紙は漢字を交えたくずし字で書かれており、それが読める「およし」は教育のある女性だったこともわかる。二人は没落して苦労した境遇も同じであるうえに、互いに惹《ひ》かれあうものがあったのだろう。

話をもとに戻すと、天津領事として赴任するため、新妻貞子を連れ、原は一八八三年一二月五日午後一時に新橋を出発し、午後四時に横浜から出港する。その同日、原は四〇〇円（現在の約一四〇〇万円）もの大金を、菊池武夫（旧南部藩士）から借りている。保証人は一条基緒（南部家家令、旧南部藩士）と石井順治（旧南部藩士）である。原は「借用証」に、約五ヵ月後の翌年「四月限り返金」する、と自筆で書いている（原敬「借用証」一八八三年一二月五日、「原敬記念館所蔵資料」四〇一六）。

金を貸してくれた菊池は、原がフランス人宣教師エヴラールと新潟に行った後、東京に立ち寄った際に一緒に写真に納まった五人の友人のうちの一人である（『原敬日記』一八七五年四月二五日）。盛岡を出てからも付き合いは長い。

次項で述べるように、原は外務省御用掛時代に月俸八〇円（現在の約二百数十万円）も貰っていた。今回、天津領事として年俸・妻女費合わせると、ひと月あたり約四倍の収入となる。したがって、四〇〇円を約五ヵ月で返済するというのは無理な返済計画ではない。

それでは、独身で月俸八〇円も受けていた原が、なぜ天津領事として赴任当日に、あわてて四〇〇円もの借金をしたのだろうか。もし赴任のため当座の資金が要るなら、貞子の父中井に借りればよい。また、以下でも述べていくように金銭面で堅実な原が、花街に返す当てのない借金をしていたとは考えられない。

おそらく、原は四〇〇円を「およし」に別れの金として与えたのであろう。このような借金を新妻の父に頼むことはできない。お金という形でしか気持ちを表せない原の無念さを察し、原との思い出を胸に秘め、「およし」は原の手紙を生涯大切にしていたのであろう。
「およし」との結びつきを経た原にとって、苦労知らずに育った一四歳の新妻との生活は、物足りなく味気なかったことであろう。突然やってきた天津領事の仕事と中井の娘との結婚は、原にとっていろいろな意味で大きな「跳躍」であった。

天津に赴任

天津赴任の際の原の手当を含めた年収を推定すると、原は年俸・妻女費合わせて三六〇〇円を受けていたのだろう（前掲、「原敬個人履歴ファイル」中の一八八五年五月一日付の昇級通知）。海外生活であるとはいえ、外務省御用掛時代の月俸八〇円（年に九六〇円）の四倍近くにもなった。原は自分の人生が大きく開き始めたことを感じたことであろう。

この約一七年後に原は回想し、天津に出発する前の意欲を、次のように示している。

外国、殊に清韓の如き国に駐箚《ちゆうさつ》する以上には、不慮の災難に遭ふことは固《もと》より覚悟すべき筈のもので、またモシもかゝる災難に遭《お》うて死すればそれまでゞあるが、幸に余命を維《つな》ぎをつたならば、男児の一快事と思ふこともあるであらう（原敬口演、社員速記「懐旧談」〔一〕『大阪毎日新聞』一九〇〇年八月九日）。

原は天津に向かうため、一八八三年（明治一六）一二月五日午後一時に新橋駅を汽車で出発し、横浜に行った。一行は妻貞子と、従者の徳丸作蔵《さくぞう》・下女むめの四人である。徳丸は渡辺洪基の推薦で、外務省の清国留学生として原の従者になった（渡辺洪基宛徳丸作蔵書状、一八八三年一一月二八日、『原敬関係文書』第四巻、三〇八頁）。

見送りのため、横浜まで渡辺洪基（福井藩出身、元老院議官〔局長クラス〕）夫妻・中井一族・阿部浩（南部藩士の長男、工部権少書記官・総務局兼品川ガラス製造所長）夫妻・斎藤修一郎（福井藩士の子、井上外務卿秘書官）・浅田徳則（京都府出身、外務省公信局長）・栗野《くりの》慎一郎《しんいちろう》（福岡藩士の長男、外務権少書記官〔課長〕）・中田敬義《たかのり》（金沢生、井上外務卿付書記兼秘書官）が横浜まで同行した（「赴任日記」『原敬関係文書』第四巻、三一〇頁）。

後に、渡辺は帝国大学総長やオーストリア公使兼スイス公使、阿部は東京府知事、斎藤は農商務次官、浅田は逓信総務長官（次官）、栗野はフランス大使、中田は外務省政務局長にまで昇進し、原と様々な関わりを持ち続ける。二七歳の原は、藩閥政府トップの伊藤博文人脈につながる井上外務卿の人脈に加えて、藩閥出身外の人々の間でも、外務省を中心に人脈を築き始めていた。原の能力と人徳を示すものであろう。

原一行は一二月五日午後四時に横浜を出港、神戸に立ち寄り、湊川公園《みなとがわ》・楠公社《なんこうしゃ》等を遊覧した（同前）。原の天皇・皇室への敬愛が強いことがわかる。次いで、九日に長崎に上陸した。ここで、貞子の父の中井弘に会った。

上海には一二日に着き、二二日まで一〇日間滞在した。上海では品川忠道《ただみち》総領事から二度の晩餐《ばんさん》の招待を受けたり、上野専一《せんいち》総領事館書記生からフランスホテルで晩餐のもてなしを受けたりした。また、天山茶園の演劇を楽しみ、城内を散歩した。城内は道路が狭く、泥道で臭気がひどかった。この間、上海から芝罘《チーフー》までは船で行けるが、それ以後は海が氷で閉ざされているので、一六日程かけて陸路で天津に行かなければならないことが確認された。このための食料や衣服を、総領事館員の助けを借りて準備した（「赴任日記」「天津紀行」『原敬関係文書』第四巻、三一〇〜三一一、三二〇頁）。

芝罘には一二月二五日に着いて、三〇日に同地を出発し、天津には翌一八八四年（明治一七）一月一四日に着いた。芝罘のホテルでは主人がドイツ人で召し使いは中国人であり、原はフランス語はできるが、ドイツ語も中国語もわからず、「英語も甚だ怪し」いレベルなので、非常に不便であった。天津に向かう原の一行は、原夫妻と随行の日本人二名、召し使いの中国人一名、北京に留学する人一名で、四両の馬車（各馬車に御者一人）であった。道は悪く寒さは厳しく、旅を進めるにつれて、困難は増した。一月一三日には昼食を終わって馬車に乗ろうとしたら、群衆が前後に集まり、とても騒々しかった。後で聞くと、「洋人なり、殺すべしと呼びたる狂人も」あったという。途中で最も不便を感じたのは、大小の便所が村落・宿駅のいずれにおいてもないことであった。原一行を「異国の人」と見て、見物に来る人がとても多いので、かわるがわる立ち番して用を足した。時には「便処」と称するものがあったが、平地にわずかの囲いを設けただけのもので、不潔で入ることができないものだった（同前、三一一、三二〇〜三二一、三三〇〜三三一頁。「天津紀行」一八八四年一月一三日、『原敬日記』六巻、九二頁）。

原は一二月一六日に上海で、日本に向かう船を得て、井上外務卿、横浜まで見送りに来た友人の斎藤修一郎・浅田徳則・栗野慎一郎・中田敬義、小松原英太郎《こまつばらえいたろう》（岡山藩士の長男、太政官文書局幹事〔少書記官〕で原の上司だった）、および兄の恭《ゆたか》に手紙を出した。また天津に到着した翌日、一月一五日に品川総領事経由で、井上外務卿宛に電報を発した。一八日には各国領事に着任を通知し、二三日には清国の政治の実権者の李鴻章《りこうしょう》を訪れた（「赴任日記」『原敬関係文書』第四巻、三一一頁。「天津日記」『原敬日記』一巻、一九頁)。友人たちに対する原の心づかいと、天津領事としての職務への意欲が感じられる。

李鴻章の考えを知る

ヴェトナムのソンタイ川・バクニンの戦いでフランスに連敗した清国は、局面を打開するため、実力者の李鴻章（直隷《ちょくれい》総督兼北洋大臣）が旧知のフルニエ（フランス海軍中佐）と天津で交渉を行った。一八八四年五月一一日には協定が結ばれたが、この協定の履行の段階の六月下旬に両軍が衝突し、清仏は全面的な戦争状態に入った。

戦闘は、海上ではフランス側の優勢、陸上では清国側の優勢で推移した。一八八五年に入ると停戦の気運が高まり、清仏は四月四日にパリで停戦の議定書に調印、六月九日に天津条約を締結して戦争を終わらせた（岡本隆司『李鴻章』一五二頁)。

話を原の赴任直後まで一年半ほど戻すと、天津の日本領事館は、原と書記生一名に二、三の見習いという小さな所帯であった。原が赴任し、領事としてまず行ったことは、天津に滞在している清国の実力者李鴻章と会見し、友好的な関係を作り、清国の動向についての情報を得ることだった。原は一八八四年一月二三日、二月一〇日、一二日、三月五日、二八日、四月二日、一六日、五月六日と、月に二度の割合で李を訪れた。この他、原は李の部下の中国人とも会見している（『原敬日記』一八八四年一月一四日～五月一〇日。伊藤博文宛原敬機密信稿、一八八四年二月二日、『原敬関係文書』第四巻、四一〇頁)。

これは日本の外交政策の中でも焦点となっている朝鮮政策に関し、清仏関係が大きく影響するので、李鴻章の考え方を知ることが重要だと、原が考えていたからであろう。

同様の意味で、原は天津のフランス領事代理のフランダン（北京公使館一等訳官）にも、一月二〇日前後、二月八日、三月六日、九日、一〇日、四月一四日、二九日と、月に二度ほど会っていた（『原敬日記』一八八四年一月一四日～五月一〇日。「日記」『原敬関係文書』第四巻、三三二～三三五頁）。

李鴻章

赴任直後の一月二三日に李鴻章と会見したことを、原は伊藤博文参議（井上馨が旅行中の外務卿代理）に伝えた。その要旨は次のようである。

①世間には清仏が開戦すれば日本はフランスと連合するだろうとの噂があるが、原が東京出発前に井上外務卿に面会した際、井上は、日清の交際は「浅薄」のものではないので、万一清仏の交際が破れても、日本がフランスと連合することはまったくないと考えている、と述べた、と原は李鴻章に伝えた、②李はそれを聞いて、「満面に喜色を負び《〔ママ〕》て」、日清の交際はそのとおりで、「一国」のようなものであり、井上外務卿とは会見したことはないが、人となりを想像しており、原の話を今聞いて、外務卿の考えは自分とまったく一致している、などと応じた、③原は、たとえ自分の職務外のことでも、日本に通知を望みたいことがあれば、できる限り喜んで依頼に応じます、と述べ、④李は原の申し出に感謝し、原が述べた井上外務卿の考えと李のそれが同じであることを外務卿に伝えてほしい、と望んだ。原と李の対話は、ほとんど二時間にわたった（伊藤博文宛原敬機密信稿、一八八四年一月三

○日、『原敬関係文書』第四巻、四〇七～四〇八頁）。

原は「差支なき事のみを」清国側（李）に知らせ、清国側（李）に聞きたいと思う情を常に起こさせ、それに答えることで「親密にする如き」形を示したのだった（同前、四〇九頁）。こうして原は、初対面で李に好感を与えたのである。

その後原は、四月に李に会見した時、恭親王《きょうしんのう》が更迭されて主戦家と見られる醇親王《じゅんしんのう》が就任したので、清がフランスとの開戦主義に変わったのかどうかを探った。また、李から井上外務卿が辞職するのかと尋ねられ、それを否定して誤解を解いた（井上馨宛原敬機密信稿、一八八四年四月一六日、二一日、『原敬関係文書』第四巻、四一二～四一五頁）。

それから一六年以上経った後、原は李鴻章について次のように回想している。

　李鴻章の評判は当時実に非常なものであったが…（中略）…李鴻章は或る人々が褒《ほ》むるほどエライとも思はれないが、さりとて或る人々が誹《そし》るほどエラクないとも思はれぬ。少くとも東洋における大人物には相違あるまい。殊にたびく外交の難局に当りたる人でもあれば、国際上の関係をアノ人くらゐ知つてをるものは恐らく清国内にあるまいかと信ずる（『原敬全集』上巻、六六二～六六三頁）。

清仏戦争への対応

さて清国とフランスが、戦闘状態を止める協定を結ぶ可能性が出てくると、六月までに原は上海の品川忠道総領事と合意して、北京公使・上海総領事・天津領事の間の情報の共有を図るようにした。

それは、たとえば原領事から外務卿への機密信で上海総領事にも通知が必要なものは、まず上海総領事に送り、同総領事が一読した後、緘封《かんぷう》をしたうえで外務卿へ転送する。上海総領事より北京公使へ内申するものも、原領事に通知が必要なものは、まず天津領事館に送り、原が一読したうえ、緘封して北京公使に転送する、といったことだった（安藤太郎宛原敬機密信稿、一八八四年六月二六日、『原敬関係文書』第四巻、四四四頁）。

この間、五月一一日に清仏間に戦闘状態を打開する協定が結ばれると、原はその噂を聞いて、同日さっそくフランスのフランダン天津領事代理を訪れた。しかし、他国の領事と同じく面会できなかった。

翌一二日になると、清仏間に協定成立の確報を得た。また、フランダン領事代理が原のもとに来て、協定の概要を説明した。原はただちに協定の内容を井上外務卿その他に電報で知らせた（『原敬日記』一八八四年五月一一日、一二日。井上馨宛原敬機密信稿、一八八四年五月一二日、『原敬関係文書』第四巻、四二五～四二六頁）。

原はフランスの天津領事代理フランダンや他国の領事と信頼関係を築いていたので、清仏協定の情報を早い時期に察知し、協定締結の翌日には内容を知ることができたのである。

ところが、すでに述べたように、協定の履行段階の六月下旬に、ヴェトナムで清仏間の戦闘が始まってしまった。原は七月一日に、清仏の間に再び「葛藤を生じた」との噂をつかみ、七日に戦闘開始の報を得て、井上外務卿に電報した。さらに、翌八日には李鴻章を訪問し、李がこの衝突を、大きなものでなく、兵士と兵士との「私闘」とみていることをつかみ、井上外務卿と吉田二郎北京公使臨時代理に電信で伝えた（『原敬日記』一八八四年七月一日、七日。吉田二郎宛原敬機密信稿、一八八四年七月八日、井上馨宛原敬機密信稿、一八八四年七月九日、『原敬関係文書』第四巻、四五五～四五七頁)。原は清仏間の情報を早くつかみ、迅速に井上外務卿らに伝えたのである。原の判断は、李の見通しに従って、大きな戦争にはならないというものだった。

ところが、李や原の予測に反して、清仏間の対立は拡大し、八月下旬に清国は開戦について皇帝の上諭を発した。

このような予想外の展開についても、原は李鴻章やフランス天津領事のリステルユベルやアメリカ公使のヤングらに会うことによって、フランスが清国に償金を要求していることが原因だとわかった。また清国の兵備は十分でなく、とりわけ李をはじめとする清国側は、なるべく「無事に結局」しようと考えている、と判断した(『原敬日記』一八八四年八月六～三〇日。吉田二郎宛原敬機密信稿、一八八四年七月二日、井上馨宛原敬機密信稿、一八八四年七月一六日、二一日、二五日、八月七日、二四日、『原敬関係文書』第四巻、四五九～四七八頁)。

原は李の言を信じたため、清仏間が本格的な戦争に発展していくことまでは予測できなかった。しかし、その後の一二月までの清仏戦争の過程を通し、さらに李との信頼関係を深めるとともに、李が戦争に消極的であることを確信した(井上馨宛原敬機密信稿、一八八四年一〇月二日、一七日、二五日など、『原敬関係文書』第四巻、四八五～四九六頁)。このことは、一二月四日に甲申事変《こうしんじへん》が起きると、その対応において役立った。

甲申事変への対応

甲申事変とは、朝鮮国の首都漢城(現・ソウル)で、金玉均《キムオツキユン》ら朝鮮国の急進開化派が竹添進一郎公使や日本駐屯軍と連携してクーデターを起こし、一時的に朝鮮王宮を占領した事件である。

金玉均らは、国王を擁して一時的に政権を握ったが、朝鮮国の親清派と結んだ清国軍の反撃にあって、二日後の一二月六日には敗退した。この混乱の中で、日本人居留民三十余名が殺害され、日本公使館も焼失し、金らは日本に亡命した。

この事件について、一二月一一日、吉田清成《きよなり》外務大輔《たいふ》（次官）は天津領事の原に電報で、朝鮮における日清両国の兵の衝突の「虚実」について電報で知らせるように、と命じた（『原敬日記』一八八四年一二月一一日）。李鴻章と関係が良く、清国側から情報が取れ、客観的な判断力を持っている原に、甲申事変の真相を本国に伝える役目が与えられたのである。

そこで原は、一二日に李の部下の盛宣懐《せいせんかい》を、一三日には李鴻章を訪れ、李鴻章談話の要旨を井上外務卿に電報で知らせた（同前、一八八四年一二月一二日、一三日）。

原は一三日に榎本公使に、①朝鮮の「開化党〔親日派〕」がクーデターを起こし、四～五名の大官を殺害し、日本兵は国王を護衛して別宮に行った、②清国側はとりあえず王宮護衛に兵を差し向け、日清間に「紛擾」が起きたようである、③王宮を護るのは清国兵の仕事であり、日本兵が護るのはおかしいが、「竹添は腹黒き男」なので、そのようなことをしたのだろうから、事件は平穏かつ速やかに終結させるべきである、④清国は兵や官吏を派遣しないと言っているが、それをすべて信用できるわけではない、などを知らせ、榎本から井上外務卿に原の意見を電信することを頼んだ。さらに一四日にも、日本の吉田清成外務大輔（次官）に宛て、同様の竹添公使の陰謀を疑う機密信を送った（榎本武揚宛原敬機密信稿、一八八四年一二月一三日、吉田清成宛原敬機密信稿、同年一二月一四日、『原敬関係文書』第四巻、五〇五～五〇六、五〇八～五〇九頁）。

原は甲申事変に対し、李鴻章との信頼関係を利用して清国側から情報を得た。それに、これまでの李の外交姿勢を考慮し、竹添公使の陰謀を疑い、また李（清国側）が日本との争いを必ずしも拡大したいと考えてはいないと判断し、日本政府の自重を提言したのである。この判断は、的確であった。

さらに一六日には、李鴻章のほうから面会を求めてきたので、原は李を訪れた。李は朝鮮に派遣を命じられた呉大澂《ごだいちょう》を紹介し、日清両国が「和協の処置」を取ることを望んだ。原もそれに同意し、その旨を井上外務卿に電信することを約束した。ただ、原は前日に井上外務卿から日本人数名が殺害されたことを電信で伝えられていたので、「単に和協談」のみで決着することは難しい、と留保もした（『原敬日記』一八八四年一二月一五日、一六日）。

同日、原は李との会議の内容を井上外務卿と榎本公使に電報で知らせ、さらに翌日、井上外務卿に長文の電報を打って前日の会談について報告した。榎本公使は原の電報を受けて、その見込みはもっともである、と原の判断を評価した。一八日、井上からも事件について電信が来た（同前、一八八四年一二月一七日、一八日。原敬宛榎本武揚書状、一八八四年一二月一九日、『原敬関係文書』第一巻、二八〇頁）。

原の情報が重要な根拠となる

日本政府は一二月一九日に閣議を開いて今後の方針を決めた。政府内には対清戦争をも覚悟するという薩摩系の強硬論者もいたが、最高実力者の伊藤博文参議、井上馨参議（外務卿）らが、井上外務卿を特派全権大使として朝鮮国に派遣し、対清戦争を避ける方針で押し切った（高橋秀直『日清戦争への道』一五〇〜一五七頁）。

閣議をリードした伊藤参議や井上外務卿の決断の背景に、原の情報や判断が一つの重要な根拠となっていたことは間違いない。

井上外務卿は事変を穏便に収めるため、みずから全権大使となって、二個大隊の将兵に護衛されて漢城に入り、翌一八八五年一月九日、日本と朝鮮国との間に漢城条約を結んだ。それは、朝鮮側が日本に謝罪し日本の被害を補償する、などの内容だった(同前、一五八～一六〇頁)。

この間においても、日清間の意思疎通のため、原は李鴻章と四度も会見し、日本・清国がそれぞれ漢城に多数の兵を送るのではないかという風説による、相互の疑惑を解消することに努めた(『原敬日記』一八八四年一二月二二日、二三日、二九日、三一日)。また、一八八五年一月二日には、原は井上全権大使(外務卿)に詳細な機密信を送って、李(清国側)が清仏戦争と甲申事変が同時に起こったので、事変のほうを穏便に解決したいと考えていることを知らせた(井上馨宛原敬機密信稿、一八八五年一月二日、『原敬関係文書』第四巻、五二〇～五二一頁)。

このように、清仏戦争から甲申事変に際して、原は李鴻章等を通してかなりの情報を得、的確に分析し、清国の動向についてのほぼ正確な判断をして電信を送り、井上外務卿等の決断を助けたのであった。こうして原は、若いながら有能な外交官である、という評価を、井上外務卿や榎本公使から得たのであった。

伊藤博文大使が天津に来る

日本と朝鮮国の間に漢城条約が結ばれても、清国軍は漢城を制圧したままであった。それまでも朝鮮国は清国の属国であったが、朝鮮国は朝貢をするなど、清国に緩やかに服属していただけだった。

しかし、このままの状態が続けば、清国が朝鮮国を実質的に支配することにつながる。伊藤博文参議らは、朝鮮国を近代化に誘導し列強に簡単に侵略されない国として育成し、日本の安全保障の環境を整えようと考えていた。* 他方、薩摩系などを中心に、日本国内には朝鮮国を植民地にしようという考えも根強かった。いずれにしても、日清間の交渉が必要であった。

＊　伊藤博文は日露戦争後に統監として韓国に赴任した際にも、そのような考えで統治を行った（伊藤之雄『伊藤博文』第二二～二四章）。原も新聞記者時代から、そうした考えを持ち（本書第四章）。以下で述べるように、生涯にわたってその安全保障構想を保持した。

伊藤参議・井上参議（外務卿）は清国との戦争を避けようと思っていたが、薩摩系の将軍たちは開戦論を唱え、西郷従道参議（前陸軍卿）ら薩摩の有力者たちも影響されていた。これは二年半前の甲申事変の際と類似していた。伊藤は、自分が大使となって清国との交渉をしようと決意した。こうして一八八五年（明治一八）二月七日の閣議では、長時間の討論の末、伊藤が清国へ派遣されること、清国軍の朝鮮国からの撤兵、今回の日清両軍の衝突に責任がある清国将官の処罰を清国に要求すること、が決まった（高橋秀直『日清戦争への道』一六三～一七三頁）。二月二四日、伊藤は特派全権大使に任命された。

清国との開戦を避けるのが伊藤にとって最も大事な目的であったが、交渉に臨む伊藤の立場は苦しいものだった。清国側に押し切られた印象を与える条約を結んだなら、薩摩系等、国内の強硬派に攻撃されるからである。

三月六日朝、清国に向かう途中の伊藤は、長崎から閣員全体に宛て、万一清国が朝鮮国からの撤兵を拒否した場合を心配する手紙を出すほどであった（伊藤之雄『伊藤博文』一九九〜二〇〇頁）。そこで、李鴻章と関係が良い天津領事の原敬ら、現地の外交官の情報収集と分析能力が頼みとなる。

三月一四日に伊藤は天津に着き、いったん北京に入った後、四月三日から李鴻章と天津で交渉を始めた。

この間、原は情報を探るため、三月二四日に李鴻章と面談した。その他に、伊藤大使と李との会見の準備等で、二度李を訪れた（『原敬日記』一八八五年三月一五日、二四日、四月二日）。三月二四日の会見で原は、①伊藤大使一行は清国と開戦するため軍艦と兵士を用意して出発した、と井上角五郎《かくごろう》が朝鮮人に語ったという話を、李に対し説得的に否定し、②清国とフランスの間で、フランスが賠償金を求めない形で講和交渉が行われていることを、李から確認し、その際にフランスが李の「罠に陥るものならん」と、笑顔で李をおだてる余裕すら見せた（山本四郎『評伝　原敬』一六一〜一六三頁）。清の最高実力者で六二歳の李に対し、二九歳の原領事が相当の能力を示したといえよう。

北京に駐在している榎本公使は、二六日に原からの内信でその様子を知り、「大に面白し」と評価し、北京を訪れていた伊藤大使にも内信を見せた（原敬宛榎本武揚書状、一八八五年三月二七日、『原敬関係文書』第一巻、二九〇頁）。

しかし、原の李からの情報収集もここまでで、李（清国側）がどのような交渉条件を考えているかまでは、探ることができなかった。

伊藤に最も役立ったのは、イギリスからの情報であった。プランケット駐日イギリス公使は、清国は朝鮮国からの撤兵に同意するつもりである、と日本側に伝えていた。それが伊藤へも伝わっていたらしい。伊藤は、撤兵は当然として、交渉で得るべきものは清国の将官の処罰だ、と目標を設定した。交渉の席で、伊藤は将官処罰と賠償を強く要求、李は拒否し、四月七日の第三回会談で、交渉は決裂寸前となった。そこで清国側も妥協方針を立て、日本側の賠償要求には応じられないが、朝鮮国より見舞金を支払う（費用は裏で清国が負担する）と提案した。また清国兵に不法行為があったことが判明すれば、将官に譴責《けんせき》を加えることを李が保証するとの妥協的条件も出された。こうして四月一八日、伊藤と李との間で天津条約が調印され、日清両国は朝鮮国から撤兵し、再派兵の際は事前に通告し合うことが合意された（高橋秀直『日清戦争への道』一七六〜一七七頁）。清国との戦争を避け、日本の体面も保って薩摩系の反発をかわしたという点で、伊藤の清国行きは大成功であった。

パリ公使館の書記官に抜擢

原は一八八五年（明治一八）五月一日付で、年俸銀価二八〇〇円から同三〇〇〇円に増額され、五月九日付で外務書記官に昇進し、フランスのパリ公使館在勤を命じられた（年俸英貨六〇〇ポンド）。後任の天津領事には、波多野承五郎《はたのしょうごろう》が任じられたが、波多野が天津に来着後も、原は一ヵ月ほど天津に残って事務引き継ぎ等をするよう、命じられた。また原には、日本に帰国するまで、領事の資格が与えられた（前掲、「原敬個人履歴ファイル」）。パリ公使館の書記官とは、パリ公使館の公使に次ぐ地位の役職である。当時の公使は、現在の大使に当たる。公使の代理も務めることもあり、原にとって願ってもないポストだ。パリに駐在し、フランスのみならず列強の動向や、列強そのものを直接知ることができる。天津領事の原が、領事のレベルを超えた外交官としての働きを示したことを、井上外務卿や榎本駐清公使など、外務省幹部が認めたのである。

原に好意を持つ上役の斎藤修一郎は、六月一〇日付の手紙で次のように喜びを表している。原がパリ公使館の書記官に転任できたことを、私も大いに満足している。これは原が天津領事として出発する時にすでに井上外務卿の腹案にあったが、このように早く実行されたのは、原が着任以来、李鴻章との交際や実務処理をうまく行い、大いに外務卿の意にかない、原を将来有為の人物であると認めたからである。そこで、欧州の学識と経験を得させようと、最も「公平恩親の宏意」を示したもので、将来はいっそう勉強し、井上外務卿や私たちの期待に応えてください、と斎藤は原を激励した（原敬宛斎藤修一郎書状、一八八四年六月一〇日、『原敬関係文書』第二巻、七一頁）。

ところで、原がパリ公使館書記官として赴任するとなると、貞子も連れて行くかどうかという問題が起きる。領事として天津に滞在した間、妻の貞子は何度か医師の往診を必要とする病気になった。日記は「医師貞子を来診す（三回目なり）」などと、記述は簡単である（『原敬日記』一八八四年七月二〇日、一二月二日、一八八五年六月一六日、二八日）。貞子にとって、天津は気候の厳しい異国の地であり、文化や風俗もなじみが薄く、自分がなぜそこにいるのか意味がはっきり自覚できなかったのかもしれない。年若い彼女には、つらい日々だったろう。領事ではあるが外交官の気分で仕事への意欲と責任感や野心に燃える原に、貞子は共感しきれず、新婚生活はそれほど楽しくなかったと思われる。

貞子の父である中井弘は滋賀県令（知事）になっていた。中井は、原にパリ公使館書記官の辞令が下りてまもなく、この点について原に手紙を書いている。中井は、書記官の夫人が公使館に出入りし、公使夫人と親密に交際し交際上の規範を見習わせるためには、貞子を同行させることに意義があるが、書記官夫人がみだりに交際をすることは不用であり、十分に交際はできないとも見る。またできないほうが経済的にも良い。むしろ、原が公使館に諸事見習いとして出勤するほうがよく、収入を考えて質素にやっても問題はないようである。井上外務卿に相談して、貞子を連れて行くかどうか決定してください、と助言した（原敬宛中井弘書状、一八八五年〔五月ヵ〕五日、『原敬関係文書』第二巻、二八七頁）。

井上らの期待を背に受けた原は、後述するように、パリで国際法やフランス・欧州の外交・政治・歴史・文化等を深く学ぼうと思っていた。中井の助言にほっとし、この時点で単身でパリに行く気持ちを固めたことであろう。

後任の波多野が六月二六日に到着すると、七月一日に領事館事務を波多野に引き継ぎ、その後原は波多野を、李鴻章ら清国大官や列強領事に紹介した。原個人としても、彼らと互いに別れを惜しんだ。さらに一三日から一八日まで、北京を見学した後、二五日に天津を出発、上海を経て八月四日午前九時に長崎に到着し、一年八ヵ月ぶりに日本の土を踏んだ（『原敬日記』一八八五年六月二六日〜八月四日）。

伊藤博文に気に入られたい

八月四日朝に長崎に着いた原は、同日夜に再び乗船、六日に神戸に到着した。長崎で、滋賀県令の義父中井弘に電報を打っておいたので、中井一家が迎えに来ていた。神戸で昼食を取った後、夕方の汽車で大津まで一緒に行き、中井の家に泊まった。その後、九日まで、三井寺《みいでら》・大津市内・唐崎《からさき》・石山などを遊覧した。一〇日には伊藤博文参議が天皇に供奉《ぐぶ》して神戸を訪れたので、原は神戸に行く。諏訪山《すわやま》の「常盤《ときわ》」に伊藤を訪れ、同所東店に宿泊した。翌朝も再び伊藤を訪問した（『原敬日記』一八八五年八月四〜一一日）。原は伊藤に気に入られようと、一生懸命である。

その後も大阪や兵庫県舞子《まいこ》など関西に遊び、一四日に神戸港を出発、一五日夕方に横浜港を経て、東京に戻り、親友の阿部浩（品川ガラス製造所長）の家に入った。夕食後、さっそく井上馨外務卿を訪問し、外務省には一七日に出頭した（同前、一八八五年八月一二〜一七日）。原が自分の庇護《ひご》者として、井上を重視していることがわかる。

原は、八月一七日に勲六等に叙せられ、手当金七〇〇円を下賜された。天津領事として「日朝清事件」に尽力したことを賞されたのである。九月二一日には、兄恭《ゆたか》に従って鹿児島に住んでいた母リツが、恭の長女で八歳の栄子（エイ）を連れて、東京にやってきた（同前、一八八五年八月一七日、九月二一日）。

九月二四日、井上外務卿は原に一〇月一五日に出発するよう命じた。五月九日付でパリ公使館書記官を命じられ、七月一日に後任者と引き継ぎをしたにもかかわらず、なぜこれほど出発が遅れたのだろうか。これは、酷暑の中をインド洋を航行するのは身体的につらいので、一一月の涼しくなった時期に航行するように、という斎藤外務卿秘書官らの配慮があったからである（前掲、原敬宛斎藤修一郎書状、一八八五年六月一〇日）。この間に、原は北京を見学したり、国内でゆっくりと休養したりでき、九月二九日に天皇に拝謁、それから出発まで、送別のための宴などが続く。

原は九月二六日、伊藤博文・山県有朋（内務卿）・井上馨（外務卿）・西郷従道（前陸軍卿）・松方正義（大蔵卿）の五人を晩餐に招いた。いずれも、藩閥政府の実力者である参議（閣僚）たちである。天津領事として能力を発揮したとはいえ、一介のフランス公使館書記官にすぎない原がこの面々を集めたとは、異例である。それができた理由は、妻貞子の父である中井弘（滋賀県令）が、伊藤や井上と維新以来の親友であり、山県とも親しかったこと、さらにこのころに伊藤を山県・井上・西郷・松方らで支える体制が展開していたことを除いて考えられない。

この前後、九月二一日に井上外務卿から、一〇月一二日には西郷従道から晩餐に招かれたほか、外務省や同郷の友人との送別の宴会もあった（『原敬日記』一八八五年九月一七日～一〇月一二日）。原は人徳があり、また義父中井を通して権力中枢とつながっていたことがわかる。

昇進と伊藤への満たされない気持ち

ところが、原が最も評価されたいと思っていた伊藤博文からは、特に晩餐の招待はなかった。フランス公使館に赴任する喜びや未来への期待に胸をふくらませながらも、心の奥に伊藤への満たされない思いがあっただろう。

この原と伊藤のすれ違いを考えるため、話を再び天津条約調印の前に戻そう。伊藤博文大使らの一行は、一八八五年（明治一八）三月一四日に天津に到着し、天津条約調印の翌日の四月一九日に、日本に向け天津を出発した。この間、三月一七日から四月二日まで北京に行っていた期間を除き、伊藤は天津領事館で生活したので、二〇日間ほど原と親しく交わることになった（『原敬日記』一八八五年三月一七日～四月一九日）。伊藤は原敬領事を知り、評価をしたであろう。しかし残念ながら、自分の腹心としてただちに手近で使おうと思うほど、強い印象は受けなかったようである。

伊藤博文

原はこの機会を生かして、伊藤と、さらに親しい関係を築こうとする。四月二三日と三〇日、伊藤に二通の手紙を出した。その内容は、①二二日に李鴻章を訪問したが、不在で面会できなかったものの、李は再び全権大使に任じられ、清仏との交渉を行うようになり、いっそう忙しくなった、②二八日に李に面会したところ、伊藤が出発してからのことを尋ねられ、李は「〔伊藤という〕益友を得た」などと繰り返し申していた、③伊藤が当地に「相応の御用」がありましたら、原に遠慮なく申し付けてください、というものだった（伊藤博文宛原敬書状、一八八五年四月二三日、三〇日、伊藤博文関係文書研究会編『伊藤博文関係文書』六巻、四二三～四二四頁）。しかし、伊藤のほうからは、特に原との関係を深めようという接触はなかった。

後述するように、一八八九年秋ごろに伊藤枢密院議長の秘書官に就任するのを原が断るなど、日露戦争後の一九〇六年一二月になるまで、原は伊藤と必ずしもしっくりいっていない。原の心に長く残った感情のひっかかりは、おそらく天津条約の調印の後数ヵ月あたりから出ていると思われる。

なぜ伊藤は、原をすぐに腹心の一員に取り込もうとしなかったのだろうか。それは、伊藤の第一の関心が、一八九〇年の国会開設に向けて、憲法やそれに関連する法律を制定し、近代的な内閣制度や官僚組織をつくることにあったからである。それに関して、すでに伊藤の周りには、井上毅《こわし》・金子堅《けん》太郎《たろう》・伊東巳代治《みよじ》や末松謙澄《すえまつけんちょう》らの法律通の官僚や、ボアソナード、デニソンらの法律顧問がいた。もう一つの重要な課題である条約改正交渉についても、井上外務卿を責任者とし、伊藤自身も大枠について関わっていたが、原は国際法について本格的に学んだことがなかったので、とても伊藤の相談相手にはなれなかった。

伊藤は、原がフランス公使館書記官として赴任する機会に、勉強してくることを期待し、その成果が上がったら、将来使えることもあるだろう、くらいに思っていたのであろう。

軍事問題への関心と理解

すでに述べたように、原は天津から帰国する前に、一八八五年（明治一八）七月一三日から一八日まで北京を見学している。その一五年後、列強の半植民地になりつつある清国で、中国人の西洋排斥団体の義和団が反乱を起こし、清国兵と一緒に北京の列強公使館を攻撃した。列強は公使館員らを救出するため出兵した。この北清事変に際し、原は一五年前に見た公使館の状況を回想し、公使館の防衛と清国兵や義和団の攻撃について、新聞紙上で論じた。

原によると、各国の公使館は、「交民巷街《チャーミンシャンチェ》」の同じ所に集まっており、邸宅は広いものもあるが、「とても戦争の防禦」ができる場所ではない。したがって、清兵でも義和団でも、少し勇敢に攻撃してくれば、列強側の水兵が四〇〇～五〇〇名いたところで、また公使館員が義勇兵となって戦ったところで、到底今日まで存在できるはずのものではない。

これらの事情から考えれば、もし今日まで各国公使が生命を保っていたとすれば、中国人のやり方が「緩慢」であるためか、何か別の理由があったのであろう、と原は推定した（原敬口演、社員速記「懐旧談」〈四〉『大阪毎日新聞』一九〇〇年八月一三日）。

同じ記事で原は、一五年前に北京に寄った際に、公使館付武官として福島安正《やすまさ》陸軍大尉がいたことを回想している。福島は北清事変の時、陸軍少将に昇進しており、清国臨時派遣隊司令官として出征していた。原が北京の列強公使館の防衛がきわめて難しいと断定的に述べているのは、一五年前にそのことを福島大尉に質問し、そのような回答を得たからであろう。

このように、原は軍事に関心があり、様々な機会に軍事知識を深めていったのである。これは原が、外交官として軍事面も含め日本の安全保障を深く考え、また将来大物政治家、少なくとも有力外交指導者になろうと自覚していたからである。こうした姿勢でいたからこそ、本書で述べていくように、原は後に大物内相として、軍事（財政）・外交にまで関与するようになり、さらに首相となっても、陸海軍を十分に統制できたのであった。

第六章　パリ公使館時代の成長
——国際法、欧州の政治・外交と文化を学ぶ

井上馨外務卿の期待

一八八五年（明治一八）一〇月一三日、原は午後八時半に新橋駅から汽車に乗り、横浜に向かった。横浜港から乗船し、フランスの日本公使館書記官としてパリへ旅立つのだ。

横浜の富貴楼《ふうきろう》には井上馨外務卿が待っており、原を招いて、蜂須賀茂韶《はちすかもちあき》駐仏公使（現在のフランス大使、旧徳島藩主の第二子、後に文相となる）への、次のような訓令を与えた。

蜂須賀公使とマルシャル（在仏公使館雇名誉参事官）が不和であるとの噂があるが、「政略」にも関係するので、これまでの行きがかりを捨て、親しくなってほしい。また、露・仏・独・英の関係に注意することが肝要である。ロシアとイギリスは互いに争っているので、イギリス公使はしきりに日清の連合を勧める。しかし、井上はこういう連合をするつもりはない。日清はどうしても共に歩んでいくことができない「国柄」であるからだ。マルシャルを解雇して別に相当の人を雇うとの考えもあるが、解雇すれば日本の悪口を言うだろうから、このまま使うのが良い。蜂須賀の「身上」については不評判である。これを信じないが、自分で十分注意すべきである。新聞には蜂須賀の帰国の説が出ているが、一、二年間は異動させる考えはない。朝鮮国のことは、一八八四年に清国と「和」の方針に

傾いたので、「無干渉の見込」で、「傍観」するつもりである、など。

また井上は、個人の意見として、原に注意を与えた。ドイツとロシアが連合すれば、イギリスはますます抵抗する。また、ロシアとフランスが連合すれば、ドイツとロシアは離れる。ドイツ・ロシアの両皇帝が会合すれば、アフガンでの英・露の衝突、太平洋のドイツ領マーシャル群島をイギリスが奪うなどのことが起きる。これはアジアの大勢に関係を及ぼすので、よく注意すべきだ。これらの動きを探知するには、マルシャルを使うのが最も良い、などである。また、マルシャルにも蜂須賀公使と親しくすることを原から勧めるべきだと命じ、そのために井上の私信が必要なら電報せよ、とも述べた(『原敬日記』一八八五年一〇月一三日)。

井上は蜂須賀に伝えるという形で、原に日本外交の重要方針や、国際政治の見通しについての自分の考えを述べている。また、訓令があるという形にして、書記官にすぎない原を、外務卿みずから横浜まで見送りに来たのである。井上馨がいかに原を気に入り、期待していたかがわかる。

また原は、伊藤博文からマルシャルに宛てた手紙を託されていた。原が出発する時期に伊藤は旅行中だったため、会うことはできなかった(伊藤博文宛原敬書状、一八八五年一二月二四日、『伊藤博文関係文書』六巻、四二四頁)。

パリに着任

原のパリへの出発に際し、家族と友人たちが、新橋駅や横浜まで送りに来た。原は午後一一時半にイギリス船「カシガル」に乗りこんだ。上司や先輩にあたる斎藤修一郎・栗野慎一郎らは、船まで送った(『原敬日記』一八八五年一〇月一三日)。原が天津に赴任する際も、斎藤や栗野らは同様のことをした。井上外務卿との関係以外に、原が外務省内に着実に地歩を固めていることがわかる。

今回のパリ赴任は、妻貞子を後で呼び寄せることとし、原一人の旅路であった。約半年後に、原は貞子の父中井弘（滋賀県知事）に、「貞子呼寄云々」について「回答」している（「日記」一八八六年四月一六日、『原敬関係文書』第五巻、一三八頁）。おそらく中井から、貞子をいつパリに呼び寄せるかと問われたので、原が自分の心積もりを「回答」したのであろう。

公使館書記官として、原は駐仏公使に次ぐ地位になった。当時、駐仏公使がスペイン・ポルトガル・ベルギー・スイス公使を兼任していたので、公使の留守中は、原が臨時代理公使として、パリでフランスや列強に対し日本政府を代表することになる。

今回のパリ赴任について、原はフランス語に磨きをかけるだけでなく、国際法や欧州の政治・外交、さらに文化までを学ぶチャンスと意気込んでいた。天津領事時代の経験から、繊細な年若い妻を同伴していては、将来の大きな飛躍を求めての学習や経験に、とことん集中することができなくなると思って連れて行かなかったのであろう。

原を乗せたイギリス船は、一八八五年一〇月一四日の午前四時に横浜港を出発した。あいにく終日の雨で、夜に入って風も加わり、二六〇〇トン余りしかない船は揺れた（『原敬日記』一八八五年一〇月一四日）。

ほどなく、この年の一二月二二日に、伊藤博文・井上馨らの参議を中心に、日本政府は太政官制を廃止、近代的な内閣制度を作る。憲法を制定し国会を開設して立憲国家を創るための、大きな一歩を進めたのである。この時点の日本にとって、原が公使館書記官になってフランスに渡ることは、小さな出来事かもしれない。しかし、原敬の一生の中では、内閣制度創出に匹敵する大事件だった。しかし彼がやがて日本に立憲政治・政党政治を定着させる立て役者になっていくことを思うとき、この小さな出来事は日本にとって、やはり大きな意味を持ったといわざるを得ない。

船は一〇月二二日に香港に着き、二七日に上海とイギリス間を往復する英国郵船「ロヒラ」(三五〇〇トン)に乗り換え、欧州に向かった。シンガポール・コロンボを経て紅海に入り、一一月二二日にエジプトのスエズに着いた。そこから汽車でアレキサンドリアまで行き、二五日に「ロンバルディ」(二七〇〇トン余)で地中海に乗り出し、三〇日にイタリアのヴェネツィアに到着した。

同日、サン・マルコ寺院など、ヴェネツィア市内を観光した。「議場、裁判所等を始めとして美麗なる彫刻、絵画等頗《すこぶ》る多し」と、原はイタリア文化を評価したが、「始めて欧洲に至りたる者をして頗る異様の感を起さしむるは男女裸体の彫刻にて其《その》陰所をも丸出したるのみならず、鵞鳥《がちょう》の婦人と交合する者すら」あり、などと芸術表現の差にとまどった。

翌一二月一日早朝にヴェネツィアを出た汽車は、三六時間かけて二日夕方五時、パリに着いた。横浜を出港してから四九日半の旅だった。駅には、公使館から宇川盛三郎《せいざぶろう》書記生ら三人と、友人の加藤恒忠(愛媛県出身で原と一緒に司法省法学校退学、フランス遊学中)が迎えに来ていた。

蜂須賀茂韶公使は、公使を兼任しているスペインに出張中で不在だった。一七日に蜂須賀が帰館すると、原は井上外務卿の訓示の主旨を詳細に伝えた(同前、一八八五年一〇月一四日~一二月一七日)。

翌日に原は、蜂須賀公使はマルシャルとの関係について、七月以来それほど悪くなく、いずれ熟考のうえで井上外務卿に回答すると答えた、と井上への手紙に書いた。また、一、二年間帰国を命じることはないと井上が話したことについても、帰国を命じられる恐れがあるからなのか、英独仏等の関係に注意し尽力せよという意図からなのか、などと蜂須賀が原に尋ねてきたことなども報告した(井上馨宛原敬書状、一八八五年一二月一八日、「井上馨文書」)。原は、蜂須賀公使が井上外務卿の指示に素直に従う姿勢が弱いことを、言外に井上に報告したのである。蜂須賀公使は約七ヵ月後に帰国した後、そのまま戻ってこなかった。原の公使への観察と報告が正しかったといえる。

原は、井上に手紙を書いた六日後、近代的内閣制度を作り首相になっていた伊藤博文にも、託された手紙をマルシャルに渡したことなど、報告の手紙を書いた。原はマルシャルと良い関係で親しく交際しているが、蜂須賀公使や他の館員とマルシャルの関係は、春以来良くなく、マルシャルが仕事を与えられていないとの不満を持っていたので、公使と協議のうえで、マルシャルに仏文の往復校正等を担当させるようになった、などと報告した(伊藤博文宛原敬宛書状、一八八五年一二月二四日、『伊藤博文関係文書』六巻、四二四頁。『原敬日記』一八八五年一二月二二日)。

パリ公使館に着任早々、原は蜂須賀公使とマルシャルの対立の実態をつかみ、対立を緩和する対応策を取った。これは、マルシャルを通して列強の動向を探ることが重要である、と出発前に井上外務卿から指示されたことに従ったものである。蜂須賀公使についても、井上から前もって聞いていた以上に厳しい評価を送った。

仕事への厳しい姿勢は、四月の宇川盛三郎書記生の失言問題にも表れている。宇川がフランスのマダガスカル総督の送別会において、「日本は仏国人によりて独立を説明《ときあ》かされたり。若《も》し日本にして他国に征服せられざるを得ざる場合には仏国に征服せらるゝを望む」という趣旨の発言をしたという記事が、五日発行の新聞『ルタン』に掲載された。在留日本人は、日本の体面を汚すものだと激しく憤った。原は宇川に進退伺を出させることを提議し、蜂須賀公使が多少躊躇《ちゅうちょ》していたにもかかわらず決定に持っていき、同月二三日、宇川を帰国させた(『原敬日記』一八八六年四月八日、二三日)。

このような厳しさは、外交官として日本のために尽くすという原の意志を表していた。原は自分にも厳しい努力を課している。それについて次に見ていこう。

夜会にも出ず、観光もせず

パリ公使館書記官となった原の意気込みは、パリに到着して二週間ほど後に井上外務卿に出された手紙の中に、次のような形で最もよく表されている。

> 小官身上之《の》事に付ては、一年間くらいは、やむを得ざるもの丶外は夜会其他《そのた》にも出席致さず、語学弁《ならび》に其他之《の》学事に勉励致度旨《いたしたきむね》公使へも述置き承諾を得《え》候《そうろう》に付《つき》、公務は固《もと》より勉励致《いたす》べき事申《もうす》までも之無《これな》く候《そうら》へ共《ども》、他事は当分之《の》間先《あいだま》づ一《ひ》と通之《とおりの》事に致置申《いたしおきもう》すべくと存候《ぞんじそうろう》（前掲、井上馨宛原敬書状、一八八五年一二月一八日）。

公務には尽力するが、一年間くらいは夜会などにも出席せず、語学その他の学業に励みたい、と原は井上に決意を示している。その手始めに、パリ到着後一週間目に、日本人にフランス語を教えた実績のある仏人アルカンボーに、さっそくフランス語を学ぶことにした。レッスンは毎朝八時半から一時間で、謝礼は一ヵ月六〇フランである。当時、下女の一ヵ月の給金が五〇フランであった（「日記」一八八五年一二月九日、「渡欧・パリ公使館員時代出納覚」『原敬関係文書』第五巻、一二四、二〇三頁）。

すでに述べたように、原はフランス語をフランス人宣教師のエヴラールから学び、その後、司法省法学校で二年五ヵ月、中江兆民の私塾で約半年間学んだ。この成果によって新聞記者時代には、フランス語を読んで情報を集め、記事を書いていた。天津領事時代にはフランス語を使い、不十分ながらフランス領事らと意思疎通ができていた。しかしもっとフランス語に磨きをかけたい、と原は決意したのである。

また原はパリに来て一ヵ月の間に、ほとんど観光もしていない。仕事での外出を除き、日記に見られる観光らしきものは、一二月一三日に中村博愛《ひろなり》（オランダ駐在弁理公使）が原の着任を聞いてパリにやってきたので、夕食を食べて帰路にエデン劇場（オペラ劇場）を見て、一六日に「『トロカデロ』宮殿を一見」し、二七日に「ホマラマを見物し又ボアデブロン〔ブローニュの森〕」に行ったくらいであった（「日記」一八八五年一二月二日〜一八八六年一月二日、『原敬関係文書』第五巻、一二四〜一二七頁）。

パリ公使館で原たちの世話をしていたアルカンボーが、その後パリ公使館に勤務した杉村陽太郎《ようたろう》（後に駐イタリア公使）に話したところによると、原は閉じこもって本ばかり読んでいたという。また正月に、原が公使に従ってフランス大統領の参賀のためにエリゼー宮を訪れた際、ルボー陸相から、原の頭の横にかたまって生えている白髪について、非常に偉くなる人相だと言われ、原は大喜びで帰ってきた。俺は前から偉くなると思っていた、ズウズウ弁など何でもない、と大はしゃぎでシャンパンを飲んでいたという（杉村陽太郎「先輩のこと自分のこと」上、『新岩手人』五－一、一九三五年一月二五日）。

原の猛勉強ぶりと、その向上心に裏付けられた自負心は、パリ公使館で働いていたフランス人職員にも、強い印象を残したのである。

原はパリ到着後に井上外務卿に書いた手紙のとおりに勉強に励んだので、半年ほどでその実態も井上まで伝わった。一八八六年（明治一九）六月二五日、斎藤外相秘書官は、原が「品行方正」であることは外相も深く満足していると書いた。外相（外務卿）が原を欧州に派遣したのは将来の大成の望みがあるからである。今後も他人のそしりは少しも気にせず、ますます「品行方正」で職務と学業を十分励むように伝えておけ、と外相は斎藤に命じた（原敬宛斎藤修一郎書状、一八八六年六月二五日、『原敬関係文書』第二巻、七二頁）。

キリスト教国・労働争議の実態を伊藤に報告

一八八六年（明治一九）二月一二日と四月二日付の伊藤博文宛の手紙で、原は次のように、自分がフランスで何に関心を持って調査をしているかを報告している。

原は、公使館名誉参事官のマルシャルの意見を参考に、欧州の「宗教の自由」について、次のように報告した。欧米各国に対し、日本の地位を高めるためには、宗教の自由は大切な良策で、日本も公然の布告をして「宗教の自由」を許すべきである。しかし言うまでもなく、欧米各国では宗教は「自由」であるといっても、実際はなお「不自由」であることが多く、「旧教に厚き国は自然新教に薄いなどの事情がある。またキリスト教以外の異教に対しては、施政上においても風習上においても「痛く排責《せき》」しているので、「宗教の自由」はキリスト教の内の何教を信じるのも自由であるというにすぎないようにも見える。

日本においても「宗教は自由なり」と表明したとしても、人民の多数が依然として「異教（仏教）」では欧州各国同様の地位に至るのが難しいので、何とかキリスト教国として扱われるようにしたい。そうはいっても、にわかにキリスト教が広がるわけではないので、その第一の取り組みとして、「社会の上流に居る者」はなるべく欧州人、すなわちキリスト教人民のような「品行」を、「仮面」にせよ装うべきことが緊要だと思う（伊藤博文宛原敬書状、一八八六年二月一二日、四月二日、『伊藤博文関係文書』六巻、四二五〜四二七頁）。

原は、列強に対し日本の国際的地位を上げるため、公的に「宗教の自由」を許した上で日本にキリスト教を広めることすら、伊藤に提案した。西欧の宗教の自由の実態についても、キリスト教内の自由であり、それも国によってキリスト教内の宗派の差別がある、という現実も理解していた。不平等条約等の改正交渉が難しいという現実に直面し、このような考えは、原のみならず、伊藤博文・井上馨ら藩閥政府中枢にいる改革派（進歩派）の間にも共有されていたのであろう。一七歳の年に洗礼を受けた原は、三〇歳になるころまで、それなりにキリスト教の信仰を持っていたと思われる。

また原は、当時フランスの新聞に毎日のように報道されていた、職工や炭坑労働者らの争議にも強い関心を寄せた。内閣ですら、それら「過激党」の歓心を求めようとし、また輸出の減額も不景気のせいばかりでなく、職工の争議で工場の生産が困難になったことも関係しているようだ、と見た。

労働争議は、フランスのみならずイギリス・ベルギー・スイスでも盛んである。これらは不景気が原因であるのは申すまでもないが、社会党・無政府党などの煽動《せんどう》によるものが多いように見える。イギリス・ベルギー・ドイツなど君主制の国においては、それらを取り締まることに積極的で、スペインもフランスとの国境において「共和党、社会党など」が入るのを防ごうとしている。ところが、フランスでは取り締まりがないわけではないが、君主国のようではなく、議員中には時々賛成者があるのは、他国にも少しは影響を与えるものと思われる（同前）。

国際法と政治・外交・文化への関心

原は外交官として当然のことながら、欧州の外交問題に関心を持った。原は外交官として必要な国際法の翻訳を行い、また国際法関係のフランス語の本を多く読んだようであり、国際法の学習に最も力を入れていたと思われる。

パリ公使館時代のフランス語を通した貪欲な勉強ぶりをうかがわせるものが、三五冊のフランス語で書かれた書籍名のメモと、フランス語の新聞切り抜きのメモである。

フランス語の書籍メモは、『国際法の理論と実践』、『ヨーロッパの国際法』など国際法や外交文書の書式など一四冊、『戦争の実際の原因』、『タレーランの手紙』、ギゾー『フランス史』、トクヴィル『アメリカの民主主義』、モンテスキュー『ローマ盛衰原因論』、『古代都市』など古代から現代の歴史書一二冊、カント『法の哲学原理』、『シェークスピア全集』、パスカル『パンセ』などの哲学・文学書四冊など、多岐にわたっていた。新聞の切り抜きも、「フランス・清国間の条約」、「コーチシナの行政」、「国境をめぐる紛争」など外交に関するものから、フランスの国会やイギリスの国会、パリ統計類に関するものまで、同時代に進行している政治・外交や経済に至る、幅広いものである（『原敬関係文書』第五巻、一九一〜一九四頁。フランス語の翻訳は伊藤遥による）。

原は国際法を身につけるのみならず、同時代に起こっている様々な事件から、フランスやヨーロッパの政治外交・文化を理解し、さらに歴史や哲学・文学書まで読んで、フランスやヨーロッパ諸国、およびそこに生きる人々の本質と行動の原理的なものをつかもうとしたのである。

ところで原は一八八六年（明治一九）四月初頭に、蜂須賀茂韶公使が六月中または七月初めまでには帰国の途につくと、伊藤博文に予想を書き送っていた（伊藤博文宛原敬書状、一八八六年四月二日、

『伊藤博文関係文書』六巻、四二七頁）。ほぼ原の予想どおり、蜂須賀公使家族一同は、七月二三日にパリを離れたので、同日から原は臨時代理公使として執務することになった（『日記』一八八六年七月二三日、『原敬関係文書』第五巻、一四七頁）。これまでも、蜂須賀公使が公使を兼任しているスペイン等に出張中、原は臨時代理公使として執務することがあったが、これ以降、田中不二麿《ふじまろ》公使（前司法卿）が着任するまで、約一年二ヵ月の間、パリ公使館の責任者として活動することになる。

伏見宮貞愛親王・西園寺公望との出会い

パリ在任時代、原はその後の政治家人生で時には助けとなる二人の重要人物に出会う。その一人の伏見宮貞愛《ふしみのみやさだなる》親王は、安政五年（一八五八）四月二八日に伏見宮邦家《くにいえ》親王の第一四子として生まれ、原より二歳若い。明治五年（一八七二）四月に伏見宮家の家督を継ぎ、陸軍幼年学校・士官学校を卒業し、一八八五年（明治一八）七月、陸軍中佐の時に欧州に派遣された。一八八六年三月一日、貞愛親王がパリに来たので、原ら公使館員が世話をすることになった。

伏見宮貞愛親王

この出会いから二七年後、薩摩出身の海軍大将山本権兵衛を首相とする内閣に、原は衆議院第一党政友会の最有力幹部として入閣、内務大臣となって山本首相とともに内閣を主導し、政治改革を進める。その際に、即位間もない大正天皇の経験不足を補う政治の指導役となり、事実上の摂政を務めたのが、伏見宮貞愛親王であった。貞愛親王は、原内相や山本首相と良い関係を保ち、改革路線を支えた（本書下巻第二五章）。

さて、話を原と伏見宮貞愛親王が最初に出会った一八八六年に戻す。貞愛親王はパリに来て、三月三日、八日（一四日から一八日は不明）、一九日と、少なくとも三日間にわたってフランス士官から陸軍の組織について講義を聞き、原が付き添って筆記をした（『原敬日記』一八八六年三月一～一九日。「日記」一八八六年三月一～一九日、『原敬関係文書』第五巻、一三一～一三三頁）。

原はこれを「仏国陸海軍事務筆記」として保存した。それはフランス陸軍の階級、昇進の制度、教育、定年、処罰、勲章、徴兵制度（海軍も含む）、兵種の区別、重大事件を話し合う国防会議、軍団の戦時編制、糧食、大本営、陸海の軍の防禦、築城の要領、動員、鉄道など多岐にわたり、きわめて詳細である（『原敬関係文書』第五巻、一八三～一八六頁）。原は司法省法学校に入る前、海軍将校になろうとして海軍兵学寮とその後身の海軍兵学校を受験し、二度とも不合格になっているほどである。伏見宮のための筆記であるとはいえ、詳細で要を得ているノートから、原自身が軍事にかなり興味を持っていて、意欲的に知識を深めようとしていたことがうかがえる。

その後三月二四日に、貞愛親王は原と蜂須賀公使を晩餐に招待した。貞愛親王はベルギーに旅立って戻ると、四月七日には原を晩餐に招待した。その後、貞愛親王はスペインに行き、五月一五日にパリへ戻り、六月三日夜、家令とともに突然原の住居を訪れた。原はあり合わせの昆布茶などを出して長時間「歓談」した（『原敬日記』一八八六年三月二四日～六月三日）。伏見宮は原を気に入ったのである。伏見宮貞愛親王は六月七日にフランスを去り、ウィーンに向けて出発した。

伏見宮貞愛親王との打ち解けた関係に比べ、もう一人の人物、オーストリア公使だった西園寺公望との関係は当初はそっけない。西園寺は、ウィーンに着任して一〇ヵ月もしないうちに帰国することになった。その途中、一八八六年四月一六日に書記官とともにパリに到着、二三日にパリを離れた。その間に原と初めて対面したはずだが、原の日記を見る限り、原と西園寺が親しく交際した形跡がない。四月一八日に原が西園寺を訪れたが、不在で会えなかった（同前、一八八六年四月一六～二三日。「日記」一八八六年四月一八日、『原敬関係文書』第五巻、一三八頁）。

そのころ原は、パリに来てから四ヵ月半しか経っておらず、すでに述べたように、フランス語・国際法・フランスや欧米の歴史等を猛勉強しているところで、パリで観光したり歓楽街で遊んだりするどころではなかった。一方、西園寺は、青年期に九年半もフランスに留学し、猛烈に勉強もしたが、そのストレスを発散するため、時には遊びも楽しんだ。西園寺は原にパリを案内してもらう必要はなく、彼の目から見て、初対面の原はおそらくパリまで来ても街も見ず遊びも知らない面白味のない田舎者と映《うつ》ったのであろう。

西園寺公望

その後西園寺はドイツ公使に任命され、一八八七年一二月一〇日にベルリン公使館に着任した。途中、パリ公使館に立ち寄ることも、原に会うこともなかった。西園寺は、一八九一年まで三年半ほど、ドイツ公使としてヨーロッパに滞在した。ドイツでの生活が好きでないので、暇さえあればパリに遊びに行き、一年の三分の一くらいはパリで暮らしていたという（伊藤之雄『元老西園寺公望』三四～五二、七一～七三頁）。この間、原は一八八九年二月二二日までパリ公使館に勤務していたが、西園寺ドイツ公使に会ったと日記に書いているのは、帰国の直前に妻貞子とベルリン観光に出かけた際、西園寺が公使館での晩餐に招待した時くらいであった（『原敬日記』一八八九年二月一五～一九日）。

後に述べるように、原はパリに来てから一年ほどすると、旅行や観劇などパリやフランスの生活を楽しむようになった。妻の貞子が来ると、スイスに旅行するなど、さらに生活に幅ができた。したがって、このベルリンでの出会いでは、原は西園寺に好印象を残したものと思われる。それから半年経ったころの西園寺の原への手紙には、パリ万博でエッフェル塔が建設されることに、西園寺が当初批判的であったが、できてみれば、周囲の景観と調和して「壮大美麗の観」を呈しており、「日本に帰国してしまった」原が見ていないのが残念と書くなど、親しみが満ちている（原敬宛西園寺公望書状、一八八九年八月八日、『原敬関係文書』第二巻、四三頁）。その後、パリでの最初の出会いから十数年経って、伊藤博文が立憲政友会を創る前のころには、二人は頻繁に会って新党について相談するなど、非常に親しくなっていった（本書第一四章）。

条約改正交渉の裏で

一八八五年（明治一八）一二月二日にパリに着任して以来、原は井上外務卿や斎藤修一郎翻訳局長ら、世話になった上司に手紙を出したほかに、貞子夫人など家族にも手紙を書いた。家族からも手紙や小包が来た。恒常的に臨時代理公使となる翌年七月二三日までの約八ヵ月間に、忙しい原が貞子や母、中井弘、兄恭らに宛てて三〇回手紙を出し（一回に何通も出したものは一回と数える）、一六回の手紙や小包などの便りをもらった（「日記」一八八五年一二月二日～一八八六年七月二三日、『原敬関係文書』

第五巻、一二四～一四七頁)。平均して月三回以上手紙を出し、月二回程度来信があるということになる。原と貞子や他の家族との精神的絆は、かなり強かったといえる。

欧州の外交官は夏に休暇を取って避暑に出かける習わしだったが、臨時代理公使になった原は、一八八六年の夏は休暇も取らずに働いた。といっても、臨時代理公使の原に、日本の行方を左右するような重要な仕事があったわけではない。

当時の日本にとって、外交上の最も大きな課題は、条約改正であった。条約改正に関し、原が天津領事時代の一八八四年四月に、イギリスの駐日公使プランケットが着任すると、イギリスはこれまでよりも日本に好意的になった。そこで井上馨外務卿は、条約改正に関する覚書を列強公使に送って、改正の基礎としようとした。しかし、東京の外務省で列強代表と条約改正会議が実際に開かれたのは、一八八六年五月一日だった。会議は翌年七月一八日まで、二七回開催されたが、井上は他の閣僚にも情報を知らせず、東京で井上と外務省とで主に仕事を進めていた。交渉は英・独が主導し、フランス公使は自国の利害を入れようと、強硬な態度を取ることもあったが、主導権は握れなかった(五百旗頭薫『条約改正史』二二三～二八五頁。藤原明久『日本条約改正史の研究』一二一～三五五頁)。

条約改正会議が始まって一ヵ月半ほど経った六月一九日、井上外務大臣は、改正交渉についての情報を、フランスの日本公使館に知らせてきた。その内容は、英・独両国公使から改正条約批准後二年間は現在の開港場に領事裁判権を残し、また一五年間は日本の裁判所に外国人判事を採用する、などであった(『原敬日記』一八八六年六月一九日)。井上外相ら外務省首脳は英・独の提案に基本的に合意しており、他の列強も含め条約改正会議は英・独の提案をもとに展開したので、パリ公使館の原らは条約改正に関して積極的にすることはなかった。

することといえば、日本で井上外相および外務省と列強公使の間で交渉の大枠が固まった後に、フランスの外相らに確認を求めること、などであった。たとえば、一八八七年一月二四日に、原は日本での条約改正会議録（九〜一二号）を受け取った。その翌々日に、領事裁判権撤廃と交換に、日本における外国人が関係する裁判に外国人判事を任用する際、英語を採用する件に関し、原はフルランス外相・クラブリイ通商局長と面談、会議録を参考のために貸しておいた（同前、一八八七年一月二四日、二六日）。フランスの外交当局に条約改正会議での合意の内容を確認してもらうためである。

「旅愁」とフランス人女優

この頃の原の日常の仕事は、フランスを訪れた日本の皇族ら、要人の世話を除けば、ヨーロッパから軍艦を購入する手配や試運転の立ち会い等、こまごまとしたものであった。たとえば、一八八六年（明治一九）の夏の終わり八月三一日に、原はノルマンディー地方のシェルブール港に向かい、九月一日、二日と日本がフランスより購入した軍艦「畝傍《うねび》」の試運転に立ち会った（『原敬日記』一八八六年七月二三日〜九月三日）。三日にシェルブールを出発してパリに戻る途中、ノルマンディー地方の景色を見ながら、ひどく暑かったにもかかわらず「頗る途中の旅愁を慰」めた（「日記」一八八六年九月三日、『原敬関係文書』第五巻、一五一頁）。原が日記の中で「旅愁」という言葉を使うのは、きわめてめずらしい。*

＊　原の小型手帳に鉛筆で書いた「日記」をもとに、その後整理して書いたと思われる『原敬日記』（一八八六年九月三日）には、ノルマンディー地方の「眺望旅情を慰むる事多し」とあり、「旅愁」という感傷的言葉は使っていない。『原敬日記』にまとめる際に、原が強気のイメージを志向して用語の再選択をしていたことがわかり、興

味深い。

パリに着任してから九ヵ月、張り切って仕事や学習に努め、代理公使にもなり、休暇も取らずに夏が終わろうとしている。フランスでの生活に慣れてきたこともあって、それまでの緊張が緩み、疲れを覚えるようになったのだろう。

おそらくこのころであろう。原は観劇に行くようになり、ナポレオン三世の愛妾《あいしょう》だったという美人女優ピエルソンと親しくなった。

それから二〇年以上も経ってから、内務大臣を辞めた後の米欧巡遊の旅の途中で、原はフランスで画家修業中の上野広一に案内されて、一九〇八年一〇月にパリの「テアトル・フランセエ」に観劇に出かけた。原は配役リストの中にピエルソンがいることに偶然気づき、幕が下りてから上野とともに、楽屋つづきのサロンにピエルソンに会いに行った。上野によると、ピエルソンが楽屋から現れると、原はにこにこ笑ってすぐ立ち上がり、いきなり固い握手を交わし、二人で同時に「オオ」と「マア」と声を発し、手を握り合ったままお互いの顔を笑いながら見つめていた。原が「白くなりましたなあ」と言うと、ピエルソンは「お美事に」と答える。二人が懐かしげに昔の話を始め、お互いの白髪を褒め合って、「二十五年も前」のことを語り合う様子に、上野は何ともいえない抒情詩を感じた。原さんのフランス語はうまいと聞いていたが、それは実にうまいもんでした、と上野は回想している（上野広一「原さんがフランスの名女優と握手した話」、『新岩手人』三‐一一、一九三三年一一月二五日）。

このエピソードから、原はパリ公使館書記官時代に本物のフランス語を身につけたことが確認できるとともに、それのみならずフランスの女優からも好かれるような人間的魅力を備えていたこともわかる。

貞子を呼び寄せる

その後、原は妻貞子をパリに呼び寄せようと決意し、一八八六年(明治一九)一〇月一五日付で井上馨外務大臣宛に、公式の「妻呼寄願」を書いた。願いは一二月一六日付で許可され、「妻携帯費」として英貨で二五〇ポンドが給付されることになった(「原敬個人履歴ファイル」「外務省記録」H13 2、外務省外交史料館所蔵)。

原のもとに、貞子が一二月二九日に東京を出発してパリに向かうとの連絡が届いたのは、翌一八八七年一月二四日のことである。二月四日には貞子から、スエズ運河の北端のポートサイド発の電信が来て、仏船「揚子江」でフランスへ向かっていると知った。原は六日夜にパリを出発し、八日夜にマルセイユ港で妻を迎えた。妻の同行者には、片山東熊《とうくま》がいた(『原敬日記』一八八七年一月二四日〜二月八日)。片山は宮廷建築家で、のち奈良博物館・京都博物館(現・奈良国立博物館、京都国立博物館)や東宮御所(現・迎賓館赤坂離宮)など、明治期の代表的な西欧建築の設計を手がける。

原は貞子を連れて、二月一〇日に公使館に戻った。原はさっそく二七日に、貞子とパリ滞在中の友人斎藤修一郎(井上外相秘書官)を伴って、ヴェルサイユに遊覧に行った(同前、一八八七年二月一〇日、二七日)。

貞子を迎えるころから、それまで猛烈だった原臨時代理公使の生活に、パリやヨーロッパを見聞し生活を味わおうという余裕ある意欲が見えるようになる。貞子がパリに到着する二ヵ月前の一八八六年一二月に、井上外相に新しい公使の来着を早くしてほしいと願い出た。その理由として、同年一〇月ごろからドイツとフランスの開戦が噂になっていたことなど「欧洲外交の内情」とともに、原は「私情」を挙げている（井上馨宛原敬書状、一八八六年一〇月二二日、一二月一七日、『原敬関係文書』第三巻、五八七〜五九〇頁）。

「私情」とは、「金は足らず暇はなし」ということであった。代理公使になれば、日本公使館を代表するので交際費が増えるが、書記官の俸給を受けるのみの原は、代理公使になって九ヵ月にもなるが俸給の加増はされていなかった。また勉強する時間もなくなった。早朝と夜間を除き、自由な時間が少しもなく、早朝や夜間でも種々の用事や来客に妨害される。来遊の客も多く、彼らの鉄道の手配、調査、接待等に忙しく、さらにフランスの勲章を望む有力者もあるので、その交渉が大変であった。井上外相からフランスで勉強せよと命じられたこともあって、大好きな「夜遠征〔夜遊び〕」も辛抱して頭痛が起きるほど勉強に励んできたのに、このままでは何事も達成する望みがない。このように、原は親しい上役の浅田通商局長に手紙を書き、新しい公使の派遣を懇願した（浅田徳則宛原敬書状、一八八七年四月二九日、五月二七日、同前、五八四、五八六頁）。要するに、臨時代理公使になっても俸給が上がらず経済的に苦しいばかりでなく、意義が見出せないような来客の応対が多くなって勉強もできない、という不満が募ったのである。

パリ駐在時代の原敬と貞子。写真提供・大慈会

幸い、一八八七年六月になると、ドイツとフランスの開戦もなさそうな雰囲気になった〔井上馨宛原敬書状、一八八七年六月三日、同前、五九五頁〕。

原は代理公使としての仕事を熱心に行うのをやめようと腹をくくったと思われる。その年の夏は、貞子とともに八月一五日にパリを出て、まずアルプスの麓にある温泉地エクスレバンに行き、九月一日には国境を越えてスイスに入り、ジュネーヴを訪れた。湖畔のホテルからの眺望がすばらしかった。翌日、船で湖上からローザンヌに至り、さらに汽車でベルンまで行った。三日夜に急行列車に乗って、四日朝にパリに帰着した〔『原敬日記』一八八七年八月一五日～九月四日〕。原がフランスに来て以来、避暑に出かけたのも、このような二〇日余りの長期休暇を取ったのも、初めてだった。

田中公使着任

一八八七年〔明治二〇〕六月四日、ローマ駐在の田中不二麿《ふじまろ》公使が、駐仏公使に命じられ、原は七日に井上外相より知らせを受けた。田中は名古屋藩士の子として生まれ、同藩を代表して維新政府に入り、文部大輔〔次官〕・司法卿などを歴任していた。

原は前年七月から臨時公使代理として公使館に住んでいたので、新しい住居を探さなくてはならなくなった。田中はベルギーおよびスイス公使を兼任しないことになり、一〇月五日にパリに着任した〔『原敬日記』一八八七年六月七日、九月四日、一二日、一〇月五日〕。原は臨時代理公使の間に、支出が増えたため三四〇〇～三五〇〇ポンドの資金不足となった。それのみか、非常に忙しくなった〔原宛浅田徳則〔外務省通商局長兼会計局長〕書状、一八八七年七月一二日。上記についての原の返信草稿『原敬関係文書』第一巻、五〇～五一頁〕。原は臨時代理公使として、公使館に住み公使の代理としての仕事をこなした。しかしプライドを満足させた反面、公使館書記官の年俸しか受けずに忙しい思いをし、勉強や見聞を広めることもままならず、つらい面もあっただろう。約三五〇〇ポンドの資金不足とは、すでに述べた原の書記官としての年俸六〇〇ポンドの六倍近い大金であった。経済的にこのような無理を重ねていたので、新しい公使が着任し、原はほっとしたと思われる。

ところで、原が超過支出した大金は、原則として償却しないという外務省の方針の下で、前年に臨時に送られた八〇〇円の他に、一八八八年に「幾分の補足として金五〇〇〇円」を送られたのみであった（一八八七年七月一二日付の原宛浅田徳則書状への原の返信草稿、原宛浅田徳則書状、一八八八年一月一七日、五月一〇日、『原敬関係文書』第一巻、五一～五三頁）。原の天津領事時代の一八八五年の年俸の銀貨三〇〇〇円（前掲、「原敬個人履歴ファイル」）と比べても、超過分を埋め合わせるには程遠い額であったといえよう。

この間日本国内では、条約改正交渉への批判が強まり、交渉が中止となったので、原の庇護者の井上馨外相は一八八七年九月一七日付で辞任し、伊藤博文首相が外相を兼任することになった（翌年二月一日から、郵便報知新聞社を辞任して以来、原が嫌う大隈重信が外相に就任）。

翌一八八八年夏になると、パリ生活が原は二年半以上、貞子は一年数ヵ月となる。疲れもあってか、二人の体には不調が出てきた。貞子は六月一一日朝より体調が悪化、翌日フランス人医師の往診を求めた。それから全快して外出できるまで二週間ほどかかった。七月二日には原が舌根に異常を生じ、フランス人医師を呼んで治療を受けた。この病気は一〇月上旬になっても全治せず、医師の治療を受け続けた。一二月九日にも、原は尿道狭窄《きょうさく》で手術を受けた（『原敬日記』一八八八年六月一二日～一二月九日）。

この年の夏は、九月二日から二八日まで、一ヵ月近くも休暇を取った。まずパリの各所を見物し、海辺に行きたくなったので、二二日に貞子とともにノルマンディー地方のディエップに急行列車で出かけた。ディエップはイギリス海峡に面し、ターナーや印象派の画家たちが多くの作品を描いた港町である。宿泊したのは、その地で一等とされるホテル・ロワイヤルで、海岸にあり、眺めが良かった。翌日は海岸を散歩したり、馬車で古城を訪れたりした。二四日は汽車でセーヌ河畔のルアンに行き、翌日ノートルダム寺院等を観光。二五日中にセーヌ河口の港町ル・アーヴルに移動し、市内見物や海水浴などを楽しんで、二八日にパリに戻った。このころになると、しばらくやめていたフランス語の個人授業を再開し、教師が週三回来ることになった(同前、一八八八年九月二～二八日、一〇月一六日)。

このころ、中井弘《ひろむ》は、娘貞子の「学資金」として金貨三〇〇円を、人に託して原のもとに届けた。添えられた手紙には、原がこれまで代理公使の時期には出費で困ったとのことが伝わっており、パリという土地柄で様々の交際上、お金が不足することと察している、と書いてあった。そのうえで、少しずつではあるが中井のほうより、貞子の「学資位《くらい》」は妻と相談して送りますので御承知ください、とあった(原敬宛中井弘書状、一八八八年〔九月ヵ〕一六日、『原敬関係文書』第二巻、二九〇頁)。

中井は、押しつけがましくならないように、貞子の「学資金」という名目で、原にかなりの金を送った。この金は、原や貞子の病気の治療や、秋の旅行のために使った費用を埋め合わせたり、その後のイギリス旅行等に使われたのであろう。原は、自分への中井の期待を改めて感じたことだろう。

国際法の翻訳

原はパリ公使館に勤務中、『陸戦公法』（一八九四年八月刊）の元になる翻訳を行った。原書は一八八〇年九月にイギリスのオックスフォードで開かれた「万国公法会〔万国国際法学会〕」において議決し、各国政府に贈られたものである。万国国際法学会は、「万国公法〔国際法〕」の進歩を助け各国政府にその規定を遵守させることを促進するための会で、会員は六〇名を限度としていた。会員は「公法会」に有益と認める者を会員が選挙したので、各国が万国国際法学会を重視し、そこでの議決は各国の国際関係の基準となっていた（「陸戦公法諸言」『原敬全集』上巻、二八六頁）。万国国際法学会は、一八七三年にヨーロッパの戦争の惨禍を教訓に、紛争の平和的解決を目指す国際法学者たちが作ったもので、現在も続いている。原は、ヨーロッパの最先端の動向に着目し日本に紹介するという面で、鋭い感覚を持っていた。

『陸戦公法』では、軍隊と普通国民とを区別し、交戦国の軍隊は「陸戦公法」を遵守するべきだと規定する。また戦法は敵に損害を与える方法に関し「無限の自由」があることを認めていない。また「侵略したる土地」は、戦争の終局以前には侵略者が「戦取」したものとみなさないので、侵略者が事実上の権力を施行したとしても、まったく臨時のことである、とする（「第一章　総則」）。

「第二章　総則の適用」においては、「第一節　交戦」に関し、「無害の人民」を虐待することを禁じた。また「戦争は合法」のものであるべきなので、毒を用いる、「謀殺」を助ける、偽って降伏するようにみせかける、敵の生命を残酷に傷害する、軍隊の記章を隠して敵を攻撃する、または国旗・制服等を盗用することを禁じた。さらに、「苛酷《かこく》」の行為を行うべきでないことから、負傷を「張大にし」たり無益の苦痛を起こさせる武器等を使用すること、任意に降伏する敵もしくは戦闘力を失った敵を殺害したり、またはその肢体《したい》を切断したりすること等を禁じる。その他、負傷者・病者および衛生員の扱い、死体の扱い、捕虜の待遇、間諜（スパイ）の扱いや軍使の権利など、種々のものを規定していた。

「第二節　占領地」「第三節　捕虜に関する条件」も、講和条約が結ばれるまで占領された土地の者の権利に配慮することや、捕虜の保護に関し、詳細に規定されている。「第四節　中立国に於ての抑留」には、交戦国の者が中立国に避難所を求めた際の諸事項が規定されている。

「第三章　刑事制裁」では、以上に述べた諸規定に違反した犯罪人は、審議の末に当該交戦国において罰するべき、と規定される。また、権利を侵害された側が、早く自分たちの権利を保全するために、敵の犯罪の重大さを自覚させ、敵に警告する必要があると認めた時は、「反報《へんぽう》（仕返し）」を行うほかに方法がないとする、と「反報」についても規定があった（「陸戦公法」『原敬全集』上巻、二八九～三一〇頁）。

全体として、原が日本語に翻訳し刊行した『陸戦公法』は、日本が他国と戦争を行う場合に、知っておかなければならない列強間の暗黙の合意を文章化したものである。「陸戦公法」を日本が守らないと、列強から日本は「文明国」ではないとみなされ、条約改正等が不利になる恐れがある。すでに述べたように、原は宗教について論じた中で、日本にキリスト教を広めることこそ「文明国」の仲間入りをする条件だ、と伊藤博文に述べたほどである。原がパリ公使館に勤務中に「戦時公法」の重要性に気づき、翻訳までしたことは、彼の鋭い国際センスを示す。この翻訳は、日清戦争が始まると同時に刊行され、日本が「文明国」とみなされていくよう、国際的地位を向上させることに寄与したのだった。

大隈外相から意に反する帰国命令

一八八八年（明治二一）一一月二一日、原は農商務省に転任して大臣秘書官となっていた先輩の斎藤修一郎からの手紙で、自分に帰国するよう内命が近々に下ることを知った。原はすぐに斎藤に電信を返し、まだ決定でないならもう一年在勤を望む、と伝えた（『原敬日記』一八八八年一一月二一日）。

原は貞子がパリに来てからは、読書やフランス語習得などの合間に休暇を取って、パリを観光したり、フランスやスイスの保養地などに旅行したりするようになった。しかし、イギリスその他の国にはまだ足を伸ばしていない。中でも、イギリスの政治形態を日本の遠い将来の手本とすべきだ、と新聞記者時代から考えていた原は、そこにぜひとも実際に行って体験したいと考えたはずである。さらに一年のパリ在勤を望んだのは、それまでの学習中心の生活に一段落つけ、実地にヨーロッパでの体験を深めたい、と考えたからだろう。

ところが、一一月一七日付で、原に対し御用がある、と帰国が命じられた。後任の公使館書記官に大山綱介《つなすけ》＊（外務書記官）が転任することになり、大山が赴任のうえで交代するとの訓令もあった（前掲、「原敬個人履歴ファイル」）。原はなぜか、この通知を一二月三一日に受け取ったように記している（『原敬日記』一八八八年一二月三一日）。外相が原の庇護者の井上馨から、大隈重信に代わったので、いきなりの帰国命令もやむを得なかった。

なお、義父の中井弘は、一八八一年の明治十四年政変まで、木戸派（あるいは旧木戸派）の同志として大隈重信と親しく交際していたので、昔のよしみで大隈外相に、原のパリ公使館書記官の任期延長を依頼したが、大隈はそれを受け入れなかった（原敬宛中井弘書状、一八八八年〔一二月ヵ〕二日、『原敬関係文書』第二巻、二九一頁）。原はこのことで、大隈への嫌悪感をさらに強めていったのであろう。

＊『原敬日記』（一八八八年一二月三一日）には、原は一一月一九日付で帰国を命じられたとあるが、外務省の原敬についての「個人履歴ファイル」によると、一一月一七日である。

山県有朋の世話をする

年が明けて一八八九年（明治二二）一月一一日、山県有朋内務大臣がパリに到着した。山県は欧州で自治制・軍事制度や政治・外交状況を調査するため、約一年の予定で前年一二月二日に横浜港を旅立った（瀧井一博『文明史のなかの明治憲法』一五七〜一六八頁）。義父の中井弘の二二年来の友人の船越衛《まもる》（山県の腹心）も山県に同行して欧州に派遣され、地方制度視察を行うことを命じられた。中井は、そのことについて、山県は書籍では十分に研究しているので、必要と思われる実地の視察を十分に手配してやってください、と書いた手紙を船越に持たせた。その手紙には、帰国の際にお金が必要なら、為替は三井正金銀行・高田商会へ手続きしてください、と原夫妻の帰国旅費の心配までしてあった（原敬宛中井弘書状、一八八八年一二月四日、『原敬関係文書』第二巻、二九二頁）。中井は原の将来を考え、山県にも原の存在を印象づけようとしたのである。帰国の際には金を惜しまずに将来のため見聞を広めよ、との金銭援助の申し出も含め、中井の原への愛情と期待が、ここでも確認される。

原は田中公使とともに、山県の面会打ち合わせのため、フランス外務省に行った（『原敬日記』一八八九年一月一〇日、一二日）。藩閥政府で陸軍や内務省を拠点に伊藤博文に次ぐ権力を確保していた山県のため、フランス政府高官との面会手配等に、田中公使とともに、原はパリ日本公使館での最後の仕事に尽力した。

一月一六日に、山県がフランス外相ゴブレを訪問するので、原と田中公使も外務省に同行し、通訳をした（同前、一八八九年一月一六日）。三年余りのフランス暮らしで語学を磨き、原は高官の通訳が務まるほど会話力を向上させていた。一八日には、山県は原と田中公使を同伴して、マリー・フランソワ・サディ・カルノー大統領に謁見した。「大統領は懇切に面会談話」してくれた。一九日はパリの日本公使館が山県を晩餐会に招き、食後に日本人四〇名ほども加わり、山県の送別の宴が開かれる。二一日に、原と田中公使は山県とともにフランスの陸相ならびに内相を訪問し、山県を紹介した。二七日、山県はロアール川沿いのソーミュールに向け、パリを出発した（同前、一八八九年一月一八～二七日）。

ロンドン・ベルリン見物と帰国

二月一日から原夫妻は八田祐二郎少佐に同行する形で、ロンドン訪問の旅に出、国立美術館・大英博物館・動物園・自然史博物館・ハイドパークなどを見物し、地下鉄にも乗った。また国会議事堂・各省・王宮なども馬車から眺めた。短い日程ながら博物館・美術館などの文化的な施設まで積極的に訪れ、イギリスを理解しようとしている。

二月一〇日にパリに帰った原は、雪の中、田中公使とともに、パリに戻っていた山県を訪問した。慌ただしい日程の中、山県には最大限の礼と誠意を尽くしている。二月一二日には原の後任の大山書記官が来着し、一三日に事務を大山に引き継いだ（『原敬日記』一八八九年二月一～一三日）。

さらに、二月一五日夜から一九日夜まで、四日間のベルリン旅行に出かけた。王宮等を訪れて公園をざっと一回りし、一八日には西園寺公望公使から晩餐の招待を受けた（同前、一八八九年二月一五～一九日）。帰国前とはいえ、ベルリン訪問はロンドン行きと比べ、あまりにもそっけない。原はドイツよりイギリスに強い関心を持っていたことが再確認できる。このことは、原が二〇歳代半ばの新聞記者時代から、イギリスを遠い将来の政治・経済などの目標としていたこと（本書第四章）と関係があるだろう。

二月二二日、原夫妻はパリを離れ、マルセイユに向かった。二四日にマルセイユ港からフランス郵船の船でフランスを離れた。地中海、スエズ運河、紅海へ出て、インド洋からシンガポール・上海等を経て、四月六日早朝に神戸港に着いた。ただちに上陸し、貞子の父の中井弘滋賀県知事に会いに、大津に向かった。大津には一七日まで滞在し、県庁を訪れたり、石山に遊んだり、坂本村（現・大津市坂本）で坂本祭を見たりして、骨休めをした。その間にも京都府知事北垣国道《きたがきくにみち》を訪れたり、中井の家族とともに京都御所と二条離宮などを拝観したりしている（同前、一八八九年二月二二日〜四月一七日）。中井知事は、琵琶湖疏水《そすい》事業を推進するため、北垣京都府知事と連携していた。外交官である原が、幅広い関心を持っていることが注目される。また、高等官らに特別に許可される御所の拝観を行ったことから、皇室への関心が強いこともわかる。

その後、原は大津から琵琶湖を渡り、長浜へ出た。そこから初めて開通した東海道線の汽車で（のち、一八八九年七月一日に新橋—神戸間全通）名古屋に出て、名古屋・静岡等を観光、一九日昼に新橋に到着、翌日外務省に帰国の報告をした（同前、一八八九年四月一七〜二〇日）。

パリ公使館で得たもの

赴任から帰国前後の旅行も含め、三年半余りのパリ公使館時代を経て、原の政治・外交観は、どのような変化を遂げたのだろうか。残された史料から見る限り、あまり大きく変化した形跡がない。原は新聞記者時代と同様に、イギリスを遠い将来の理想に置き続けた。それに比べるとフランスの政治は、労働運動などに影響され、好ましくなかったことは、伊藤博文への手紙に示されている。条約改正については、欧米と宗教なども異なり、簡単でないことを、以前よりもよく理解した。

原は中江兆民の私塾時代から新聞記者時代を通し、日本の国内の状況もじっくり眺めながら、フランス語などを通し、着実な政治・外交の価値観を持った。そのためフランスに来ても、それを大幅に変える必要がなく、欧州の現状を直接に体験することで、自分の価値観に事実の幅と深みを加え、自信を持ったのである。

原にとって新たに得たものとは、より高いフランス語会話の能力と、本格的な国際法の知識、政治・外交の価値観を支える欧米の歴史の知識、さらに哲学や文学の知識等であろう。

パリから帰った原は、三三歳になっていた。もう一年程フランスにいたかったとはいえ、年若い妻の貞子とフランスでの楽しい思い出を作ることもできた。かなりの満足感と自信を持って、次のポストを待ったにちがいない。

第七章　陸奥農商相に心酔する——農商務省改革と初期議会

農商務省に入る

一八八九年（明治二二）四月二〇日に原は外務省に帰国の届け出をした。原がパリに着任して間もなく、近代的内閣制度ができた。この結果、従来の太政官《だじょうかん》制下の「内閣」と異なり、首相が政府の中心となって天皇を助け、また、政権交代があるようになった。しかし、まだ議会は開設されておらず、ましてや衆議院の多数党が政権を獲得する政党内閣制ではなかった。まず、藩閥最高実力者の伊藤博文が初代首相となり、原の庇護《ひご》者の井上馨が外相となったが、帰国時には黒田清隆内閣に変わり、外相は原の好まぬ大隈重信であった。

帰国の三日後、井上馨農商務相から大隈外相宛に、「原をパリ公使館書記官から農商務参事官（奏任三等）に任命したいが差支えがあるだろうか」と問い合わせる文書が出された。翌日、「差支えない、転任を承知する」との回答があった（「原敬個人履歴ファイル」「外務省記録」H132）。こうして、原の農商務省参事官への転任が決まった。原はすでに前年一二月一九日付で奏任官三等に昇進していたので（同前）、同格の異動であった。

この転任の理由は、井上馨が農商相になっていて、外務省の先輩だった斎藤修一郎も同省に異動して農商相秘書官兼商務局長を務めていたからである。斎藤は原に、大隈外相は原を誤解することが多いので農商務省に移ったほうが良い、と助言した。また、大隈の外相就任がなくても、井上馨との関係において、斎藤たちは原の転任を希望した（『原敬日記』一八八九年四月二七日）。

五月一八日、原は司法省法学校の同窓会に出席した（同前、一八八九年五月一八日）。原と同期に法学校の生徒となり、八年の課程を終えて卒業し、司法省関係で働いている古賀廉造《こがれんぞう》（佐賀藩士の子、のち内閣拓殖局長官）や秋月左都夫《あきづきさつお》（高鍋藩家老の子、のちオーストリア大使）は、いずれもこの時点で、農商務省参事官の原よりも地位が低かった。原は、司法省法学校を中退して一〇年余り、かなり充実した人生を送っていたといえる。

五月二一日、原は農商務省官制改革案の調査を命じられた。この件について、原は六月二二日、井上農商相の転地先の鎌倉に行って、面会している。その後も、夏の間に井上の転地先を三回も訪問した（同前、一八八九年五月二一日、六月二二日、二八日、七月一三日、八月九日、二二日）。農商務省の官制改革は、井上が原に託したものといえよう。

原は改正案の柱として、総務局を廃止し、その事務を大臣官房に合併することを挙げた。これは官制上、総務局は省務全部を統轄することになっているが、実際は文書の往復、報告、および記録にすぎないからである。また工務局を廃止し、商務局に合併して、商工局にする、水産局を廃止し、その事務を農務局に属させる、地質局を廃止することなども重要である。これらの理由は、工業はまだ一局で担当するほど発達しておらず、水産や養殖改良等は発達が不十分で局で行うほどの必要はないからである（原敬修正「農商務省官制改正案並説明」〔一八八九年下半期ヵ〕、『原敬関係文書』第五巻、二五二～二五四頁）。

原は、農商務省の組織は産業の実態以上に大きすぎると判断し、総務局など四局を廃止し、同省を大臣官房と、農務局・商工局・山林局・鉱山局・特許局・会計局の六局からなる組織にする官制改革を計画した。原の姿勢は、農商務省の組織管理の実態や、省が管轄する産業の実態に合わせて組織を改良するというものである。原の現実主義的な性格が表れている。

しかし、原は井上農商相の下で農商務省の官制改革を行い始めたとはいえ、同省で勢力を持っていた薩摩出身の前田正名《まさな》（農商務省工務局長兼農務局長）と考えが異なり、良好な関係が作れず官制改革も実施できなかった。そのため、農商務省の居心地が良くなかった。親友の加藤恒忠（愛媛県出身で司法省法学校を中退、在欧中）への手紙にそのことを書いたようである。加藤は同年八月、原に共感し、「不平勝《がち》」なのは、そんなこともあるだろうと、あなたの心中を理解しています、と原に返信した（原敬宛加藤恒忠書状、一八八九年八月一一日、『原敬関係文書』第一巻、四二九頁）。

同じころ、原は義父の中井弘（滋賀県知事）にも不満を述べている。中井は原に、前田正名と折り合って交際してほしい、と助言した。その後中井は、友人の伊藤博文枢密院議長に依頼し、原を枢密院書記官に採用するよう内々に話してある、と同年八月末に原に知らせた（原敬宛中井弘書状、一八八九年〔七月ヵ〕九日、八月三一日、『原敬関係文書』第二巻、二九三頁）。

原はこの話と気持ちを、庇護者の井上農商相に詳しく伝えたようである。これに対し井上は自分の身の上を、近年は「浮雲」のようで雨か曇りか快晴かは予想が難しい、と原に伝え、伊藤枢密院議長がそれほど原を引き立てるつもりであるなら受けるべきである、と原に答えた。また井上は、原の外務省の先輩でもある斎藤修一郎にも、枢密院より原の転出についての問い合わせがあったら異論なく承諾するように、と手紙の返事のついでに伝えておいた、とも付け加えた（原宛井上馨書状、一八八九

年九月二一日、『原敬関係文書』第一巻、八七頁）。

しかし、原に枢密院の書記官として採用する打診があった時、井上農商相は外国人判事を大審院（現在の最高裁判所）に任用する大隈外相の条約改正案に反対し、辞表を提出していた。井上の進退が決まっていないので、この際枢密院書記官への転出は見合わせるべきだとの友人等の勧めもあり、原は転出を断ったという（『原敬日記』一八九〇年一月一三日）。

原が、井上農商相から枢密院への転出を勧められながら農商務省に留まったのには、友人らの勧めの他にどんな理由があったのだろうか。

それは、枢密院書記官になれば原の上司となる枢密院書記官長の伊東巳代治に、肌合いの悪いものを感じたからであろう。実は、原は一一月二四日に井上馨の紹介があり、二五日に伊東に会うことになっていた。早朝から伊東は枢密院の会議に参列するため自宅に不在で、原は何度か伊東宅を訪ねたが、無駄足に終わった。このことを伊東は「残念の至」りとし、明朝一〇時までに永田町の官舎に来てほしい、と原に手紙を書いた（原敬宛伊東巳代治書状、一八八九年一一月二五日、『原敬関係文書』第一巻、一二五頁）。

伊東巳代治

伊藤博文の腹心で原の上役となる立場とはいえ、伊東は原より一歳下である。閣僚クラスでもないのに、原に何度も足を運ばせ、謝罪の言葉も述べず、翌朝一〇時までにと官舎に呼びつけるなどは、原をあまりにも軽く扱った態度であった。

前田正名と原が折り合いの悪い理由

原と前田は、なぜ折り合いが悪かったのだろうか。まず、前田の目指した政策を見てみる必要がある。

前田は一八八一年(明治一四)一一月から八三年一月まで農商務省大書記官として渡欧し、各国で欧州の産業経済事情調査を行った。さらに日本国内の地方産業の実態調査を加えて、八四年八月に『興業意見・未定稿』を刊行した。これは、地方の農業・工業・商業がいずれも著しく衰退している現状を打開するため、興業銀行などを作り、農商務省が中心になって積極的な産業振興策を行おうとするものである。とりわけ、生糸・茶・綿織物などの輸出産業を柱として「保護・勧奨」しようとした。この政策は、松方正義大蔵卿のもとで行われた産業への自由放任主義的政策を、干渉主義の新しい方向に変えようとするものだった。しかし、松方大蔵卿らにより大幅に修正され、翌年一二月、前田は辞めさせられた。

その後前田は、一八八九年二月二六日に工務局長として、再び農商務省に戻った。五月から農務局長を兼任、省を主導し、一二月一〇日までに約半年かけて『興業意見』に代わる農・工・商業の事情調査を実施し、先回と同じ方向で積極的な産業振興を行おうとした。合計百五十余冊に及ぶ報告書の中には、府県別統計表四九冊の他、工務局関係三八冊、水産局関係九冊など、工務や水産関係もかなりの分量を占めていた。さらに前田は、一八九〇年一月一六日には次官に昇進した(祖田修『前田正名』七六~一四四頁)。

すでに見たように、原は農商務省の組織改革で工務局・水産局を廃止しようとするなど、前田の積極的な産業振興策に反対であった。また原は、産業が自然に成熟するのを待ってそれらを促進する政策を行う考え（本書第三章）で、前田のやり方は干渉しすぎると見たのである。

さらに、前田は政党が嫌いである。また、地方土木費の補助よりも、生糸・茶・織物などの輸出産業の「保護・勧奨」に資金を使おうとしていた（同前、七六、一一三頁）。これらも、原がイギリス風の政党政治を将来の理想とし、地域の開発の柱として、また近代化を進める精神の育成のためにも鉄道・港湾・道路などの土木関連事業を行い、交通機関を整備しようとしていることから、前田と折り合えない要因となっていた。

前田正名一派との対立

さて、この間に一八八九年（明治二二）一〇月二五日、大隈外相の条約改正案への批判を受けて、黒田清隆内閣は総辞職した。同日に三条実美《さねとみ》が臨時に首相となって、基本的に黒田内閣の閣僚のままで当面の対応をした。井上農商相は一二月二三日付で辞表を認められ、翌二四日に山県有朋内閣が発足した。この内閣も、基本的に黒田内閣を引き継いだが、外相は青木周蔵《しゅうぞう》（前外務次官兼枢密顧問官）、内相は山県首相の兼任、農商相は岩村通俊《みちとし》（前農商務次官）に代わるなどの異動があった。

新任農商相の岩村は、土佐藩家老の長男で、民権運動家で土佐派のリーダーの一人林有造《ゆうぞう》の兄である。岩村は鹿児島県令（後の県知事）や北海道庁長官などの地方官や、司法大輔《たいふ》（次官）の経験はあったが、農商務省の経験がないまま一年ほど次官を務めた後、大臣に昇任した。省内では、前田正名が大きな影響力をふるうことになった。

岩村は、大臣になって数日経った一二月末、農商務省官制改正案を見たい意向を示したので、原は岩村の滞在先の箱根にすべて送付した。翌一八九〇年一月一三日、岩村は農商務省の幹部を集め、井上前農商相が現実を前提として法律規則を作るべきだと言っていたことを受け継いでいく、と施政方針を示した。同じ日に、岩村が原に秘書官となることを勧めたので、原は受け、同月二一日に農商務大臣秘書官に任命された。参事官時代と同じ、奏任三等の資格であった(『原敬日記』一八八九年一二月三〇日、一八九〇年一月一三日、二二日)。井上に続き岩村農商相にも信頼され、これからもそれなりに仕事ができる可能性がある、と少し期待したことであろう。

ところが、秘書官に任命されて一週間も経たないうちに、岩村に「遺伝の脳病」が出て、役所に出てこられない状況が起こり始めた。それを利用して、一月一六日に次官に昇進した前田の一派がますます勢力をふるい始めた。

二月一一日、原は井上馨に、ご承知のとおりの「カタマリ〔前田一派のこと〕」はますますはなはだしく、「日々不愉快極《きわま》り」ないので、今後はどうすべきか考えている、とまで苦しい心中を訴えた。前年井上の下で原が取り組んでいた農商務省の官制改革案が、新大臣の下で四月ごろには実行されると見込んでいたのであるが、今のところ中止の有り様となっていたからである(井上馨宛原敬書状、一八九〇年二月一一日、「井上馨文書」)。

このころ原は、前田次官から訪問したいと都合を尋ねる手紙を受け取った。ところが原は、朝または夜にても電話で原の都合を問い合わせてくださったうえで、来てくださりお会いできれば光栄ですが、時節柄繁忙を感じているので、遺憾ですがあらかじめ時日のお約束はできないことをお察しくださいい、などと返答した(前田正名宛原敬書状、〔一八九〇年〕二月一六日、「前田正名文書」国立国会図書館憲政資料室所蔵)。農商務大臣秘書官が次官にする応答としては、非常にそっけないものである。原は前田の訪問を受けても信念を曲げる気はない、と前田との会見を事実上拒否するような返答をしたのである。原は前田次官への不服従の姿勢を隠すことすらしなかった。

ところで前田一派とは、前田次官を中心とし、宮島信吉（書記官、前農務局長）・杉山栄蔵（会計局長）らの「老人」たちであった。また、奥田義人（特許局長、鳥取藩士の子、東大法卒）も、若いが前田派であった。彼らは、原のような秘書官は省の事務に関与しないほうが良い、と主張し、とうとう原は二月下旬には「全く閑地に置かれ」てしまった。わずかの日常の仕事以外に仕事がなく、出省しても、一日中各新聞を小説三面記事まで読んでいるほどであった。同一の境遇にある者が、省中の官吏の半数ほどもいる、と原は見た（『原敬日記』一八九〇年二月二四日、五月二〇日、六月二一日）。その後、原は法制局長官の井上毅（伊藤博文の腹心の法制官僚）に、農商務省をやめる相談をするほどであった。

さて、岩村農商相の病気は、小康を得ることはあっても良くはならず、五月九日に辞表を提出し、一七日に辞任を認められた。

陸奥宗光に期待される

後任の農商相は陸奥宗光（前駐米公使）で、一八九〇年（明治二三）五月一七日に任命された。同日に原は、陸奥に呼び出された（『原敬日記』一八九〇年五月一七日）。原は、東北・北海道周遊中、一八八一年九月に宮城監獄に立ち寄った際に、初めて陸奥を見た。その後、フランス公使館勤務時代に陸奥に会ったという（『原敬全集』上巻、一七〇、三四七頁）。しかし、その時期の原の日記に陸奥の名が出てこないように、特に印象に残る出会いではなかった。原はそれまで陸奥を事実上知らなかったといえる。

陸奥は西園寺ときわめて親しかった（伊藤之雄『元老西園寺公望』六六〜六八頁）。原はフランス公使館時代に西園寺との交流があり、最終的にかなり親しくなったが、陸奥とは勤務国が異なっていたので、陸奥と親しくなる機会がなかった。

二日後、陸奥は原に、別に考えがあるか陸奥に信用を置かないということならば仕方がないが、このまま秘書官を続けてほしい、と頼んだ。原は承諾し、引き続き秘書官を務めることになった。これまで本省所属官吏の身分に関することは書記官が取り扱っていたが、改正されて今後は秘書官が扱うことになり、原秘書官の権限は強まることになった（『原敬日記』一八九〇年五月二〇日）。

陸奥宗光は和歌山藩勘定奉行の子として生まれた。維新政府に入り、兵庫県知事・神奈川県知事など、開港場を管轄する重要な地方官を歴任、租税頭《そぜいのかみ》から大蔵少輔心得《おおくらしょうゆうこころえ》など、次官クラスのポストに昇進した。人脈的には、重要官庁である大蔵省を中心に藩閥出身以外の人材も集めた開明的なグループである、木戸派に属した。このため陸奥は、とりわけ伊藤博文や井上馨と親しかった。しかし、木戸と同じ長州出身の伊藤や山県有朋が参議となり入閣し、工部卿や陸軍卿を務めたのに対し、陸奥にはそのようなポストは与えられなかった。自分の能力に強い自負心を持つ陸奥は、自分の境遇に不満を募らせ、西南戦争の際は、西郷軍に呼応して挙兵する計画に加担した。

このことが明るみに出、四年半余り下獄した後に、伊藤・井上の計らいでイギリス等欧州に遊学し、さらに駐米公使となった。この間に、外交のみならず政党や政党政治への関心を深め、駐米公使時代はアメリカの政党について実情の研究を深めた。日本には、岩村農商相が発病した一八九〇年一月に戻ってきたばかりである。

第一次山県内閣ができて約五ヵ月後、岩村農商相の後任に山県首相が陸奥を選んだのは、伊藤系の人材を入閣させ、伊藤・井上らとの調和を図るためであった。一八七八年に大久保利通が暗殺され、伊藤が大久保を継いで伊藤体制を形成、藩閥政府を主導するようになると、同じ長州出身の山県は、陸軍や内務省の責任者として伊藤体制を支えた。しかし国会開設が近づくと、一八八七年末から翌年にかけて、政党勢力の発展が必要と考えて彼らに宥和《ゆうわ》的な対応をする伊藤と、政党勢力に否定的な山県との間に溝ができ、しだいに広がっていった（伊藤之雄『山県有朋』第六〜八章）。

前内閣の条約改正に反対して伊藤（班列《はんれつ》相、現在の無任所相だが、有力者が就く）・井上農商相が辞任していたので、前内閣を基本的に受け継いだ第一次山県内閣には、藩閥内で最も有力な伊藤系が入閣していなかった。伊藤に比べて威信が劣りしかも慎重な山県首相は、第一回総選挙や第一回帝国議会を前に、陸奥を入閣させることで、伊藤・井上らからの協力を得ようとしたのである。

陸奥にとって、知事を経験し、地方官の立場から農商務関係のことを取り扱ったことがあるとはいえ、農商務省は初めての省である。誰か信用のおける者を側近にする必要があった。

陸奥宗光

原のことをよく知らない陸奥が、原を重要な秘書官にしようとしたのは、原が井上や伊藤、とりわけ井上からの信任が厚かったからだろう。短気で気性が激しい井上がかわいがっている男なら、同じく気性が激しく辛辣《しんらつ》な自分ともうまくやっていけるだろう、と陸奥は思ったのではないか。西園寺が原と親しいことも、原を使う気にさせたであろう。また、藩閥外ということで悲哀を味わった陸奥にとって、原が南部藩の上級藩士の子弟で、藩閥に好感情を持っているわけがないことにも、親近感を覚えたであろう。維新後に木戸派に属した陸奥は、原の義父中井弘が、薩摩藩出身でありながら、伊藤・井上や大隈重信ら木戸派の中核人物や山県とも親しく、薩摩系に属さない変わり者であることも、よく知っていたはずである。

すでにふれたように、五月二二日に農商相秘書官に本省の官吏の進退や身分に関することを扱う権限を与えるよう規則の改正がなされたので、その二日後に、原は官吏を選考する委員を命じられた。陸奥が農商相に就任して以来、秘書官の仕事が多くなった（『原敬日記』一八九〇年五月二四日、二五日）。陸奥は農商相になった直後から、原を信用してどんどん仕事を任せたのである。

前田派一掃と農商務省改革の進展

一八九〇年（明治二三）五月二八日、昨年来原の立案を基にした農商務省の官制改革案が、内閣書記官長より返されてきた。農商務大臣が岩村から陸奥に代わったからである。農商務省で審議され、内閣に提出された官制改革案がどのようなものだったかは確定できない。しかし、一八九〇年二月二二日から五月三一日の間に書かれた「農商務省組織表」（各組織に人名入り）[*]をみると、これが内閣に提出された改正案に近いものと推定できる。

＊「農商務省組織表」（『原敬関係文書』第五巻、三八六～三八七頁）の作成期日を、同文書の編者は一般に「明治二三年〔一八九〇〕頃」としか推定していない。しかし、同表に掲載の奥田義人が特許局長になるのは、一八九〇年二月二二日からであり、同表に掲載されており、農務局長と総務局長を兼任している前田正名次官が同省を退任するのは同年五月三一日である。このことから、同表は二月二二日から五月三一日の間に書かれたと推定でき

る。この間は前田一派が全盛であり、組織改革で前田や前田派の奥田が組織から外れることはあり得ない。

政府に提出された改革案に近いと思われる組織表によると、当初の原の案にある総務局は廃止されず、前田が局長のまま残った。他方、水産局廃止や、商務局と工務局を商工局にする案は残り、原の先輩の斎藤修一郎（商務局長兼工務局長）が商工局長として書かれていた。原が仕事の実態がないと廃止しようとした総務局が残されたのは、前田次官兼農務局長・総務局長ら前田派の反対のためであろう。

新しい陸奥農商務相体制の下で、原秘書官はまず、それまで次官兼農務局長・総務局長として農商務省に力をふるっていた前田を、五月三一日付で辞任させた。またその前日、前田に東京農林学校校長の職も辞任させていた。

同校では、前田の校長復任の運動をし、それが受け入れられないと、同じ薩摩の海江田信義《かえだのぶよし》（前奈良県知事・元老院議官）を校長にする運動を行った。原はこの学校を「薩摩学校」とみなし、六月一二日付で文部省の管轄に移し、帝国大学の農科大学（のちの農学部）とした。これに関しては、原が手配し、薩摩系でない浜尾新《はまおあらた》（豊岡藩士の子、文部省専門学務局長）が陸奥農商相との間で斡旋《あっせん》に尽力し、決行までは内密にされた（『原敬日記』一八九〇年六月一一～一三日）。

前田次官の追放という、このような少し荒っぽい手法は、藩閥内でも噂になったようである。六月一九日、陸奥は伊藤博文に、前田の辞職は本人の志願であり、陸奥が放逐したのではない、と言い訳の手紙を書いている（伊藤博文宛陸奥宗光書状、一八九〇年六月一九日、『伊藤博文関係文書』七巻、二六〇頁）。

六月二一日には、前年から原が進めた省の組織改正官制が発布された。すでに述べたように、総務局・水産局が廃止され、水産局は農務局に合併され、工務局を廃止し商務局と合併し商工局を作った。また地質局も廃止され、農商相の管理下の地質調査所が置かれた。前田も含め農商務省内の合意を得て内閣に提出されて、五月に返された官制改革案に比べると、総務局が廃止されたことが特色である。

原はこの改革を、「本省の官吏は多少名義を変更したる迄《まで》」である（『原敬日記』一八九〇年六月二一日）ととらえていて、十分に満足していたわけではない。おそらく原は、組織改革とともに農商務省の大規模な人員整理をしたかったのであろう。しかし、藩閥政府に批判的な在野の政党が官吏の整理を唱えていた当時、農商務省の人員整理は他省にも影響を及ぼすので、陸奥農商相の支持だけではできることではない。それは、藩閥政府内にも官吏の人員整理が必要だという考えが強まるまで、不可能であった。

新しい官制の発布がなされた同じ日、一八八五年に『興業意見』実施に向けた検討がなされたころから前田派であった、杉山栄蔵（会計局長）・宮島信吉（書記官、前農務局長）や樋田魯一《ひだろいち》（参事官）は職を免じられた。こうして、この改革によって徒党を組んでいた前田派の弊害を一掃した。この中で、奥田義人（特許局長）は前田派に入っていたが、「有用の材」ということで残した（同前）。

五月一七日に初めて原を呼び出してからわずか一ヵ月余り、原を信用した陸奥は、果断に決定を下して、一気に農商務省改革を実行した。原は陸奥の手腕を評価し、腹心として仕えていけそうな期待を持ったことであろう。

なお、農商務省の官制については、この約一年後にも陸奥農商相と原秘書官のもとで、一八九一年七月二四日にさらに少し改正され、会計局が廃止され、地質調査所が農商相の直接の管理から外れ、局と並ぶ形で置かれた（勅令第九四号、『官報』一八九一年七月二七日）。その後、この官制の大枠は、陸奥と原が農商務省を去っても、日清戦争まで続いた（勅令第一四六号、『官報』一八九三年一〇月三一日。勅令第一三一号、『官報』一八九四年七月三一日）。原の改革案が現実に合っていたことがわかる。

帝国議会開設への期待

一八九〇年（明治二三）七月一日に第一回総選挙を行う予定が決まると、帝国議会開設もいよいよ現実のものと感じられるようになる。そこで浮上したのが、憲法第六十七条の取り扱い問題である。六十七条では、「憲法上の大権に基づける既定の歳出」等は、政府の同意がないと帝国議会は廃除したりまたは削減したりすることができない、となっていた。

山県内閣は、憲法上の大権に基づく「既定の歳出」が何であるか、前もって法律で定めておこうとした。これは、予算について議会の制約を受けない部分を確保しておこうという姿勢である。一般的な職務分掌からすれば、憲法第六十七条問題は、法律通の井上毅が長官であった法制局か、または内閣書記官長が担当し、山県首相を中心に最終的に閣議で決定すべきことであった。

憲法第六十七条問題は農商務省の仕事には関係なかったが、原は陸奥農商相の秘書官という立場で、自発的にこの問題の調査をした。原は、「既定の歳出」を法律によって定めておくことを、得策とは考えなかった（『原敬日記』一八九〇年六月七日）。これは、帝国議会の権限を制約することを、帝国議会開設の前に法律で決めておくことに、原が批判的だったからであろう。

七月七日、法律で「既定の歳出」を決めておくことが、閣議において決定した。陸奥農商相は不同意であったが、意思に反して内閣の説に従った（同前、一八九〇年七月七日）。

原は七月一日に行われた第一回総選挙にも関心を示した。「世間騒々しき事」であるが、フランスの一人二人の議員の補欠選挙よりも穏やかである。普通選挙ではないからであるが、他方より見れば「不熱心の人」が多いのも静穏な理由と思われる、と原は考えた（同前、一八九〇年七月五日）。

この時の選挙権は、満二五歳以上の男性で、直接国税（地租や所得税）一五円以上の納入者に与えられた。有権者は全人口の約一パーセントで、当選者の多くは地主層など有力農民の代表であった（のち男子普通選挙下で一九二八年に初の総選挙が行われた際は、全人口の約二一パーセントが有権者となる）。原は、このような制限選挙下であることを考慮しても、有権者たちの政治に対する感覚が成熟していない、ととらえたのである。

七月二五日、山県内閣は集会及政社法を公布し、旧来の集会条例を議会開設に合わせて改正した。その内容は、政談集会の開催や結社の届け出の手続きを簡単にするなど、取り締まりを緩和する一方で、帝国議会開会中は議院から三里（約一二キロメートル）以内での屋外集会やデモを禁止するなど、新たな規定も設けた。「政社〔政党〕」が支社を置いたり、他の「政社」と連結するのを禁止したりする点では、旧集会条例と同じであった。原は集会条例の改正があって、「稍々《やや》寛となる」と評価した（同前、一八九〇年七月二五日）。集会を取り締まる治安立法の面でも、政党の指導者や集会の参加者など国民の意識が成熟していないので、この程度のものは当然ととらえたのだ。

さて、第一回総選挙の結果が出た。当選者の党派所属は流動的だったが、旧自由党系の三派で全三〇〇議席のうちの一〇〇前後を、また立憲改進党が五〇前後を占めた。これら以外にも、政府に批判的な議員が当選していた。政府が議会に提出する予算や法案が衆議院を通過する見通しは、はっきりしなかった。帝国議会は衆議院と貴族院からなる。藩閥系の勅選議員や華族からなる貴族院は、藩閥政府支持であるが、予算・法案ともに両院を通過しないと成立しないので、山県内閣にとって前途の困難が予想された。

陸奥農商相は、総選挙で和歌山県から推されて当選し、衆議院に議席を持つ唯一の閣僚となった。和歌山県では、定員五のすべてが陸奥派で占められた（伊藤之雄「自由党・政友会系基盤の変容」三〇五頁）。陸奥は、伊藤系の閣僚としてだけではなく、和歌山県選出の五人の衆議院議員のリーダーとしても活動した。陸奥は駐米公使時代に、共和党と民主党が対立するアメリカ合衆国の政党政治に強い関心を示している。また初期議会期から、自由党に陸奥派を入党させようとする。陸奥は、将来に自由党またはその後身の政党を背景に、政党内閣もしくは政党を背景とした内閣の首相として政権を担当することを、将来の夢としていた（伊藤之雄『立憲国家の確立と伊藤博文』二〇～二一、二八六～二八七頁）。

このような陸奥に秘書官として仕える原は、新聞記者時代から、イギリス風の政党政治を将来の日本の目指すべき理想としていたので（本書第三章）、心躍る期待を感じていたに違いない。

第一回帝国議会にあきれる

第一回帝国議会は、一八九〇年（明治二三）一一月二五日に召集された。予想どおり、衆議院では自由党・改進党等の民党（野党）が、三〇〇議席中の過半数を占め、地租軽減を実現しようとした。そこで、山県内閣が第一議会に提出した予算に対し、一二月二七日、衆議院予算委員会は約八〇六万円（約一割）を削減する査定案を作成した。削減する金額には、官吏の削減が見込まれていた。翌一八九一年一月三一日、原は日記に、「議院は実に法外の議決をなし」ており、日本の議会は府県会で「番外〔県当局者〕の説明を聞く」ような質問を事とする、と批判した。原は政府の対応についても、政府の権利や説を述べるために委員を出すことを理解していない、と批判的にみた（「日記」一八九一年一月三一日、『原敬関係文書』第五巻、二一五〜二一六頁）。原は、政党側と藩閥政府側双方に、議会で合理的な議論をして国政の方向を決めようという姿勢が弱いことに失望したのである。

二月になると、山県内閣は解散も辞さない強硬姿勢をちらつかせたので、解散か妥協か、議会をめぐる状況は緊迫した。

結局、二月二〇日に天野若円《あまのじやくえん》（政府系の大成会）が妥協のための動議を出し、板垣退助ら自由党の土佐派が政府との妥協に動き、政府系の大成会と自由党土佐派が支持、動議は成立した。この妥協の動きに対し、陸奥農商相は、板垣との間で連携して動いたようである（伊藤之雄『立憲国家の確立と伊藤博文』五六〜五八頁）。この妥協をきっかけに、修正された予算案は衆議院、貴族院を三月上旬に通過、第一議会は無事閉会式を迎えた。当初、民党側が約八〇六万円の予算削減を要求していたのに対し、山県内閣はその約八一パーセントもの削減に合意した。列強に日本が帝国議会の運営能力があることを見せたいため、解散による混乱を回避し、山県内閣は大幅な妥協を行ったのである。土佐派等、民党のかなりの議員も、同様に列強の目を意識していたので、妥協は促進された。

この第一議会の予算をめぐる動きを、原は注意深く見守っていたが、陸奥に妥協工作を頼まれることはなく、政治には関われなかった。唯一の関わりは、天野動議が出された日、陸奥から電話で急に呼び出され、政府はどの額まで衆議院の査定に同意して予算を削減すべきか、取り調べるように命じられ、調査したことである。第一議会で原は相当忙しかった。主に行ったことは、陸奥農商相の意見書作成、農商務省の予算や度量衡条例・蚕種検査法など、農商務省の実務に関することだった（『原敬日記』一八九一年一月三一日〜二月二〇日。『原敬関係文書』第五巻、二九八〜三一三頁）。

このため、休日に終日在宅して読書をするのが好きな原が、それもほとんどできない日が続いた。議会が一段落すると、緊張が緩んで、これまで無理をしてきた疲れが出たらしい。二月末に風邪から体調を崩したと見るうちに、腸チフスにかかり、四〇度以上の高熱が出て体が衰弱していき、四月までほとんど外に出られない状態となった。四月三〇日に久しぶりに農商務省に出勤し、五月七日から鎌倉に転地保養をした。江ノ島や金沢八景を散歩するなどしていたところ、五月一一日に大津事件が起こった。日本周遊中のロシア皇太子ニコライが、大津で巡査に切りつけられて負傷したのである。翌一二日、陸奥農商相が原に東京に戻るよう促したので、その次の日に戻った。体のほうはすっかり回復していた（『原敬日記』一八九一年二月二七日〜五月一四日。「日記」一八九一年二月二七日〜五月一四日、『原敬関係文書』第五巻、二二九〜二二五頁）。

この間、山県首相は、第一議会を無事終了すると辞任を決意し、一八九一年五月六日、薩摩出身の松方正義（前蔵相）を首相とする第一次松方内閣が成立していた。陸奥ら多くの閣僚が留任した。

「一大事」も成就せず遺憾

原は一八九一年（明治二四）五月一六日から二三日まで、大津事件の状況を視察するため、京都に出張した（『原敬日記』一八九一年五月一六〜二三日）。農商務省の仕事とは関係ないが、陸奥が大津事件処理の方針を閣内で発言するための、情報収集が目的である。陸奥が原を厚く信頼していたことと、品川弥二郎《やじろう》内相配下の内務省からの情報だけでは不安だったことがわかる。

大津事件は、五月二七日に犯人の津田三蔵《さんぞう》に無期徒刑の判決が下され、ロシア側も特別な行動を起こさなかったので、落着となった。

松方首相は、長州の伊藤や山県、薩摩の黒田といった藩閥最有力者ほどの威信がなかったので、そのリーダーシップへの不安があった。第一回の帝国議会を無事に終了し、列強に日本の議会運営能力を見せたということで、第二議会では民党（野党）の攻勢がさらに強くなると予想された。そこで松方内閣の弱体を補うため、八月に入ると、伊藤・井上・山県と松方首相・品川内相・陸奥農商相ら有力閣僚の間で、首相直轄の政務部を置くことが決められた。政務部は、各種政略の調査・検討、閣僚答弁の調整、機密費の集中管理、政府系報道機関の一元的運用など、民党・議会に対処するための幅広い権限を有する、と合意された。伊藤・井上らの期待どおり、政務部長には陸奥農商相が任命された（佐々木隆『藩閥政府と立憲政治』一六〇～一六四頁）。

八月一二日、原は陸奥農商相から、陸奥が内閣に新しく置かれる政務部の部長になるので原にも働いてほしい、と内命を受けた。一六日、原は農商相秘書官兼農商省参事官に加え、官房秘書課長を命じられた。二五日、陸奥農商相が兼任で政務部長となり、原と他の七名が部員となった（『原敬日記』一八九一年八月一四日、一六日、二五日）。

ところが、各省庁から政務部へ関係業務を移管する作業について、閣僚と各省庁は協力的でなかった。陸奥は行き詰まり、九月一六日、政務部長を辞任した（農商相は留任）。このため、かつて陸奥の書生だった星亨《ほしとおる》（自由党幹部）と陸奥とのつながりを利用して、政府が民党と妥協を図る道がなくなった。

第二議会は、一二月二一日に召集された。松方内閣は、前議会で予算削減の結果、歳計のうえで余っていた六五〇万円の大部分を軍事費に充てる予算案を議会に提出し、民党と正面から対決することになった。一二月二五日、衆議院は予算を大幅に削減し、松方内閣はただちに議会を解散した。

この年の年末、原は一家および宗家も無事であることを感謝しつつも、ただ年々齢を加えるのみで、いまだ「一大事の成就せり」というものがないことを遺憾に思う、という所感を残した（「日記」一八九一年一二月三一日、『原敬関係文書』第五巻、二三八頁）。原は官僚としてそれなりの地位を得たことにまったく満足していない。後に述べるように、原は条約改正への強い関心を持っており、原のイメージする「一大事」とは、おそらく条約改正などでの貢献や政党政治家として活躍することなのだろう。原の志は、きわめて高い。

陸奥とともに農商務省を去る

さて、二回目となる総選挙では民党が再び多数となるのを防ぐため、品川内相の下で大選挙干渉が行われた。

選挙干渉は議会政治の正常な発展を妨げるのみならず、選挙干渉をしても民党が多数になり、再度、再々度の解散が行われ、議会が開かれなくなったら、憲法が事実上停止することになる、と伊藤博文は恐れた。伊藤は選挙干渉を批判し、衆議院の過半数を制するため、政党を組織しようとした。藩閥系の大成会を中心に和歌山県の陸奥派五名等を組織すれば、改進党（解散当日に四三名）程度になる。総選挙後に陸奥と自由党幹部の星亨との関係を利用して自由党系政党（同、一二五名）と提携すると、衆議院の過半数を制することができる、と伊藤は考えたようである。

一八九二年（明治二五）二月一五日の総選挙でも民党の優位は動かず、伊藤は松方首相に、枢密院議長を辞任して政党を組織したい、と申し出た。二月二三日、松方首相の他、長州の伊藤・井上馨・山県、薩摩の大山巌・黒田清隆・西郷従道の七人の藩閥有力者が集まって、伊藤の政党組織について話し合った。しかし、西郷が伊藤に近い立場を取った以外、伊藤を支持する者はいなかった。閣内では、陸奥だけが熱心に支持していたにすぎない。同日、伊藤は枢密院議長の辞表を出した。伊藤の行動は、民党や実業界からは好意を持って見られた。

このような状況で、藩閥側は明治天皇から信頼の厚い実力者の伊藤を去らせるわけにはいかない。結局、選挙干渉の中心となった品川内相は、三月一一日に辞任し、伊藤は天皇の勅諭により辞表を撤回した（伊藤之雄『伊藤博文』二九二〜三〇一頁）。

この間の政情を、原は注意深く観察していた（『原敬日記』一八九一年一二月二五日〜一八九二年三月八日）。原は、前年一二月の衆議院解散の経緯、伊藤が枢密院議長を辞任したいという理由、二月下旬に陸奥が松方首相に懇切に忠告したが松方は実行に移さなかったことなど、陸奥から重要な経過を聞いていた（原敬「陸奥農商務大臣辞職の経緯」『原敬関係文書』第五巻、四三四〜四三五頁）。

もう一つ、この時期の政情を身近に感じさせたものは、親友の阿部浩（南部藩士の長男、前鉄道事務官）が、第二回総選挙に岩手第二区より出馬したことである。原は、一八九二年一月一九日に阿部に為替電報を送るなど、資金援助をしたり、手紙で相互に連絡を取り合ったりした（「日記」一八九一年一二月一九日〜一八九二年二月二三日、『原敬関係文書』第五巻、二三八〜二四一頁）。阿部は当選し、政府系として新たに組織された中央交渉部に属した。

陸奥が伊藤の政党組織計画を支持したことや、阿部が当選したことで、原にも衆議院議員選挙に立候補することや政党で活動することが、身近なものに思えてきたはずである。

ところで、陸奥は農商相を辞任する決意を、秘書官兼参事官の原に話した。陸奥が二月下旬には品川内相の辞任を求めて活動していたので、三月一一日に品川が辞任すると、陸奥も辞表を出す決意をしたのである（伊藤之雄『立憲国家の確立と伊藤博文』九一～九四頁）。

原は陸奥に、一緒に辞任したいと申し出た。すると陸奥は、意外なことであると反応し、原を秘書官にしたのは陸奥ではないので留任しても差し支えないだろう、と述べた。しかし原が強い辞意を伝えたので、陸奥は了解し、共に辞めることになった。三月九日、二人は辞表を提出し、一四日に辞任を認められた（『原敬日記』一八九二年三月九日、一四日）。ただ、陸奥は枢密顧問官となったので、政府との関係は残った。原は農商相としての陸奥を間近に見て、この人物とともに歩み、成長しようと決意したのである。

共に辞任したことで、原と陸奥の間はきわめて親密になり、その後いったん和歌山に帰った陸奥との間では、手紙や電報のやり取りが続き、陸奥が東京へ戻ってきた時には、原は陸奥の家を訪れたりした（「日記」一八九二年三月二八日～四月三〇日、『原敬関係文書』第五巻、二四二～二四五頁）。陸奥の辞任が松方首相や伊藤博文・井上馨からの留任の勧めを振り切ってのものであったことも、原と陸奥のつながりを強めたといえよう。

第八章　陸奥外相の腹心——外務省の制度改革

条約改正を論じる

話は第一回帝国議会が開かれたころにさかのぼる。陸奥農商相から、「現行条約意見」の起草を命じられた原秘書官は、一八九〇年（明治二三）一二月一六日に書き終え、翌一八九一年一月一二日に仮印刷をした（原敬「現行条約意見」、「日記」一八九一年一月一二日、『原敬関係文書』第五巻、二一四、四九四頁）。

すでに述べたように第一議会では、衆議院予算委員会は約八〇六万円（予算の約一割）削減する査定案を作成し、藩閥の第一次山県内閣への対抗姿勢をむき出しにした。このような忙しい時期に、なぜ陸奥は外相の管轄である条約改正を、原に調査させたのであろうか。

それは、青木周蔵外相の条約改正交渉がイギリスとの間で進んでおり、イギリス政府案が改正交渉の基礎として閣議にかけられ、一八九〇年一〇月に内閣の反対決議がなされる状況だったからである。おそらくイギリス政府案は、治外法権（領事裁判権）を撤去し、関税率を増加できるが、新条約がある程度「永久的性質」を持つ形にし、しかも新法典を一年実施した後に新条約が実施される、というものだったのだろう。独断専行的に交渉を進める青木外相が、条約改正の功をあせって、不十分な形で改正を行うなら、日本は関税自主権のない条約にかなり長く拘束される可能性がある。また当時は民法・商法も施行されておらず、これらの新法典の実施が遅れるなら、新条約の実施がイギリスのせいではない形で遅れ、イギリスや同様の改正をした他の列強は、引き続き不平等条約の利益を享受することになる（伊藤之雄『伊藤博文』二四四〜二四五、二七六〜二七八、二九〇〜二九一、三二三〜三二四頁）。

陸奥は山県内閣の閣僚として、閣議に報告された改正交渉の基礎としてのイギリス政府案を知り、青木外相の条約改正交渉に不安を感じたのであろう。そこで、原秘書官に「現行条約意見」を起草させ、内容に満足したので、農商務省で出版するため印刷に回したのである。

「現行条約意見」では、まず条約の期限について述べる。期限ある条約も期限の前に全部または一部の効力を失うことがあり、期限のない条約も、おのずから消滅したり期限を生じたりすることがある、という国際法の理論を原は提示した。しかし原は、このような「理論を事実の上に決行すること は多くは国の実力に関」するため、どの国でもこの理論を実行できるわけではない、と国際法上の権利を主張し実行するための国力の問題が重要であると主張した。また実際に臨んで、国の権利を拡大したり国の利益を増大させたりするのは、「外交家」の技量による、と外交を指導する政治家や外交官の役割も重視した（原敬「現行条約意見」『原敬関係文書』第五巻、四五五頁）。

ところで、その一年数ヵ月前、黒田内閣の大隈重信外相が、「条約廃棄」するぞと脅すことでイギリスとの条約改正交渉を推進しようとしたため、明治天皇や伊藤博文・井上馨らが強い危機感を持った。それ以来、「条約廃棄」論は関係者の間で注目された。

原は、条約に期限がないものでも「無効」にすることはできる、とする。しかし、それは「正当の理由」がある場合のみに限られる。もしその他の場合において、他の一国がみだりに条約無効を宣言しても、その宣言のみをもって条約が無効になるわけではない。この場合において、宣言を受けた他の一国はその「実行を強ゆる」権利がある（同前、四五八頁）。原は、国際法上の権利を実行するための国力の問題、および条約を「無効」とする「正当の理由」の解釈の問題のいずれからも、「条約廃棄」はかなり難しいと主張したのである。

さらに原は、「〔憲法が施行されたので〕立憲政治の為めに現行条約の改正」が必要とする意見を、はなはだしい誤りであると批判する。それは国際法の理論においては、たとえその国の憲法に違反した条約があっても、その条約を無効とすることができないからである（同前、四八五頁）。

また治外法権の問題に関し、原は維新から二三年経ち、「公私の権」は明らかで、宗教は自由となり、「民刑法・商法・訴訟法を始めとして諸般の法律其既に実施すると否とを問はず漸く完全なるを得たり」と評価する。したがって日本は「欧米文明の主義」にもとづいた国になったので、いつ「内地を開放」しても不都合の点がないので、治外法権という「汚辱の条」を撤廃しなければならない、と論じた。

他方、「関税則」の改正は「国の利益」に関わる重要な問題であるが、「国の権利」である治外法権ほど重要でない。外交交渉上でいずれか一つを譲る必要があれば、「関税則の改正」を譲るべきである。治外法権を撤去して「主権国の権利を全ふする」ことができれば、その根底が変わるのであり、「関税則を改正して国の利益を興す」ことはそれほど難しいことではない、と原は主張した（同前、四九一〜四九二頁）。

以上、原は青木外相の条約改正交渉の基礎となったイギリス案にある、新条約がある程度「永久的性質」を持つ形にするのを批判している。また各種の法律が施行されると否とにかかわらず、治外法権を撤去する権利がある、と原は見る。この考えは、青木外相の条約改正交渉の基礎にある、新法典を一年実施した後に、という条件も批判するものであった。また、原はまず治外法権の撤去を重視する姿勢であった。この原の「現行条約意見」は、のちに陸奥が外相となり、日清戦争直前に条約改正を成功させる際の、交渉の根幹となった。

この三年半後、陸奥外相の指導の下、一八九四年七月一六日にロンドンで日英通商航海条約が結ばれ、日本は治外法権を撤去し、関税を増加させることができるようになった。その際に新条約の実施は、調印の日より五年後以降（一年前に実施を通知する）となっていたが、新法典の実施の条件はなかった。また条約の効力を、実施の日より一二年間と定めており（一一年後に終了を通知して条約は消滅）、「永久的性質」はなかった（外務省編『日本外交年表竝主要文書』上巻、「文書」一四八〜一四九頁）。

こうして、原がパリ公使館で書記官や公使臨時代理として過ごした三年三ヵ月の間に、フランス語の他に国際法や政治・歴史を中心に猛勉強した成果は、日本の外交に大きく寄与することになるのである。

陸奥の下で条約改正を実現したい

一八九二年（明治二五）三月に陸奥宗光が農商相を多少強引に辞任した時、陸奥は次に伊藤博文が組閣する際には、自分が外相か内相になれると確信していたはずである。それは一つには、農商相として山県・松方両内閣の閣僚を立派に務め、伊藤や井上馨ら伊藤系の利害の代表者としての役割を果たしたからである。二つ目には、伊藤の兄弟分や腹心の中で、閣僚経験者は井上馨（参議・外相など）

と陸奥だけだったからだ。また政党への対応をめぐり、伊藤と山県の不和は明らかであり、山県が伊藤内閣で再び内相を引き受ける可能性は低かった。

陸奥は、原に「現行条約意見」を起草させ、出来が良いのを見て、農商務省から出版させた。このように陸奥は、駐米公使（現在の大使）等の経験を活かし、外相となって条約改正を実現することを第一に望んでいたはずだ。もし井上馨が再び外相となって条約改正交渉に取り組むなら、自分は内相となり、自由党幹部の星亨と連携して政党対策を行うことも悪くない、と思ったことだろう。これは、将来政党内閣の首相となり国政を主導したいという陸奥の夢に、一歩近づくことである。

陸奥の心にあるこのような思いを、原も共有していたはずである。陸奥のリアリズムの政治外交観と幅広い知識や深い洞察力は言うまでもない。農商務大臣としての組織改革の決断や、伊藤の政党組織の構想に最も積極的に呼応した心意気。原の目標や性格とぴったり合致し、しかも藩閥出身でない。これ以上の師、庇護者は、もう二度と見出せないだろう。陸奥に仕えることで、自分の目標を達成したい。原は当然、陸奥とともに農商務省を去った。

農商務省を辞める原には、人望があった。三月一八日に農商務省高等官一同が湖月楼で開いてくれた送別会は、「盛会」であった。三一日には外務省の先輩の栗野慎一郎政務局長が、梶山鼎介《かじやまていすけ》朝鮮国弁理公使を更迭する必要があるので、後任として赴任する意思があるか、と尋ねてきた。朝鮮国に公使館を開いて以来、日本は特命全権公使ではなく、弁理公使を置いて済ませてきたが、弁理公使なら局長級のポストである。原は熟考すると答え、弁理公使なら応じることもある、と少し消極的な返事をした。また新任の河野敏鎌《こうのとがま》農商相（高知藩士の子、前農商務卿）から二度目の就職の話があり、今回は「勅任局長」くらいには採用するという内意であった。しかし原は、当分は同省に入る気持ちがない、と断った（「日記」一八九二年三月一八日、三一日、『原敬関係文書』第五巻、二四二〜二四三頁。『原敬日記』一八九二年三月一八日、三一日）。陸奥の下で仕事をしたいという強い思いがあり、原は局長級ポストや、その中でも重要な「勅任局長」のポストが提示されても積極的に反応しなかった。

外務省通商局長に就任

選挙干渉の問題で品川内相と陸奥農商相が辞任して以来、松方内閣は失速気味になり、閣内も不統一で、松方首相は一八九二年（明治二五）七月三〇日に再度の辞表を提出した。明治天皇はまず、伊藤・山県・黒田清隆の三人に対応を下問し、その三人と井上馨・大山巌《いわお》（前陸相）・山田顕義《あきよし》（前司法相）の、松方を除く薩長有力者六人が集まって相談、伊藤を後継首相に推薦した。天皇は伊藤に組閣を命じ、八月八日に第二次伊藤内閣が成立した。この組閣過程で、後継首相を天皇に推薦する等の役割を果たす元老*という憲法上にない慣例的な機関の形成が始まった。

* 誰が首相になるかは、建て前上は天皇が決定することになっていたが、一八八五年に近代的内閣制度が成立した際は、伊藤博文を中心とした藩閥政府の有力者の合意で伊藤が首相に選ばれ、明治天皇が任命した。その後も、辞任する首相が閣員である藩閥の有力者らと相談して、天皇に後継首相を推薦し、天皇はそれにしたがって任命していった。ところが、すでに見たように、一八九〇年になると帝国議会が開かれ、しだいに政党勢力が台頭していったので、政党勢力と宥和するのか対決するのかをめぐって、藩閥内や閣内の対立が激しくなり、前任首相が後任首相を天皇に推薦するという方式は不可能となった。そこで松方首相が辞表を出すと、ここで見たように天皇は、藩閥有力者のうち、伊藤・山県有朋・黒田清隆という特定の三人に対応を下問した。三人は、彼ら以外の薩長の有力者も含め、六人で相談し、伊藤を後継首相に推薦し、第二次伊藤内閣が成立した。このような天皇の下問はその後も続き、下問される藩閥有力者の数が増え、また固定化していった。こうして、一八九八年には彼らは元老とし

て、藩閥官僚からジャーナリズムにまで認識されるようになり、権力の正当性も得た。その段階のメンバーは、伊藤・山県・黒田・松方正義・井上馨・西郷従道・大山巌の七人であった。その後も、元老は後継首相の推薦を中心に、外交など重要事項に影響力をふるった。また元老は、外交（元老全体で相談するが、特に伊藤）・軍事（主に山県、当初は伊藤・井上も）・財政（松方・井上）・宮中（伊藤・山県）など、得意分野の重要問題に対し、天皇からの下問に応じ、あるいは自発的に、天皇や内閣などに助言をした。こうして元老は、憲法上の機関でないにもかかわらず、日本の国政に大きな影響を及ぼしていった。このメンバーは、後に公家出身の西園寺公望（前首相）が加わった以外に補充されず、死去や高齢化で人数が減っていき、一九一八年に原が組閣する頃には、山県・松方と西園寺の三人だけになっていた（伊藤之雄「元老制度再考」、同「元老の形成と変遷に関する若干の考察」、同『伊藤博文』第一七章）。

伊藤内閣で陸奥は外相に就任した。陸奥自身や原の期待どおりである。原のもう一人の庇護者の井上馨は内相となり、伊藤系官僚の渡辺国武《くにたけ》（高島藩士の子、大蔵次官兼主計局長）が蔵相として初入閣した。山県は司法大臣として、形ばかり内閣に籍を置いた。薩摩出身の大山巌が陸相、黒田清隆も班列相（現在の無任所相）として入閣し、「元勲《げんくん》総出」の内閣となった。とはいえ中核は、伊藤首相・陸奥外相・井上内相である。

この間、原は七月一〇日に妻の貞子と一緒に東京を出て、京都の義父中井弘の家に滞在し、京都を遊覧するなどして過ごしながら、陸奥に手紙を書いたりして東京の政情に注目していた。八月八日に伊藤内閣ができ陸奥が外相になったことを翌九日に知ると、原の毎日が動き出す。

八月一〇日に陸奥外相からすぐに帰京せよとの電報があったので、一一日に原は貞子と東京に戻った。一二日に陸奥に面会し外務省に就職することが決定し、一三日に通商局長に任命された（「日記」

一八九二年七月一〇日～八月一二日、『原敬関係文書』第五巻、二四九～二五一頁。『原敬日記』一八九二年七月一〇日～八月一三日）。さらに九月六日には、取調局長も兼任することになった。

通商局は貿易等を担当し、取調局は条約改正の取り調べを担当する局である。官等は奏任官三等で、農商務省時代と同じだったが、陸奥外相の腹心として成長していきたい原にとっては、願ってもないポストであった。

芝公園内に家を買う

気力が充実し気持ちに余裕が出たのか、原は東京市芝公園内に古家を買い、九月二三日に登記を済ませた。土地は借地であった。約八〇〇円（現在の約二五〇〇万円）で購入したと原は回想していたという。この家は屋敷全体で二〇〇坪ぐらいの敷地に建っていた。原は古家を壊して、一〇〇坪ほどの木造洋館を新築し、翌一八九三年（明治二六）一月下旬から二月五日の間に引っ越した。その後、一八九九年に敷地内に日本家屋を増築し、洋館を修繕したようである。これは後に述べるように、母リツと一度別居した妻の貞子が、芝公園の本宅に同居することになったからであろう。

東京・芝公園の原邸

原の本宅となった芝公園の家は、門の前に溝があって、邸内に竹藪《たけやぶ》があった。外務省の局長の家としてなら、この程度でも間に合ったが、後に閣僚から首相になっても、原はここに住み続けた。門を入るとすぐ玄関だから自動車も入らず、自動車は門の外に停めた。記者会見は玄関横の八畳の応接間で行う按配《あんばい》で、当時の有力政治家、ましてや首相の家とは思われないようなものであった（原敬宛原恭書状、一八九二年九月二六日、一八九三年一月二〇日、二月五日、『原敬関係文書』第三巻、六一～六三頁。「日記」一八九二年九月二六日、一二月二三日、同第五巻、五九三、五九五頁。『東京朝日新聞』一九二三年六月二日。原敬遺徳顕彰会『写真集 原敬』六四～六五頁。奈良岡聰智「原敬をめぐる『政治空間』」第一節。本書第一三章）。

弟の誠の回想によれば、芝公園の家を購入する前は、すでに述べた赤坂溜池町の借家（外務省入省後）、次いで京橋三十間堀町《きょうばしさんじっけんぼりちょう》一丁目一番地（現・銀座四丁目）に購入した家（煉瓦《れんが》造の二階建て三軒長屋の中央の家で、天津領事を終えて帰国後に購入し、パリ公使館書記官を終えて帰国する前、あまりに狭いので四〇〇円〔現在の約一二〇〇万円〕で売却）、さらに麻布市兵衛町《あざぶいちべえちょう》の借家、農商務省の秘書官時代には富士見町《ふじみちょう》（番町）官舎、また芝の田村町《たむらちょう》、京橋南鍋町《みなみなべちょう》等に住み、それから芝公園内に家を購入したという（原誠「原敬追想」21・24、『新岩手人』一一－七・九、一九四一年七月二五日・九月二五日）。

芝公園の家を購入する約三年前の叙述であるが、原家の会計は苦しかった。交際などで世間体を維持しなければならない一方、中堅官僚になっても清貧の生活を送っていたのである。

余が財政不如意《ふにょい》は今に始りたる事にあらざれども近来殊に甚し。両三日前来客ありて鰻《うなぎ》を馳走《ちそう》せしに其代価八十銭〔現在の二万五〇〇〇円ほど〕なり。例の通々帳にて払ふ積なりしに本月より現金の事になしたりとて五度まで取りに来る、已《や》むを得ず友人に借りて支払ひたり、貧乏は常の事にて曾《かつ》て日記に記載したる事もなけれどもふと思ふ所あり、茲《ここ》に記し置く呵々《かか》（『原敬日記』一八八九年一二月一三日）。

兄への負い目

原が外務省の通商局長にまでなり、土地は借地であるものの、東京市芝公園内に古家を買い、それを壊して木造洋館を新築して住んだ頃、藩校「作人館」では原と同じように俊英と知られていた兄恭《ゆたか》は、どのような生活をしていたのであろうか。

恭は農商務省の鹿児島大林区署署長心得を経て、一八八八年（明治二一）四月に岩手に大林区署が置かれることになったので、郷里に戻って署長に次ぐ林務官補となった。ところが、恭が林務官補でいる間に、鹿児島大林区時代に石川大林区の署長心得で同輩だった者が、岩手大林区署の署長になってしまった。しかも官制上は、署次長にあたる技師が設置され、恭よりはるかに年齢の若い人物が就任し、同輩の林務官補にも「林学を除けば三文の直打《ねうち》も」ない者が就任した。このころの恭の月給は四五円で、子どもの教育費に金が必要なこともあり、金はたまらず、盛岡に家を買う金もなく、「不潔なる借宅に毎月四円」ずつ払う生活をしており、家を買うために原に借金三〇〇円を申し込むことすらあった（原敬宛原恭書状、一八九一年二月一日、九月一三日、一八九三年二月五日、五月二〇日、『原敬関係文書』第三巻、四八〜六五頁）。

恭は志が得られなかったのである。青年時代の恭は、東京で南部英麿《ひでまろ》（旧南部藩主の次男）付を務めた。英麿に随って米国に留学する話があったが、母や弟たちのことを考えて辞退し、大きな機会を逃した（原誠「原敬随想」9、『新岩手人』九－五、一九三九年五月二五日）。おそらく恭が大林区署であまり昇進ができなかったのは、若いころの栄達の可能性が心の底に残っており、大林区署長程度になっても大したことはない、という気持ちが見透かされてしまい、上司から好まれなかったのであろう。そのうちに専門に林学を学んだ若者が就任してきて、恭は大林区署の組織内でますますうまくいかなくなったのである。

一八九〇年八月になると、恭は、岩手県の郡長に転出したいので原の親友で知事に顔のきく阿部浩(内閣)鉄道局事務官)に話をしてくれないか、と原に手紙に書いてくるようになった。恭は弟の親友にまで頼ろうとするほど、精神的に追い詰められていた。それでも最初は、林務官補で今年か明年に昇給し四五円もらえるようになる見込みなので、六等の郡長なら収入が減ることになるので、五等の郡長にしてほしい、と注文を付け加えていた。ところが一八九三年になると、どんな郡長でもいいから転職したい、と求めるようになった。結局、郡長への転職はかなわず、七月に岩手県属(地理掛)を命じられ、農商務省を退職した。月給は五円下がって四〇円であった。恭はいずれ好機が来るまでは忍耐せざるを得ない、と原に悔しさを示した(原敬宛原恭書状、一八九〇年八月二二日、一八九三年二月五日、五月二八日、七月二六日、『原敬関係文書』第三巻、四五~七一頁)。

恭の転職にあたっては、原が田辺輝実《てるざね》農商務省山林局長と阿部浩衆議院議員(前鉄道局事務官)に話し、二人から服部一三《はっとりいちぞう》岩手県知事によろしくと言っている、と原が同知事に手紙を書いた(原敬宛原恭書状、一八九三年五月二〇日、同前、六五頁)。服部は文部官僚から知事に転じた人物で、農商務官僚の田辺や鉄道局官僚の阿部の推薦は強力ではないが、外務官僚の原の推薦よりも多少は効果があったようである。この後、田辺や阿部が内務省に転じて昇進していくように、これらの官庁は内務省と関わりがあったからである。

外務省と内務省（岩手県知事）では管轄が違うが、内務省の序列は、本省の局長→岩手県知事→同書記官→郡長または属、である。通商局長になった原は、兄恭がはるかに下のポストにいて、五円の月給の上がり下がりを気にして動き、小さな家しか買うことのできないのを見て、悲しく思い、原家のために犠牲になった兄への負い目を感じたはずである。この後の原の兄への言動から見て、この気持ちは兄の死まで続いたようである。

しかし、原にも兄が家を購入するために三〇〇円も貸す余裕はなかった。恭が盛岡市仁王小路《におうこうじ》にその後も住み続けることになる家を買ったのは、岩手県に転職して一年後の一八九四年一二月になってからであった。雪の具合を見て、翌年一月二一日までに引っ越しを終えた。宅地は三二三坪、建家は四〇坪余りで、総価額は一七五円であった（原敬宛原恭書状、一八九四年一二月二九日、一八九五年一月一四日、二二日、同前、八六〜八七頁）。東京に比べて物価が安い盛岡においても、兄の家は原の芝公園の家の半分以下の建坪にすぎないものであった。原はせめてもの援助として、母リツと、波岡との結婚がうまくいかず戻ってきていた姉磯子に、小遣いを送ることで兄の負担を軽くしようとした。額には変化があるが、一八九〇年八月には三ヵ月分として母に九円（現在の三〇万円以上）、磯子に六円を送っている（原敬宛原恭書状、一八九〇年八月一八日、二二日、同前、四四〜四五頁）。

陸奥外相の条約改正

一八九二年（明治二五）八月、陸奥は外相に就任すると、条約改正に着手しようと意欲満々であった。このことを原に漏らし「協議」を始めると、原は「歴代の外相が不成功に終りたるものにウカと着手するは考ものなり」と消極的であった。しかし陸奥は、これまでの「経歴」において条約改正に着手しないわけにはいかない、とあらためて意欲を示した。原は、それなら改正案は「完全なる対等案」であることが必要である、と提案した。歴代の外相は、その時期において可能な範囲で改正を企てたので、改正交渉はうまく進むが「世間の非難を免がれずして失敗に終」わった、と思うからである。「完全なる対等案」で交渉を始めれば、成功すれば何よりであるし、万一不成功に終わっても「輿論《よろん》に背くの非難」はないだろう、と原は続けた。陸奥は、当然そのつもりである、と答えた（『原敬日記』一八九四年八月二九日）。直近の青木・榎本両外相が条約改正に取り組んできたことや、駐米公使を務めた経歴から、陸奥外相は、条約改正は必須のことだと考えたのである。

外相となって約一一ヵ月後の一八九三年七月五日、陸奥は条約改正の方針を閣議に提出し、一九日には明治天皇の裁可も得た。その主な内容は、次のとおりである。

(1) 治外法権（領事裁判権）の撤廃と「対等相互の主義」の通商航海条約を調印する
(2) 新輸入税目・実施期限・外国人居留地に関する事項は、別に議定書で定める
(3) 条約は調印の後、一定の年限の準備を経て実施する
(4) 交渉は英・独・米を先にし、露・仏等に及ぶ

（大山梓・稲生典太郎編『条約改正調書集成』下巻、五〜三一頁）

治外法権の撤廃は実現するが、関税自主権の完全な回復は困難であるので、国内の批判を緩和するため、条約の本文は対等主義で作成し、列強に妥協する点は議定書で定めようとしていた。また関税については、以前の青木周蔵外相や榎本武揚外相の改正案よりも、国内産業保護の見地から個別品目

ごとに定めて、有利なものにするのを狙っていた。陸奥外相の条約改正は、伊藤首相・井上馨内相・山県有朋枢密院議長と陸奥が、大枠に責任を持つ形で進められた。また陸奥は、イギリスとの交渉経験のある青木周蔵駐独公使（前外相）にイギリス公使を兼任させて、イギリスとの交渉に協力させた（伊藤之雄『伊藤博文』三二五頁）。

陸奥外相は伊藤首相と連携し、一八九四年七月にイギリスとの調印に成功し、他の列強もそれに追随した。しかし原はこの重要な外交案件に、中心人物として関わることはできなかった。

陸奥外相の政治構想の中での原

これは一つには、原が意外にも条約改正に消極的であり、しかも「完全なる対等案」でなければ輿論の批判を招く、などと及び腰の発言をしたからだろう。また、一八九〇年（明治二三）一二月に原が起草した「現行条約意見」では治外法権撤去を優先していたのに、今回は「完全なる対等条約」を主張するのも、陸奥の不安を呼んだのだろう。

しかしもっと重要な理由は、陸奥が原を政党への対応に使ったことである。将来、政党内閣の首相となることを夢見ていた陸奥外相は、議会と内閣の関係の調整を重視していた。さらに、後で述べるように、陸奥が原に朝鮮国との外交を一任したからでもある。陸奥は、朝鮮半島情勢の安定が東アジアの安定のために特に重要であることを認識していた。

陸奥外相の政治構想の三本柱は、陸奥中心に行う条約改正交渉と、原が陸奥の下で担当する議会対策・朝鮮政策であった。陸奥は、それぞれに関連する三つの課題を統括して、伊藤内閣を支え、みずからの夢の実現にも近づこうとしていた。

条約改正の作業の中枢で働かない代わりに、原は外務省通商局長としての仕事を越え、次のように、一八九三年一月、第四議会での民党（野党）と伊藤内閣の対立の緩和など、陸奥の政治の重要な柱の一つである議会対策に活動した。

民党は之《これ》〔政府の予算案について、予算を削る衆議院の査定案に政府が不同意を言明しようとすること〕に対して飽《あく》まで反対せんとする事を昨夜聞得たるに因り、岡崎邦輔《くにすけ》〔陸奥の腹心で、和歌山県陸奥派の中心となる衆議院議員、陸奥のいとこ〕と相談の上、今朝一番汽車にて鎌倉に赴き、〔陸奥〕大臣と協議して午後帰京す（『原敬日記』一八九三年一月一六日）。

陸奥派の幹部岡崎邦輔と原の直接の関係は、この時初めて日記上で確認される。すでに述べたように、陸奥が農商相を辞任し原も秘書官兼参事官を辞めた後、陸奥と原は手紙等で接触を続けていた。この間に、「岡崎より来信あり返書出す」（「日記」一八九二年六月一三日、『原敬関係文書』第五巻、二四九頁）こともあった。このように、原が陸奥とともに農商務省を辞めることで、陸奥は原との同志意識をさらに強め、陸奥派の幹部を原に紹介し、原が議会中等に陸奥派の幹部と連携して、陸奥を支える役割を原に与えていったといえよう。

さて、陸奥が外相となった第二次伊藤内閣は、進んで増税を実施し、海軍の要求を基本的に満たすため、戦艦二隻を含んだ総額二〇〇〇万円に達する膨大な建艦計画や、治水事業費の増額・内国勧業博覧会の開催などの事業を行おうとした（室山義正『近代日本の軍事と財政』一八五〜一八六頁）。おそらく伊藤首相は、自由党には陸奥外相と関係の深い星亨の影響力が強くなっており、陸奥等を通して自由党の支持を獲得できれば、藩閥系の政派と合わせて、衆議院の過半数を制することができる、と期待したのであろう。

しかし、民党側の求める地租軽減等で、ほとんど譲歩のない予算を前に、自由党も立憲改進党と同様に反政府の立場になった。衆議院の予算委員会は、戦艦建造費を削除するなど、政府提出予算案八三七五万円の約一一パーセント、九〇〇万円の削除を査定した。一八九三年一月一二日、衆議院本会議も査定された予算を可決した。

政権・政党組織への原の構想

このような状況下で、原は一八九二年（明治二五）末に、「現内閣及び聯立内閣」と題した浄書稿に加筆している（『原敬関係文書』第五巻、六五五～六六一頁）。これは、原の考えを反映しているといえる。

まず原は、内閣組織以来「無為」に議会が開かれたのに伊藤は少しも反省するところがない、と伊藤首相を批判する。次いで、山県司法大臣が大隈（立憲改進党）を訪問したとか、井上馨内相が板垣退助（自由党党首）とやや関係があるという噂を取り上げ、連立内閣を組織して困難の政局を逃れようとするのは、「無識無能」で「弱点を公示する」だけである、と連立内閣の可能性を否定する。そのうえで、現政権が行うべきは、藩閥勢力を結集した「元老内閣」らしく、民党の意思といえど、取るべきものは採用し、取るべきでないものは断然排斥し、党派でなく国家のために責任を取る内閣であるべき、と主張する。それでも政権を維持することができないなら、政権を民党に譲り「民間に下りて」人心を収め取って、再び政権を獲得することを目指すべきだ。こうしてこそ、「真正なる政党の組織」も生まれ、「立憲政体の真面目」をも見ることができるのだ、と論じる。

原のこの考えは、立憲政治の発達という点に関し、藩閥政府・民党のいずれの現状に対しても批判と期待があって、興味深い。これは、二〇歳代半ばの新聞記者時代から原が一貫して持っていた見解である。実際、この五年半後に、第三次伊藤内閣が旧自由党と進歩党（改進党の後身）が連携した憲政党の攻勢で行き詰まった際に、伊藤が板垣退助と大隈重信に政権を譲るよう天皇に進言し、第一次大隈内閣（隈板《わいはん》内閣）ができた。またその二年後に、伊藤を総裁として立憲政友会が創設され、原もこの政党に入党する。政友会は、官僚を使いこなし政策立案をする能力を備えた、政権担当能力のある初めての政党として、立憲政治を発展させていく。

一八九二年末の原の政論は、原が陸奥外相の下で外務省通商局長というポストを超えて本格的に政治に関わるようになったことを表している。それだけでなく、立憲政治の発達についての原の長期的なヴィジョンの確かさを示している。

「和協」の詔勅への批判

先に触れたように、第二次伊藤内閣は、最初に迎えた第四議会で、衆議院において民党（野党）側の厳しい攻撃にあい、予算の約一一パーセント（九〇〇万円）も削減された。一八九三年（明治二六）二月九日、伊藤首相は明治天皇に、衆議院に詔勅を与えて政府と「和協」の議事を行わせるか、またはただちに衆議院の解散を命じるか、判断を仰いだ。翌日、天皇は、六年間内廷費から三〇万円（内廷費の一〇パーセント）と官吏の俸給一割の納付によって製艦費を補助するので、議会と内閣は「和協」の道を探るように、との詔勅を出した。このアイデアは、一年前の井上毅の着想がもとになっている。

その後、二月一三日、貴族院・衆議院は詔勅に従うとの奉答文を議決し、二六日に政府案より歳出二六二万円を減少させるだけの（査定案より削減が六三八万円少ない）妥協予算を成立させた。伊藤内閣はこの妥協にあたって、第五議会までには行政整理を行って政費を削減する、とりわけ海軍は急いで大改革を実行することを公約した。こうして伊藤は、前年に引き続き、憲法停止の危機を回避することができた（伊藤之雄『伊藤博文』三一六～三一九頁）。

すでに述べたように、民党に対する伊藤首相の対応姿勢に好意を持っていなかった原は、「和協」の詔勅についても「余り上策とも思はずして多少の批評」を陸奥外相に述べた。陸奥は、これは伊藤の発案なので「妄《みだ》りに批評を試むる」なかれ、と注意した（『原敬日記』一八九三年二月一四日）。

原は、伊藤内閣（藩閥政府）は簡単に民党と妥協せずに信じるところを行って、困難になったら民党に政権を渡してやらせてみるのが、立憲政治の発達につながると考えていたので、伊藤に批判的であった。おそらく原は、民党に政権を渡した伊藤ら藩閥側が政党を組織するなら、陸奥とともに参加しても良い、と考えていたのではないか。また、民党は十分な政権担当能力がなく、どうせすぐに失敗するだろうが、その過程を通して民党が反省し、民党自身が政権担当を意識した政党に変革できれば政党政治への一歩となる、と考えたのであろう。原は、民党に政権を委ねることで、どれほど日本の政治が混乱し条約改正等に悪影響を及ぼすかということを、あまり深刻に考えなかったと思われる。他方、伊藤首相や陸奥外相は、条約改正や朝鮮半島問題など、懸案が多い中、未熟な政党にはとても政権を任せることができない、と考えていたのであろう。この時点において、条約改正の可能性や民党に政権を渡すことの危険性の評価という点では、原よりも政治経験が豊富な伊藤や陸奥に軍配を上げるべきである。

外務省の行政財政整理を行う

右に述べたように、伊藤内閣が「和協」の詔勅で民党と妥協した結果、同内閣は次の第五議会までに行政整理を行うことを公約した。

第四議会が閉会して二〇日余り、一八九三年（明治二六）三月二二日に伊藤内閣は行政改革の整理委員を任命した。委員長は伊藤首相、委員は伊東巳代治《みよじ》（内閣書記官長）・末松謙澄《すえまつけんちょう》（法制局長官、伊藤の長女生子《いくこ》と結婚）・児玉源太郎《こだまげんたろう》（陸軍次官）・清浦奎吾《きようらけいご》（司法次官）・田尻稲次郎《いなじろう》（大蔵次官）・藤田四郎（農商務省農務局長）・江木千之《えぎかずゆき》（内務省県治局長）・某（海軍計理局長）・田健治郎《でんけんじろう》（逓信省郵務局長）らと原（外務省通商局長兼取調局長）であった。翌二三日、首相官邸で初めて行政整理委員会を開いたが、外務省と大蔵省を除けば、成案がなかった（『原敬日記』一八九三年三月二二日、二三日）。

次の三月二七日の委員会は、午後一時より始まり午後一〇時まで続いた。その後、委員会は五月二四日までに一七回開催され、七月二〇日でだいたい議了、九月二六日・二七日と開いて終了した。その様子は、「最初は半日にて終る見込なりしも終日又は夜の十一時にも及びたることありて各員議論を戦はしたるなり」という熱心なものだった。

この改革で、各省は予定を定め、合計一四〇万～一五〇万円節減した。全省での節減額は多いとはいえないが、外務省だけでは製艦費納付金を合わせると衆議院の査定案と同額まで節減した。「費用を節減して制度の整理を計り其困難は尋常ならざりしなり」と、原は回想した（同前、一八九三年三月二七日、七月二〇日、九月二七日）。

原が中心となって行った外務省の行政改革の様子を見てみよう。改革前には、一八九一年の官制改革により外務本省には大臣官房と政務局・通商局・取調局・翻訳局の四局が置かれていた。原の改革で、外務本省には大臣官房と政務局・通商局の二局が置かれるのみとなった。政務局は外交に関する事務を、通商局は通商・航海及び移民に関する事務を担当する。また、政務と通商の二人の局長は勅任となった。この他、翻訳局の代わりに、五人の翻訳官（奏任）を置き、文書翻訳に従事させることになった（勅令第一二三号「外務省官制」一八九三年一〇月三〇日公布〔一一月一〇日施行〕）。

原は自分が中心となって行った外務省の組織改革が施行されるのに伴い、改めて通商局長に任命され、高等官三等（奏任）から高等官二等（勅任）になった。

外交官・領事官の試験制度を創る

この整理を機会として、原が中心となり、外交官・領事官の制度が設定され、特別な試験制度が作られた。

原は、外交官・領事官の職務は「一種の技術」というべきもので、素養のない者はその職に堪えられない、と見ていた。それは軍事の素養のない者が軍略を説き、その軍略が時には見るべきものがあったとしても、彼には到底軍隊を指揮できないのと同じであった（「外交官領事官制度」一八九九年六月、『原敬全集』上巻、九八四頁）。

ところが、これまで外交官・領事官を採用する特別な試験制度がなかった。そこで、「普通文官」の試験（文官高等試験）と区別する試験制度を作り、試験に合格した者でなければ、原則として外交官および領事官に任用できないことにしたのである。

試験委員は、委員長が外務次官、委員が外務省政務局長・通商局長と文官高等試験委員二名、帝国大学教授二名である（勅令第一二六号「外交官及領事官試験委員官制」一八九三年一〇月三〇日公布〔一一月一〇日施行〕）。

受験資格は、満二〇歳以上の男子で、重罪を犯していない者（国事犯で復権した者を除く）等である。試験を受けようとする者は、出願書とともに、履歴書および論文、ならびに論文を英文・仏文または独文に翻訳したものを提出する。

試験は一次試験に合格した者が二次試験を受けられる。一次試験の科目は、作文（日本文ならびに論文の訳文に用いた外国文）、外国語（論文の訳文に用いた言語）、公文摘要（公文の要約、日本文）、口述要領筆記（日本文）である。出願者の希望によって、英・仏・独語以外の外国語を試験科目とすることもある。

二次試験は筆記試験と口述試験からなる。筆記試験の必須科目は憲法・行政法・経済学・国際公法（国際法）・国際私法の五つで、あと一科目を刑法・民法・財政学・商法・刑事訴訟法・民事訴訟法・外交史の七科目から選択させた。以上の筆記試験に合格した者が、口述試験を受けることができた。

また、外交官及領事官試験の出願手数料は金一〇円（小学校教員・巡査の初任給一ヵ月分より一〜二円高い）とされた（勅令第二一三号「外交官及領事官試験規則」一八九三年一一月二二日公布）。

この試験制度の特色は、受験者に出願時に論文およびそれを欧文に翻訳したものを提出させ、第一次試験では出願時の論文で選択した外国語についてさらに作文と試験を課すことである。また第一次試験では、日本語の作文や公文要約、口述されたものの要点を筆記するテストもある。原は外交官・領事官に最初の関門として、一つの外国語と日本語について高度な運用能力を試したのである。

もう一つの特色は、第二次試験の必須科目に、国際公法・国際私法が入り、選択科目の一つに外交史が入っていることである。文官高等試験と比較すると、新しい外交官及領事官試験の特色は、原自身がフランス公使館書記官時代までの勉学を通して、フランス語や国際法を修得し、ヨーロッパの外交史などの歴史を深く学んできたことが反映されていることである。

学生時代までに欧米に行く機会がほとんどない当時の日本人にとって、外国語の要求水準は高く、高い受験料とあわせて、簡単に受けられない試験である。原はこのような試験を課すことによって、藩閥関係者や華族の子弟が情実で外務省に入るのを防ぎ、志の高い限られた受験者からじっくりと人材を選ぼうとしたのだった。

新試験で人材確保に成功する

この試験は翌一八九四年（明治二七）第一回が実施され、九月に最終合格者の発表があった。志願者一〇名、一名が病気で欠席し、九名の受験者の中から四名が合格した。第一次で一名、第二次筆記で三名、口述で一名が落第した（『原敬日記』一八九四年九月一八日）。この試験は、原の目論見《もくろみ》どおり、少数精鋭の競争となった。第一回から第八回（一八九九年九月）までの合格者三八名中に、旧大名家・公家等、旧華族の子弟はおらず、陸奥広吉《ひろきち》（陸奥宗光外相の長男、後に伯爵、最終官歴はベルギー公使）が新華族の子弟として合格した唯一の人物だった。他の合格者中には、幣原喜重郎《しではらきじゅうろう》（第四回、後に外相・首相）、芳沢謙吉《よしざわけんきち》（第八回、後に外相）ら、その後の日本外交の中心を担う人材がいた。

なお、原の創った試験内容は、一八九七年一二月に少し変更され、第二次試験で行政法が必須科目でなくなり（必須科目は四科目となる）、選択科目が一科目から二科目に変わり、選択科目の中に行政法と商業学、商業史が加わって、選択できる科目は七科目から一〇科目に増えた（勅令第四五四号、一八九七年一二月二〇日公布）。

原の創った試験の枠組みは、一九一八年（大正七）一月の改正まで、二四年余り続いた。この時の改正で、外交官及領事官試験は、高等試験（行政科・外交科・司法科）の一つとなり、三科のうち二科をあわせて受験できるようになった。

普通の文官となる行政科の試験に比べ、外交科においては外国語・外交史・国際私法など、行政科にはない科目を必須として重視していた。また、憲法・国際公法・経済学など行政科と同一の科目も必須としている。これらの点で、原の創った科目試験の大枠は、一九一八年に高等試験の外交科になった後も継承されたといえる。

外交官・領事官の制度を実態に合ったものに改正

すでに述べたように一八九三年（明治二六）一〇月三一日付で、外務省の行政財政整理や外交官・領事官の試験制度が創設されたことに加え、同日付で外交官・領事官の制度を大きく変えることが公布された。これは、その後の外交官・領事官制度の基本となっていった。

この改革以前の外交官の制度は、特命全権公使・弁理公使・代理公使・公使館参事官・公使館書記官・交際官試補で、公使館参事官と公使館書記官には官等に差のない部分があった。また、公使館書記官の中で官等には差があったが、名称に区別がなかった。

そこで原が中心となり、制度を特命全権公使・弁理公使・代理公使（以上、改正前と同じ）と、公使館一等書記官・同二等書記官・同三等書記官・外交官補に改正した（勅令第一二四号「外交官及領事

官官制」一八九三年一〇月三〇日公布〔一一月一〇日施行〕)。

同様に、領事官の制度が、総領事・領事・副領事であったものを、総領事・一等領事・二等領事・領事官補に改正した(同前)。

このように改正したのは、各国では、参事官は大使館が置けるような大国に置かれるのが通例であり、また三等書記官から一等書記官まで昇進するのが普通だからである(大使館を置ける国では、さらに参事官に進む)。また日本のこれまでの場合、同一の公使館に二名以上の書記官があった時に、多少の不便を感じたこともあったからだ(原敬「外交官領事官制度」一八九九年六月、『原敬全集』上巻、九九五〜九九六頁)。

また同じ一〇月三〇日に、外交官・領事官の定員も実態に合ったものに改正した(施行は一一月一〇日より)。これまでは定員は多くあったが、定員を充足したわけではなく、定員に対して予算があったわけでもなかったからである。

新たに設定された定員は、特命全権公使・弁理公使・代理公使はあわせて一〇人(改正前一〇人)、公使館一等書記官・公使館二等書記官・公使館三等書記官はあわせて一九人(同、公使館参事官・公使館書記官・交際官試補はあわせて三八人)、総領事・一等領事・二等領事・貿易事務官はあわせて一九人(同、総領事・領事・副領事・貿易事務官はあわせて二七人)、外交官補・領事官補はあわせて一五人である。旧来の定員は合計七五人であったが、実態にあわせて六三名に設定しなおされた。

その後も公使館が新設されるごとに、その館に必要な定員を増やしていった(勅令第一二五号「外交官領事官及書記生定員令」一八九三年一〇月三〇日公布〔一一月一〇日施行〕。『原敬全集』上巻、一〇〇四〜一〇〇六頁)。

このような改正の背景にある原の理念は、定員を実態に合ったものとし、また、次のように可能な限り列強の外交官制度のスタンダードに近づけていこうとするものだった。

外交官領事官は云ふまでもなく、外に対する官にして、公使の階級の如きは、ウィーン及びエキスラシヤペールの会議に於て定まり、書記官以下に至りても、各国殆《ほと》んど其順序を同《おなじ》うするものなれば、内に対する関係のみを以て、妄《みだ》りに改正を加ふべきものに非《あ》らず（原敬「外交官領事官制度」一八九九年六月、『原敬全集』上巻、一〇〇九頁）。

第九章　朝鮮政策を固める——日清戦争への道

防穀令問題で出張

一八九二年（明治二五）八月、原が陸奥外相の期待を背負って外務省通商局長になった時、同局の重要な懸案は防穀令《ぼうこくれい》事件の賠償問題を解決することだった。防穀令事件とは、三年前の一八八九年一〇月に朝鮮国の咸鏡道《ハムギョンド》の地方官が、凶作を理由に一年間日本に穀物輸出を禁止する防穀令を出し、日本政府がその撤廃と日本商人に対する損害賠償を要求した事件（元山《ウオンサン》防穀令事件）等の、一八八九～九〇年に出された防穀令をめぐる事件である。

一八九二年九月八日、原は「防穀令損害賠償談判其他の件」について朝鮮国出張の内命を受け（二四日辞令）、二七日に新橋駅を出発、一〇月二七日に東京に戻った。朝鮮国弁理公使梶山鼎介が現地で防穀令の賠償交渉を行っていたが、進展がなく、梶山公使の更迭が問題になっていた。梶山公使に宛てた陸奥外相の回訓では、原通商局長（兼取調局長）を派遣するので、防穀令問題について「同心協力」して交渉し、完結させるよう尽力せよ、と命じていた（『日本外交文書』第二五巻、三五〇頁）。

しかしその問題だけなら、梶山を更迭し、もっとふさわしい者を任命しても良かったのに、通商局長という外務省の通商・航海政策全般を扱う職にある原が、なぜ就任直後に一ヵ月にも及ぶ朝鮮国出張をしたのだろうか。

その理由は、原自身が防穀令問題のみならず、その調査・交渉を機会に、朝鮮国の実情をしっかりと把握したかったからであろう。すでに一八八〇年代から、ロシアが朝鮮国を侵略して植民地にするのではないかという議論が、日清両国でそれぞれなされていた。また本書で述べたように、原は一八七〇年代前半にはロシアの脅威と日本の安全保障について考え始めている。外務省で陸奥外相の下で要職に就いた原は、いずれ日本の朝鮮国・清国政策の形成に寄与し、陸奥外相を補佐したいと考えていたのだろう。

当時は、外交に関する事務をつかさどる政務局長は栗野慎一郎（のちロシア公使・フランス大使）であったが、本省勤務が長く、フランス出張歴がある程度で、朝鮮国・清国政策の立案には力不足といえた。外務次官の林董《ただす》（のち外相・逓信相）も、岩倉使節団での欧米出張や、ロシア・欧州への出張歴はあるが、外務省歴は数年ほどで、朝鮮国・清国問題が扱えそうもない。それに比べ原は、天津領事として一年半以上勤務した間に、朝鮮国をめぐって起きた日清対立を解決する天津条約の締結を補佐した経験があり、清国の実力者李鴻章とも何度も会見している。

後に述べるように、一八九四年の日清戦争開戦前と開戦後に、通商局長であるにもかかわらず、原がそれぞれ「対韓政略」と「対韓政略一班〔ママ〕」を起草していることが、以上の推定を裏付けてくれる。

このような外交政策の起草を担当するのは通常は政務局長であり、栗野もしくは一八九四年七月二八日以後は加藤高明《たかあき》である。しかし加藤も直前は大蔵省主税局長であり、栗野と同様に朝鮮国・清国政策に直接関わった経験がなかった。

朝鮮国政府観・朝鮮人観を固める

では、原が一ヵ月の朝鮮国出張で、どのような朝鮮国および朝鮮人観を持ったのかをみてみよう。

まず原は、一八九二年（明治二五）一〇月一一日の閔種默《ミンジョンムク》外務督弁（外相）との交渉で表れたように、朝鮮国側には、自国の国力の現状を理解し、かつ国際法にのっとって合理的に交渉しようという意識が弱い、と見た。様々な理由をつけてその場をしのぎ、日本側が根負けして賠償額を大幅に下げるのを待つ、というやり方である。原から見ると、朝鮮国の指導者には近代国家を運営する当事者意識が欠けていた。

たとえば一〇月一一日の交渉の冒頭で、閔外務督弁は、次のように切り出した。最初に防穀令を出した時は、このように損害を与えたことも知らず、日本公使からの損害について何等の照会もなかった。そのため損害があったとも思っていなかったのに、昨年になって初めて損害賠償の請求があって驚いた、など。

しかし原は、防穀令事件の経過を十分に掌握し、国際法にも通じていた。原は、こんなことを聞くために本日参上したのではない、と閔に反論した。国際法上、条約違反の処置に対しては、各国間に行われている実例では、相手政府に「相当と認むる金額」を請求しても良いことになっている。しかし日本政府は、従来の日朝関係を重んじて、そのような措置をとらず、十分に調査し、実際の損害に限って請求している、と原は日本の立場を論じた。*

さらに、日本公使は防穀令に不同意であると最初から伝えていたにもかかわらず、防穀令が実行され、再三撤廃の要求をした後に防穀令が廃止されたのである、と原は事実を述べた。

これに対し、閔外務督弁は、まったく反論できなかった。代わりに朝鮮国の内情を述べ、賠償額十四万余円は巨額であるので、もし六万余円の賠償で同意してもらえないなら、「九万余円を基礎とする」ほかない、と話題を変えた。原が九万余円という金額は責任をもって確答できるのかを尋ねると、閔は言葉を曖昧にし、六万余円で合意してもらえないなら「調査」を待つしかない、と答えた。

原は、昨年請求したのは十四万余円であるが、八月までの利子を計算するとすでに十六万余円の巨額になっているので、「調査と称して」交渉を引き延ばせば賠償額はどんどん増えていくのであり、朝鮮国のためにならないのではないか、と日本の見解を述べた（〈外務督弁と交渉報告二〉『原敬関係文書』第六巻、七三～七四頁）。

＊　防穀令による輸出禁止の根拠となる「朝鮮国に於て日本人民貿易の規則」（一八八三年七月二五日）の第三十七款の解釈について、次のように、一ヵ月前に通告さえすれば、防穀令を実施するのは朝鮮国側の条文上の権利であり抗議はできない、という解釈をする研究者がいる。「条文に規定された内容は、施行一月前に各国領事館に通知するという、通告手続の励行を規定したのみで、外国の同意や制限を必要としない」、防穀令の施行期間中は穀物業者の営業に支障を及ぼすのは当然であるが、「条約で防穀を認めている以上居留地商人・日本政府はその支障を受けいれざるを得なかったはずである」（唐沢たけ子「防穀令事件」六九、八一頁）。

しかし、一ヵ月前の通告義務のみならず、「規則」の第三十七款には次のように、輸出の禁止の根拠についても規定してある。「若し朝鮮国水旱《すいかん》或は兵擾《へいじょう》等の事故あり、境内欠食を致すを恐れ朝鮮政府暫く米糧の輸出を禁せんと欲せば須《すべから》く其期に先だつ一箇月前に於て地方官より日本領事官に照知す可し〔以下略〕」（『日本外交文書』第一六巻、二八八頁）。条約上は輸出禁止について、朝鮮政府は日本政府の同意を必要としないが、水害や旱魃《かんばつ》あるいは兵乱などで地域内の米穀が不足する恐れ、という条件の解釈をめぐり、日本と朝鮮国が異なれば、日本政府は朝鮮国側に抗議する権利は留保されている。

しかも元山防穀令事件において、咸鏡道観察使の趙秉式《チョビョングシク》は、施行一ヵ月前の一八八九年九月二五日に、朝鮮国側の関係官署である元山監理署と総理衙門に、天災による不作を理由に防穀令を実施すると通告したが、朝鮮国側のミスで、近藤真鋤《ますき》代弁公使が知ったのは、一〇月一一日であった。それにもかかわらず、一〇月二五日に防穀令が実施され、朝鮮国側は条約違反の行為を行った（田保橋潔『近代日鮮関係の研究』下巻、五八～五九頁）。また日本政府の抗議を受けて一一月九日に防穀令が解除された後も、観察使は、日本商人が穀物購入をすることができなくなるように、朝鮮人に圧力を加えた（唐沢たけ子「防穀令事件」七六頁）。また近藤代弁公使は、不作による米穀の不足の実態について、元山駐在の領事代理に問い合わせたが、その実態はなく「豊年」と表現すべき状況であるとの回答を得た。そこで近藤代弁公使は、一一月七日付で、閔種默外務督弁に、不作の実態がないのに防穀令を発令したことの非も責め、日本側の損害は朝鮮国政府において負うべきだと照会した（『日本外交文書』第二五巻、三五五～三五六頁）。関税自主権がない不平等条約下で、朝鮮国側地方官憲は、防穀令を発令するなどして、安い穀物が日本に輸出されるのを防ごうとした。不平等条約であれ、国際法と欧米との条約を守り近代化に努めてきた日本政府や原は、条約を守るという当然の行為をしていない、と朝鮮国政府を咎めたのである。

閔外務督弁との交渉は、この他に一〇月九日、一三日、一五日、一六日と行われた。原は一五日までの交渉から、妥協を得るのは不可能と判断し、閔に一七日に帰国すると告げた。翌一六日も、閔は朝鮮国の内情を訴え、日本の減額高の内示を求めたが、原は内示すればさらに減額を要求されることはほとんど疑いないので、内示しなかった。

二〇日、原は仁川《インチョン》で朝鮮新報の記者の質問に答え、今回の交渉について、朝鮮国政府には日本の「厚意」を容れて速やかに解決する意思がないので、長く滞在するのは無益と思い、にわかに帰国する、と述べた。さらに、「朝鮮政府は交際上の礼儀を知らず」朝鮮国政府との交渉は「子供らしき談判の相手」をしているようなものだ、日本政府も「決心する所あるべし」などと、憤りをぶちまけた。朝鮮政府に「多少考慮」させる狙いである。朝鮮国側は、原の帰国後、「後難を恐れたる」のか、「慣用手段」に出て、閔外務督弁を更迭した（『原敬日記』一八九二年一〇月九〜二〇日、二七日）。

原にとって、この一ヵ月間の朝鮮国への出張で直接得た外交上の成果は何もなかった。しかし、閔外務督弁が、元山防穀令事件に直接関わったにもかかわらず、事実と異なったことを述べ、原を幻惑しようとし、議論するとすぐ反論できなくなること、などを経験したことで、原はきわめて悪い朝鮮国政府観を持つようになった。また、次項以降で述べるように、朝鮮人観も固まってきて、日清戦争の開戦前と開戦後に原が朝鮮政策論を立案する基礎になった。

朝鮮人に可能性を見る

通商局長として朝鮮国への出張から帰って九日後、一八九二年（明治二五）一一月五日、原は東京商工相談会の招きにより、芝紅葉館での懇親会で朝鮮国の事情について談話した〈朝鮮事情〉原敬講演筆記『原敬関係文書』第六巻、一九〇〜二〇三頁）。そこには、原の朝鮮国政府観とは区別した形で、朝鮮人観が表れている。

原は朝鮮人を「世間の人が想像する程の怠惰《たいだ》な人間」ではなく、朝鮮国は貧乏な国ではない、と論じた。その理由として、「純白《マッシロ》」の衣服を着ているが、一般人民でもよく洗濯されて清潔なものを着ていることや、狭い家でもとても掃除が行き届いていてきれいであることを挙げた。

それならなぜ、農民などの一般人民は貧しいのであろうか。その最大の理由は、行政制度が整備されておらず、「賄賂《わいろ》とか種々雑多なこと」で「人民から余程金を取る」からである。一般人民は、金に余裕があると見られないように、家を大きくするなど、経済を活発にする行動を取らない。

また、朝鮮国は年々輸出も輸入も増大しており、衰退している国ではこのようなことが起きないので、経済が発展している、と原は見た。

この、商業上も可能性のある朝鮮国に、日本人が外国人として最も多く入っているとはいえ、せいぜい一万人ほどであり、しかも「立派な人」もいるものの「概して困ったもの」が多いのが実情である。日本商人の最大のライバルは、日本人に次ぐ人数の中国商人で、中国商人は近年著しく増加している。日本人はもっと朝鮮国の内地に入っていくべきである。

この他、朝鮮人は「殆《ほと》んど漁業を知らない」し、中国人も「漁業の進歩が無い」ので、漁業においては日本人が独占的利益を得ている、と原は述べた。

要するに、日本人は朝鮮国や中国をよく知る必要がある、と原は考えていた。

以上のような原の朝鮮国政府観・朝鮮人観から、以下で論じるように、朝鮮人の日本人への好意を失わないように気をつけながら、日本が朝鮮国政府を指導して、朝鮮国の諸制度を改革させ、朝鮮人の活動を促進させて、本来彼らが持っている可能性を伸ばしていこう、という方向が出てくる。近代化された朝鮮国が日本と連携すれば、東アジアの秩序がより安定し、日本の安全保障にも貢献する、と原は構想するのだった。要するに、日本が働きかけて朝鮮国改革を成功させ、ロシアが朝鮮国への政治的影響力を伸ばせないようにし、日本の安全保障を確実にしようとした。これは、当時の日本の一部にあった、朝鮮国を植民地化しよう、あるいは保護国化しようとする議論とは、根本的に異なっていた。

「強暴」な大石公使の交渉への批判的眼

原の帰国後半月ほどで、朝鮮国の弁理公使が交代した。防穀令事件の交渉がうまくできず評価の低かった梶山鼎介が更迭され、旧来の自由党の幹部の大石正巳《まさみ》が任命された。原は、大石が板垣と対立して自由党を去ったため、伊藤首相・井上内相が引き取って推挙したと見て、政党対策として行われた人事か、と推定した（『原敬日記』一八九二年一一月一二日）。原はこの人事には好感を持っていない。

大石弁理公使の下で防穀令事件の交渉が再開されたが、難航し、日本政府は最後通牒《つうちょう》を提出し、軍艦派遣をいったん決定するまでになった。しかし、清国側の協力を得て、最後のところで賠償額一一万円（元山事件分九万円と黄海道《ファンヘド》事件分二万円の合計、現在の約三〇億円）で解決できた。伊藤内閣は、一八八五年（明治一八）の天津条約にもとづく日清協調路線を維持したのだった（高橋秀直「防穀令事件と伊藤内閣」）。日本側は賠償額に当初含めていた利子の要求を取り下げる譲歩をした。また元山防穀令事件の賠償額九万円は、半年前の漢城（現・ソウル）出張の際に、原が外務督弁との交渉中に関心を示した額とほぼ同額であった。

原は、大石弁理公使の行動に対し、きわめて批判的だった。それは、訓令にもとづいて防穀令事件の確答を二週間以内に求めていた段階で、その翌日に朝鮮国王に謁見する機会があり、大石公使が回答を催促したように、外交経験のない大石が国王に大変無礼な行為をしたことである。この件については、駐日朝鮮国代理公使を通して外務省に抗議があった。また交渉における「大石の行動は徒《いたず》らに強暴」だったにすぎない（『原敬日記』一八九三年五月一一日、二〇日）。

すでに述べたように、原は新聞記者時代から、朝鮮国を日本の植民地とするよりも近代化して日本の指導下に置き、相互の安全保障を図っていくことを理想としていた。これに対し大石は、むやみに横暴で外交儀礼すら欠くこともある交渉により、強引に日本の要求を呑ませた。しかし、日本に対する朝鮮国側の反感が増大すれば、日本と朝鮮国の連携は進まない。日本側は、国際法的に日本に理のある点は、確固とした決意で朝鮮国側に求め、世界の大勢や国際法に基づく近代外交とはどういうものかを教えるようにするべきで、忍耐強く合理的な交渉を行うべきであった。原はこんなふうに考えたのだろう。*

＊　原は一八九二年九月末から一〇月にかけ約一ヵ月間、漢城に出張した後、通商局長として一一月九日付の「防穀事件処分意見書」を陸奥外相に提出した。そこでは、原は朝鮮国を「誘導して独立国の位置を保」たせたことをはじめとして、日本が好意を尽くしたことが多いが、朝鮮国政府では、それを「真正に了解する者は案外に僅少なる」と、状況の厳しさを指摘している。そのうえで原は、防穀令事件への対応について、①期限を決めて朝鮮国側に事件についての調査を許し、それでも日本と朝鮮国の賠償金額に大きな違いがあるなら、日本公使が朝鮮国王に謁見して事実を述べ、確答を求める、②それでも解決しないなら、公使を帰国させて朝鮮国政府の出方を見る、③日本公使が帰国後、「多少の日時」を経ても朝鮮国政府の対応が変わらなかったら、臨時代理公使、またはさらに任命された「使臣」に、何日間で賠償を受諾する回答を得ないなら、日本政府は自由の処置を取る、と最後通牒を提示させる、④それでも満足な回答がなかったら、軍艦を派遣し、釜山または仁川の税関を差し押さえるか、各地の貢米を差し押さえるか、いずれか一つの処置を取る、と提言していた。原がこのように強硬であったのは、一八八九年元山防穀令事件前後に、それを含め四つの防穀令事件が起き、日本側の抗議にもかかわらず、なかなか防穀令を実質的にやめようとしなかったからである。原は、条約上の権利に基づいてきちんと処置しておかないと、朝鮮国側がいつ再び防穀令を発布するか、もしくは類似する条約違反の行為があるかもわからない、と見たからであった（『日本外交文書』第二五巻、三五五〜三六一、三六七〜三六九頁）。

これに対し、大石公使の交渉は、原の提言に従ったように見えながら、根本的に異なるものであった。まず大石公使は、一八九三年三月から四月初めまでの「強硬なる談判」で、同公使と趙秉稷《チョビョンジク》外務督弁との間の交渉を、事実上できないようにしてしまった。そこで同公使は、いきなり最後通牒として、①国王に謁見して七日間に回答を要求する、②相当の時日内に謁見を許さず、または一週間経過しても回答を与えなかった時は、公使を召還する、③必要な場合には仁川および釜山の税関を占領するため、至急両港に軍艦を派遣することを求めるほどであった。これに対し、四月八日、伊藤内閣は閣議を開き、大石の困難な立場は了解しているが、にわかに「果断」の処置に出て、その行きがかり上より軍艦を派出し税関を占領し報復権を決行するのは妥当を欠く、と結論を出した。四月一二日、陸奥外相はその旨と、清国の代表者で漢城に駐在している袁世凱《えんせいがい》に斡旋を求めるよう、大石公使に訓令した（『日本外交文書』第二六巻、三二九〜三三二頁）。

日清開戦

一八九四年（明治二七）の日清開戦前において、日本の軍事力はかなり強化され、清国と十分戦える水準になったと見られた。そのような中、四月二六日には朝鮮国において東学教徒や農民が白山《ペクサン》に終結し、甲午《こうご》農民戦争（東学党の乱）が始まりつつあった。六月二日、伊藤内閣は朝鮮国に混成旅団（兵力は数千名）を派兵することを決定、五日に出兵した。この時、陸奥外相は、清国と対決しても朝鮮国の改革を行うことを考えていたが、伊藤首相は、天津条約以来一〇年近く続いてきた清国との協調を維持するつもりであった。

日本の朝鮮国への出兵に対し、六月一〇日、清国が朝鮮国は属邦であると通告してきたので、日本側は陸奥外相から、朝鮮国を独立国と認めているので清国の通知は承諾できない、と回答した。六月一五日、伊藤内閣は、清国が同意しなくとも日本が独自で朝鮮国を改革する、という方針を決めた。今後、清国が日本の朝鮮国関与を傍観するならば日清戦争にはならないが、そうでなければ戦争になる。伊藤内閣は、場合によれば日清戦争になってもやむを得ない、と決したのである。

その後、伊藤首相や陸奥外相は、列強の動向を慎重に見極めながら、イギリスに頼り、ロシアを警戒しつつ、清国との対決姿勢を強めていった。七月二三日早朝には、漢城の王宮を占領し、朝鮮国の行政の中枢を押さえ、日清開戦への準備とした。次いで二五日、日本海軍は豊島《ほうとう》沖で漢城に向かう清国兵団が乗った輸送船と護衛艦を撃破した。こうして日清戦争が始まった（高橋秀直『日清戦争への道』三一七～三五七頁。伊藤之雄『伊藤博文』三二九、三三五～三三八頁）。

豊島沖海戦の四日後の二九日に日本陸軍は成歓《ソンファン》を、三〇日に牙山《アサン》を占領した。八月一日、日本は清国に宣戦布告する。日本の戦果は、毎日のように各新聞の紙面を飾った。日本国民は、朝鮮国への清国の影響力を絶ち、日本が朝鮮国を改革する、という戦争目標を支持した。

すでに七月一六日に、ロンドンでイギリスとの間に治外法権を撤廃するなどの内容の新条約が調印されており、八月二五日に批准書の交換がなされ、二七日に公布された。対外硬派は、従来、日本の国力を十分に考慮せず、治外法権の撤廃のみならず関税自主権も同時に回復する完全条約改正を求めてきていたので、新条約に対し多少の不満を示したが、新条約への反対や伊藤内閣批判の運動は起きなかった。開戦直後の勝利のおかげである。

八月二九日、原は陸奥外相が条約改正の功により子爵を授けられたことを日記に書き、「始めて維新已来多年の問題を解決したり」と満足した。

陸奥外相らの戦争目的

この開戦過程において、陸奥外相は一八九四年（明治二七）六月下旬以降の状況を、朝鮮半島が内部争いや暴動等で不安定であることは、日本の「自衛の道」にも悪い影響を及ぼすと回想している。そのうえで、朝鮮半島を安定させるための方法と可能性について、以下のように考察した。
①朝鮮国の内政の改革は国柄から成功するのはかなり困難である、②したがって、朝鮮国の内政の改革は政治的必要の外には意味を持たせず、日本の利益を主眼とする程度にとどめ、このために敢えて日本の利益を犠牲とする必要はない、③そうはいっても、朝鮮国の内政の改革は外交上で焦点となり、日本政府はともかくも実行を試みないわけにはいかなくなった、④朝鮮国の内政改革とは、もとは日清両国の間の朝鮮国をめぐる解けない問題を調停するために案出した政策であったが、清国が協力しなかったので日本が独力で担当せざるを得なくなった、⑤しかし、欧米強国が日本の動向を注意しているので、表面上あまりに手荒い方法を取ることはできないが、日本がもし一歩でも誤れば、ほとんど列強すべてを敵に回すことになる、などと陸奥は見ていた（陸奥宗光著・中塚明校注『新訂蹇蹇《けんけん》録《ろく》』五六、六二〜六三頁）。
すなわち、陸奥外相ら伊藤内閣主脳の日清戦争の目的は、朝鮮国を植民地化したり保護国としたりするのでなく、困難であるが朝鮮国の内政を改革し、日本の安全保障を図ることであったことがわかる。現在の感覚からすれば、朝鮮国から求められないのに、日本の安全保障のために朝鮮国の内政改革をするというのは、朝鮮国の主権を侵すことになる。しかし、この帝国主義の時代において、列強のみならず日本とも不平等条約を結び、清国が属国と認めている朝鮮国は、国際法の保護を受ける完全な主権国家とは程遠い存在であった。列強を中心とした国際社会が問題視したのは、他国が朝鮮国の主権を侵すこと自体ではなく、各列強が現在から未来に得られるはずの利益を日本が侵害することであった。したがって日本が列強の大勢が納得する状態を朝鮮半島に作ることができれば、それは当

時の国際社会で承認されるのであった。

陸奥外相らが日清戦争前に設定した戦争の目的としての朝鮮政策は、戦争中から戦争直後においても継続している。たとえば、一八九五年一月か二月ごろ、陸奥外相は井上馨朝鮮国公使（前内相・外相）に、次のように書き送っている。①ロシアは朝鮮国の独立以外、当分のところ何も求めていないように見え、ロシアを朝鮮国の独立以外に介入させないことが好都合である、②朝鮮国の改革事業とその独立を傷つけないことは、ほとんど両立し難い場合が多く、まったく井上の老練なる外交に依頼するので、あまり外面より朝鮮国の独立を傷つけず、裏面にその改革を実行させる方法を御講究ください（井上馨宛陸奥宗光書状、一八九五年〔一月、二月ごろ〕、「井上馨文書」国立国会図書館憲政資料室所蔵）。

また同年五月には、朝鮮国公使を辞めたいという井上に対し、陸奥外相は、①今日の形勢を見ると、ロシアが最初より主張する朝鮮国の問題も、この後あるいは再発するかもしれず、日本政府は交戦の大目的は朝鮮国の独立にあるので、今もし井上が朝鮮国から退いたら、朝鮮国は再び変乱の地となる恐れがないわけではない、と一一月ごろまでの留任を求めた（井上馨宛陸奥宗光書状、一八九五年五月一〇日、「井上馨文書」）。ここでも陸奥外相と井上公使の内々の手紙でありながら、日清戦争の目的としての朝鮮国の独立ということが強調されている。これは少なくとも伊藤首相・陸奥外相・井上公使ら政権中枢に共有された価値観だったといえよう。

開戦に向けての原の朝鮮政策論

この間、原は一八九四年（明治二七）七月の日清開戦前に「対韓政略」（陸奥外相に提出が確認される）を、日清開戦後に「対韓政略一班〔ママ〕」を起草している（『原敬関係文書』第六巻、一〇二～一一〇頁）。これは、二年前に通商局長として朝鮮に一ヵ月間出張した際の見聞をもとにした、原の考えを背景としている。

それは第一に、朝鮮人の独立心を信用していないので、近代国家として独立の基礎を強くさせるためには、日本が進んで独立心を持つよう促さざるを得ない、との政略である。

「対韓政略一班〔ママ〕」で、原は次のように論じる。目下の急務は朝鮮国に「早く独立の基礎」を強くさせることであるが、「朝鮮人は上下共に独立の念慮に乏し」いとする。「今回の革命」〔日清開戦後の朝鮮国の国内改革〕も朝鮮国人心が動いた結果でなく、日本が促したからであり、今後朝鮮国の「独立の基礎」を強くするための諸種の手段も、日本から進んで促さざるを得ない、と原は結論づける。しかし、その間において「内治干渉の嫌疑」を受ける恐れがあり、またあるいは朝鮮人に日本の「誅《ちゅう》求《きゅう》」〔手厳しい責めつけた取り立て〕に堪えられない、との感情を起こさせる恐れもある。これらは当局の措置と説明の巧拙によるので、紙上の計画で統制することができない。

また第二に、朝鮮政略の最初に決定すべき問題は、清国との関係をどのようにすべきかであり、日本が朝鮮国に対して多少の政略を行えば、清国は必ず日本に対抗してくる、という見解である。「対韓政略」で原は、列強の政略が目前の些《さ》細《さい》なことに惑わされることがないとすれば、清国が最も日本の朝鮮政略に関わる、とする。そのうえで、（甲）清国とは絶対に「葛藤」を生じることを避けるか、（乙）または場合によっては清国と葛藤を生じてもあえて避けないか、の方針の選択がある、と見る。（甲）（乙）いずれの方針に決するかによって朝鮮政策の大体の方針は確定し、他の小政略は決まってくる、と結論づける。

原の見るところ、日本は一八七六年に日朝修好条規を結んでから一八八四年の甲申事変までは（乙）の方針をとったようであるが、甲申事変で日本が敗北してからは（甲）ともなく（乙）ともなく、方針はついに曖昧になったのである。

また、これまでの琉球事件・台湾出兵から清仏戦争までの清国の動きを見ると、清国が日本に「親密」さを表すのは、「東洋大体論〔日本・清国・朝鮮国など「東洋」を一つのものとして利害を考える論〕」のためではない。日本に「種々の小政略」を実行させないことや、列強と連合させないためである。このように原は、清国の朝鮮政策を「東洋」全体の利害を考えたものではなく、利己的なものだととらえた。

したがって、日本が朝鮮国に対して多少の政略を行えば、必ず猜疑《さいぎ》心を高めて日本に対抗し、一八八四年以前の状況となる。その時に甲申事変のような失敗をすれば、その悪影響は、これまでにも増してはなはだしいものになる、と論じた。原は、清国が「東洋」全体に責任を持つような政策を展開しようとしないので、十分に準備と覚悟をしたうえで、清国との対立を覚悟しても朝鮮国の近代化を日本が中心となって進める時期が来る、と主張しているのである。

原の朝鮮政策論は、朝鮮国改革論や対清外交に関し、陸奥外相らに大きな影響を与えた可能性がある。また少なくとも、原と陸奥外相らはこれらの点で考えを共有していたといえる。

原の朝鮮国統治への見通しは、日露戦争後に伊藤博文韓国統監が行った統治の意図と、実現の困難さ、および成功と失敗の可能性（伊藤之雄『伊藤博文』第二二～二四章。同『伊藤博文をめぐる日韓関係』第二～四章）を、予言しているともいえる。

大きな仕事のない戦時下の原

一八九四年（明治二七）八月一日に宣戦布告した後、日本陸軍は九月一五日から一六日の平壌《ピョンヤン》の戦いに、日本海軍は一七日の黄海《こうかい》海戦に圧勝して、日本の勝利が固まった。翌一八九五年一月末になると、日清戦争の講和条件が御前会議で審議された。そこに提示された講和条件の原案は、陸奥宗光外相が伊藤首相と相談して作ったものである。二月二日には、日本軍が清国海軍の根拠地である山東半島の威海衛《いかいえい》を占領した。こうして三月二〇日、日本側全権の伊藤首相と陸奥外相、清国側全権の李鴻章が下関に来会し、講和会議が始まった。

この間、一八九四年一〇月二日から三日にかけ、原の妻貞子の父、中井弘が脳出血を起こし病状が良くないとの知らせが入った。原は貞子とともに、ただちに三日夕方に京都に向かう。中井は前年一一月四日から、京都府知事になっていた。一〇日午前四時、中井は死亡する。

原は、松方正義（中井と同じ薩摩出身）らと協議し、中井家の後事については、長男龍太郎を相続人とし、財産処分および管理方法等を定めた。原は一六日にいったん東京に戻り、紅葉館で中井の法要を行った。その後、中井家の後事を協議した一人、本田親雄《ちかお》（薩摩出身で中井弘の親戚、戊辰戦争で参謀、維新の功で男爵）が京都に来るというので、諸事を相談するため、二四日にまた京都に赴いた。結局、貞子と一緒に東京に帰ったのは一一月二日であった（『原敬日記』一八九四年一〇月二日〜一一月二日。原宛伊集院兼常書状、一八九四年一〇月二二日、『原敬関係文書』第一巻、九六頁）。途中で東京にもどった一週間ほどを除いて、日清戦争下の約三週間を京都とその近くで、中井の葬儀や法事、中井家の後事のために過ごしたことになる。義父中井の恩に報いようとし、東京で法事を行って中井の東京の友人たちにも配慮した心配りも含め、原の責任感と義理堅さがよくわかる。しかし見方を変えれば、日清戦争の戦時下にもかかわらず、外務省通商局長の原に陸奥外相は特別な任務を与えなかったので、朝鮮政策論を起草したこと以外は手持ち無沙汰の原だったともいえよう。

日清戦争後に原は通商局長時代を振り返り、自分の役割と功績を次のように自己評価している。

通商局長として常に本省に留守居の役に当りたれば功労ありと云へば有り、無と云へば無しとも云ひ得る位地に在る（『原敬日記』一八九五年八月二〇日）。

妻貞子との不和

パリ公使館時代の後半に、貞子が日本からやってくると、二人はパリを散策したり、フランス・スイス等の保養地・景勝地を旅行したり、仲睦《むつ》まじく過ごした（本書第六章）。新婚直後に赴任した天津領事の時の生活は、一〇代半ばの貞子にとってかなり苛酷《かこく》であったと思われるが、一八八九年（明治二二）四月に東京に戻るまでのパリ公使館時代は、原と貞子の二人にとって、楽しいものだったといえる。

しかし原は、一八九六年一〇月一二日に貞子と別居を開始し、一八九八年一二月に貞子が東京芝公園の本宅に戻るのを認めるが、一九〇五年一二月一六日に貞子と離婚する。別居までの七年半の間に、一時は仲の良かった夫婦に何が起きたのだろうか。

原の日記に、貞子との別居に類似したことや二人の不仲を類推させる事項が登場するのは、一八九三年一一月ごろからである。それは、同年一一月二四日に貞子が、父中井弘が知事として暮らし始めた京都に行き、「保養の為めにて暫時滞在の筈《はず》」であったが、三〇日に戻った。翌一八九四年五月一日にも、貞子が「保養の為め」京都に赴くが（小川屋の老婆同行、二日に中井の家に到着）、五月一〇日に帰った。さらに同年八月二八日に鎌倉に行って「当分滞在の筈」であったが、九月五日ににわかに戻った（『原敬日記』一八九三年一一月二四日、三〇日、一八九四年五月一日、一〇日、九月五日）。

当時、東京・京都間は汽車で一七時間ほどかかった。「保養」という名目で京都や鎌倉へ行くことで別居し、貞子が「保養」にしては早めの数日から一〇日で戻ってきた、ということだろう。

一八九四年五月二日に貞子が京都の中井の家に戻った際に、中井はいろいろ訓戒を行い、貞子は大いに悔悟し改良するとのことで、見物をしたうえで東京に戻る、と原に知らせた。中井の見るところ、貞子はわがままな性格のまま成長し、いつまでも十四、五歳くらいの習慣を続け、あまり交際もできないので、「世間の風」にも当たらないのである。このような世間知らずのままの貞子を変えるため、御工夫をお願いします、と中井は原に手紙を書いた。また中井は、下田歌子《うたこ》または教育に老練な老婦人の家に毎日通学させても良いだろうとも考えていた（原敬宛中井弘書状、一八九四年五月二日、三日、『原敬関係文書』第二巻、三一八～三一九頁）。

その後、先に述べたように、一八九四年一〇月に貞子の父中井弘が死去すると、貞子には別居しても頼る家がなくなってしまった。それにもかかわらず、貞子の行動は不安定であった。

一八九五年三月一二日、京都で結婚する兄中井龍太郎に同行し、貞子は京都に向かった。一五日に婚礼が行われ、その後、貞子は京都見物や京都博覧会の見物も一通り終えた。そこで龍太郎が、妻に供をさせるので大阪か堺の浜に四、五日出かけてはどうかと提案すると、貞子は同意した。ところが出発の日に待っていると、急に中止を伝えてきた。また旅館を引き払い、京都の荒神口《こうじんぐち》の中井弘旧宅に行ってしまった。当時、中井旧宅は売却される予定であり、龍太郎の妻の父の伊集院兼常《いじゅういんかねつね》が、中井弘の遺産の管理人となっていた。しかし、貞子は伊集院の言うことは一つも聞き入れようとしない、と龍太郎は原に手紙で訴えた（『原敬日記』一八九五年三月一五日。原敬宛中井龍太郎書状、一八九五年四月一三日、『原敬関係文書』第二巻、三四四頁）。

この手紙は身持ちが十分に定まらない中井龍太郎のものであり、また後述するように、伊集院兼常は財産管理上で怪しい行動をしているとわかり、原に管理役から外される人物で、彼らの貞子への評価にはその点の考慮が必要である。しかし、仮に伊集院が龍太郎を言いくるめて不正をしているのではないかと原が疑惑を抱いても、京都での貞子の言動は、伊集院らの行為の不正の究明に少しでも役立つような理性的なものではなかった。また貞子が特に目的もなく、少なくとも一ヵ月以上も京都に滞在し続けたことで、原と貞子の仲は冷え切っていたことがわかる。

不和になった原因

後に述べるように一八九八年（明治三一）一二月、原は貞子に対し、「別居後再度同居する妻への訓戒」を書いた（本書第一三章の「貞子が再び同居する条件」）。この「訓戒」の第一に、原の母リツに対し、よく教訓を守り、「粗略の挙動」をせず孝養第一とするべき、と書いてあるのが注目される。少年期に父を亡くし、母の苦労のおかげで現在の自分があると考える原は、母に対し並々ならぬ愛情を持っていた。

貞子と母リツが初めて対面するのは、原が天津領事の仕事を終えて東京に戻って三十数日経った一八八五年九月二一日のことである。この日、鹿児島営林区で勤務中の兄恭《ゆたか》の下で生活していた母リツと栄子（エイ、お栄、恭の長女）が、原夫妻のもとにやってきた（『原敬日記』一八八五年九月二一日）。

二人がいつまで原の家に滞在したのか、さだかではないが、原は一〇月一三日にパリに向けて東京を離れるので、少なくとも約二〇日ほどはいたのであろう。

二回目は、原夫妻がフランスから帰国し、東京に戻って四ヵ月半経った、一八八九年九月七日、リツが盛岡よりやってきた時である。それからリツは、翌年六月一五日まで九ヵ月以上、原のもとに滞在した（同前、一八八九年九月七日、一八九〇年六月一五日）。

その後、原夫妻は一八九六年六月に盛岡に帰省し、三日間滞在する（同前、一八九六年六月一五～一七日）ので、そこでリツに会ったはずである。これが、原と貞子の別居の前に、貞子がリツに会った最後である。

これから考えると、原が妻貞子のリツに対する態度に強い不満を持ったのは、フランスから帰国した後、リツが九ヵ月以上も東京の原のもとに滞在した際だと思われる。パリ公使館時代に二人で楽しく過ごした思い出はあったとしても、原は夫婦関係の未来に暗いものを感じたであろう。

原は家族愛が強く、貞子の実家の中井家に対しても十分に尽くしている。原の「訓戒」の三番目には、兄弟および家族に対しては「親切和熟」に徹すること、とある。このように、原は貞子が原の身内に対して取る態度にも、不満を募らせていた。

さらに、すでに述べたように、農商務省・外務省の奏任官から勅任官という中堅から高級官僚とはいえ、清廉な原家の家計には、それほど余裕があるわけではない。それにもかかわらず、「訓戒」の第七、第一〇、第一一には「家事は節倹を旨として浪費を慎み一家の整理繁栄を本とすべきこと」「化装及び身の廻りは質素を旨とし、苟《いやしく》も虚飾に類する如きことあるべからざる事」「衣服家具其他の物品にても惣《そうじ》て不必要のものを買入るゝ如きことあるべからざる事」とある。このように諭さねばならぬほど、貞子は浪費家であった。

それでも、一八九一年夏に貞子が七月一七日から八月一一日まで一ヵ月近く伊香保に滞在した際には、貞子に同伴して伊香保に行き、数日過ごして原だけが東京に戻った。貞子が帰宅する際も、四日前に伊香保に迎えに行って同伴して帰った。それが一八九三年の夏になると、貞子が「暑中保養」で大磯に滞在しても、そのような睦まじい行動は確認されなくなる。夫婦の仲が冷えていったのだろう。

お嬢さん育ちの貞子は、パリ公使館時代のように、原と二人だけの関係であって、金銭上の余裕があれば、原と仲良くやれたといえる。しかし、すでに述べた政党政治家を目指す原の人生目標、母リツや原家一族との関係、金銭感覚において、原と価値観を共有することができなかった。一八九三年ごろには、原は間違った相手と結婚してしまった、と思うようになったのであろう。

このような状態でも、一八九三年二月二六日に、貞子のために日本生命保険会社の一〇〇〇円（現在の二三〇〇万円くらい）の保険に入った。原が万一死去した場合、貞子に残すものは住んでいる家屋のみ（土地は借地）だったからである。将来のことはわからないので、保険料は五年間払い込みにした（『原敬日記』一八九三年二月二六日）。貞子との夫婦関係がどうであろうと、原には生活力のない貞子の行く末を守らねばならないと思う責任感と優しさがあった。

そうしたところに出現したのが、原が後半生を共にする菅野浅《あさ》である。浅は、原をよく理解し、原の夢に共鳴できる女性であった。

一八九三年ごろ、外務省通商局長の原は、新橋の烏森《からすもり》付近の料亭に芸者として出入りしていた浅と、酒席で出会う。控えめな態度でお酌する浅を、原は一目で好きになった。原三七歳、浅二二歳の時である。浅の父は岩手県江刺《えさし》郡岩谷堂《いわやどう》町（現・奥州市江刺区岩谷堂）出身の菅野弥太郎、母は石川県能登出身のスエで、弥太郎は花巻などで馬車引きをしていた。浅は父の借金八〇円のために芸者になったのだった（木村幸治『本懐・宰相　原敬』二五三頁）。

第一〇章　外務次官・朝鮮国公使として
──日清戦争後の転機

三国干渉に関する原の意見

一八九五年（明治二八）四月一七日、朝鮮国の独立承認、遼東《りょうとう》半島・台湾・澎湖《ほうこ》諸島の割譲、賠償金二億両《テール》（当時の約三億一〇〇〇万円、現在の約七兆円）の支払いからなる、日清講和条約が、下関で調印された。ロシアはこの内容を知ると、ドイツ・フランスを誘い、四月二三日、遼東半島を清国に返すように、日本に三国で勧告した。イギリスにもロシアの誘いがあったが、イギリスは応じなかった。

ロシアは、日清戦争で清国が日本に敗北を重ねるまで、朝鮮国はもちろんのこと清国の東北地方である満州に対しても、積極的な政策を持っていなかった。それはロシアが、東アジアにおける陸軍力に自信がなかったからである。ところが、清国の敗北によって、ロシアは満州進出への野心を持ち始めた（Andrew Malozemoff, *Russian Far Eastern Policy*）。遼東半島の旅順などは、ロシアが欲しい不凍港の候補地であり、日本が遼東半島を領有するのは、ロシアにとって妨げであった。

とりわけ海軍力を考えると、日本には三国を相手に戦う力は残っていなかった。そこで五月四日、三国の提言を受け入れ遼東半島を放棄することを、閣議で決定した。

三国干渉に関し、五月一日までに原は意見を三回、陸奥宗光外相に申し送った。陸奥は四月一七日に広島に帰り、明治天皇が京都に戻ったので、二七日に京都へ行っていた。原の意見は、この問題を列強会議を開いて決着することであった。しかし陸奥外相は、このようなことをしては将来東洋の問題に必ず欧州が干渉してくるようになる、と原の意見に賛同しなかった。また、清国に対する問題と露・独・仏に対する問題とを混在させて講和条約を破壊修正される恐れがあると、三国干渉を受諾して速やかに解決するほうが日本の利益であると判断した（『原敬日記』一八九五年四月一七日～五月六日）。

原は通商局長という仕事の枠を超え、陸奥の腹心としての立場から、三国干渉に対抗しようと列強会議を開く意見を送ったが、陸奥はそれを採用しなかった。若い原の方が陸奥より強気であった。

外務次官となる

ところで、原が陸奥の腹心として通商局長に就いていたころに、後に外相となり日露戦争の講和で名をあげる小村寿太郎《じゅたろう》や、後に外相から政党内閣の首相となる加藤高明も、外務省の要職を務めていた。小村は、安政二年（一八五五）九月一六日に飫肥《おび》藩（現・宮崎県日南市）の藩士の子として生まれ、ハーヴァード大学法学部を卒業し司法省を経て、一八八四年（明治一七）六月に外務省に権少書記官（課長に準じるクラス、公信局勤務）として入っている。日清戦争の開戦時に北京駐在の臨時代理公使を務め、戦争で帰国すると、一八九四年一一月二八日に政務局長に任命された（片山慶隆『小村寿太郎』五～四八頁）。

小村の前任者は、安政七年一月三日生まれの加藤高明である。加藤は、東京大学法学部を首席で卒

小村寿太郎

業し三菱会社に入り、イギリスに留学した後に外務省に入省、その後大蔵省主税局長を経て、陸奥外相の下で一八九四年七月二八日に特命全権公使兼政務局長として、外務省に入っており、一一月にはイギリス公使に任命された（奈良岡聰智『加藤高明と政党政治』三一～三六頁）。

後に外相や首相として日本をリードする人たちが、陸奥外相の下、重要な時期に外務省でともに仕事をし、互いに知り合っているのは興味深い。意欲的に人材を抜擢しようという、陸奥外相の幅広い人柄が表れている。

日清講和条約が調印される前、一八九五年四月一五日に外務省で進級が行われ、通商局長の原は勲五等から四等に、政務局長の小村寿太郎は勲六等から五等に昇給した（「原敬個人履歴ファイル」「外務省記録」H132、外務省外交史料館所蔵）。小村より原のほうが、外交官として格上であった。

原・小村・加藤の三人の中でも、原への陸奥の信頼はとりわけ厚く、林董《ただす》外務次官が駐清公使に任じられたので、その後任として五月二二日に原は外務次官に任命された（小村は政務局長のまま）。原が三九歳の時であった。後に述べるように、陸奥の腹心として原次官（朝鮮国公使）・中田敬義《たかのり》政務局長兼外相秘書官らは、大隈重信にも近い加藤高明に警戒感すら示している。これは陸奥外相の気持ちでもあったと推定される。

陸奥外相は、すでに見たように、将来において政党指導者として政党政治を実現するため、原に政党や国内政治対策を期待するとともに、日本外交の根本方針の立案をし、陸奥外交を支えることを期待していたのであった。加藤高明の就任した駐英公使（現在の駐英大使）は、イギリスが最強国であることを考慮すると華やかなポストであるが、イギリスとの条約改正も終わった時期において、陸奥の身近にいて外務次官として仕えるほうが、間違いなくやりがいのある仕事であった。

原が外務次官に任命されて二〇日ほどすると、陸奥は三〇日間の休暇を取り、大磯の別荘で静養した。陸奥は遅くとも二、三年前から結核にかかっており、下関講和会議の全権になったことから多忙が続き、病気が悪化したからであった。六月三〇日、原は大磯に行って陸奥と対面し、今後は一切外務省の事務を見ずに治療に専念すべき、と勧告した。陸奥もこれを受け入れたので、今後は陸奥に何も報告しないことになった（『原敬日記』一八九五年六月三〇日）。

とはいえ、この時期は外交問題がない時期ではなかった。三国干渉の後、フランス公使は朝鮮国に対し、ロシアと提携してはどうかとすら助言した。そこで一八九五年六月三日、陸奥外相は伊藤首相に、日本の朝鮮政策を再検討すべきだと提案した。すでに日清戦争下で、日本の軍事力を背景に、朝鮮国を近代化し日本の影響力を強めようと、大鳥圭介《けいすけ》公使、次いで井上馨公使が中心となって、朝鮮国の内政改革を行おうとしていた。これは日本の明治維新以降の近代化をモデルにしたものであったが、朝鮮国政府の抵抗にあい、成功しなかった（森山茂徳『近代日韓関係史研究』二三〜五二頁）。

これまでの日本独自の朝鮮内政改革が成功していなくても、今までどおり単独で内政干渉政策を続けるのか、干渉を抑制するのか、検討すべきであるというのが、陸奥外相の提案である（陸奥宗光外相「閣議案」一八九五年六月三日、「陸奥宗光文書」）。しかし閣議では、明確な政策を決定できなかった。

陸奥の腹心の外務次官として、原がこのような状況を知っていたことは間違いない。しかし原には、当面の外交課題よりもっと将来の日本外交のため、さらに政党内閣を実現して立憲国家を完成させるため、何よりも陸奥に健康を回復してもらうことが大事だった。

八月二三日、陸奥外相は病気を表向きの理由に、辞表を伊藤首相に提出した。内実は、第二次伊藤内閣の存立も難しくなってきたので、「〔原と〕内議の結果」辞表を出したのである。しかし、二六日に伊藤が大磯にやってきて辞任を思いとどまるよう説得、辞表はひとまず陸奥に返却し、その事情のみ上奏することになった。二八日、陸奥外相に対し、病気が全快するまで静養するように、との明治天皇の「恩命」が下された（『原敬日記』一八九五年八月二六日、二八日）。

陸奥外相と原次官は、すでに述べた将来の目的のため、いよいよ伊藤首相や内閣と距離をとる決断をしたのであった。なお、陸奥外相の病気に対応し、六月五日から西園寺公望文相が外相臨時代理となっていた。

明成皇后（閔妃）殺害事件

一八九五年（明治二八）八月一七日、朝鮮国における日本の立場を挽回するため、井上馨公使に代わって、三浦梧楼《みうらごろう》が新たに公使に任命された。三浦は長州藩士の子として生まれ、維新の戦争に参加、東京鎮台司令官（陸軍中将）まで昇進したが、山県有朋と対立し官界から引退していた。伊藤内閣は朝鮮国に対する政策を決めかねており、三浦公使に明確な方針を提示しなかった。

三浦が漢城（現・ソウル）に赴任すると、明成《ミョンスン》皇后（閔妃《ミンビ》）が実権を握った李王側は、日本の将校が訓練した軍隊である「訓練隊」の武装解除を求めてきた。三浦は、国王の父である大院君《テウオングン》を擁して、クーデターを行うことを決意した。こうして、一〇月七日夜から八日の早朝にかけて、三浦公使の意を受け、日本の守備隊や公使館員の一部等も加わって、クーデターが実行された。

クーデターに参加した日本人は、朝鮮人の服装をして景福宮に押し入り、明成皇后らを殺害した。その模様は、当時王宮にいたロシア人やアメリカ人にも目撃された。また、夜が明けて、日本人が王宮から引き揚げてくるのを、一般の朝鮮人にも見られた。明成皇后殺害は、日本側の行為であると知られていった（伊藤之雄『立憲国家の確立と伊藤博文』一九二～一九四頁）。

この明成皇后殺害について、近年韓国や日本の一部においては伊藤首相や閣僚が関わっていたという見解が出された。しかし、すでに詳細に反論したように、これは予断にもとづいて史料を読む姿勢と、くずし字の読解能力不足による史料誤読から生じた誤りである*（伊藤之雄『伊藤博文』三六〇～三六二頁。同『伊藤博文をめぐる日韓関係』一六五～一七一頁）。

＊　西園寺公望外務大臣臨時代理も、大院君が訓練隊を率いて王宮に行き明成皇后を殺害したようであると漢城の公使館付武官から参謀本部に電報があったが、日本人がこれに加わっているかも含めて事実を返電せよ、と三浦公使に電報で問い合わせた。この電報は、一八九五年一〇月八日の午後三時に三浦公使に届いている。また、三浦公使が西園寺外相臨時代理に宛て、九日午後一二時一五分発の電報で、「政略上」から漢城の日本守備隊を召還するよう急いで命じてください、と上申した際も、西園寺は「政略」とは何かと事情を問い合わせている。この電報は一〇日午前一時に三浦公使に届いた（「西園寺外相三浦駐韓公使往復電報写」一八九五年一〇月八～一〇日、「星亨文書」一三八、国立国会図書館憲政資料室寄託）。次項以下で述べる原ら日本政府の事件への対応過程に加え、これらの電報も、西園寺外相臨時代理ら閣員が真相を知らないことを示している。

三浦公使への疑惑

三浦公使は、殺害事件が終わった日の一〇月八日午前八時から一〇日午前九時までに西園寺外相臨時代理に八通の電報を出している。それらによると、第一に、当初は朝鮮人の部隊である「訓練隊」が大院君を擁して王宮に入って「騒擾《そうじょう》」を起こしたので、日本守備隊は王宮を「護衛し鎮圧」に努めたというもので、明成皇后殺害に関しても、日本人・日本守備隊の事件への関与にもまったく触れていなかった。

第二に、西園寺外相臨時代理が、参謀本部からの情報（漢城駐在武官の電報）によると明成皇后が殺害されたらしいという情報を三浦に突きつけたうえで、日本側に関与があるかどうかも含め三浦に真相を問い合わせると、三浦はやっと真相の一部を少しずつ電報で西園寺に知らせ始めた。三浦によると、明成皇后が殺害され日本人が殺害に関係し、その数は二〇～三〇名であり、三浦公使は日本人の参加を「黙視」したという。しかし三浦は、自分が事件を指導したことは言わず、明成皇后殺害への日本人の関与も、朝鮮人を助けてのことであるとする。また、日本守備隊が「訓練隊」に同情して「騒擾」の鎮圧以上の行為も行ったことを、一〇日午前九時発の電報でようやく認めた（「西園寺外相三浦駐韓公使往復電報写」一八九五年一〇月八～一〇日）。

三浦公使の電報情報は、駐在武官の電報よりも遅く、また三浦が事件を「黙視」したと述べて、事件の情報を前もって知っていたと認めながら、日本人や日本守備隊の関与を少しずつ認めていくという点で、疑わしかった。

明成皇后殺害事件について原外務次官は、事件が起きた一〇月八日には知り、「王妃は行衛《ゆくえ》不明、一説には殺害せられたりと云ふとの電報」があった、と日記に書いた。また、「公使館附我海陸武官よりの電報早く参謀本部に達したるも、三浦公使よりは十一時発にて午後に着電せしも甚だ要領を得ず」と、三浦公使の動向への疑いも感じた（『原敬日記』一八九五年一〇月八日）。

原外務次官が三浦公使の報告に感じた疑惑は、伊藤首相や西園寺外相臨時代理にも共有されたようである。一〇月一〇日、事実の調査のため、小村寿太郎外務省政務局長が朝鮮国への出張を命じられた。その訓令案に、取り調べの結果として処罰すべき日本人がある時は、一応本大臣に伺いを立てたうえで、「領事をして相当の処分」を行わせるべきである、と書かれている（『日本外交文書』第二八巻第一冊、四九九〜五〇〇頁）。三浦公使が事件の真相を十分に外務省に伝えていないことから、伊藤・西園寺らは、遅くとも一〇月一〇日の段階で、三浦が事件の黒幕である可能性があると見て、現地の最高責任者の三浦公使ではなく、内田定槌《さだつち》領事に事件の処理を行わせようとしたのである。

内田領事から殺害事件の真相を知る

その後、漢城駐在の内田定槌領事から、この事件は三浦公使の命を受けて公使館員・領事館員の一部、日本の守備隊等が実行したものであるとの真相が、一〇月一六日ごろと一七日に原敬宛の手紙で伝えられた。内田領事は、公文で知らせるのは「甚だ妥当」でないため「極内々」にお伝えする、と手紙に書いている。事件が起きた一〇月八日付と九日付の二通の手紙によって、八日ほどかかって原に真相が伝えられたのは、内部告発する内田領事の困惑のためである（原敬宛内田定槌書状、一八九五年一〇月八日、九日〔一〇月一七日の東京の消印〕、『原敬関係文書』第一巻、二四二〜二四四頁）。

三浦公使という、伊藤首相とも親しいと思われる閣僚級の大物が命じた事件であるとわかったとき、内田領事が原次官に真相を伝えるのは勇気ある行動である。内田はなぜ伝えてきたのだろう。

それは、内田領事が原次官にかなり親しみを感じていたからである（『原敬関係文書』第一巻、二四〇〜二四二頁）。日清戦争開戦前に内田領事は、日本が朝鮮国を独立国とする政策をとったのは、他国の「干渉侵略を防ぎ之を開明富強の位置に奠《お》くことにより、一つには日本の「藩屏《はんぺい》〔守りとなるもの〕」を築き、もう一つは日本との貿易を盛んにする意図であると思っています、と陸奥外相宛の電信の中で述べている（陸奥外相宛内田領事よりの電信、一八九四年六月二六日、「対朝鮮政策に関し意見上申の件」『日本外交文書』第二七巻一冊、五六二～五六三頁）。原の朝鮮政策論は、朝鮮人に可能性を見て、日本が朝鮮国の独立を維持し、その近代化を促進することで、日本の安全保障も確実にしていこうとするものであった（本書第九章）。朝鮮国には近代化できる可能性がないものとして、日本の植民地として一方的に利益を得ようという朝鮮国観と朝鮮政策に、原次官と内田領事は反対であったところが共通しており、二人の間には信頼感が生まれたのである。

明成皇后殺害事件に際しても、内田領事は三浦公使から何事も知らされておらず、内田の部下は内田に断りなく勝手に事件に参加していた（原敬宛内田定槌書状、一八九五年一〇月八日、『原敬関係文書』第一巻、二四二～二四三頁）。これは、内田が右のような朝鮮国観と朝鮮政策を持っていたために、三浦公使から信用されなかったからであろう。

内田領事の内部告発の二通目の手紙が原のもとに届いた一〇月一七日、首相官邸で、伊藤首相・川上操六《そうろく》参謀次長と原外務次官の間で対応策が話し合われた。この結果を受け閣議で、三浦公使を召還し、処分することになった。また、取り調べのために出張した小村政務局長を、弁理公使としてそのまま漢城に駐在させ、事件に関係した公使館員の杉村濬《ふかし》一等書記官らに帰国が命じられた。同時に、他の一般日本人の嫌疑者にも、退去という形で帰国が命じられた（『原敬日記』一八九五年一〇月一八日）。

内田領事の手紙で、原は明成皇后殺害事件の真相をつかみ、伊藤首相と、陸軍を代表した川上参謀次長との会議に加わったのである。伊藤首相も三浦を首謀者として認め、閣議を経て、三浦公使を日本に召還する決断をした。*

* なお三浦公使自身も、自分が明成皇后殺害事件の責任者であることを認める書状を、伊藤首相宛に送っている（「三浦梧楼内報書」、「三浦梧楼文書」一二六、国立国会図書館憲政資料室所蔵）。この書状には、星亨を事情説明のため帰国させたとある。三浦公使が星を帰国させると西園寺外相臨時代理に発電したのは、一〇月一〇日午前八時である（前掲、「西園寺外相三浦駐韓公使往復電報写」一八九五年一〇月八～一〇日）。したがって、一〇月八日、九日に出された内田領事の手紙よりも遅く伊藤のもとに届いたはずである。伊藤や原らは内田領事の手紙で事件の真相を把握し、三浦公使の使いの星の話や三浦公使の手紙で、三浦が事件の黒幕であることを確認したのである。

事件から一三日後、伊藤首相は事件についての上奏意見書を書き、三浦公使以下の犯罪を「証拠顕然」と認め、列強から朝鮮国の独立を無視するものであるとの非難を受けないことが必要だ、と論じた（「朝鮮事変に関する意見上奏案」、「伊東伯爵家文書・朝鮮王妃事件関係資料」〔「憲政史編纂会収集文書」所収〕）。

すでに見たように、原は日清戦争前から、朝鮮国を独立させて、日本の影響力下において近代化しようとしていた。その立場から見れば、三浦のような乱暴な行動は朝鮮人の日本への反感を増大させるのみであった。伊藤や西園寺も原と同様の姿勢だったと推定される。原は真相の解明と対応の過程で、伊藤首相と西園寺外相臨時代理らを支えた。

伊藤首相・西園寺外相臨時代理や原次官らは、三浦公使や漢城の日本守備隊が関わった明成皇后殺害事件の真相を解明したので、朝鮮国の日本側出先と外務省との連携は良くなったようである。秋月左都夫釜山領事は、日本守備兵と「暴徒〔義兵〕」の衝突は、駐屯している陸軍の大隊本部から通報があるので、要点を外務省に報告してきたが、陸軍省より外務省へそのつど通報があるようなので、重複を避けるため、釜山領事館よりの報告は省いてもよろしいでしょうか、と原次官に問い合わせている（原宛秋月左都夫書状、一八九六年五月二四日、『原敬関係文書』第一巻、四七頁）。

内地の延長としての台湾統治を主張

次に、下関条約で日本に割譲された台湾について眺めてみよう。まず日本は、台湾占領のため近衛師団を派兵した。同師団は一八九五年（明治二八）六月七日に台北《タイペイ》を陥落させるなど、台湾占領を着々と進めた。七月一日、台湾統治の大枠を決め法令等を定めるため、伊藤首相が総裁となり、台湾事務局が発足した。同事務局は、原外務次官が委員である外務部の他、治民部（末松謙澄法制局長官が委員）、財務部（田尻稲次郎大蔵次官が委員）、軍事部（児玉源太郎陸軍次官、山本権兵衛海軍軍務局長が委員）、交通部（田健治郎逓信省通信局長が委員）、総務部（伊東巳代治内閣書記官長が委員）の各部があった（「台湾事務局各部委員氏名通知付事務局経費支出請求計算書」『原敬関係文書』第六巻、二一二頁）。

台湾事務局委員として、台湾統治に関する法令に原が意見を述べたものから、植民地統治組織と内地の政府や議会との関係についての原の考え方がわかる（『原敬関係文書』第六巻、二二〇〜二三〇頁）。

それは第一に、台湾総督が武官とされて、総督の権限が内閣の植民地を担当する大臣（一八九六年四月一日に拓殖務大臣となる）の統率下に入らないことに反対であったことである。台湾総督府官制案に、「台湾総督は親任とす、陸海軍大将若《もしく》は陸海軍中将を以て之に充つ」とあるのを、「何故に武官を要するか」と意見を書いた。また、「総督は天皇に直隷《ちょくれい》し、台湾条例の規定及拓殖務省《たくしょくむしょう》大臣の訓令に従ひ行政司法の事を統理し、並に特別の委任に依《よ》り其の管轄区域内に在る陸海軍を統率す」とあるのを、「台湾大臣〔拓殖務大臣〕已上《いじょう》の権力」と注目した。この他、総督が所属の官吏を「統督」し、「奏任文官〔中堅官僚〕の進退は内閣総理大臣を経て之を上奏し」、奏任官の下の判任官以下は「専行」することや、首相を経て所属文官の叙位叙勲を上奏することとあるのを、「台湾大臣の権限を侵すが如し」と批判した（「台湾総督府官制案・台湾税関官制案と原敬所見」）。

第二に、台湾総督府が日本本土の帝国議会の議決を経ずに、台湾内のみに効力を有する法律を公布したり、台湾の予算を議決するなど、台湾総督府が日本内地からの独立性を強める傾向に反対であった。台湾総督が、台湾に作られる「立法会議」の議定と天皇の裁可を経て台湾内に効力を有する「総督府令」を発することができる、とあるのを、「国務大臣以上の権力」と意見を書いた。台湾の歳出歳入は、毎年予算として「立法会議」の議定を経て「政府の承認」を得る、という条文について、「政府の承認」とは何か、政府は帝国議会の重任を得ずしてかくのごとき「承認」を与えることができない、と批判した（「台湾条例案と原敬所見」）。

原は台湾が日本内地と異なり特別な地域であるとする考え方に反対であった。台湾も内地の法により統治すべきであり、「台湾事務大臣」（後の拓殖務大臣）は、「台湾に関する責任者」で、台湾総督を監督すべき等の意見書を書き、一八九六年一月五日に伊藤首相に提出し、翌日に台湾事務局にも提出した（〈台湾統治の基本方針に関する原敬意見書〉）。

台湾統治に関する原の考え方は、日本内地の政府や議会が台湾統治の責任を持つ、というものである。これは、衆議院の第一党を背景とする政党内閣が責任を持って内政・外交を担当するという理想の延長にあった。

原の意に反する台湾統治体制

一八九六年（明治二九）二月二日、台湾事務局会議が伊藤首相官邸で開かれ、拓殖務省官制および台湾総督府官制等が論議された。原は陸海軍はそれぞれ陸海軍省で直轄し、税関・郵便・電信等の事務も主務省の直轄とすることを主張したが、委員の中で賛成は少なかった。しかし、原の反対もあって台湾を内地と異なる「殖民地類似」のものにするとの案が完全には実現しないよう押し留められた（『原敬日記』一八九六年二月二日）。

それでも、台湾総督に陸海軍大将または中将（武官）をあてるとの原案は、川上操六中将（参謀次長）の他は全員不同意であったが、伊藤首相は原案を支持し、原案通りに決まった。当時、台湾島内では、陸軍が日本の台湾領有に反対する島民の抵抗運動の鎮圧にあたっており、台湾総督も陸海軍大将もしくは中将から任用されていた。伊藤首相は台湾を早期に平定するため、陸軍への配慮からその主張に妥協したのである（春山明哲・若林正丈『日本植民地主義の政治的展開』三〜九頁）。この日、議決された議案には、原は同意できない点が多かった（『原敬日記』一八九六年二月二日）。

同じころ、伊藤内閣は「台湾ニ施行スヘキ法令ニ関スル法律案」（明治二九年法律六三号、いわゆる六三法）を第九議会に提出した。衆議院の反対で、三ヵ年の時限立法という形に修正されたが、一八九六年三月二八日に成立させた。

この六三法の要旨は、台湾総督はその管轄区域内に法律の効力を有する命令を発することができる、というものである。六三法は、台湾が日本内地と異なり特別な地域であり、帝国議会の議決を経ずに台湾内にのみ効力を有する法律に類するもの（命令）を発することを認めるもので、原の考えに反していた。

六三法は三年後に、再び三年延長されることが帝国議会で認められる。しかしさらに三年後の一九〇二年、第一次桂太郎内閣下では、後述するように政党政治家となった原が、政友会の有力リーダーの一人として、六三法の廃止に向けて活動することになる。

この間、台湾総督府官制は、次の松方正義内閣下で、翌一八九七年一〇月一三日に勅令として公布された（勅令第三六二号、一一月一日施行）。この特色は、総督は親任とし陸海軍大将もしくは中将をあてる、と原が嫌った陸海軍軍人が総督となることになったことである。

なお、台湾総督府官制の公布される一ヵ月以上前、九月に拓殖務大臣が廃止されてしまった。このため、拓殖務大臣が台湾総督を統制する形はとれなくなり、総督が首相を経て上奏等を行うという、原が批判的に見た形式となった。

台湾総督府官制が公布された時、原は一ヵ月半前に朝鮮公使を最後として外務省を退官し、大阪毎日新聞（現在の毎日新聞）編集総理として活動を始めていた。外務次官として外務省を代表し、台湾統治の法令の作成に尽力したが、必ずしも自分の意見を反映させることができなかった。これらは数年後に、政党政治家となった原の課題となる。

朝鮮国公使となる

一八九六年（明治二九）六月一一日、原は朝鮮国在勤の特命全権公使に任じられた。代わりに小村寿太郎全権公使が朝鮮国より帰国し、原の後任として外務次官になるよう命じられた（『原敬日記』一八九六年六月一一日)。朝鮮国公使になったのは、原が希望したからである(「中央公論所載人物評論『原敬論』とそれに対する原敬自身の訂正反論」『原敬日記』六巻、一〇九頁)。しかし、朝鮮国公使転任については、栄転かどうか、もしかしたら人が惑《まど》うだろう、と秋月左都夫釜山領事が、原の就任の翌日の手紙に書くほどであった(原敬宛秋月左都夫書状、一八九六年六月一二日、『原敬関係文書』第一巻、四八頁)。

一年八ヵ月ほど前であるが、原が敬服している陸奥外相は、特別に朝鮮国公使として赴任した元老の井上馨(前外相)に、閣下が参考となるべき議論は朝鮮国にいる「下等外交官」よりは到底得られるはずがない、という判断を示していた。そこで、陸奥自身が「欧州本舞台の情況」を常に井上に報知します、と手紙に書いた(井上馨宛陸奥宗光書状、一八九四年一〇月一八日、「井上馨文書」)。このように、朝鮮国にいたのでは、欧米各国の極東への外交方針すらわからないような状況があった。

1896年、全権公使として朝鮮国に赴任したころの原敬。写真提供・原敬記念館

また、原の前任者の朝鮮国公使の小村は、一八九四年一一月に初めて外務省政務局長になった外交官で、その二年前、一八九二年八月に通商局長になっている原に比べ、格下の外交官であった(小村は一八八八年一〇月に外務省翻訳局長になっているが、このポストは外務省の他の局長とは異なる格下のものである)。

原はなぜ朝鮮国公使を望んだのだろうか。その理由の一つは、日本の朝鮮政策が必ずしもうまくいっておらず、原が朝鮮国との関係をこれ以上悪化させてはいけないと思ったからであろう。原が公使として漢城に赴任した後、七月八日に、恩人の井上馨が公使だった時代の政策も含め、以下のように批判している。

対韓政略を誤りたるもの既に数年、殊《こと》に井上公使日清戦争の時に駐劄《ちゆうさつ》しながら着々其方針を誤り、今日に至りては徒《いたず》らに朝鮮官民及在留外国人の悪感情を残したるまでにて一も我権利及利益の存在するものなし（『原敬日記』一八九六年七月八日）。

原はさらに、今日の日本は朝鮮国において「逆境に沈」んでおり、どうすることもできないので、時期が良くなるのを待つのみである、と書いている。原は出発前に伊藤博文首相にも会い、「内訓」を得ていた。そこで着任後、いろいろなことに十分に注意したが、今日のところ何事もできるようには見えず、当分何事も見合わせるほうが得策と、伊藤に手紙を書いた（伊藤博文宛原敬書状、一八九六年七月一一日、『伊藤博文関係文書』六巻、四二七頁）。

井上は短気であり、朝鮮国公使に向かず、朝鮮国の反日感情を強めただけに終わったのである。七年前、農商務省参事官時代に、井上農商相から農商務省の改革案作成を命じられていながら、前田正名一派の妨害で改革案実施の見通しは暗く、原は同省での仕事に強い不満を抱いた。その時井上は、何もしてくれなかった。翌年に陸奥が農商相となり、原に能力を十二分に振るわせるようになると、原は陸奥に心服し、井上とは接触が少なくなっていった（本書第七章）。井上が朝鮮国公使になると、原は井上の朝鮮政策を批判的に見るようになり、二人の間はさらに疎遠になったのである。この時期の『原敬日記』の井上に関する記述や、井上に出された原の手紙が少なく親密さが表れていないことからも、それらが確認できる。恩人といえども、政治家としてふさわしくない行動をとる人物は批判的に見て、精神的に距離を取っていく点に、原の人間としての厳しさと、自分の抱負への誠実さを見ることができる。

原が朝鮮国公使になったもう一つの理由は、日本外交の焦点である朝鮮国に赴任し、じっくりと朝鮮国を知る機会を得たかったことであろう。後に述べるように、漢城に赴任後、原は京釜鉄道*（京城—釜山《プサン》間の鉄道）建設の許可を朝鮮国から得る問題から、現地の日本軍守備隊の将校との交際まで意欲的に取り組み、朝鮮国政府観と朝鮮人観を発達させる。

＊　当時、現在のソウルは漢城《ハンソン》と呼ばれていたが、日本側は中国風の名前を嫌って京城《けいじょう》と呼称した。一九一〇年の韓国併合後、その呼称は正式に京城と変更された。

さて、原は朝鮮国に赴任するため、六月二五日に妻貞子とともに、新橋発の汽車で東京を離れた。日本人、外国人ともに多くの人が見送りに来た。また、七月七日に漢城に到着して二日ほどすると、朝鮮当局者が原の赴任は「何か特別の意思ある」に違いないと疑っている、との探偵報告が入ってきた（『原敬日記』一八九六年六月二五日、七月九日）。このように、原は閣僚でもない外交官としては、かなり大きな存在であった。

先に述べた秋月釜山領事も、原の朝鮮国公使への転任は栄転であり、「京城演劇〔朝鮮国の政情のこと〕」の今度の一幕はまことに見どころである、と「世人」は「皆な評す」ところだ、とみる。また、しかしそれだけ実にご苦労である、と原に手紙で祝詞を述べた（『原敬関係文書』第一巻、四八頁）。

京釜鉄道交渉の始まり

朝鮮国に赴任し、当面の最も大きな懸案は、京釜鉄道敷設の許可を朝鮮国政府から得ることであった。

京釜鉄道は、川上操六参謀次長が日清戦争の可能性を考慮して発議したもので、一八九二年（明治二五）に踏査が完了した。その後、日清戦争開戦直後の一八九四年八月二〇日、日本と朝鮮国の間で戦時下の関係の基本を扱った「暫定合同条款」で敷設が合意された。それによると、朝鮮国の内政改革の一つとして、漢城と仁川間に鉄道を建設するが、朝鮮国の財政が豊かでないことを考慮し、日本政府もしくは日本のある会社と契約のうえで、時機を見て起工することになっていた（『日本外交年表竝主要文書』上巻、「文書」一五五頁）。しかし翌年に日清戦争が終わっても、契約がなされていなかった。

ところが、一八九六年になると、朝鮮国政府はアメリカ合衆国とフランスのそれぞれに対し、京仁鉄道（京城—仁川間）と京義鉄道（京城—義州《ウイジュ》間）の敷設を許可した。京仁鉄道は日本が朝鮮国政府と「合同条款」を結ぶ前に、米国人との間に敷設の「約束」があった。また、日本が朝鮮国政府と結んだのは、暫定的な「合同条款」であった。しかし、このままでは京仁鉄道のみならず、距離も長くより重要な京釜鉄道も、他の列強の会社等に朝鮮国政府から起工の許可が出されてしまうのではないか、との懸念すら出てきた（西園寺公望外相宛原敬公使「京釜鉄道に関する続報」、一八九六年八月二一日、『日本外交文書』第二九巻、六四六〜六四八頁）。

原公使夫妻が漢城に到着する一日前、七月六日に渋沢栄一《しぶさわえいいち》（第一国立銀行頭取）らによって、京釜鉄道会社が発起された。その発起委員八名は七月八日、起工の許可を求める交渉を日本政府が支援するよう請願した（川上浩史「京釜鉄道株式会社の設立と発起委員の活動について」）。

原夫妻が漢城の公使館に到着して一週間あまり経つと、外務省から京釜鉄道の件について、渋沢栄一らが発起人となって敷設の請願書を出したので、朝鮮国政府に取り継いでほしい、との訓令が届いた。そこには発起人総代として、尾崎三良《さぶろう》（宮中顧問官、前法制局長官）・大三輪長兵衛《おおみわちょうべえ》（大阪第五十八国立銀行前頭取）が漢城に出張することも書いてあった。七月一七日夜、原は尾崎・大三輪の二人に面談し、翌日には李完用《イワンヨン》外部大臣を訪問、尾崎・大三輪の二人を紹介し、京釜鉄道の許可の件について交渉した。その後、八月四日までに原は李外部大臣らと数回の会合を重ねた（原公使宛西園寺外相通達、一八九六年七月一六日、『日本外交文書』第二九巻、六三六頁。『原敬日記』一八九六年七月一七日〜八月四日）。

京釜鉄道交渉の方針と手法

原公使の方針は、朝鮮国側から京釜鉄道の敷設許可を、日朝関係を悪化させずに得ることである。また日清戦争前に軍事目的を主眼として陸軍側から出た鉄道敷設案であるが、日清戦争が終わった現在、軍事目的を主眼とせず、日朝の経済発展を目指す形の敷設に持っていくことだった。

朝鮮国側との交渉の結果、前年一〇月の明成皇后（閔妃）殺害事件が影響して朝鮮国側の日本への感情が良くなく、とりわけ国王高宗《コジョン》が京釜鉄道敷設許可を望んでいないことを、原は理解した。

朝鮮国側は、鉄道線路予定地に「暴徒」（朝鮮人の反日運動）が活動しており、工事を許可して日本の工事関係者が襲われ、日本が多数の守備隊を派遣すると、日本・朝鮮国の衝突を引き起こし、困難な状況になる、とも警戒していた。そこで、朝鮮国政府は財政難であるので、京釜鉄道を許可しても、線路に使用する土地を買い上げる多額の支出ができないことを、許可をすぐにできない理由として挙げた。

これに対し原は、京仁線もしくは京義線は土地買い上げの準備金が国庫にあるので許可したのではないだろう、と矛盾を突いた。京義線の許可は「暴徒」が将来永久に出現する可能性がないとして行ったのでもないだろう。京釜線の沿線に「暴徒」が出現しても、朝鮮国政府が「他国人」(日本人)の生命・財産を保護するのは当然であり、日本が兵を派遣し保護する必要は少しもない。このように、原は朝鮮国の主張に反論した。しかし原は、朝鮮国側がすぐに承諾する見込みはない、と見た(西園寺外相宛原公使電報、一八九八年七月三〇日〔二通〕、八月六日、『日本外交文書』第二九巻、六三七~六四二頁)。三浦公使の行った明成皇后殺害事件の影響は、一〇ヵ月経っても大きかった。

他方、ロシア公使ウェバーは、朝鮮国王に京釜鉄道敷設を日本に許可しないように勧告しているようであった(『原敬日記』一八九六年八月五日、一四日)。

八月一二日、朝鮮国側は京釜鉄道について閣議を開き、一五日に沿線に「暴徒」がいるので許可できない、と正式に原公使に回答してきた。鉄道発起人総代の尾崎と大三輪は、着手年限を延長して許可できない理由はないと朝鮮国政府に抗議してほしい、との意見であった。

原は、これまでの交渉経過から考えて、「示威運動等の手段」によって「脅迫」しなければ許可を得ることができない、と見た。しかし、そのようなことをするのは、たとえ日本に道理があっても外交上は得策でないので、まずロシア公使ウェバーに、次の二点のいずれかで助力してほしいと協議することを考えた。①朝鮮国側に「暴徒」鎮定を待って必ず許可すると予約させる、②目下「暴徒」のために許可できないが、「暫定合同条款」があるので、決して他国に許可しないと証言させる、の二策である。

原は、ウェバー公使は二策のいずれかで助力してくれると思うが、そうしてくれない場合は、やむを得ず「道理上の争」をなさざるを得ない、とも考えていた。原は尾崎と大三輪を説得するとともに、右の内容について西園寺外相に訓令を求めた（西園寺外相宛原公使電報、一八九六年八月一四日、一五日、一六日〔二通〕、『日本外交文書』第二九巻、六四二～六四五頁。『原敬日記』一八九六年八月一六日）。

ところが、その後八月二七日に日本政府から、京釜鉄道は「暴徒」鎮定のうえに起工することとして許可を得るよう発起人等が希望しているので、その主旨で朝鮮国側に交渉するよう、訓令が電報で原公使に届いた。そこで原は訓令に従い再び交渉を始めた（『原敬日記』一八九六年八月二七日、二八日、九月二日、一二日）。

伊藤内閣の辞任で京釜鉄道交渉を中断

しかし伊藤首相は、日清戦争をはさんで長い間政権を担当し主要課題を達成したこともあり、内閣改造に失敗したことで、一八九六年（明治二九）八月二八日に辞表を提出した。陸奥外相の秘書官も務め、原とともに陸奥の腹心であった中田敬義（政務局長）は、八月三一日付等の手紙で、原に国内情勢を知らせてきた。陸奥の病状は、素人目にはやや良くなったように見えるが、医師によると船上での海気治療旅行の前とあまり変わっていないという。伊藤内閣の後継は松方内閣になると思われ、大隈重信が外相として入閣する見込みであるので、「本省」の人員にも多少の変動があるだろうから、私も十分覚悟している。また加藤高明（駐英公使）を次官にするだろうことは、誰もが見るところであり、原の朝鮮国への方針は同感であるが、内閣が変動するので、その方針が採用されるかどうかわからない、とも中田は伝えた（原敬宛中田敬義書状、一八九六年七月二八日、八月一八日、三一日、『原敬関係文書』第二巻、四六〇〜四六三頁）。

ここで中田は、大隈が外相になると原や中田には良いことがないという前提で原に伝え、加藤が大隈の腹心であるととらえていることが、注目される。実際は、大隈が外相になっても小村寿太郎が次官を続け、加藤は駐英公使のままであったが、加藤は陸奥の腹心である原・中田とは異なる存在であると、二人は認識していたのである。*

* 加藤高明の方も陸奥にはそれほど親しみや感謝の念を持っていなかったようである。日露戦争後に陸奥の銅像を建立する寄付金を集めた際、原・西園寺公望（首相、前外相・文相）・林董（外相、前駐英大使）・小村寿太郎（前外相）らがそれぞれ五〇〇円寄付した。しかし岩崎弥太郎の娘と結婚し金銭的に豊かで豪邸に住み、外相まで務めた加藤が、中田敬義（前政務局長）と同額の二〇〇円しか寄付していない。外相を務めていない内田康哉（駐オーストリア大使・前駐清公使）ですら三〇〇円を寄付している（「寄附申込人名表」、原敬宛中田敬義書状、〔一九〇七年ヵ〕一二月一〇日、『原敬関係文書』第二巻、四六四頁）。

九月一八日に第二次松方正義内閣が薩摩派と進歩党等を背景に成立し、中田の予想どおり原の嫌いな大隈が外相に就任した。二四日には大隈外相から原に帰国命令が出たので、後始末をして一〇月四日に漢城を離れた。こうして、原の朝鮮国公使としての仕事は実質的に終わった。

原公使の京釜鉄道交渉は、実質的に三ヵ月にも満たず、直接の成果を上げることができなかったが、防穀令事件への対応と同様に、朝鮮国に対する原の外交方針や手法の特色がよく出ている。それは、日本は朝鮮国に当時の外交規範上で正当な要求を行い、また朝鮮国側の対応で国際法から見て非合理的な面を厳しくたしなめる。また、あまりに強引に要求を実現しようとして朝鮮国と日本の関係が極度に悪化することを避けよう、という姿勢である。朝鮮国側の内情にも配慮し、朝鮮国との関係改善を重視し、そのうえで日本の条約上、国際法上の権利を実現しようとした。

さて、大隈外相は日本の権利権益に関して「強硬の方針を取る」ように原には見えた(『原敬日記』一八九六年一〇月一二日)。京釜鉄道の許可は、大隈外相(松方首相)下でも得られなかった。しかし約一年半後、一八九八年四月に西—ローゼン協定が結ばれ、ロシアの旅順・大連租借を日本が黙認するのと交換に、日本の朝鮮半島での経済的優越をロシアが認めると、変化が生じた。同年九月八日、朝鮮国と京釜鉄道発起人との間に京釜鉄道の敷設に関する契約が結ばれた。この契約では、株式の所有者は日本人と韓国人に限定された(川上浩史「京釜鉄道株式会社の設立と発起委員の活動について」)。

朝鮮国側を「脅迫」してまで京釜鉄道敷設の許可を得るような交渉はしない、との原公使の判断は妥当なものだった。さらに後に述べるように、原は鉄道の株式を日本国民などに限定する考えに批判的であり、広く外債を募集して、早く建設すべきとの考えであった。当時進められ、約二年後に実際に契約が結ばれた京釜鉄道は、原の理想とするものではなかったといえよう。

朝鮮国公使の朝鮮国政府観と公使館での活動

原が公使として赴任し、信任状を捧呈するため朝鮮国王高宗に謁見を求めるころ、高宗は明成皇后殺害のような事件を恐れ、ロシア公使館で国政を執っていた。原の信任状を受け取るため、高宗は明礼宮（慶福宮）に出御してきた。そこに参内した原が、宮殿や政府要人から受けた印象は、次のように良くない。

明礼宮などと称していると、荘厳なる構えの宮殿の如く思われるけれども実際は「見苦るしき一小屋」に過ぎず、「軒傾きたる様なる第一門を入りて第二門の右方に我邦の茶見世《ちゃみせ》同様の一宇ありて、此処に外部大臣李完用」らが待ち受けていた。国王への謁見が終わって、「又例の茶見世類似の処に入り、シャンパンを出したるを飲み暫《しばら》く雑談して帰れり」。彼らの「住所挙動」はとても「一独立国の体裁《ていさい》」を認められず、すこぶる「愍然《びんぜん》〔あわれむべき〕」の次第である（『原敬日記』一八九六年七月一六日）。

李完用外部大臣らとの、すでに述べた京釜鉄道問題での交渉から見て、今回も原の朝鮮国政府要人から受けた印象は良くなかったと思われる。これは、一八九二年秋に防穀令問題で朝鮮国に出張した時と同様であった。朝鮮国の法部大臣韓圭卨《ハンギュソル》が日本と親交を結ぼうと、面会を求めてきたことについても、原は「其《その》真意未《いま》だ測るべからず、且つ常に両端に好《よしみ》を通じて自己の安全を図るは、古来朝鮮人の特性なる」と見た（同前、一八九六年七月二〇日）。明成皇后殺害事件に批判的な原ですら、朝鮮国側が日本に対抗して独立を維持するため、ロシアに接近しようとすることを、古来の「朝鮮人の特性」として不信感を持つようになっていた。他方、朝鮮国側は、すでに述べたように、明成皇后殺害事件によって、日本側全体に対し強い不信感を抱くようになっていた。

話は変わるが、短い期間の公使としての原の活動の中で注目されるのは、日本の陸軍将校との積極的な接触や交際である。七月二一日、原は新任披露かたがた、朝鮮国の李外部大臣はじめ高官ならびに外国の同僚、日本公使館・領事館の高等官らを招いて夜会を開いた。その翌日にも、日本の守備隊将校およびその他の軍人ならびに公使館・領事館高等官を招いて夜会を開いた。また守備隊長の兵士一同に酒二樽とスルメを贈り、当地にいる憲兵（七〜八名）にも酒肴《しゅこう》を贈るなどした。さらに駐屯地から「遊歩」の形であれ、兵を出すことについても、原公使は判断した。原は積極的に将兵たちと関わり、東京に戻ってからも、日本公使館・領事館の幹部らのみならず、宇佐川《うさがわ》一正《かずまさ》中佐（後に軍務局長、中将）、野津《のづ》道貫《みちつら》大尉（後に教育総監、第四軍司令官、元帥）、影山少佐ら少壮将校にまでも手紙を書いた。

原はイギリス風の政治を将来の目標とし、政党内閣の首相になることを夢見ていた。その際には、文官の首相として軍を統制しなくてはならず、軍人の気質を理解し常識的な軍事知識を持っていることも必要である。原はそれらを意識して、若い陸軍将校たちとの交流を積極的に求め、彼らも原に親しんだのだろう（伊藤之雄「原敬の政党政治」）。

帰郷し総選挙の立候補を打診する

ここで話を四ヵ月ほど戻そう。一八九六年（明治二九）六月一一日に朝鮮国在勤の特命全権公使に任命されると、三日後、原は妻貞子を同伴して盛岡市へ向かった（『原敬日記』一八九六年六月一四日）。この前に原が郷里の盛岡を訪れたのは、郵便報知新聞記者時代、渡辺洪基に随伴して東北・北海道を周遊する途中、一八八一年八月二八日午後から三一日朝までの三日間ほどであった（本書第三章）。実に一五年ぶりの帰省で、貞子にとっては初めての盛岡行きである。

一五日午前八時過ぎ、原夫妻は盛岡に着き、旅館「陸奥館」に宿をとった。午後より生家のある本宮村（現・盛岡市本宮）を訪れ、波岡磯子（原敬の姉、兄弟の中で次女、波岡顕義と結婚）を訪れた。

一六日はまず、大慈寺《だいじじ》で祖父原直記《なおき》（盛岡藩家老加判）・祖母および父直治《なおじ》の法会を行った。親戚および出入りの人々数十人が参会した。その後、昼食会を「杜陵館《とりょうかん》」で行い、五十余人の来客があった。

朝鮮国公使として赴任する前の帰省の目的は、墓参と法事のみではなかった。陸奥が外相を辞任し、次の状況に備えようとしたことを考慮すると、自分が総選挙に出馬することを念頭に置いての、地元の状況視察を兼ねたものだったと思われる。*

＊　前田蓮山『原敬伝』上巻は、一八九七年二月二三日付で朝鮮国公使を免じられた後の待命中に、翌年九月の総選挙出馬の瀬踏みに帰郷したが、不成功に終わったとしている（三七二～三七三頁）。しかし、原の帰郷は前年である。もっとも、原が総選挙に立候補する希望を持っていたという解釈は、信じてよいと思われる（山本四郎『評伝　原敬』上巻、二五一頁）。

夕方より、盛岡市参事会員はじめ官民有志者数十名が、盛岡城跡公園のすぐ北、盛岡市内丸《うちまる》の料亭「秀清閣《しゅうせいかく》」に集まり、原を晩餐に招いた。席上、原は講演を行い、盛岡は近来やや発達してきており、日清戦争の影響で今後ますます発達していくであろうから、発達を図る一方、他方では将来に反動が来ても挫折《ざせつ》しないよう、十分注意することを望む、と語った（同前、一八九六年六月一六日。『岩手公報』一八九六年六月一七日、一八日）。

この時の出席者の一人であった大矢馬太郎《おおやうまたろう》（のち盛岡市長、岩手県会議長、衆議院議員）は、後に原が首相になった時の祝賀会で、二二年以上前の「秀清閣」の歓迎会を、次のように回想した。「原氏は種々《いろいろ》話されたが『私は今日《こんにち》の地位を以つて満足するものでありません』と云つた一句だけは今も記憶に残つて居る、当時は偉いことを云ふ人だと思つて居た」（『岩手日報』一九一八年一〇月五日）。久しぶりに郷里に帰り、有力者たちが開いてくれた歓迎の宴に臨んで、気持ちが高ぶったこともあるだろう。しかしそれよりも原には、政党政治を実現するなどの大きな目標があったのである。

総選挙の地盤作りは成功せず

一七日は親戚を集めて昼食を食べ、午後三時より教育家たちの発起による「杜陵館」での会合に出席した。そこで原は、「東北人別《わ》けて岩手県人は忍耐に乏し」いので、「後進子弟の其方向を誤らず、一意貫徹を要する」旨を演説した。

発起人たちは原の来訪を機会に、「後進会」を組織することにした。盛岡市で、成功を収めた「先進」の人々と、これから育つ「後進」たちとの交流を図るためである。発起人は次のような人々であった。

中河原寛（盛岡市議・前市参事会員）・斎藤左一・新渡戸仙岳（藩校「作人館」に学ぶ、盛岡高等小学校長、岩手師範学校卒、のち岩手県教育会長）・田鎖直三（教育関係有力者）・上村才六（盛岡市議、のち地元紙『岩手日報』社長）・平野重次郎（盛岡市議）・坂牛祐直（盛岡市議）・日沢清道（仁王小学校教員、のち盛岡小学校長）・大光寺忠観（盛岡城南尋常小学校長）・日戸勝郎

会合は一同「茶菓談笑の間」に終わり、有志一同は盛岡駅まで原を見送り、万歳を唱えて原の「前

途の行を壮にした」。原は午後六時半の汽車で東京に向かった（伊藤之雄「原敬の政党政治」）。「後進会」発起人一〇人の特色は、盛岡市の小学校教育にたずさわる若い幹部たちが目立つことである。また、発起人の中に、盛岡市議が四人いる（うち一人は市議以上の有力者である市参事会員を経験）が、市の最有力者たちを網羅してはいなかった。彼らは原に新しい息吹《いぶき》を感じて集まってきた人々といえるが、後述するように、一九〇二年（明治三五）に原が総選挙に盛岡市から初出馬した際の中心的支援者三五名とは、まったく重ならない。一八九六年六月の帰省は、原の選挙地盤作りとは直接結びつかなかったといえる。

この時点では、岩手県は全県五区（定員各一名）で、直近の一八九四年九月の総選挙では、自由党が四名当選し、親友の阿部浩（内務省社寺局長）も無所属で当選していた。外務次官を経験し、阿部よりも官僚歴で上である原が当選する余地は一般的にはあるといえても、原は総選挙に立候補する具体的な手応えを感じられないまま、盛岡をあとにしたのである。

ちょうど原が盛岡に滞在していた六月一五日に三陸地震が起こる。二〇一一年（平成二三）の東日本大震災と違い、この時は岩手県内でも弱震（現在の震度2～3）および微震（現在の震度1）としか観測されなかったが、その後に襲った大津波で死者二万二〇〇〇人に及ぶ大被害が出る。原が盛岡で感じたのは微震程度であっただろうが、盛岡を出る六月一七日から、地元紙には電報の形で被害の様子が報道され始めた（『原敬日記』六月一七日。『岩手公報』一八九六年六月一七日、一八日、一九日。『岩手日報』一九〇二年六月七日）。原も心を痛めたことであろう。

のちに対抗馬になる清岡等と盛岡市の清岡派

清岡等《きよおかひとし》（前盛岡市長）は、原が初出馬した一九〇二年総選挙で、盛岡市部区で原の対抗馬となり、激しい選挙戦を行い、原に敗れることになる。この清岡と彼を支持したグループが、どのようなものであったのかを見てみよう（以下、詳しくは、伊藤之雄「原敬と選挙区盛岡市・岩手県」参照）。

盛岡市は一八八九年（明治二二）四月一日に市制を施行した。初代市長が辞任したので、市会で選出された候補の一人の清岡等（岩手県属《ぞく》）が、一八九四年三月三〇日に第二代市長に就任した。三〇歳の若さであった。

清岡は文久三年（一八六三）一〇月二八日に生まれ、盛岡学校を経て、秋田師範学校中学部を首席で卒業した。盛岡学校に在籍した人物として、他に北田親氏《ちかうじ》（後に岩手県課長から盛岡市長）・大矢馬太郎（後に衆議院選で清岡を支持、盛岡市長）らがいた。清岡は一八八二年から岩手県庁に就職し、市長に選ばれるまで在職した（清岡博見「清岡家之人々」、「清岡等文書」岩手県立図書館寄託）。

清岡は市長に就任した時点から、「北上派《ほくじょうは》」と呼ばれる盛岡市の有力実業家を中心とした主流派閥に支持されたようである。「北上派」の名称は、一八八五年に創立された北上《ほくじょう》廻漕株式会社に由来する。「北上派」は、廻漕会社にとどまらず、岩手県農工銀行や盛岡銀行などにも勢力を広げ、盛岡市の商工業全体に大きな影響を及ぼした。

このグループは「実業派」、あるいは同派が盛岡市の主要な実業家を集めているので、そのグループ名を取って「盛岡交話会」、もしくは「実業交話会」などとも呼ばれる。本書ではわかりやすくするため、以下では「清岡派」と呼ぶことにしよう。

後に述べるように、原は一九〇二年の総選挙に政友会最高幹部の一人として初めて立候補し、清岡派に推された清岡等と激しく争うが、大差をつけて勝利した。その後、原の選挙に際しては、旧清岡派も原を支援するようになるが、盛岡市内の政治に関して、旧原派（政友会）とは必ずしもしっくりいかなかった。しかし、一九一〇年八月に清岡も政友会に入党し、一九一一年には政治派閥としての旧清岡派はなくなる。

岩手県には、民営の日本鉄道（現在の東北本線）が、すでに一八九〇年一一月に東京の上野と盛岡の間で営業を始め、翌年九月には、上野と青森間の全線で営業を開始していた。また、一八九二年六月に鉄道敷設法によって、盛岡付近より太平洋岸の宮古か山田に至る（現在の山田線に近い）、もしくは大船渡に至る鉄道（現在の大船渡線のルートとはまったく違う）が予定線となった。また、この線路と接続して盛岡付近より西に秋田県横手に至る線路（現在の田沢湖線に近い）も予定線になった。

清岡市長らの鉄道建設と選挙法改正運動

官営予定線が決まったことに、盛岡市や沿線の人々は期待した。清岡は市長に就任すると、盛岡市を経由し、岩手県・秋田県を横断する官営鉄道の建設促進運動を熱心に行い始めた。すでに営業が始まっている日本鉄道や、いずれ完成予定の奥羽本線（福島県から山形県・秋田県を経て青森県へと縦断）に、横断鉄道を接続させて盛岡市や岩手県の発展を図ろうとしたのである。

清岡市長らの運動には、一九〇二年総選挙で原を支援した者も含んだ盛岡市有力者が、一致団結して参加した。

また、この運動を進める過程で、盛岡付近から秋田県の鹿角《かづの》郡を経て大館《おおだて》に至る鉄道線路（現在の花輪線に近い）も検討されるようになってきた。

もう一つ、清岡市長ら盛岡市の有力者たちが重視した運動は、盛岡市など全国のすべての都市部を独立選挙区とする選挙法改正であった。この動きは、第三次伊藤博文内閣が一八九八年に選挙法改正案を提出したことが契機となった。伊藤首相らは、すべての市部を独立選挙区とし、市部選出の衆議院議員の人数を約四倍にする（市部選出議員の割合は二三・九パーセント）などの改革を行い、商工業者の国政への発言力を増そうとしたのである。伊藤首相はそれとともに、納税資格を緩和して有権者を五倍以上に拡大しようとしたが、清岡市長ら盛岡市の有力者たちは、この点には反応しなかった。これは清岡派が盛岡市の有力商工業者を中心とした集団だったからである。

山県有朋首相や同内閣は元来この選挙法改正案に賛成でなかったが、伊藤の尽力と都市商工業者の運動のおかげで、同法案を修正しながらも一九〇〇年二月に成立させた。この結果、三万人以上の市が独立選挙区となり（市部選出議員の割合は、一六・五パーセント）、同年の現住人口三万二三四六人の盛岡市も、独立選挙区となった（盛岡市『盛岡市史』第七分冊・明治期下、四五頁）。

選挙法改正案が帝国議会で可決されて一〇日ほど経つと、清岡市長ら三人は、市参事会員・市会議員一同に料亭「秀清閣」に招待されて慰労された。さらに翌三月五日に、工藤啓蔵市会議長（清岡派）ら市会の代表ら八人が清岡を訪れ、市長を留任するよう勧告した。これは清岡市長の任期六年が終わろうとするにあたり、清岡の市長としての活動が市会など市の有力者に評価されたからであった（「清岡等日記」一九〇〇年三月四〜五日、「清岡等文書」）。

当時の盛岡市長の地位は、年収から見ても必ずしも高くない。その年収は一八九六年までが五〇〇円、一八九九年までが六〇〇円、一九〇〇年から七〇〇円になったにすぎない（『盛岡市史』第七分冊・明治期下、三五頁）。原は二六歳の『大東日報』記者時代や外務省御用掛時代でも、月俸八〇円で一年で交際費を除いても九六〇円の収入があり、二七歳で天津領事になると、年俸・妻女費を合わせ、以前の約四倍の年収を得た。

三六歳の清岡は、初めての独立選挙区となった盛岡市選出の衆議院議員になろうという希望を抱くようになっていた。東北横断鉄道の建設促進など、市長時代からの念願を実現するためである。そこで市長再任を辞退したが、適当な市長候補者がいなかったので、あと半年か一年くらいは市長に在職することを承知し、一九〇〇年四月二日より市長二期目に入った。

盛岡市・岩手県の自由党系基盤

すでに述べ、次項でも見るように、原は陸奥宗光の腹心であり、陸奥は自由党と連携していたので、原が総選挙に立候補するとすれば自由党もしくはその後身の政党（憲政党、次いで政友会）からであった。そこで、日清戦争以後の盛岡市・岩手県の政情を、自由党系政党の基盤と清岡派との関わりを考慮して概観してみる。

岩手県の自由党の活動は、初期議会から確認され、盛岡市関係者が中心であった。自由党支部も一八九三年（明治二六）六月一五日に盛岡市内丸《うちまる》に設置された。盛岡市の自由党最高幹部では、旧南部藩関係者と自由民権運動の活動家・弁護士（代言人）関係が多いことが特色で、これらは重なることも少なくない。このうち、宮杜孝一《みやもりこういち》（弁護士）は、一八九二年八月に自由党東北会開設準備委員（一九人）の一人として名前が登場して以来、盛岡市関係の自由党系活動家としてたびたび名前が登場する。彼は、原の初出馬の際に地元の政友会幹部として支援し、一九一〇年ごろには盛岡市政界の最有力者にまで昇りつめる。

岩手県の自由党系は、対抗する改進党（のち進歩党）に比べて優勢であった。しかし、一八九八年に地租増徴が大きな問題となり、同法案が憲政本党（旧改進党・進歩党）の強い反対にもかかわらず成立して後、しばらくは岩手県の地主層が憲政本党を支持した。このため五人の衆議院議員中三名を憲政本党が占め、憲政党（のち政友会）は二名と劣勢になった（伊藤之雄「原敬と選挙区盛岡市・岩手県」）。

すでに述べたように一九〇〇年に衆議院議員の選挙法改正が実現し、盛岡市が定員一名の独立選挙区、郡部は定員五名の大選挙区となり、岩手県全体では一議席増え六名となった。それに加え一九〇〇年九月に伊藤博文が立憲政友会を創立し、旧憲政党（自由党）や伊藤系官僚が参加し、地方の商工業者にも積極的に参加を呼び掛けており、盛岡市・郡部ともに選挙地盤が流動化する可能性があった。

注目すべきは、一八九九年に憲政党（旧自由党）幹部の末松謙澄《すえまつけんちょう》（伊藤系官僚で前逓相、伊藤の長女生子《いくこ》と結婚）一行や星亨《ほしとおる》一行が盛岡市に党勢拡大のため来訪すると、清岡市長ら清岡派幹部が発起して大懇親会を開いたことである。これは、憲政党が伊藤博文の選挙法改正を支持し、市部独立選挙区制度の実現に協力していたからであった。清岡市長や清岡派は、憲政党には入党しないが、都市商工業者に理解を示す憲政党の有力者との関係を作っておこうという姿勢であった。

このため、立憲政友会が創立される前になると、一九〇〇年九月七日付で同党創立事務所から入党を求める手紙が清岡市長に届き、さらに九月二四日付で末松謙澄（政友会最高幹部の総務委員）から入党を勧誘する直筆の手紙が届いた（市長清岡等宛立憲政友会創立事務所書状、一九〇〇年九月七日、清岡等宛末松謙澄書状、一九〇〇年九月二四日、「清岡等文書」）。

しかし、清岡や清岡派は政友会に入党しなかった。この理由は第一に、政友会が今後どのように発展するのかわからず、また政友会も含めて政党に敵意を有する山県系官僚閥とも対立したくなかったので、とりあえず様子を見ようとしたのであろう。

第二の理由は、清岡派中心の盛岡市の政治と実業の秩序を崩したくなかったのであろう。清岡らは選挙法改正で市部独立は求めたが、選挙権拡張は求めなかったことから、彼らの意識が推定できる。このころの清岡派と盛岡市の政友会幹部となる人物の判明するかぎりの納税額を比較すると、清岡派のほうがはるかに所得が多かったことがわかる。

政友会では一九〇〇年一一月末までに、岩手県も含め三二道府県に支部創立委員を嘱託した。岩手県では、清岡等（盛岡市長）・工藤啓蔵（盛岡市会議長、北上《ほくじょう》廻漕副社長）ら清岡派も含め四六人が嘱託された。

しかし清岡や清岡派が政友会になかなか入党しないので、政友会岩手県支部の発足は遅れ、結局一九〇一年一一月二八日になってしまった。清岡派は加わっていない。

一九〇二年総選挙での原の支持基盤に関して注目されるのは、宮杜孝一を中心とする盛岡市の弁護士グループの動きである。彼らは初期議会以来自由党岩手県支部幹部であったが、政友会が創立されると参加し、盛岡市の政界の主流であった清岡派に対抗しようとした。

まず、一九〇一年の岩手県農工銀行の重役改選に関し、清岡派は全員を再選しようとし、宮杜ら政友会派は「改造」しようとして選挙となり、清岡派が勝利した。次いで、四月の盛岡市議半数改選に際し、清岡派は改選一七人中三人を宮杜ら政友会に割り振ったが、宮杜らは数に不満であった。さらに多くを求めて選挙で争った結果、宮杜を含め二人しか当選しない敗北となった。

この市議選のしこりを和らげるため、清岡派は一八九九年九月に県議に当選し、県会議長にまでなっていた工藤啓蔵（清岡派）を辞任させ、一九〇一年五月の補欠選挙で候補者を立てず、宮杜を県議に当選させた（「清岡等日記」一九〇一年一月一九日、二〇日、四月九〜二二日、五月五日、「清岡等文書」。『岩手日報』一九〇一年一月二一日〔号外〕、五月八日）。

いずれにしても、一九〇二年総選挙に原が立候補する前の盛岡市の政界は、清岡派が優勢で政友会に入党しようとせず、清岡市長が総選挙に出馬しようとしていた。また、郡部も政友会よりも憲政本党（旧進歩党）がかなり勢力を拡大しており、必ずしも政友会優勢とはいえなかった。

陸奥の自由党入党問題

話を再び一八九六年（明治二九）まで戻そう。すでに触れたように、原が最も心服していた陸奥宗光は、持病の結核が悪化し、原の勧めもあって同年五月に外相を辞任した。陸奥は主治医ベルツの助言で、当時流行していた海気療法を行うため、六月二六日にハワイに向けて出港し、八月一六日、少し回復して帰国した。その二日後、陸奥の腹心の岡崎邦輔（和歌山県選出で陸奥派幹部、当選三回、陸奥のいとこ）は、原朝鮮国公使に手紙を書いた。その内容は、伊藤首相は陸奥を外相に再任できれば何よりと考えているようだが、病状がまだ良くないとの口実で、陸奥は当分何事にも関係せず静養するほうが得策と思う、というものだった。

これに対し原は、伊藤首相が真に陸奥の再入閣と内閣の継続を望んでいるのであれば、伊東巳代治内閣書記官長を免職にすることを条件に入閣し、伊東巳代治を退けて、自由党を伊藤または陸奥のものにすべきだ、と岡崎に返信した。

原は、伊藤か陸奥が自由党を掌握し、政党内閣を作るという新しい段階に来た、という確信を持ち始めたのである。伊藤が自由党を中核に新政党を組織すれば、陸奥は自由党の最高幹部の一人となる。原も幹部の一人として、総選挙に岩手県から立候補し当選する可能性が高くなる。いずれ伊藤が引退すれば、その先には陸奥による本格的な政党内閣があり、原の重要閣僚としての入閣があった。それは、日本にイギリス風の政党政治を確立するための、大きな一歩である。

この原の考えに、陸奥も共鳴したようである。すでに述べたように、松方内閣が成立し大隈が外相に就任したため原が帰国することになると、陸奥は岡崎に、近日中に原が帰国するから、原が他人に面会しないうちに陸奥の伝言を岡崎から原に届けてほしい、と命じた（岡崎邦輔宛陸奥宗光書状、一八九六年一〇月一日、「岡崎邦輔文書」一〇－八）。

陸奥の指示を受け、岡崎は神戸港に着く原宛に、なるべく他人に面会しないようにして、まず東京で岡崎に会ってほしい、との手紙を出した。この手紙は、秋山兵庫県書記官（現在の副知事）から一〇月一〇日に原に手渡され、原は他の有力者と本格的な会見をせず、一三日午後に大磯の陸奥を訪ね、夜になってしまったので一泊した（原宛岡崎書状、一八九六年一〇月七日、『原敬関係文書』第一巻、三七〇頁。『原敬日記』一八九六年一〇月一〇～一三日）。このような仰々《ぎょうぎょう》しさと、一三日の陸奥と原の親密さから、陸奥も新しい段階の政治活動に踏み出す決意をし、陸奥と原は基本的に一致した、と見ることができる。

大隈外相が朝鮮国公使辞任を認めない

原はその後も朝鮮国公使のまま、日本にとどまった。一八九六年（明治二九）一一月二日、病気を理由に大隈外相に朝鮮国公使を辞任したいと申し出、一〇日に松方首相にも大隈外相への申し出を伝えた。大隈からの辞任の許可がないまま、原は陸奥を大磯に訪ねて面会するなどして、日を過ごした(『原敬日記』一八九六年一〇月二七日、一一月二日、一〇日、二一日、一二月四日)。

大隈外相は一二月二三日に、西徳二郎駐ロシア公使・林董清国公使と原朝鮮国公使の三人を主とする晩餐会を開く、と原に案内状を出した。原は朝鮮国在勤を断っているので、参会を断った(同前、一八九六年一二月二三日)。

おそらく大隈は、原を朝鮮国公使として再び赴任させようと、原の機嫌を取るつもりだったのだろう。その最も大きな理由は、原を日本に置いておけば、陸奥(伊藤)と一緒になって自由党の強化や新党創立の活動をするだろうから、進歩党を与党とした松方内閣の政権運営の障害になると考えたのであろう。

他方、伊藤内閣が倒れ第二次松方内閣ができて以降、自由党と伊藤内閣との提携を主導してきた林有造や板垣退助総理(総裁)ら土佐派への不満が、自由党内に高まった。自由党改革をめざす中核グループは、政策や条件が合うなら松方内閣や進歩党とも連携していこうという考えすら持っていた。

この状況は、大隈外相にとって有利である。一八九七年一〇月に、自由党幹部で陸奥とのつながりが深い星亨駐米公使が帰国した際も、大隈は、星の職務に対する尽力と苦労を思っている、という明治天皇からの特別の「思召《おぼしめし》」の沙汰を、星に与えるよう取り計らった。こうして、やり手の星の米国赴任を長引かせた。大隈にとっては、原も星と同様の存在だったと思われる。

もう一つの理由は、ロシアとの対抗など、困難で重要な問題に対応しなくてはならない朝鮮国公使に、ふさわしい人材がいなかったことである。大隈外相は、高平小五郎《こごろう》オーストリア公使(のち次官から駐米大使)など、数人を考えたようであるが、転任できない事情があったり拒否されたりした。

結局、一八九七年二月二三日、ようやく原は朝鮮国公使を免じられて待命の身分となった。原の後任として、臨時代理公使を務めていた加藤増雄《ますお》が弁任公使に昇格した（同前、一八九七年二月二四日）。

原が待命となるころまでに、自由党の改革を求める動きは党内の土佐派の反撃に会い、東北派の河野広中《こうのひろなか》ら有力者数名を含め、一五名もの衆議院議員が脱党してしまった。その混乱の責任をとり、三月一九日に板垣は自由党総理を辞任した。その一〇日前、自由党の唯一の最高幹部となりつつあった松田正久（九州派）は、陸奥に対し、自由党に入党し板垣に代わって総理に就任するよう要請した。

それに対し陸奥は、ただちに腹心の岡崎邦輔と、幕末の海援隊以来の友人である中島信行（貴族院勅選議員、最初の夫人は陸奥の妹ですでに死去、陸奥外相の下で駐イタリア公使に就任）を自由党に入党させ、自分の入党への準備とした（伊藤之雄『立憲国家の確立と伊藤博文』二一八～二二四、二七二頁）。

不幸にも六月に入ると、陸奥の病が悪化した。その後少し回復するが再び悪くなり、陸奥は自由党に入って総理になれる状況ではなくなっていった。

第一一章　危機を乗り越え幅を広げる――陸奥宗光の死

陸奥との永別

当時、大阪朝日新聞社と並んで日本の最有力新聞社であった大阪毎日新聞社（現在の毎日新聞社）は、「学識と経験を有する名望家」で新聞社の「総裁」となる人物を雇いたいと望んでいた。名前の挙がったのは、末松謙澄（前法制局長官）・田口卯吉《うきち》（衆議院議員、経済学者、歴史家）や原であった。原は同社が内々に意向を打診してきたので、大阪に赴き、一八九七年（明治三〇）八月三日に本山彦一《ひこいち》（株主）・片岡直輝《なおてる》（日本銀行支店長）・岩下清周《きよちか》（北浜銀行常務取締役）らと入社の条件を話し合った。新聞に関する一切の事務を原に委任し、三年契約ということで、原は六〇〇〇円（現在の一億三〇〇〇万円くらい）の年俸を求めた。原はあと一年で恩給の年限に達するからである。結局、編集総理として、年俸は五〇〇〇円ということで、その他も含めだいたい合意ができた*（『原敬日記』一八九七年八月二日、三日、一〇日。原敬宛岩下清周書状、一八九七年七月七日、『原敬関係文書』第一巻、一八五頁）。

＊　年俸五〇〇〇円で、将来の社長含みで当時の日本の最有力新聞社に入社するのは、原にとって外交官からの好条件での転職といえよう。これも官僚が優位の当時において、原が外務次官・朝鮮国公使などの要職を歴任し、パ

リ公使館書記官などヨーロッパ体験もあるからだろう。これから約八年後に陸奥広吉（陸奥宗光の長男、イギリス公使館参事官）が、外交官は適せず成功の見込みもないので辞任して帰国し、別の職業に就いて、古河家の補助もしたいと原に手紙を書いてきた（原敬宛陸奥広吉書状、一九〇五年一二月一五日、『原敬関係文書』第三巻、三二〇頁）。後述するように、広吉の弟潤吉《じゅんきち》は古河市兵衛《いちべえ》の養子となり古河鉱業社長であったが病死し、潤吉の後見人だった兄の広吉は古河家の後見人のようになっていた。広吉の手紙に対し原は、古河家に関しては広吉が急に帰国を必要とすることはない、と答えた。その上で、広吉の身のふり方について、もう少し辛抱してできるだけ地位を上げることが必要だ、「世間は甚だ俗」であることもあるので、もう少し「出世」した上で何《いず》れの方面に転職しても良いと思う、と助言した（陸奥広吉宛原敬書状、一九〇六年二月七日、「原敬記念館所蔵資料」三九七五－八）。陸奥宗光の長男で宗光から薫陶《くんとう》を受けているとはいえ、陸奥伯爵家とある程度の財産を受け継いだ広吉は甘い。それに比べ苦労した原は世間が人の中身よりも肩書を重視する一面があることなどしみじみと知り尽くしている。官僚として登りつめた原は、いつまでも官界に留まっている必要がなく、それを利用して政党政治家となるための基盤を広げようとしたのである。

ところが八月中旬になると、陸奥の容体が急変する。陸奥は自由党に入党することなく、二四日に死去した。原は陸奥と、「数年来公事に於ても私事に於ても殆んど相謀らざる事な」かった。陸奥と言葉を交わすことができた最後の日となった一六日でも、陸奥の意見は改めて聞かなくても「熟知」しているという思いがあった（『原敬日記』一八九七年八月二四日）。ともにイギリス風の政党政治を実現する目標を持ち、師と仰いできた陸奥を失ったことは、原にとって大きな転機であった。

『大阪毎日新聞』編集総理となる

その後、八月二八日に陸奥の葬儀を、九月一二日に法事を済ませると、原は一五日朝、東京発の一番汽車に乗り、大阪へ向かった。大阪毎日新聞社に編集総理として赴任するためであった。京都に一泊した後、原は翌日午前一一時過ぎに大阪に着き、社員や知人らの迎えを受け、午後に出社した。同日から仕事を開始、『大阪毎日新聞』紙上に入社の理由を掲載し、読者に告知した（『原敬日記』一八九七年八月二八日、九月一二日、一五日、一六日）。

「読者諸君に告ぐ」との題で掲載された原の文章の内容は、近来は立憲政治の主旨を誤って「多数圧制の禍害」を生み、また「党類を濫選《らんせん》」して、みだりに人材登用と称して「政綱を紛乱して行政刷新」を唱える者がある、と進歩党を背景とした第二次松方内閣の内政を暗に批判した。外交についても、「外に対しては硬を装《よそお》ふて」かえって「軟なる事」をなし、「憶測妄断《おくそくもうだん》」し常に列強との関係が見えず、日ごとに「危険の境に進む」のを知らない者がある、と名を挙げないながらも大隈外相らに批判的であった。さらに、このような「内治外交」の状況では、日清戦争後に、商工業が以前には見られないほど著しく勃興しているのを助け、誘導してますます発達させて、日本の「富強の基礎」を立てる時期であるにもかかわらず、実業界の前途も「甚だ憂ふべき」である。

これまで『大阪毎日新聞』は「中立不偏の主義」を執って「独立特行」し、未《いま》だかつて「時の政府に諛《こ》びたることなく」、「世の風潮に阿《おもね》りたることなく」、一心に内治外交の「改良刷新」を求め、「実業社会の進歩発達」を図ってきた。今後、ますますこの主義を拡張し、「眼中に政府を置かず、又一部の人民を重しとせず」、国家の富強隆盛を目指したい、などと原は論じた（『原敬全集』上巻、三一一～三一二頁）。

外交内政を改良し、日本の安全保障を確かにし、実業に従事する人たちが政治に関わることで、国家の秩序ある発展を目指し、究極的にはイギリス風の政党政治を実現する。これが、新聞記者時代、二〇歳代半ばのころからの原の理想であった（本書第三章）。大阪の実業家たちを読者の中核とした大阪毎日新聞社に入るにあたり、原はこれまでの考えを、再整理して提示したのであった。

後述するように、大阪毎日新聞社に入社後も、原の政治への関心は薄れない。おそらく原は、当時の日本で最も有力である関西財界とのつながりを深めながら、政界出馬の時機を待つつもりであったのである。

この間、原は小村寿太郎外務次官に辞職の主旨を告げておいたので、八月二五日に辞表を差し出すべきであるとの書面が外務省から届き、辞表を付し、九月一日に本官を免じられた。

原は大阪に赴任する前日に、伊藤博文に会うために大磯の別荘「滄浪閣《そうろうかく》」に立ち寄ったが、伊藤は行き違いで東京に戻っていた。また、大阪へ行く途中で京都に一泊したのは、山県有朋の別荘「無隣庵《むりんあん》」を訪れるためであった。しかし山県も前夜に東京に帰っていて、会えなかった。そこで、それぞれに手紙を郵送した（『原敬日記』一八九七年九月一四日、一六日）。陸奥の死後、原は伊藤や山県との関係に気を使っていることがわかる。今後衆議院議員に立候補して、政党政治家として実力をつけていき、将来の組閣を目標とするについても、陸奥亡きあと、これから自分で元老たちと交渉したり、彼らから情報を得たりする必要がある。原はそのことを、これまでよりも自覚したのであろう。

一八九七年一二月上旬、関税自主権が完全に回復されていないにもかかわらず、原は「陸奥伯案の絶対的対等を主とせし条約案は成功したるなり」と、『大阪毎日新聞』紙上で新条約を高く評価した。また、「公平に論ずる者は条約改正に関しては伊藤陸奥の功を偉と」しないわけにはいかない、と、伊藤の功績も陸奥に勝るとも劣らず評価した（『原敬全集』上巻、六九九、七〇七頁）。原が新条約を高く評価したのは、治外法権の撤去に加えて、関税自主権を実質的にかなり回復させたからである。しかし、原は陸奥に心酔するあまり、伊藤を陸奥と並べて条約改正の功労者として挙げることは、以前にはなかった。八月に陸奥が病死して三ヵ月余りが経ち、原は将来参加する政党の中心に、伊藤を想定し始めたのである。

他方、少し時間は戻るが、後述するように、一八九六年一二月二三日、原の家に芸者の浅が出入りすることを許し、母のリツらに紹介した。不仲となった妻貞子と離婚はできないが、浅を事実上の妻と認めていこうとするものである。原は家庭的にも転機を決断したのである。この九ヵ月後、大阪毎日新聞社に赴任するための最初の旅行には、浅を同伴した。

大阪毎日新聞社入社後の中央政局の変動

『大阪毎日新聞』に掲載した原の記事等から、原の政治や経済・社会観をさらに具体的に見ていく前に、その背景として展開した、大阪毎日新聞社入社後、約一年間の中央政局を概観してみよう。

進歩党の事実上の党首である大隈重信外相を除いて、第二次松方正義内閣の閣僚は、財政難に対応するため、地租を増徴しようとしていた。しかし地租増徴は、農民が強く反対し選挙が不利になるので、進歩党は実施する気があまりなかった。松方内閣は進歩党の歓心を買うため、一八九七年（明治三〇）、すでに前年に入閣していた大隈外相を含め、局長・知事などの重要なポストに、進歩党員を一一人も就官させた。その前の第二次伊藤内閣が自由党の四人を就官させていたのに比べ、その約三倍もの人数である。

それにもかかわらず、進歩党はこの程度では満足しなかった。大隈や進歩党側は、内閣の中枢であ

板垣退助

る松方首相や薩摩派閣僚の進歩党への好意は不十分と見て、地租増徴に反対し、一〇月三一日に松方内閣との提携を断絶し、大隈外相は辞任した。

このため第一一議会において、一二月二五日に進歩党・自由党等により内閣不信任決議案が上程され、松方首相は衆議院を解散し、辞表を提出した。

松方内閣を継いだのは、第三次伊藤博文内閣であった。自由党・進歩党との提携交渉は、両党の要求が強すぎてうまくいかず、伊藤は伊藤系の五人の閣僚を中心に、藩閥勢力を結集し、一八九八年一月一二日に新内閣を発足させた。しかし三月一五日の総選挙を経ても、伊藤内閣と政党との提携はできなかった。それにもかかわらず、伊藤は総選挙後の第一二特別議会に地租増徴法案を提出し、地価の二・五パーセントであった地租を、地価の三・七パーセントにしようとした。

自由党・進歩党側はこれに反対したので、伊藤首相は六月一〇日に衆議院を解散した。伊藤は渋沢栄一・大倉喜八郎《きはちろう》ら大実業家の協力で、従来の衆議院議員とその支持者に、商工業者を加え、政党を組織しようとした。ところが、山県有朋や盟友の井上馨ら元老や閣員の協力を得られず、新党創立計画は失敗した。

その間、自由党と進歩党を合同して憲政党が創設された。結局、伊藤内閣は総辞職する。窮地に立った元老は、進歩党の党首格の大隈重信と自由党党首の板垣退助を天皇に推薦し、両者に組閣の命が降りた。

こうして六月三〇日、新しくできた憲政党を与党とし、第一次大隈内閣（隈板内閣、板垣は内相）が成立した。この内閣は、旧自由党系と旧進歩党系が内部で対立したままであったことなどから、統一は弱く、基本的政策も定まっていなかった。このため、旧自由党系と旧進歩党系の内紛で、一〇月末にわずか四ヵ月で倒れた。

政党政治への道を見通す

松方内閣と大隈および進歩党の提携が断絶する前後に、原は「政府と政党」（一八九七年一〇月二八日～一一月三日）の記事を連載した。さらに、第一次大隈内閣（隈板内閣）ができた直後に「政党内閣」（一八九八年七月四日～一四日）を連載している（『原敬全集』上巻、三三六～三四七、三九〇～四一六頁）。いずれも原が編集総理を務める『大阪毎日新聞』紙上である。この二つの記事は基本的に同じ観点から書かれており、政党政治や政党に対する原の考え方がわかる。

それは第一に、現在の政党は欧米におけるものと大きく異なっており、十分に発達していないが、政党をなるべく発達させ、「真正なる政党内閣」ができるようにすべきである、という見方である。また、政党内閣は遅かれ早かれ必ず実現する、と覚悟することが重要である、とも見た。

原は現在の日本の政党を、欧米のものとは違い、「極めて雑駁《ざつぱく》なるもの」で、「主義も綱領」もほとんど明らかでない、と見た。したがって、政党の「首領」であっても、一党を統御できず、多くは党員に迫られ党員におもねることで、やっと地位を保っているようである。「首領」の参謀と称される人々であっても、「学識名望若《も》しくは経歴」において、他の党員に比べて秀《ひい》でているわけではない。このため、一人が大臣等の官職を得れば、他の人々もそれを得たがり、就官要求は限りなく膨張していく、と原はとらえた。

原は第二に、真の政党内閣は陸海軍大臣も含めて、その「党に同情を表する者」でなくてはいけない、と内閣としての一体性を重視した。

したがって原は、陸海軍大臣は「純然たる行政官」であり、内閣更迭と同時に更迭すべきものであり、「必ずしも武官に非らざれば任命することを得ざるものに非らず」、軍人以外の人を任命できる、とまで論じた。外国においても例があることで、「新奇」な考えでもない、と主張したことから、原は、イギリスの政党内閣の基準から政党内閣のあるべき姿を論じているといえる。原がイギリス風の政治のあり方を日本の遠い将来の目標とするのは、新聞記者時代の一八八一年（明治一四）以来のことである（本書第三章）。日本に政党内閣に似た状況が出てきたことに対し、陸海軍大臣は文官であっても良いと、さらに具体的な言及をしたのである。

原は第三に、欧州においては議院に多数を得て内閣を組織するが、日本においては内閣を組織したので「議院に多数を得るが如き観あるは事実なり」と、日本とイギリス等の違いをよく認識していた。

以上に述べた基準に照らすと、大隈首相・板垣内相らは第一次大隈内閣を「純然たる政党内閣」と吹聴しているが、自由党・進歩党・藩閥の連立内閣にすぎない。閣員も多少有能な人物もいるが、内閣成立以来の行動から評すると、普通の人と見るほかない。その下にいたっては、就官熱の結果任命されただけなので、ほとんど論じる必要すらない、と原は批判した。しかし原は、隈板内閣を「一歩にても、政党内閣たるに近からしめ、彼等をして充分に其主義によりて、国政を料理せしめんことを望」む、と成立直後の内閣を、公平な視点で論じることも忘れていなかった（伊藤之雄「原敬の政党政治」)。

以下に示していくように、のちの原内閣の政治指導までの原の動向に見られるように、原はイギリスの政治を深く理解し、政党や国民の政治意識の発達が遅れた日本の状況と十分に比べたうえで、異なる部分・共通の部分をよく踏まえて、漸進的に着実にイギリス風の政党政治を日本に根付かせたいと考えていたのである。

清国・朝鮮国等との友好と相互の発展

一八九九年(明治三二)七月に実施が予想される新条約は、列強に対し治外法権の撤去と交換に、日本での内地雑居を許そうというものであった。しかし、日本に治外法権を持っていない朝鮮国・清国・メキシコ・ポルトガル・ハワイ・シャム(タイ)・ブラジルには、日本は内地雑居を許すのか否かが問題となる。

原は、国家治安においてやむを得ない必要性がないなら、たとえ条約で担保されない人民に対しても、均等にその権利利益を得させるのは「近世公法上の原則〔近代国際法上の原則〕」であるとする。そのうえで、新条約が実施され、「〔日本が〕各文明国と対等の位地に立つ」ようになるなら、「一視《いっし》同仁《どうじん》〔平等に見る〕」の考え方で、「諸外国人」を、その幸福に差がないようにするのが肝要である、と主張した(『原敬全集』上巻、七四四〜七六一頁)。

この提言は、アジア諸国など列強でない国に対する原の外交観を表している。つまり原は、日本が列強から「文明国」として認められない間は、「文明国」と認められるために、列強でない国に対して日本が対等もしくは上であるという態度で、不本意ながら接せざるを得ない、と考えていた。しかし、日本が「文明国」と認められたなら、列強でない国も平等に見て、その国の発展を図るべきだ、というものである。日清戦争に勝っても、清国・朝鮮国等を見下したり、単に植民地化の対象として扱ったりする姿勢がなかったという意味で、原が外交官として朝鮮国側と京釜鉄道の交渉をした時の姿勢と同じである。

しかし原は現実主義的外交観を持ち続け、日本の国力を冷静にとらえ、清国に対しては列強の動向に左右されるので、日本が独自にできることは少ない、と見ていた。

当時のロシア・ドイツ・フランスの三国およびイギリスは、もはや清国を眼中に置かず、また「国際法を守らざる清国に対して国際法及び国際慣例を守るの観念に乏し」い。三国やイギリスは、欧州の事情および東洋の関係を熟視し、機会をうかがい、欧州の事情が許すなら、いつでもその政略を実行してくる、と原は見た（同前、三四九頁）。また、第二次松方内閣の大隈外相については、対清政略はほとんど「眠るが如く」、清国を「扶掖《ふえき》〔助けて育成〕」するというような大言を吐いたが、実行が伴っていない、と批判した（同前、三五〇頁）。

経済政策と産業振興・軍備

同じ時期に、経済政策や産業振興・軍備等で、原はどのような意見を『大阪毎日新聞』紙上で表明しているのであろうか。

原の経済政策の基軸は「外資輸入」である。原は、一八九九年（明治三二）七月に実施が予想される新条約について、一八九七年一二月一日から翌年一月二三日まで、四五回にもわたって記事を書いた（「新条約実施準備」『原敬全集』上巻、六九四〜八〇八頁）。主な内容は、外資輸入を積極的に行うこと、外国人の内治雑居と商工業を抑制してはいけないこと、などである（新条約は原の記事のとおり、一八九九年七月一七日から実施）。

その約二ヵ月後の記事で、原は、視野をさらに広げて論じた（「外資輸入」一八九八年二月一五〜二六日、『原敬全集』上巻、三六〇〜三八二頁）。その内容は、①政府が外国債を起こして、交通機関の改良または製鉄事業のような、間接または直接に「生産事業」に有益となる費用に当てる、②外債を右の事業に使うほか、内国債のうち、あるものは償還し、内国債で政府に吸収された資本を商工業に復帰させる、③日本の各種内国債を外国人に所有させる便宜を図る、④日本の会社の株券を外国人に所有させる道を開く、などの主張である。

原は日本に外資を入れることによって、日本と外国経済を結び付け、日本の経済活動を活発にしようと考えた。「排外論者」のように一切外国人に利益を与えるのを嫌うようでは、それが達成できないと見る。外国人が日本の会社の社員もしくは株主になることはもちろん、重役となることも許しても良い、と当時としては急進的で、現在にも通じる開放的な経済政策観を持っている。

「外資輸入」に関しても、外国債で交通機関の改良を図ることを主張したように、原は新聞記者時代の交通機関の発達を重視する観点（本書第三章）を、引き続き持っていた。

当時の日本の経済状況に関しては、日清戦争後の軍拡の費用との関連で、軍備の拡張を継続するか、多少縮小するかの問題が生じていた。原は、国力不相当の過重な軍備を持ったプロシアも、国力不相当の過小な軍備であったイギリスも、ともに発展した歴史をまず挙げる。そのうえで、プロシア・イギリスのような特別な国であるからこそ成功したので、一般の国は「国力相当の軍備」が原則である、と提示した。しかし、「軍備には相手があ」るとの基本的な考え方も認め、日清戦争後の東アジアの状況に対応するには、軍備縮小にはまったく賛成できないのみならず、海軍を拡張して陸軍を縮小せよとの議論にも賛同できない、と原は論じた（「軍備論」一八九八年二月五～八日、『原敬全集』上巻、三五一～三六〇頁）。

原の論は、六年後に起きた日露戦争の現実に照らすと、正しい予測だったといえよう。*

＊　日露戦争の開戦前は、日露両国ともに戦いたくないと考えており、ロシアと日本が互いに満州と韓国の勢力を認め合うことでの妥協も成立しかけており、避けられる可能性のある戦争であった。しかし、日露両国の相互誤解で戦争は起こってしまった。また、ロシアの有力な対抗相手としてドイツがある以上、日本が相応の軍事力を維持すれば、ロシアは日本に簡単に戦争を仕掛けてこないであろうし、その後も日露の戦争にはならない可能性があった。それにもかかわらず、日露戦争が起こってしまうと、日本の予想に反しロシアが十分準備していなかったこともあり、日本は陸海軍ともぎりぎりのところでロシアに勝利した（伊藤之雄『立憲国家と日露戦争』二〇三～二一二頁）。日本の陸海軍が、あれ以下の軍備であったなら、戦争の結果が変わっていた可能性がある。

原が日清戦争後の軍備拡張計画を支持するのは、日清戦争後の東アジア情勢や日本の国力をしっかりととらえていたからである。

原は、以上のような経済政策や軍備観・外交観を持っていたので、「軍備論」においても、第二次松方内閣の「経済社会の振興策としては、毫《ごう》も見るべきもの」がない、と批判した。

なお原は、憲法によって「内国人〔日本人〕」の信教の自由を確保し、条約で外国人の信教の自由を保障したのは、「近世文明」の主義に従ったからだ、と原則をとらえた。そのうえで、新条約が実施されたら、外国人はどこに居住しても「内国人」と同じ信教の自由を認められるようになるので、キリスト教宣教師などの布教は今日と比べものにならないほど自由に行えるようになる、とキリスト教布教などの信教の自由が進むことをはっきりと評価した（「新条約実施準備」一八九八年一月一三日、『原敬全集』上巻、七八八頁）。このように、異文化に対して余裕のある態度を取れるのは、青年期にキリスト教の洗礼を受けた体験も関係しているのだろう。

隈板内閣成立前後の政局への原の対応

『大阪毎日新聞』の編集総理として、原はイギリス風の政党政治を実現するよう、将来に向けて努力すべきとの論陣を張った。その一方、外資導入で日本経済を発展させ、軍備の強化をも実現し、厳しい東アジア情勢に対応できるようにすべきである、とも述べた。これらを論じていた約一年間、有力新聞の編集責任者としての表の顔とは別に、政党政治家となるための準備として、原は裏面でどのような活動をしたのだろうか。

その間、原は伊藤博文・山県有朋ら元老や政界関係者との交渉を、基本的に避けている。これは原が、かつて記者として経験のある新聞社の仕事に集中して多くを学び、また人脈等を得ようとしたからだろう。また、入社した大阪毎日新聞社が、政治からの中立を標榜《ひょうぼう》していることも関係していただろう。原は、入社早々腰を落ち着けて新聞の仕事をする気がないと見られてしまうような、愚かな行動をする人間ではなかった。

しかし、一八九八年（明治三一）六月二四日に伊藤首相が辞表を提出し、六月三〇日に第一次大隈（隈板）内閣ができた政変の時は、例外であった。

大阪にいた原は、六月二五日夜と二六日朝にかけ、伊藤内閣総辞職の電報を受け取った。事実であることが確認されると、原は二六日に東京へと出発した。二八日に山県、七月二日に松方正義、四日に大磯にいた伊藤と三人の元老を訪れ、内閣更迭に関する話を聴き取り、四日夜に大磯を出て、五日に大阪に帰着した（『原敬日記』一八九八年六月二六日〜七月五日）。

すでに述べたように、原は七月四日から一四日にかけて、「政党内閣」と題した論説を『大阪毎日新聞』に連載しているので、初めのころの記事は、東京で書いたものである。原が三元老に会見したのは、政界の最有力者の動向をつかみ、政局の見通しをつけたうえで、この記事を書くためである。当時の有力紙の関係者のうち、このような面々と会見ができるのは、原くらいしかいない。

新聞記事の素材とするためだけでなく、将来に政党政治家になる見通しをつけるため、原は伊藤の動向と心境を中心に、伊藤の政党創設に反対するであろう山県や松方の動向も、あわせて知っておきたいと思ったことであろう。こう推定する理由は、旧陸奥派幹部の岡崎邦輔衆議院議員の手紙から、原は大阪毎日新聞社に赴任しても、岡崎と手紙で政府や政党の動向についてたびたび詳細なやり取りをしていることが確認されるからである（原敬宛岡崎邦輔書状、一八九七年九月二七日、一〇月五日、一一月五日、一二月二四日、一八九八年一月二日、『原敬関係文書』第一巻、三七〇〜三七六頁）。

原はこの時の山県・松方との対話を、筆記して残している（「山県侯爵との対話筆記」「松方伯との対話要概」『原敬関係文書』第六巻、四五七〜四六五頁）。

その要点は、第一に、元老の山県も松方も、伊藤が政党を組織して政権を担当することには反対で、二人は政党を創立しようとする伊藤の理念を理解していないことである。山県によると、伊藤は首相のまま政府党を創立しようとしたので、山県が政党内閣になると思い反対し、井上馨に閣僚を辞職して政府党を組織することを勧めたが、伊藤と井上の間にも誤解があったようで、うまくいかなかったという。松方も、伊藤が真に政府党を必要とするなら、新たに政党を組織するには及ばす、自由党を引き入れればよい、との考えであった。

第二に、原も山県・松方も、第一次大隈内閣はすぐに倒れるとは考えておらず、一年や一年半は継続すると見ていたことである。しかし、伊藤が大隈と板垣に政権を引き渡すように行動したことについては、三人とも批判的であった。また三人は、何らかの変動が生じて現内閣が対応できず、事態が紛糾錯雑を極めて大騒動が起きないかと、「国家の前途」を心配した。

第三に、伊藤の行動が安定しないのは、伊東巳代治の見通しと助言で動くからで、伊東巳代治は自己の私的利害のみで動く、と原が批判的に述べたのに対し、山県も同意したことである。

伊藤を中心とした新党への期待

今回の東京滞在中に、原は岡崎邦輔前衆議院議員とも会見した*（「岡崎前代議士との対話要概」『原敬関係文書』第六巻、四六五～四六七頁）。

＊ 原と岡崎の「対話要概」の内容から、第一次大隈内閣が成立し、板垣が内相となり、大阪府知事を更迭する前（藩閥系の沖守固《おきもりかた》知事が更迭され、自由党の菊池侃二《かんじ》が知事に就任する七月一六日までの間）であるので、原が三元老に会見した東京滞在中の期間と断定できる。『原敬関係文書』第六巻は、「明治三一年（一八九八）か」としか推定していない。

すでに見たように、ともに陸奥に仕え、まず陸奥が自由党党首になることを願っていた二人は、政党政治を目指すという本音を語れる間柄で、以下のような共通の構想を持っていた。それは第一に、原も岡崎も自由党が分裂して小さくならないように願い、自由党と進歩党が憲政党を作って提携することについても、機会を見つけて提携を断絶したほうが自由党にとって得策だろうと見たことである。

第二に、原も岡崎も、旧自由党員で相当の地位が得られる人は、この際就官し、他日の地盤を形成しておくのが良い、と見た。今日の有り様では、旧自由党員が旧進歩党員に負けそうであるから、この際少し根を張らしておかねばならぬ、と原は考え、岡崎も同感した。

すなわち陸奥亡き後、原と岡崎は自由党（または旧自由党）の勢力を維持させ、それを基盤に他の勢力も入れ、伊藤が新党を作るのを待って、そこに参加しようと考えていたのであろう。

原と岡崎の会見では、山県との会見で原が述べた「伊藤は伊東巳代治の助言で動くので行動が安定しない」という話題が論じられていないのは、奇妙である。おそらく、実際には伊藤は政党政治への道を模索して自分の判断で動いているのであり、伊東巳代治を特別に重視しているわけでも影響されているわけでもない（伊藤之雄『伊藤博文』第一七～一九章）、ということを原は知っていたのである。原は伊東巳代治が諸悪の根源だというように山県に話すことで、山県を油断させ、山県が伊東巳代治にさらに悪い印象を持つように仕向けたのである。そのことで伊東巳代治と自由党土佐派の力を削《そ》ぎ、伊藤が中心になり自由党を有力母体とした新政党が結成されることを、促進しようとしたのである。

これから約半年後、第一次大隈内閣が倒れ、第二次山県内閣が成立して間がないころ、岡崎は原に、次は伊藤に憲政党（旧自由党系のみで再組織）党首として内閣を組織させたい、と手紙で述べた。さらに、初めての政党内閣というべき姿を呈するので、今日までは申し上げなかったが、伊藤の内閣組織のころまでに好時機を見て入党してくださいとも述べて原を勧誘した。「政党内閣の模範」を作りなすことは「一段面白きこと」と思う、とも原に伝えた（原敬宛岡崎邦輔書状、一八九八年一一月二七日、『原敬関係文書』第一巻、三七七頁）。

このように、原は伊藤を基軸に政党内閣組織を考えていたので、七月二六日に伊藤が清韓漫遊の途中に京都に来ると、訪ねていったり（帰りに松方をも訪れた）、八月一五日に翌日神戸を出発するという伊藤を訪問したりした（ここでも途中で松方が同行）。原は元老の中で、伊藤との接触や意思疎通を最も重視した。

したがって、一八九七年（明治三〇）一二月三日に小村寿太郎外務次官を通じ、西徳二郎外相が原にドイツ駐在公使に就任する意思があるかと打診してきた際、原は大阪に来てまだ日が浅く去りがたい、という理由で断った。約一年四ヵ月後には、元老の井上馨から山県首相の依頼であるとして、駐清公使に就任するか打診された。これも大阪毎日新聞社の都合を理由に断り、井上には青木周蔵外相の下で清国に赴いても何事も成功すべき見込みはない、と「内意」をもらした（『原敬日記』一八九七年一二月三日、一八九九年四月一五日）。これらの公使就任を受けていれば、外務次官と朝鮮公使の経歴と合わせ、原が藩閥内閣の外相となる可能性もあった（西は駐露公使などを経て外相、原の後輩の小村は外務次官・駐露公使・駐清公使などを経て外相）。それにもかかわらず、原が大阪毎日新聞社にとどまった一番の理由は、新党の創立に参加したいので、その準備としては同社に勤め続けるのが良い、と判断したからであろう。原は山県系官僚となることを断ったのである。

第一二章　新聞経営のやりがい
──『大阪毎日新聞』の社長

『大阪毎日新聞』の社長としての手腕

一八九八年（明治三一）九月二七日、大阪毎日新聞正社員会議は、原と本山彦一を専務取締役に選挙した。高木喜一郎（社長）が二万余円の借金のため、専務取締役を辞任したからである（『原敬日記』一八九八年九月二七日）。こうして原は、二人の専務取締役の一人として社長を務めることになった。

大阪毎日新聞社に入社以来約一年間、原は編集総理として新聞の編集一切を統轄してきたが、営業にはまったく関係することができなかった（小松原英太郎宛原敬書状〔写〕、一九〇〇年一一月二〇日、「原敬記念館所蔵資料」）。社長になり、原は編集のみならず営業や経営にも関与できるようになったのである。約二年後の一九〇〇年七月二三日、原は伊藤博文から新政党への参加を求められるが、ここでは、その間の同新聞紙上での原の主張や、新聞経営の手腕、政党政治を目指す動きを述べる。

一九〇〇年一一月二二日、政友会に入党するため大阪毎日新聞社を退社するにあたり、原は社員総会で次のように演説した。

回顧すれば本社新聞は近年著《いちじ》るしく内外の信用を博し、生〔原〕の入社当時に比すれば紙数を増すこと三倍以上、蓋《けだ》し全国に比肩するものなかるべし（『原敬関係文書』第六巻、四六八頁）。

原が在社した三年余りの間に、『大阪毎日新聞』の部数は全国的にも異例の三倍以上の増加を達成したことを、原は誇った。これは、記事を読みやすくするための工夫や、読者の関心を集める企画の効果である。また何よりも、後述するように海外特派員らを増やして早く正確な海外情勢の記事や外交論を掲載するなど、外交や内政にわたる新聞記事の内容の改善の成果であったと推定される。

まず、読みやすい紙面への改革について見ていこう。原は、『大阪毎日新聞』の文章を平易にすると同時に、漢字を減らして読みやすくした。

それは、新聞は多数の人に読まれることを前提とし、また多数の人に読まれるのでなければ、どのような議論を主張したところで、その論旨を貫徹することができない、との考え方からであった。原は、社会に激変を与えることなく、社会の便利を図りつつ、「国家の進運に益する道」を講じたい、と考えており、そのためにはできる限り多くの人に、原らの新聞記事を理解してもらう必要があったからである。

文章については、なるべく漢文から遠ざかって「言文一致体」に近づくことを、漢字についてはなるべく減少させて、最終的に「漢字全廃の域」に達すべきとも考えた（原敬「漢字減少論」一九〇〇年一月二～一〇日、同「漢字減少論補遺」一九〇〇年二月五～七日、『原敬全集』上巻、五六〇、五七三頁）。

また原は、旧来のふりがながが実際の音声と一致していないので、それを一致させようと考えた。たとえば、おう（欧）・あう（桜）・あふ（押）・わう（横）・をう（翁）や、とう（東）・たう（稲）・たふ

（答）等と区別してあるものを、前者は「おう」、後者は「とう」に統一しようというものである。原は「ふり仮名改革論」の記事を一九〇〇年四月一〇日から一三日にかけて連載した後、『大阪毎日新聞』紙上で実験的に試みた（『原敬全集』上巻、六〇八、六一二頁）。

懸賞投票の成功

次に、人気企画についても見てみよう。原が社長になった大阪毎日新聞社は、一九〇〇年（明治三三）一月四日より東京回向院大相撲《えこういんおおずもう》の一月本場所（九日間）の優勝力士の予想投票を始めた。すでに大阪毎日新聞社は、優勝力士に化粧廻しを贈呈することを宣言していた。投票者は、『大阪毎日新聞』の紙面に印刷された投票用紙を切り抜いて、優勝予想力士名を一人のみ書いて、封筒で同社に送るのがルールであった。優勝力士を当てた者の内から一〇〇名に、賞品として化粧廻しの縮図や本金塗の杯などが進呈される。一月二八日の新聞には、優勝力士稲川の略伝と、東西力士の成績表が掲載された（『大阪毎日新聞』一九〇〇年一月四日、二八日）。

二月になると素人義太夫《しろうとぎだゆう》の人気投票を行った。投票の仕方は大相撲と同様で、期限は二月二〇日から三月二〇日までの一ヵ月間であった。高得点者一四名に、蒔絵《まきえ》見台《けんだい》（一等、二名、一点一〇〇円相当）、繻珍肩衣《しゅちんかたぎぬ》（二等、二名、一点三〇円相当）、小紋《こもん》形肩衣（三等、一〇名）が賞品として与えられることになっていた。また、途中の投票点数が日々紙面で報告され、読者の投票意欲をそそった。三月二〇日締め切りの最終結果の一日前の一九日段階で、一位が貴木（大阪市）の五万八四二三票、二位が花重（大阪市）の五万〇八一四票など、相当の票数となった（同前、一九〇〇年二月二〇日、二三日、三月二〇日等）。

四月七日から五月二日までは、素人謡曲家の投票が行われた。高得点者の商品は、素人義太夫以上に高価になり、一等が西陣仕舞袴《しまいばかま》（二名、一点一五〇円相当）、二等が同（二名、一点一〇〇円相当）など、三等、四等と次点まで三八名に賞が与えられた。また最高得票者が田中可然（金剛流、広島市）一七万五一一三票、二位が曾和鼓堂（福王流、京都市）八万八一二一票など、全体の得票数も素人義太夫よりさらに伸びた（同前、一九〇〇年四月四日、五月七日）。懸賞が定着し、流派や地域の対抗心が煽《あお》られたからであろう。

素人謡曲家の投票が終わると、大阪毎日新聞社は五月二〇日から七月一〇日までの期間で、これまで同様の方法で、全国俳優（歌舞伎など）懸賞投票を老練と青年の二部に分けて開始した。投票用紙は老練・青年の両方兼用であるが、一枚の用紙にはどちらかの名前しか書けない規定とした。この広告にあたり、同社は東京回向院の一月本場所相撲に五〇〇円の化粧廻しを、大阪南地《なんち》六月本場所相撲に三〇〇円の化粧廻しを贈ったことをまず述べた。次いで、「芝居道奨励」のため、総額七千余円（現在の約一億五〇〇〇万円）で緞帳幕《どんちょうまく》数張および楽屋用鏡台数個を懸賞すると公言した。俳優投票の賞品の贈与式は、大阪毎日新聞社の六〇〇〇号刊行記念日と同じ、七月九日となった。その予告の記事では、同紙は全国の「殊愛」を得て、一時間二万部（一部八頁）を刷り出す輪転機三台では不足となり、七月下旬までにさらに一台増設することになった、と誇らしげに述べた。「刷出《すりだし》数実に東洋第一を以て目せらるゝ」までに、原社長は業績を伸ばしたのである（同前、一九〇〇年五月七日、一九日、七月六日）。

朝日新聞の毎日新聞批判

この間、大阪毎日新聞社と競合し、部数の面で追い詰められた大阪朝日新聞社は、一九〇〇年（明治三三）六月一日から「懸賞投票の流行」を「新聞紙の堕落」であると、大阪毎日新聞社を公然と批判し始めた。その趣旨は以下のようである。大阪毎日新聞社は一時東京で行われていた卑《いや》しい手段にならって紙上で懸賞投票を始めたので、関西地方の諸新聞もそれにならって続々と投票を始め、「人心を惑乱」し、風紀を悪化させ、新聞紙の品格を落としている。投票の口実は当業者の奮発心を奨励するといいながら、役者投票では団十郎《だんじゅうろう》・菊五郎《きくごろう》の如き名優が「最下級に位し」、「社会に名を知られざる者」が「最高点」を得ているのは、その明らかで著しい例である。また投票用紙のみを束にして販売するというはなはだしい事態すらあり、投票締め切り間際には投票用紙の価格が上昇し、暴利をむさぼって得意になっている、など（『大阪朝日新聞』一九〇〇年六月一日）。

このころ、歌舞伎の頂点といえば、東京歌舞伎座を中心に活躍していた九代目市川団十郎と五代目尾上《おのえ》菊五郎であり、一八九六年から一九〇一年までのおよそ五年間は、対照的な芸風の団菊コンビが人々を熱狂させた。歌舞伎の型は、二人によって完成されたといってもよい（渡辺保『明治演劇史』三〇四～三一三頁）。

最高の役者の団菊が、大阪毎日新聞社の懸賞投票で最下位なのはおかしい、という『大阪朝日新聞』の批判は正しい面がある。『大阪朝日新聞』六月一日の記事の直前の大阪毎日新聞社の集計によると、五月三〇日午前九時現在、市川団十郎（東京）はわずか一五票、尾上菊五郎（東京）にいたっては五票以下ということで、名前すら挙がっていない（『大阪毎日新聞』一九〇〇年五月三一日）。

しかし、社会に名を知られていない者が最高点を得ている、という大阪朝日の批判は、かなり極端である。このころ、大阪では片岡我当《がとう》（八代目片岡仁左衛門の五男）と中村鴈治郎《がんじろう》が人気を争っていた（渡辺保『明治演劇史』三一八〜三二一頁）。五月三〇日の時点で、鴈治郎が二位で一六三二票（一位は一七〇〇票）、我当は四位で一四一六票であるので、それなりに当時の評判を反映した投票が行われている。また、当時は東京―大阪間は汽車で十数時間かかり、東京の歌舞伎役者が大阪で公演することは少なく、大阪毎日の投票で東京の役者の得票は全体的に少なかった。

なお、俳優投票の最終結果は、老練の部一位が我当（二七万三一〇五票）、二位が中村新駒（二五万八七三八票）、三位が中村鴈治郎（二五万〇九〇一票）である。新駒は故中村駒之助の弟子で、師の駒之助の名を継ぐとの説があった。大阪毎日は我当を「老熟の域に入り」、ほとんど団菊の地位・技量と同等の域に達しようとしていると評し、鴈治郎を我当とともに「吾が浪華《なにわ》劇壇の二名星」ともてはやされている、と伝えた（『大阪毎日新聞』一九〇〇年七月五日、六日）。

俳優投票は、大阪に限ればそれなりに妥当な結果を出し、大阪毎日は投票の結果について、東京の歌舞伎界も含めて広い視野で講評している。当時、再び人気を増していた歌舞伎も含め、「芝居道奨励」のためという大阪毎日の懸賞投票は、新聞の部数増加が狙いとはいえ、内実を持ったものだったといえよう。

原の朝日新聞への反論

さて一九〇〇年（明治三三）六月一日の『大阪朝日新聞』紙上での『大阪毎日新聞』の懸賞投票批判に対し、原は日記に、大阪朝日が「懸賞投票に関して非難の議論を載せたるに依《よ》り、本日より筆戦を開く」と書いた（『原敬日記』一九〇〇年六月二日）。したがって、これから六月一三日までの毎日・

朝日という大阪の二大新聞の批判合戦において、毎日側の指揮は原自身がとったといえる。冒頭から原は、大阪朝日が発行部数を減少させているから、このような批判をするのだ、と挑発的ともいえる次のような主張をした。後年、元老山県有朋や山県系官僚閥を追い詰めていく、原の気の強さがにじみ出ている。

吾輩は大阪朝日の今日の境遇を知り、右の如き議論をなさゞるを得ざるに至りたる内情を察し、窃《ひそ》かにその末路を憫《あわれ》まざるにあらざれば、これに対して議論するを好まず（「朝日新聞の謬論」『大阪毎日新聞』一九〇〇年六月二日）

次いで、素人・営業者を問わず、同好の技芸者に投票する読者があって、新聞社が賞品を与えるのは「人間社会尋常の出来事」であって、新聞社の品格はまったく損なわれることはない、と言い切る。加えて、大阪毎日は懸賞投票を募集する一方で、政治・外交・経済等およそ「わが品格耳目《じもく》本領」ともいうべきものはますます世間の信用を高めつつある、と断言する（同前）。

後述するように、当時の大阪朝日は、反藩閥とともに対外強硬論を唱える対外硬派色の強い新聞であった。これに対し、原は『大阪毎日新聞』で、清国・朝鮮国と列強との協調外交と東アジア情勢への確かな展望、実業家層への期待、外資導入・鉄道敷設などの経済振興策、自立した合理的人間への期待、等を表明した。このような記事は、自由民権という政治の時代とその影響が残った時代が日清戦争後に終わり、商工業など実業への期待が高まる中で、原の言うように、大阪毎日の読者を増やすことに大きく寄与したと思われる。

さらに原は、あるいは懸賞投票の当選者に「その技《ぎ》の十分ならざるものなきを保《ほ》せず」と、投票が絶対でないことを認める。しかし、このような事柄は法律で行われている選挙においても免れない、と大阪朝日が懸賞投票のみを批判するのに反論した。また相撲をはじめとして「その芸道の流行を来《き》たし」たのは大阪朝日も知らないはずはない、と述べる（同前）。

その後六月三日から一三日までは、大阪朝日と大阪毎日の誹謗《ひぼう》合戦となっていく。

大阪朝日は、大阪毎日が投票用紙を一束として発売していると、以前よりもしつこく論じ、また芸道が流行したということは聞かない、と反論した。最後には、懸賞投票を行っている大阪毎日の最高責任者である原敬の名前を挙げて批判した（『大阪朝日新聞』一九〇〇年六月三～一三日）。

これに対し大阪毎日は、投票用紙を一束として販売しているというなら証拠を挙げよ、と大阪朝日を批判した。また、一時は一一万部余りの部数で日本一であった大阪朝日が、近頃では日に日に三〇〇、あるいは五〇〇、はなはだしきは一〇〇〇、二〇〇〇と部数を減らし、半年を待たずに破産を招くであろう、などの「朝日衰亡史」（一）～（七）まで掲載した（『大阪毎日新聞』一九〇〇年六月六～一三日）。

大阪毎日が投票用紙を一束として販売しているという証拠を、大阪朝日は示すことができなかった。他方、大阪朝日が部数を減らしていることは事実であろうが、半年以内に破産するだろうというのは、大阪毎日の書きすぎといえる。

結局、菊池侃二《かんじ》（大阪府知事、憲政党〔旧自由党〕前衆議院議員）ら四人の仲裁によって、六月一四日に大阪朝日との「筆戦」を止めた（『原敬日記』一九〇〇年六月一四日）。

なお、このような紙面改革を行う前年においても、一八九九年（明治三二）の一年で大阪毎日は二万余も販売部数を増加させ、株主には年二割五分もの配当をしていた（同前、一八九九年一二月二一日、二七日）。まず原は、記事の内容の改革によって読者数を増加させていたのである。一八九八年九月に原が社長に就任して以来、清国を揺るがした義和団の乱への対応を含め、原自身がどのような傾向の記事を書いてきたのかを、以下で検討していく。

清国観をめぐる大隈批判

日清戦争後、朝鮮国（韓国）をめぐって日露間に山県―ロバノフ協定（一八九六年六月）、西―ローゼン協定（一八九八年四月）が調印され、日露関係が安定してくると、東アジア外交の焦点は清国に移っていった。

一八九八年（明治三一）一〇月二四日、原は大隈重信首相兼外相が、清国を日本が「扶掖《ふえき》（助ける）」すべきと、一九日に東邦協会で演説したことに関し、大隈は就任以来そのようなことを言っているが、その方法・手段については一つも示さず、今日まで「扶掖」の実績もない、と批判した。

大隈は演説の中で、清国民はある時機に遭遇すれば忠勇なる人民となり、愛国心を発揚すると述べた。これに対しても原は、昔はともかく、現在は威海衛・旅順港・膠州湾《こうしゅう》などがほとんど英露独の領地に帰しているが、清国民は一向に愛国心を示さない、と論じる。これまで、マカオ・香港・安南・朝鮮等を失った時にも、清国人民は果たして愛国心を発揚したか。「清国四億万人」の中には「忠義」の人、愛国心に富める人もあるだろう。しかし「国家の大勢は一二の人」をもって選び定めることができない。このような人民に対して、「何時たりとも愛国心を発揚すべき人民なり」と大隈のように称するのは、ただの理想論である。このように原は大隈を批判した（『原敬全集』上巻、四二一～四二二頁)。

後の歴史を知っている私達は、これから約一三年後に辛亥《しんがい》革命が起こり、翌年清朝が倒れ、その後ナショナリズムはいったん停滞するが、第一次世界大戦後の一九一九年以降高まっていくことを思い出す。その意味で、中国(清国)の動向に関する大隈の長期的展望は正しいといえる。大隈の政治家としての魅力は、その直感的長期展望の正しさにある。

しかし、原の見地から見れば、実際に国政を処理する首相兼外相が、何十年先に起こるかわからない、現在徴候もないことを目標として公言するのは、現実味がなく、国家にとって危険ですらあった。

大隈首相を批判した五ヵ月後に、原は「遠き未来の〔清国の〕こと」を想像すればほとんど予言することはできないが、「近き未来」を推測すれば、清国は各国の圧迫によって「文明に進むことも革新を企つること」もできないであろう、と論じた(同前、四五九頁)。

後述するように、後に首相となった原は、第一次世界大戦後の中国のナショナリズムに対しても冷静にかつ柔軟に対応している。原は、将来の中国にナショナリズムが起きるか起きないかは一八九八年段階では断定できず、数年から一〇年程度の先を見通した外交政策を行うのが、ありうべき現実的な対応と考えたのである。原と大隈は、互いに嫌い合っているが、その大きな要因は、こうした発想の違いにあった。

もう少し原の清国観を見ていこう。原は清国の「政府と人民」の関係を、清国の「政府は政府たり、人民は人民たりで、各々関係を持て居らぬ」と、国が大きく人口が大きすぎるため政府が国民を十分に統制できていない、と見る。原は「大体を云へば政府と称するものと人民と称するものとは全く別物である」とまで断定する。これは「自治体〔省・市など〕」が各々独自の行動を取っており、また「政府部内にも各種の自治体があり、人民部内にも各種の自治体がある」からだ、と論じる（「清国問題」一八九九年三月二〇日〜四月三日、同前、四五二〜四五三頁）。

現在の中国も、各部門や地方政府等の独立性が強く、中央政府ですら十分に掌握しきれておらず、またそれら各部門・地方政府等も一つにまとまっておらず、それらの中の、あるいはそれらを越えた派閥の影響力も相当強い。原の清国（中国）観は、現在の中国にもつながる中国の特色をよくとらえている。

また原は、日清戦争がなかったとしても、清国のような国情では「到底各国の侵掠《しんりゃく》を免れることは出来ぬ」ともいう（同前、四五五頁）。したがって、清国の地方の実権者である総督や巡撫《じゅんぶ》の中に多少有識の者がいて、日本に留学生を送り、それによって地方の改革を図り、改革の結果に多少見るべきものがあっても、清国が隆盛を見ることは大変むずかしい、と見た。*

＊　原は清国の現状にあまり希望を見出せなかったが、中国人を蔑視することはまったくなかった。すでに述べたように、一八九七年七月から新条約が発効するのに伴い、「各国〔列強〕」人民に内地雑居と商工業の自由を許すことになった。これに対し、清国は日本と不平等条約を結んでいなかったので、内地雑居等と交換に日本に譲る権利がなかった。それでも原は、「公法〔国際法〕」上の原則を守って清国人にも内地雑居を許すべきと主張した（本書第一一章）。また、中国人は「風俗を害する者なり、安寧を害する者なり、故に内地雑居を許すべからず」との議論も、米国もしくは英領植民地における「僻論《へきろん》〔かたよって公正を欠いた論〕」が日本に入ったもので、取るに足りない愚論だ、と断言した。原は列強諸国に日本への資本輸入を許すのなら、中国の資本の輸入も許すべき、と論じた。原は何事についても一切中国と進退をともにしようとする議論は「愚論」である、と見た。しかし、日本内地で中国人を排斥し、彼らを「人間の最劣等」のように「賤悪《せんあく》〔卑しみ憎む〕」しつつ、清国に対して「厚誼《こうぎ》」を

表し同情を示すなど、世辞を述べるような態度は、世界に通用しない、とも論じた（原敬「支那人の内地雑居」一八九九年四月二七日〜五月一日、『原敬全集』上巻、四六八、四七一、四七四頁）。また貿易に関しても、欧米諸国と貿易を行おうとする者が相手国の言語を使うように、清国や韓国と貿易を行おうとする者は中国語・韓国語を習得すべきだ、と欧米語と中国語・韓国語を対等に扱った。要するに原は、国際法を基準に、列強のスタンダードを尊重する形で、清国人を処遇すべきだと考えたのである。その考えの背景には、法や経済活動における合理主義と能力主義があり、感情的な蔑視意識は受け付けなかった。

清国の将来への見通し

しかし原は、清国がにわかに消滅することはないともとらえた。その理由は、列強が清国の土地を占領するのは一部分であり、それを全国に及ぼす国力がないからである。清国は重要な土地を奪われ、「微弱なる国」となって存続することは、「近き未来」における現象だ、と論じた（「清国問題」『原敬全集』上巻、四五五〜四六〇頁）。近い未来、列強であっても清国全土を占領する力がない。まして や日本一国が清国を「扶掖《ふえき》（助ける）」する云々とは、現実味のない議論だ、と原は考えた。清国の状況認識として、一〇年程度の範囲において、正しく鋭い判断である。また、原は二〇歳代前半の新聞記者時代以来、外交は日本の国力をよく認識して行うべきだ、という原則を一貫して論じている。

一八九八年（明治三一）から九九年にかけて、日本においては対清外交の姿勢として、「清国保全論」と清国「分割論」のいずれが良いかという議論がジャーナリズムの大きな焦点となった。大隈重信の「扶掖」論は「保全論」の一種である。

原は「保全論」について、清国の滅亡を防止し「保全」するという意味であろうが、列強が清国要地を占領したまま「保全」するのか、列強の占領や「朝鮮の独立」以前の状態まで戻して保全するのかの定義すら定かでない、と見た。そのうえで、「机上の議論」としてはとても良いが、「実地問題」としてはほとんど価値がない、と切り捨てた。

「分割論」に対しても、清国を「各国〔列強〕」の間に分割すべしという説であろうが、このような方針を定めることは、世界に対する関係においてできるものでもないし、なすべきでもない、と批判する。各国における「清国分割論」は無責任な風説以外に聞くことができないので、日本のみ「清国分割」を国論と定めるごときは「暴論の極」である、とこれも切って捨てた（同前、四六一～四六三頁）。

それなら日本は、どのような対清政策を取れば良いのだろうか。原の見るところ、欧州情勢と東アジアへの列強の進出は、密接に関係していた。ロシアのみならず、英・仏・独の諸国も「東洋に其手足を伸ばすの余裕を生じ」た。日本は朝鮮に関してロシアと「権力平均」を保たねばならず、清国に関しては、露・仏・独を一方とし、イギリスと日本が他の一方となり、「権力平均」を保たねばならない。その「権力」が幸いに「平均」を失わなければ、「東洋の平和」は維持されるので、とりわけロシアの挙動には注意し、冷静な対応をする必要がある、と見た（「露国の挙動」一八九九年三月一二日、『原敬全集』上巻、四四六～四四七頁）。

一八九〇年代後半、列強が中国分割を行うかもしれないとの危機に際し、『大阪毎日新聞』のライバル紙であった『大阪朝日新聞』は、「清国保全論」を唱えていた。しかし、一八九九年五、六月以降に列強が清国での勢力圏形成を進めていくと、列強の勢力圏を修正し日本の勢力圏を拡大するため、日本や列強による清国の共同管理を構想するようになった。このように『大阪朝日新聞』には、日本が清国に対して積極的に働きかけて日本の利益を図るべきだという姿勢が強かった（伊藤之雄「日清戦争以後の中国・朝鮮認識と外交論」）。

新聞を講読する実業家、大・中規模の商店主、地主、弁護士、官吏、教員など、学識のある中産階級以上の人々は、『大阪朝日新聞』の大陸に積極的に働きかけようとする政策論よりも、原の論のほうが日本の国力を踏まえた現実的で一貫性のあるものとして信頼を置いていったのであろう。これが、『大阪毎日新聞』の読者が増加した要因の一つと思われる。

義和団の乱への対応論

一八九九年（明治三二）三月に山東省で排外主義の義和団の乱が起こり、それはしだいに北京に向けて広がっていった。原は、清国が近代化を目指して日本の援助を求めるべきなのに、外国人排撃の姿勢を改めない、と清国の態度を残念がった。

したがって一九〇〇年六月、義和団が勢力を増して北京に迫ると、清国に対する原の評価はさらに下がっていった。原は、清国は政治上に統一を欠くばかりでなく、風俗言語においても統一がない、と指摘した。南清と北清の人民は、相互に他国のように思っているくらいだ、と見た。

日本人も含め列強の公使館員や警備の将兵、居留民は北京の公使館区域に籠城し、義和団の攻撃から身を守ろうとした。六月二〇日、義和団はドイツ公使を殺害し、公使館区域を清兵とともに攻撃を始めた。清国はそれを防ぐどころか、翌日、列強に対して宣戦布告した。原は今回の清国の処置は「言語道断」だと批判した。

しかし、各国公使館の護衛兵や居留民からの義勇兵を合わせても五〇〇人にもならず、列強は救援の兵を送った。国際法では通常、他国に暴動が起きても干渉することはできない。しかし今回の暴徒の場合、列強の代表者および居留民に危害を加えることを目的としている。さらに清国政府は鎮圧する意思がないか、あっても鎮圧できない状態なので、列強が兵を送って代表者および居留民を保護する権利がある。このように、原は当時の国際法上の出兵の根拠を、新聞紙上で解説した。

六月二八日付で原は、清国に出兵した場合、各国は連合軍として行動すべきだと主張した。また原は、日本は初めて列強と共同行動を取るのであり、「列強との比較は容易に世界の公評に上る」はずだ、と日本が列強と同列の国であることを、当時の国際社会である列強に認めさせる機会と見た。日本軍が大沽《ダークー》砲台の占領に目覚ましい働きをしたことは、すでに「世界」に伝わっていると思う。今回の事件にとどまらず、将来列強との関係において、間接的にも直接的にも少なからぬ利益があるものと信じる、と原は列強の一員として共同行動に参加する利益を説いた（伊藤之雄「原敬の政党政治」）。

ところで、原が北清事変等に際し、『大阪毎日新聞』紙上で着実な外交論を展開できたのは、外交官時代の経験も踏まえての外交を見る目と、同紙に集まった情報のおかげであった。

同紙は、ロンドン（英人二人）、モスクワ（一人）、フランス博覧会（三人）、南アフリカ（一人）、北米（一人）、フランス領インドシナ（一人）、シンガポール（一人）に特派員や記事執筆者を持っていた。また、インド・オーストラリア・南北アメリカ・欧州にも多くの匿名社友を持っていて、以前から通信を送らせていた。清国・韓国の重要地点には、多数の特派員を置いていたが、今回の事変でさらに数人を増派し、清国に八人、韓国に七人、ウラジオストックに一人が派遣されている形となっていた。それ以外に臨時の嘱託もいた（『大阪毎日新聞』一九〇〇年七月九日）。

大阪毎日新聞社の責任者として、原は海外特派員・寄稿者・匿名社友らを他紙より増やし、海外報道をいち早く正確に行う一方で、長期的視野に立った外交論を展開した。このような姿勢も、大阪の実業家層や中産階級の人々に評価され、同紙の発行部数を伸ばすことに大きく寄与したと思われる。

ところで、原はすでに六月二三日に、伊藤博文から新党（後の立憲政友会）への参加を求められ、同日に西園寺公望から新党組織に関する詳細な事情を聞いて、意見を述べている（『原敬日記』一九〇〇年六月二三日）。原が外交に積極的に発言するのは、義和団の乱に対する『大阪毎日新聞』を通じた国民へのメッセージとしてのみならず、いずれ第四次伊藤内閣ができたら外相として入閣したいとの思いもあったのだろう。

列強との共同行動を重視するのは、伊藤博文と同様であった。原はこの数ヵ月後に、伊藤が総裁を務める立憲政友会に入党する。

他方、山県有朋首相・青木周蔵外相や陸軍には、別の考え方があった。この出兵を機に、北京列強公使館員らの救出が成功した後もできる限り北京周辺に駐兵し続けることにより、日本の発言力を増し、場合によっては大陸における勢力圏拡張に役立てようと考えていたのである（伊藤之雄『立憲国家と日露戦争』四六～五〇頁）。

さて、日本は北京救援のため、列強中で最も多い二万二〇〇〇名の将兵を送った。ロシアは二番目に多い四〇〇〇名を派遣したほかに、別に将兵を満州に派遣し、八月になると北から占領を始めた。北京には八月一四日に日本を含めた八ヵ国連合軍が入り、連合国軍出兵の目的は達成された。満州を除き、日本は列強中で最多の将兵を派遣し、列強軍と連携しながら戦闘でも力を発揮し、列強の間に存在感を高めた。

実業と実業家層への期待

原は大阪毎日新聞社に入社以来、すでに述べたように、一八九九年（明治三二）七月の新条約実施への心構えとして、外資を輸入することによって日本の経済活動を発展させようと主張してきた（本書第一一章）。

ところで、日清戦争後の第九議会で、ロシアに対抗するために膨大な軍備拡張計画が承認された。しかし財源不足であり、増税する必要があったが、新財源がなかなか決まらなかった。税の大きさでいえば、第一に地租、次いで酒税である。農業国であった当時の日本の状況から考え、なるべく多くの国民が負担する税という観点から、地租が最も適当であった（松元崇『大恐慌を駆け抜けた男　高橋是清』一四〇〜一四一頁）。

また、発展がまだ十分でない商工業（実業）を育成する観点からも、地租を増徴するほうが良かった。当時、山県内閣は地租を二・五パーセントから四パーセントに、つまり約一・六倍に引き上げようとした。しかしこの急激な増税に賛成することについては、山県内閣と提携していた憲政党内でも、選挙地盤の地主層をはじめとする農民たちの反発を恐れ、意見がまとまらなかった（伊藤之雄『立憲国家と日露戦争』三〇〜三四頁）。

一八九八年一二月一三日に原は、新財源を求めて急速な財政需要に応じる必要があるのは、政府も人民もひとしく認めるところであり、それは小さな財源によっては実現できないので、地租を増徴するのが最も良い、と論じた。このことは前の大隈重信内閣の時からしばしば主張してきたところである。憲政党（旧自由党の後身）は山県内閣と提携することで地租増徴を「黙諾」しながら、今回の議会で「自家の利害」によって「逡巡躊躇《しゆんじゆんちゆうちよ》〔ぐずぐずためらう〕」するのは、「一大政党の面目として」見たくない「醜態」である、と原は憲政党を批判した（「断じて地租を増徴せよ」一八九八年一二月一三日、『原敬全集』上巻、四二三〜四二四頁）。日清戦争後に、ロシアの脅威があるので軍備拡張の必要があるということは、どの政党も認めていた。その財源がないこともわかっていて、代案も出さない。憲政党が山県内閣と提携したのは、地租増徴に同意したうえで新たな党勢拡大を探ろうとしたためであった。しかしいざとなると、選挙区の利害から地租増徴に抵抗する。原はこのような非理性的な政党の態度を批判したのである。

結局、憲政党幹部は、地租を地価の三・三パーセント、一・三二倍に上げるにとどめ、増税期間も一八九九年から一九〇三年までの五年間に限定する修正をすることで、ようやく党内をまとめた。こうして地租増徴法案は、衆議院第一党の憲政本党（改進党系）の反対を受けたものの、憲政党・国民協会（藩閥系）等の賛成により、一二月二〇日、衆議院を通過した。藩閥系の多い貴族院の大勢は、同法案に好意的であり、一週間後に貴族院も通過した。

原は、衆議院で憲政党が〔選挙地盤として地主層の利害を考慮し〕地租増徴幅を小さくしたので、結果として「煩雑な」間接税で収入を確保せざるを得なくなったことを、「多数の弊」がここに極まった、と強く批判した。「悪税悪法」は長期的に「民力の消耗、個人経済の苦痛となる」とも見た（「責任なき多数制」一八九九年三月九日、『原敬全集』上巻、四四四頁）。

ところで地租増徴法案が両院を通って二週間後、原は実業団体を組織する動きがあることについて論じた。原は実業団体の、勢力が「微弱」で政界に重きをなしておらず、商工業者の「気風」が高まらず、「常に人の下風に甘んずる」傾向を嘆いた。

帝国議会の議員は「一部一局の利害」を代表するものではないが、実際は選挙権の納税資格などで「農民」を代表するような傾向を生じている。もとより、農商工の間に差を認めてはおらず、ともに発達することを望んでいるが、実業者の勢力が「あまりに微弱」で、平均を失しているのは国家の利益でない。原はこう論じ、実業団体の組織の成功を祈る、と表明した（「実業団体の組織に就て」一八九九年一月一〇日、『原敬全集』上巻、四二七〜四二九頁）。

原は二十四、五歳の新聞記者時代から、政治のみならず産業の面でもイギリスを将来のモデルとしており、農業は振るわないが工業の進んだイギリスが欧州第一の「富国」であることに注目していた。またイギリス・フランス・イタリア・プロシア（ドイツ）・アメリカ・ロシア等が航海と通商を振興し、「富強」になる政策を採用していることにも注目していた（本書第三章）。それ以来二〇年間、原の大枠は変わらず、商工業が少しずつ発達していく段階に応じて、原は発言しているのである。

また原は、欧米では中央銀行が金利を引き上げたなら必ず他国より正貨が流入し、その国の経済界を救済することができるが、日本はそのようなわけにもいかない、と論じる。それは金融の関係において、日本は孤立しているので、欧米のように理論どおりにいかないからである。したがって日本では金利の引き上げは、直接外国から正貨が入る問題というより、物価の下落から輸出の増加により正貨が流入する問題となるのである、と論じた（「金融談」一九〇〇年五月一七〜一九日、『原敬全集』上巻、六二二頁）。このように原は、日本の金融の実情についても、かなりの見識を示した。

鉄道にかける思い

新条約実施の数ヵ月前になっても、外国人が日本に投資するのを規制しようという空気があった。

それを見た原は、「排外思想」がいまだに残っている、と批判した（「外資輸入困難の病根」一八九九年二月二一日、二二日、『原敬全集』上巻、四三二頁）。

原は新聞記者時代以来、鉄道が発達すると産業が繁栄するのみならず、知識が伝わり近代化を進める精神を育成することにつながる、と評価していた。* また国防の観点からも、鉄道に期待していた。

* 新聞記者時代から約二〇年後、大阪毎日新聞社長の原は、政府が鉄道運賃を値上げしたことに関し、「交通の自由は、人智及び実業の発達を助け、交通の繁劇《はんげき》（非常にいそがしいこと）は又料金の収入を多」くするはずであるので値上げの必要はない、と強く批判した（「悪令愈出づ」一八九九年三月三日、『原敬全集』上巻、四四一頁）。この中でも、原は鉄道に知識の発達を助ける役割を見ている。

したがって、鉄道建設に外資を輸入し、営業の繁栄と事業の速成を図るのは望ましい、との論を原は主張し続けた。他方、外国人に鉄道株を所有させるのは危険であるとの考えを、「開国主義の側に排外主義の暗行するもの」と批判した（「外資輸入困難の病根」一八九九年二月二一日、二二日、『原敬全集』上巻、四三三～四三四頁）。

すでに述べたように、原は朝鮮国公使時代に、朝鮮国に日本が京釜鉄道（京城―釜山間）を敷設する交渉を始めた。原の構想では、いずれ朝鮮国政府が京義鉄道を買収できることになっており、鉄道による朝鮮国の開発と合わせ、日本・朝鮮両国の利益になるはずであった。

大阪毎日新聞社の社長として、原は韓国の鉄道の現状を、京仁鉄道（京城―仁川間）は日本の「手に帰し」、京釜鉄道（京城―釜山間）も日本の「権内に落ち」、京義鉄道の敷設権はすでにフランスが握ってしまった、と紹介した。今後も有望な鉄道として残っているのは、京城―元山間と京城―木浦《モッポ》間の線路だけである。京仁鉄道が竣工《しゅんこう》し、京釜鉄道が落成し、それぞれが首都に連結する時は、「我国と朝鮮〔韓国〕との交際を親密にし兼て朝鮮の発達を助け、又我が外交通商に利益すること」が少なくない。しかし、少なくとも京元鉄道を日本の手に収めなければ、「日露新協商〔一八九八年四月の西―ローゼン協定〕」で認められた韓国における日本の「実業上の施設」を具体化させたとはいえない、と論じた（「京元鉄道」一八九九年三月五日、『原敬全集』上巻、四四一～四四二頁）。原は、鉄道敷設による日本・韓国両国の利益を主張した。さらに、西―ローゼン協定で、ロシアの旅順・大連租借と交換に、ロシアから承認された韓国における権利を日本が行使できないと、列強として一人前には扱われなくなる、と論じたのである。

原は韓国が自分で鉄道を敷設し、鉱山を開発する力がないにもかかわらず、鉄道・鉱山等の権利を外国人に許さず、自国で実施すると主張しているようだ、として「自ら文化の発達を妨ぐるを知らざる固陋《ころう》の輩の言」である、と批判した（同前、四四二頁）。

帝国主義の時代に、近代化に遅れた国が、近代化に努めて国力を強め独立を維持するために、どのような国政を行ったらよいかの判断はとても難しい。その国に好意的で領土を侵略する可能性の少ない強国と政治・経済のつながりを深め、近代化と自立を助けてもらうのが一つの道であろう。維新後、日本は特定の列強とのつながりに頼らず、英・米・独・仏等と多様な分野でつながりを深め、自立に成功した。しかしそれは、列強が東アジアに本格的に進出するようになるまでに、維新から二〇年以上の時間があったからこそ、可能だった。

原自身、家が維新で没落した中で、自分の英知を絞って努力し、外交官として成功し、一流新聞の社長にまで栄達した。維新後の日本の近代化と発展を、自分の成功と重ね合わせて見たのだろう。韓国は清国の保護に安住したまま、自国の近代化に本格的に取り組めないうちに、列強の東アジア進出が本格化した。清国が日清戦争で敗北した後に、日本も含め列強を疑い、状況の厳しさに戸惑っている。そのような韓国の苦悩を、原は必ずしも十分な共感を持って見ることができなかった。

しかし、仮に強く共感したとしても、他の列強、とりわけロシアが帝国主義の論理で動き、日本に弱気が見えたなら日本に圧力をかけてくる恐れがある現状では、現実的には韓国が有利になる政策を日本が特別に採ることはできないだろう。日本の安全保障と利益も図りながら、日本と連携を深めれば韓国の安全保障と利益にもなり、独立も維持できることを訴えて、帝国主義の時代の枠内で韓国の近代化を図っていく以外の政策は、取りようがないのであろう。

自立した合理的人間への期待

一八九八年（明治三一）一〇月付で、原は「でたらめ」と題して、日本の風俗・社会を批評している。その特色は、原は日本人が自立した人間になるのを期待していることである。またそれは、合理的に行動する人間でもあった。

たとえば、用事があって訪問しておきながら、関係のない長話で時間を浪費し、やっと帰り際に本題の話を始めるような習慣が世間に多いことを、原は大変不都合だと見る。用事なら初めから用事を談じるのが良い、とする。また、「欧米諸国では生存競争の度が烈《はげ》しいから、時即ち金なりなどと云って、中々時間を争ってソンナ無駄なことはして居らぬ」と論じた（『原敬全集』上巻、八八三頁）。

また大阪では「大阪時間」といって、一時間も二時間も互いに掛け値する風があり、約束の時間に訪れても主人がいなかったり、集会や宴会でも指定された時刻に行ってみると誰もおらず、相当遅れて人が集まって始まる場合が少なくない、と原は時間のルーズさを批判する。これは全国的な風潮でもあるとする。集会や宴会などは一〇分とか一五分とか多少の配慮はよろしいが、多くの時を費やさないように必ず定刻には始めるべきだ、と原は述べる。また面会も、約束した時刻を違えて来たら、会わなくても差し支えないといった気持ちで行動すべきだ、と論じた(同前、八八四〜八八六頁)。

この他、客が宴会に食物だけ食いに来たように、ほとんど談話もせずに終わることや、酒を飲み過ぎて乱れることは、欧米ではほとんどない、と論じる(同前、八八七、八九三〜八九四頁)。

女性に関しても、立派な身分の人や立派な商人が汽車の中などで、妻をあたかも下女のように扱って偉そうにしているのは見苦しい、と原は言う。女性をもう少し良く待遇し、品位を持たせることが、すべてについて有益と思う。そうしないと「日本は文明に進んだ」と自慢したところで、他の「文明国人の目」にはそうは見えない、と論じた(同前、九二八〜九二九、九四三頁)。

警察官についても原は、日本の警察はよく「行届く」と評判であると述べ、外国人が失った金や時計が戻ってきたりするし、外国の警察官のように酒代を取らないからだ、と論じた。しかし原は、警察官が一つか二つの外国語の言葉がわからなくては、職務が行えない、と課題を指摘した。*また、日本にいる外国人は日本の保護を受けるのであるから、彼らのほうで日本語を学ぶべきで、彼らが日本語がわからなければ自業自得で彼らが損をするだけだ、という考えに対しても、原は批判的であった。日本の人情・風俗あるいは言語に通じていない外国人に多少の便宜を与えるのは、「文明諸国普通のこと」だからである(同前、九三二〜九三四頁)。

* 原はフランス人宣教師のもとでや司法省法学校などでフランス語を習い、フランス公使館書記官として赴任した間に高いレベルのフランス語能力を身につけた。そのうえ、官吏を辞めて少し暇ができたので、一八九七年五月

から英語を学び始めた（『原敬日記』一八九七年五月一六日）。原は自分が二ヵ国の外国語ができるように努力していることから、警察官も簡単な外国語会話くらい身につけるべきだ、と主張しているのである。

日本人の行動を批判する際に、原は欧米人を例に出して対比させているが、欧米を崇拝し欧米の基準をあてはめて日本人を批判しているのではない。日本人に比べ、欧米人が自立性や合理性を持っていることを評価した点についてのみ、欧米を見習おうとする姿勢であった。

第一三章　新しい家庭を作ろうとする
――浅を「妻」とする

故中井弘家のために尽力する

話はややさかのぼるが、妻貞子との仲が冷え切っていくにもかかわらず、原はそのことと貞子の父の故中井弘《ひろむ》（前京都府知事）や中井家との関係とを区別し、懸命に対応した。

すでに述べたように、中井弘は原の恩人であるのみならず、原はその人格に心酔していた。中井の死後の始末に関し、元老で薩摩系の最有力者の松方正義（前首相、伯爵）や本田親雄（薩摩出身で中井弘の親戚、戊辰戦争で参謀、維新の功で男爵）らとともに、中井家のために誠心誠意、力を惜しまなかった。

中井の邸宅であった京都市上京区荒神口《かみぎょうこうじんぐち》東桜町通四六番地を売却する話に関しても、遺産管理の中心になった伊集院兼常（二女が中井弘の長男で相続人の中井龍太郎の妻）と頻繁に交渉した（最終的に皇族の久邇宮《くにのみや》家に売却、一八九五年一〇月に登記）。原は中井弘の遺産がどれくらいあるのかの調査も行い、総計一万四〇〇〇円ぐらいで、負債二〇〇〇円余を返却すると、約一万二〇〇〇円（現在の約二億七〇〇〇万円）であると、本田らに報告した。一年に五パーセントの利子が予定でき、約六〇〇円となるので、当面は龍太郎夫妻と子どもの分として毎月三〇円（一年で三六〇円）を支給し、その間に生計を立てさせる。残り二四〇円は中井家相続人の一家維持の責任や不時の支出のために積み立てておくべき、とも提案した。しかし伊集院が怪しい行動をしているとわかると、彼を管理役からはずした。さらに、少なくとも一〇年ほど前から品行に問題のある長男龍太郎*が、朝鮮国から帰国後、一八九五年（明治二八）一一月段階では二二二〇円の負債を負っており（本田はそのうち一四〇〇円を償却するという）、翌年八月になっても二〇〇〇円とも推定される借金を抱えていた。また、その挙動が相続人として不適当だと判断されたので、原は龍太郎を廃し、分家させ、弟の与市を戸主とすることを提案した。しかし相続人は決められなかったので、最終的に一八九六年一〇月三一日、原が中井家関係書類および現金等を引き継いで、中井家の財産管理の中心となった（『原敬日記』一八九四年一〇月一〇日、一八九五年三月一五日、一二月三日、一八九六年六月二三日、八月二三日、九月二三日、一〇月三一日。原敬宛伊集院兼常書状、一八九五年九月一三日～一〇月一三日、一八九六年八月九日、『原敬関係文書』第一巻、九七～一〇七、一一四頁。本田親雄・伊集院兼常宛原敬書状〔草稿〕一八九六年八月二三日、同前、第三巻、六一一～六一二頁。原敬宛本田親雄書状、一八九五年一一月五日、同前、第三巻、二二七頁）。原は中井の家名を残し、後まで中井弘の名が人々の心に残ることが、中井弘への何よりの供養になると確信していたのであろう。

　この間、一八九五年一〇月、原は京都の東福寺で行われた中井弘一周忌の法事には出席しなかったが（貞子は出席）、東京で一周忌のための晩餐会を芝公園の「紅葉館」で催し、伊藤博文首相・西郷従道・大山巌・土方久元《ひじかたひさもと》（宮相）ら中井の親友を招待したり、翌年一〇月に朝鮮からの帰途、中井の墓がある京都の東福寺に墓参したりしている（前日が三年忌）（『原敬日記』一八九五年一〇月一八日、一八九六年一〇月二一日。原宛伊集院兼常書状、一八九五年一〇月一〇日、『原敬関係文書』第一巻、一〇六頁）。

＊　龍太郎の素行の問題は、父の中井から一八八七年には原に伝えられている。その後も改まらず、一八八九年一一月に中井は龍太郎を「勘当」して出入り禁止とし、原に監督を依頼する形になった。一八九〇年二月には、貞子も龍太郎も「神経病」を病むまでになった。また同年七月に、弟の与市も彦根の学校で不都合を起こした。貞子の「神経病」は回復したようであるが、一八九二年にも、中井は貞子が「ちと神経病」の気味がないか心配していた。龍太郎と与市も学業が長続きせず、一八九三年には二人とも「脳病」と思うと中井は原に伝えた。原は、中井の子の龍太郎のみならず、与市・松太郎らを監督するまでになった（原敬宛中井弘書状、一八八七年月未詳八日、一八八九年一一月一五日、一九日〔二通〕、一二月二五日、一八九〇年二月二一日、三月二四日、七月二日、一八九二年二月二一日、一八九三年一月、六月一日、一五日、二五日、八月八日、一〇月一二日、一二月一日、一八九四年五月二日、三日、『原敬関係文書』第二巻、二八八、二九三〜二九八、三〇三、三〇七〜三〇八、三一一〜三一二、三一四〜三一五、三一七〜三一九頁）。

中井のいう「神経病」「脳病」の実態はわからないが、貞子のはヒステリーを表し、龍太郎や与市は政府高官の中井の期待に応えられず、鬱《うつ》病気味になっていたと思われる。一九〇二年のことであるが、与市が、中井弘の遺産の内の自分の取り分を全部もらって、原の監督を離れて自分で仕事をしたいと求めてきた際、「世の知名諸士の好意」あるいは「名門の範囲を離れて始めて自由の体を得、自由の行動」のもとに「平民主義」に自活自営を計る考えである、と原に書いている（原敬宛中井与市書状、一九〇二年一〇月二日、八日、同前、三二五〜三二七頁）。この与市の手紙から、龍太郎・与市ら中井の子どもたちが置かれた状況がわかる。

もっとも与市は、自分の分の遺産をすべて与えられ、商業を営むがすぐに失敗して、翌年には原に借金を申し込む有り様で、結局廃業した。その後、原は農学校卒の与市に、樺太庁の農業試験場技手の仕事を紹介したようで、与市は原に感謝した（原敬宛中井与市書状、一九〇三年三月二八日、六月一二日、二七日、七月六日、一一日、八月一二日、一九一〇年一〇月一四日、一九一三年五月二八日、同前、三三二〜三四〇頁）。このように、原は官僚や政治家として多忙な中で、中井の男子たちの監督を務め、気分の安定しない妻貞子と暮らしたのである。

浅を事実上の妻とする

すでに述べたように、一八九六年（明治二九）九月、第二次松方正義内閣ができて大隈重信が外相になると、九月二四日に朝鮮国公使の原に帰国命令が出て、原は一〇月一二日に東京に帰着した。この時、原は、外交観が異なり肌合いが違う大隈外相の下で朝鮮国公使を続けることはできない、自分の外交官生活はこれで一区切りであり、自分にとって大きな転機だと感じただろう。

同じころ、私生活でも原は大きな転機となる決断をする。それは、母リツとの関係や家庭経営等のやり方をめぐり、後に述べるように原にとって問題行動の多くなった妻貞子と離婚し、知り合って三年以上になる芸妓の菅野浅を原家に入れようと考えたことである。

一一月二〇日、貞子と与市は京都に行った。貞子のいなくなった原の家に、二三日、母リツと栄子（原の兄恭《ゆたか》の長女、戸籍上の正式名はエイ）が岩手県からやってきた。この日、原は貞子の件につき協議するため、小倉幸（中井の親戚か）を同伴し、本田親雄の宅で相談した（『原敬日記』一八九六年一一月二三日）。いよいよ貞子との離婚に向けて、原は動き始めた。母のリツは文政六年（一八二三）一〇月一四日生まれなので、この時に当時としてはかなり高齢の満七三歳になろうとしていた。原は自分と感覚を共有できる浅と一緒に暮らし、老いた母にも東京の自宅でゆったりと楽しく過ごしてもらうため、貞子と離婚し、浅と再婚しようと決断したのである。

一一月二四日、貞子が前日夕方に京都を出発して東京に向かったとの電報が来たので、本田らと協議したところ、原が在宅しないほうが良いだろうということになった。急な原の依頼で、同郷の親友の阿部浩（千葉県知事）が東京の原の家にやってきた（同前、一八九六年一一月二四日）。前年一一月のことであるが、阿部は原に、千葉県知事・群馬県知事が空きそうなので、陸奥外相から伊藤首相か野村靖《やすし》内相に、阿部が就任できるよう「厳談」してください、と依頼している（原敬宛阿部浩書状、一八九五年一一月二九日、『原敬関係文書』第一巻、二八頁）。このことは実現し、阿部はまず群馬県知事に、次いで一八九六年八月から少し格上の千葉県知事に就任できた。阿部は原に大きな恩があった。

原は芝浦海水浴場に滞留、二八日まで家を空ける。その後、一二月五日から一八日まで千葉県稲《いな》毛《げ》、千葉の阿部浩の自宅、千葉県木更津《きさらづ》、同勝山《かつやま》、同北条《ほうじょう》、神奈川県鎌倉など、一四日間、房総半島、三浦半島、鎌倉と各地を転々として過ごす（『原敬日記』一八九六年一一月二四日〜一二月一八日）。

おそらくこの間に、本田親雄や親友の阿部浩らによって、原の離婚話が進められたのであろう。原自身はこの間に体を壊したようで、阿部は原の「衷情〔まごころ〕」を推察し、しばらく療養することを勧めている（原敬宛阿部浩書状、一八九六年一二月三日、『原敬関係文書』第一巻、二九頁）。貞子との別居は正しい選択だと決断しても、原は体調を崩してしまうほど苦しんだ。

本書で見ていくように、山県有朋や大隈重信ら大物政治家とのどんなに厳しい政治上の争いに際しても、原はこのような精神的な動揺をしていない。それは、自分は「公利」（公共性）を求めているのだ、という確信を持っていたからである。ところが貞子との離婚問題は、政争に比べてリスクはほとんどない代わりに、公共性にかなうという確信もない。このため貞子を不幸にするという事実に耐えられず原は苦しんだのだ。そこに、原の根底にあるやさしさを見出すことができる。しかし結局、この時は貞子を東京の原邸には帰らせなかった。

一二月二二日には菅野浅を家に入れ、翌日に原は浅を母リツらに面会させた（『原敬日記』一八九六年一二月二三日）。妻貞子が離婚に応じようとしないので戸籍上は正式ではないが、こうして浅は事実上の原の妻となったのである。

浅は原の期待どおり、母リツと打ち解けたようである。後年の記事であるが、浅はかいがいしい心尽くしをリツに見せて「あさ子や〳〵」と気に入られた、という（『東京朝日新聞』一九一八年九月二四日）。

母リツ、浅との同居

原は妻貞子と別居することにより、母リツに東京の原の自宅でゆったりと老後の生活を送ってもらえる条件が整ったのみならず、気持ちの通じる浅と一緒に過ごせることにもなった。すでに述べたように一八九六年（明治二九）一一月二三日に東京にやってきた母リツは、その後一九〇一年一〇月五日に原が付き添って盛岡に向かうまで（『原敬日記』一八九六年一一月二三日、一九〇一年一〇月五日）、五年近く東京の原邸で過ごすことになる。

後述するように、別居した妻貞子が一八九八年一二月に再び東京の原の自宅に戻り、リツと同居するようになる際に、原は貞子に対し、「母に対しては能く教訓を守り苟《いやしく》も粗略の挙動をなさず、孝養第一となすべき事」を、条件（訓戒）の第一に書いている。このように、別居前のような貞子の態度では、リツを東京の自宅に呼ぶことができなかったのだ。

この間一八九七年四月一日に、兄恭《ゆたか》が岩手県和賀《わが》郡長に任命されている。リツは長い間東京の原の家で過ごした後、一九〇一年秋に故郷に帰ることを望んだ（同前、一八九七年四月二日、一九〇一年一〇月一五日）。そこで、原は一八九六年六月以来五年ぶりの帰省を兼ねて、リツを盛岡に連れて行ったのであった。この時、前逓信大臣の原は、東北出身で最初の大臣となった人物であり、政友会の最高幹部の一人となっていた。

リツの東京での生活

ここで、一八九六年（明治二九）一一月下旬、母リツが栄子とともに東京の原邸に来て、どのような生活を送ったのかを見てみたい。

東京に出てきた翌年の夏、一八九七年七月三日、リツは大磯の海水浴場開きの見物かたがた、原の別荘へ行った。二日後に帰る予定であった。この別荘は、日本で最初の海水浴場である照ケ崎《てるがさき》海水浴場の目と鼻の先にあった。別荘は、原が朝鮮国公使に任命される直前の一八九六年六月二日に、大磯町の土地所有者と別荘新築の契約をしたことに始まる。その内容は、原が地所所有者に年五円（現在の約一二万円）を支払い、別荘を新築し、土地所有者は別荘の掃除や見回りを無給で行うが、原が別荘を使用していない時は、土地所有者は「下タ座敷」を使用できる、などであった。この別荘の建築関係費は三〇五円六八銭一厘（現在の七〇〇万円弱）かかった。諸費用の支払いの日付から、別荘は同年一一月ごろには完成したようである（原敬「大磯町へ別荘新築の件　証書類は別に袋に入れ置く」『原敬関係文書』別巻、三四七〜三四九頁）。

原が大磯に別荘を建てることにしたのは、直接には海水浴に使用するためである。それに加え、原は陸奥宗光を支えて政党政治家になることを目標としており、すでに大磯に別荘を持っていた陸奥との交際を深くする目的もあっただろう。この時、原は外務省の高官であったが、後年の盛岡別邸や腰越《こしごえ》別荘と比べると、別荘とはいえ、土地すら所有していない、小さく質素なものであった。

原は、一八九七年一月ごろより数日ずつこの別荘に滞在するようになり、翌一八九八年三月に登記が済んだ（『原敬日記』一八九七年一月一二日、七月三日、一八九八年三月二二日）。原は鎌倉の腰越に別荘用地を購入する一九一三年まで（本書下巻第二七章）、大磯の別荘を維持した。

話を戻すと、リツは一八九七年八月一日にも避暑と海水浴のため、栄子（兄恭の長女）・達《とおる》（兄恭の次男）らと大磯の別荘に行き、九日に帰京した。このころから大阪毎日新聞社の雇用問題が起こった。九月一六日から編集総理に就任するために原が大阪に行く際は、事実上の妻浅を同伴した。こうして、原と浅が大阪に行っている期間が増え、リツは栄子とともに、原のいない東京の家で過ごすことが多くなった（同前、一八九七年八月一日〜九月一六日）。

リツの東京での生活に変化が生じたのは、一八九八年一二月一九日に、原の別居中の妻貞子が東京宅に戻ったことである*（同前、一八九八年一二月一九日）。また後で述べるように、その三ヵ月ほど後に、栄子は上田常記《つねき》と結婚するため大阪に移り、リツのもとを離れた。

＊　原の日記の後日の記述には、次のようにある。原は一八九六年に朝鮮国から帰国後に貞子を離別したが、まだ離婚の手続きを行わない間に、渡辺洪基夫妻がしきりに貞子を呼び戻すよう懇談してきた。母リツは、いったんはやむを得ないと認めて離婚に同意したが、貞子が「悔悟改心せり」と聞くと、「幼年より来嫁せし者にもあれば呼び戻す方が良いだろう、としきりに原に勧告した。そこで原は「〔明治〕三十二年に呼戻し、右に関する日記も一切抹殺したる程」であった（同前、一九〇五年一二月一七日）。貞子と再び同居したのは、主にリツの意見に従ったのである。また一八九九年〔明治三二〕より再同居とあるのは、記憶に基づいたものであろう。後の叙述よりも、同時代の記述である一八九八年一二月一九日が正しい。

貞子が再び同居する条件

貞子の希望に応じて再び芝公園の原邸に戻ることを認める話は、一八九八年（明治三一）一〇月一四日付の原の手紙で兄恭に相談されたようなので、同年一〇月に具体化したようである。原も恭も、貞子が改心したといっても別の人間になることは難しいので、将来も円満に進んでいくとは思っていなかった。恭は原の考え次第で貞子を戻してもかまわないとの意見であった。半年くらいすれば効能もなくなるであろうから、そのつもりでただ「看板として存する」ほかないであろう、と恭の貞子への評価は厳しかった（原敬宛原恭書状、一八九八年一〇月一六日、『原敬関係文書』第三巻、九五頁）。

そこで、原は以下のような条件（訓戒）をつけて同居を認め、すでに示したように、一八九八年一二月一九日から、貞子と同居した（『原敬関係文書』第六巻、四五二〜四五三頁）*。といっても、原と浅は大阪に行っていることが多かったので、貞子はリツ（最初の三ヵ月は栄子も）との同居であった。

＊『原敬関係文書』は、原敬自筆の同居の条件（「別居後再度同居する妻への訓戒」と編者が書類に表題をつける）の執筆年を「明治二九年（一八九六）か」と推定している。しかし、『原敬日記』の中で一八九八年一二月一九日まで貞子は登場しないことから、この書類は一八九六年ではなく、一八九八年一二月のものと推定される。

貞子同居の主な条件は、第一に、すでに述べたように、母リツに対してはよく訓戒を守りいやしくも粗略な態度を取らず、「孝養第一」となすことである。

第二に、何事についても原の言いつけを堅く守り、決して背かないことである。このようなことを書く原は、横柄な人間に見えるかもしれない。しかし、原が挙げた条件の後のほうに、以下のように具体的に書かれているように、結婚生活がうまくいかなくなった貞子は、異常な行動をするようになっていたのである。

貞子は、親族・友人に対してまで、みだりに面会を謝絶し、または長時間人を待たせ、または往訪や来訪を嫌う。下僕・下女や、様々な出入りの者に対して、「慈愛」を持って接しない。掃除・炊事等すべての家事についても、下僕・下女任せにしがちで、「率先」して当たらない。何人に対しても「我意」が目立ち「乱暴」をすることもある。

また貞子は節倹を旨とせず、浪費が目立つ。化粧や身の回りも質素ではなく、「虚飾」に類することを行い、「身仕舞沐浴《もくよく》」などに数時間もかける。衣服・家具その他の不必要な物品を買う。

さらに貞子には、夜中にみだりに外出し、または来訪の男子をみだりに引き留めるなど、「貞節」に関し人の嫌疑を招くような挙動がある。親族や友人でもない者にみだりに書状を送り、または往訪して〔原家の〕事情を述べたりする。

このような貞子の異常な行動は、原が芸者浅と親しくなったことを貞子が感づいて、促進された面もあるだろう。その意味で、責任の一端は原も負わねばならないといえる。しかし、貞子が原の母リツや親類などに対して無礼な行動を取ったのは、原が浅と出会う前からのことと推定され（本書第九章）、浅の問題とは関係ない。

貞子の父中井弘は京都府知事にまでなる有力藩閥官僚で、貞子は東京の跡見女学校という当時の良家の子女が通う学校で学んだ。西欧文化などの空気を吸いながら東京の上流の生活の中で育った貞子が、岩手育ちで東北弁の母リツや兄恭《ゆたか》、その子栄子ら、原の親戚とは打ち解けにくかったことは、やむを得ない。

しかし原は、打ち解けようという努力をせず、リツらに無礼な行動すら取る貞子には、がまんならないものを強く感じるようになっていったのであろう。貞子は価値観の根本的なところで相容れない存在であると原が悟った時、同じ岩手県を故郷とし、価値観を共有できる浅とともに過ごしたい、とりわけ苦労をかけた母リツが余生をすこしでも楽しく過ごせる環境を整えたい、と思うのは当然の感情といえよう。

そのような思いを持つ原が貞子に求めた第三の条件は、兄弟および家族に対しては「親切和熟」を専一とし、何事についてもすべて一家の「団欒《だんらん》和楽」をこころがけ、何人に対しても信義を重んじ礼節を失わないように勉めることであった。

第四に、故中井弘の家のことに関し、原が中井家の親族と協議して処置することに対し、いわれのない疑念を起こさないことである。中井弘には、貞子のほかに龍太郎・与市・松太郎という男子たちがいたが、男子がしっかりしておらず、龍太郎が相続人を廃された後、相続人を定め難かった（他に、中井が妻以外の女性との間にもうけた岡本正一がいることが日露戦争後にわかる）。

第五に、再び原家に帰った以上は、原の家を「一生を終るべき家」と堅く決心し、別居を求めたり里方へ帰るような気持ちを起こしたりせず、「嫉妬《しっと》」がましいことは一切しないことである。

そして第六に、最後に貞子と浅（「妾《めかけ》」）との関係について、浅に対しては「親睦《しんぼく》」を旨とし、「嫉妬」の念を起こして「家内の不和」を生じさせないことである。*

＊　再度同居を求めた貞子に対する条件が、『原敬関係文書』の推定のように一八九六年であったなら、原が大阪毎日新聞社に就職していないので、すぐに貞子と浅の同居が起こるため、この項目は母に対する条件の次くらいにもっと早く来るはずである。一八九六年一一月に別居した貞子が一八九八年一二月に再び東京の原宅に戻ったということであるなら、原は大阪毎日新聞社長で大阪にいることが多く、浅は大阪に同伴しており、とりあえずは貞子

と浅との関係はそれほど問題にならない。そこでこの条件が最後に来たと考えられる。

原は浅を同居させるのも別居させるのも異議を言うべきでなく、浅とともに家事を整理する決心を持つべきだ、と具体的に論じる。また浅のことや家族のことに関し、下僕・下女その他、何人の差し出口をも一切取り上げないこと、とも言う。さらに原は、自分の死後における貞子・浅の生計やその他万事について不都合がないよう考えてあるので、いわれのない疑念を決して抱くことがないように、とも書いた。

この浅を同居させるのも別居させるのも原の自由である、という部分は、原が妻妾《さいしょう》同居を貞子に強要して、横暴のように見える。しかしすでに述べたように、妻の貞子は母リツと同居して折り合いよくやっていくことができない。七五歳になったリツはいつ病に倒れるかもしれず、その場合、原は大阪毎日新聞社の社長で大阪にいることが多く、看護婦を雇うにしても、リツの精神面も含め看病の責任を持つ者がいない。そこで原は、浅を芝公園の家に帰してリツの面倒を見てもらう可能性を考えたのであろう。

なおリツは、一九〇一年一〇月に五年ぶりに盛岡に帰り（本書第一七章）、それ以降は盛岡市郊外の本宮村《もとみや》の旧宅（原の生家）に住み、原が盛岡別邸を建てるとそこに移って住むことになるので、東京に戻ることはなかった。したがって以下に述べるように、原が一九〇〇年秋に浅とともに大阪から東京に戻っても、貞子は芝公園の本宅、浅は芝愛宕町《しばあたごちょう》の別宅と別に住み、貞子と浅が同居することはなかった。

以上、原は母リツや親族、貞子・浅に対し強い責任感を持っており、主に貞子の態度によって問題が生じた「一家」を立て直すために、貞子が心を入れ替えるなら最後の機会を与えようとしていたことがわかる。

母の祝宴・貞子への不信

その後原は、東京宅に日本家屋を増築し、従来の西洋館を修繕しようとしたようだ。一八九九年(明治三二)八月二三日付で、大工の吉田吉次郎から設計図と費用概算見積もり八四四円三五銭(現在の約一三〇〇万円)が出されている(『原敬関係文書』第六巻、四七六頁)。これは、前年一二月に突然再び貞子が同居することになったので、母リツが気楽に過ごせるよう、その住まいとして日本家屋を増築したのだろう。

母リツが東京宅に来て三年、原は一八九九年一二月一一日には七七歳の祝宴を芝の「紅葉館」で開き、記念品として木盃《もくはい》・帛紗《ふくさ》などを近親者と懇意の人に贈った。木盃が四〇個、陶盃が一〇個で合計代金二一円六〇銭、料理・折菓子等で四七円二一銭であった(『原敬日記』一八九九年一二月一一日。「注文もの受取書類」『原敬関係文書』第六巻、四七七頁)。これは一〇年後に盛岡で行われたリツの米寿の祝いと比べると、きわめて質素である(本書下巻第二三章)。この一〇年の間に、大阪毎日新聞社長の原敬が、念願の政界に入り、衆議院第一党の政友会の大幹部となり、逓相・内相を経験して、急成長していくのである。

一八九八年一二月に芝公園の自宅に戻った貞子と原の関係は、どのようであったのだろうか。原は大阪毎日新聞社長として主に大阪で浅と暮らしていたので、東京宅の管理は貞子が中心となって行っていた。

一八九九年一〇月に母リツが大磯の別荘に行くことになっていた。そのころ、原は貞子への手紙で、貞子の京都行きの日程と重ならないなら、母と同行して大磯に行くことも差し支えがない、と伝えている（原貞子宛原敬書状、一八九九年一〇月一二日、「岡本信正家文書」）。このように、原は貞子がリツとそれなりの関係を維持していると判断していた。

原は為替で毎月一〇〇円（現在の約一五〇万円）を貞子に送り、貞子や母リツの生活費とした。歳末には何かと出費があるということで、一四〇円を為替で送った。貞子が京都へ行き、リツが大磯の別荘に行くとなると、別に五〇円送って、両方の費用に充てさせたようである。また、東京宅に日本家屋を増築した費用を大工の吉田吉次郎に払う金は、吉田から大阪の原に直接請求するようにした（同前、一八九九年一〇月一二日、一二月二六日）。

原は毎月貞子に東京宅の「勘定書」を送らせて支出を把握したようである。一八九九年一二月二二日には、歳末で費用も増えると思うけれども、「節倹」するよう注意してください、と貞子に書いている。また翌一九〇〇年一月六日には、なるべく「買物注文もの等」を「節倹」してください、いつものことながら注意がなくては困却します、と貞子に警告している（同前、一八九九年一二月二二日、一九〇〇年一月六日、二月二六日）。

原は貞子の金銭感覚を信用しておらず、一ヵ月ごとに「勘定書」を送らせて点検していた。それでも原から見れば、貞子は浪費をしていると思えた。

また原は、一九〇〇年七月一七日に、東京宅に来た手紙類を大阪宅に転送するように出発前に申し置いたのに、いまだに何も到着していない、と貞子に書き送っている。何も来ていないのならそれまでだが、もし何か来ているならすぐに状袋《じょうぶくろ》に入れて当地に転送してください。ただし二一日以降の分は、おそらく二三日ごろに大阪を出発して東京に戻るので、送るに及ばない。このように原は貞子に不満を示し、緻密《ちみつ》な指示をしている（同前、一九〇〇年七月一七日、ただし封筒と書状の中身は別物）。

次章に述べるように、この時原は五月末に大阪に行って以来、この手紙の時点で四十数日間大阪に滞在していた。立憲政友会として創立される伊藤博文の新党が話題となっていた時期で、原は新党参加に強い意欲を持っており、東京宅に来た手紙にはそれに関連する重要なものが含まれているかもしれなかった。原は文面上怒りを抑えているが、貞子のルーズさを不快に思っていたにちがいない。

東京の本宅に戻った貞子は、リツとはそれなりの関係を維持したが、原との信頼関係はできなかったのである。

原のけじめ

ところで、一九〇〇年（明治三三）末には、兄恭《ゆたか》の三男彬《さかり》（長男が早世したので、『原敬日記』には長男を含めず次男と記述）を原敬家の養子にしてはどうかという話があり、一九〇一年一月末から二月半ばまで恭が東京に来た折にも話を進め、母リツ・妻貞子・原の弟誠からも異議がなかったので、三月一日に戸籍上の手続きを兄に願い、一一月二五日付で手続きは完了した（『原敬日記』一九〇一年三月一日、一一月三〇日）。この問題で、原は貞子には同意を求めたが、当然のことながら浅には求めていない。

また原は一九〇〇年秋、政友会に入党するため大阪毎日新聞社長を辞任し、浅を伴って東京に戻った。その後、一二月二二日に逓信大臣となるが、官邸には単身で住んだ（同前、一九〇〇年一二月二二日、一九〇一年五月七日）。すでに述べたように、貞子と再び同居する条件に「妻妾同居」が言及されていたにもかかわらず、浅は貞子のいる芝公園の本宅には入らず、芝愛宕町の別の家に住んだ（原奎一郎〔貢〕『ふだん着の原敬』〔中公文庫版〕一七七頁）。

浅は原の実質的な妻となっていたが、原は貞子と離婚できないので、浅を本宅や逓信大臣官舎に入れて同居することができなかった。養子を取るという家の重要事項や浅の住居、官邸という公的な場の使用においては、原はしっかりとけじめをつけた。原が浅と芝公園の本宅で同居するのは、一九〇五年一二月に貞子と離婚してからであった。

栄子の幸せ

ここで、原敬家の嗣子となる貢《みつぎ》を生んだ栄子について述べておこう。栄子（戸籍上の正式名はエイ）は兄恭の長女で、一八七七年（明治一〇）七月に生まれた。小学生のころから学年末に成績優等の賞品をもらうなど、知的にすぐれた頑張り屋であった。原は栄子を子どものころから可愛がっていた。

栄子は、盛岡市で初めて創設された女子の中等教育機関である私立盛岡女学校に編入学し、一八九四年三月に第一回の卒業生の一人となった。その時、栄子を含め五人が同校を卒業している（盛岡白百合学園同窓会『盛岡白百合学園同窓会会員名簿』三頁。原敬筆「原エイ履歴書」〔「辻新次文書」〕）。父の恭によると、栄子の性質は「おとなしき方」であった（原敬宛原恭書状、一八九三年六月一〇日、『原敬関係文書』第三巻、六八頁）。その後栄子は、一八九六年四月に宮城県の玉虫一郎一（〔東京〕帝国大学文科大学卒、〔東京〕高等師範学校教員）と結婚したが、まもなく病気により家に帰された後、そのまま離縁された（『原敬日記』一八九六年四月二五日、五月一三日、二四日、九月二三日）。すでに述べたように、栄子はリツとともに、同年一一月に東京の原のもとにやってきた。

栄子は東京女学館高等専門科で学ぶことになる。東京女学館は上流社会の女性の育成を目指した中等教育学校で、外国人教師が二名いて英語教育にも力を入れていた。東京女学館の高等専門科は、同校の本科（高等女学科）卒業生と、同等以上の教育を受けた者に入学を許し、修業年限は二年であった。栄子は原の家に来てから二年四ヵ月後の一八九九年三月、他の二人とともに同校を卒業した（東京女学館百年史編集室『東京女学館百年史』一六一〜一八五頁）。栄子は原のもとで、当時の女性としては最高の教育を受けたのである。子どもがおらず、女子教育の可能性を信じる原が、一度幸せをつかみそこなった栄子を何とか自分の力で幸せにしてやりたいと思って、実行したことであった。

東京女学館高等専門科を卒業した栄子は、二一歳になっていた。気立てが良いうえに教養を深めた栄子は、原の良き話し相手になって、知的な世界を一緒に楽しめる女性に成長していたと思われる。原は事実上の妻となった浅を愛していたが、浅は字の読めない女性であった。浅とは共有できない世界で、栄子は原を癒やすことができた。原にとって可愛くてたまらない存在だったに違いない。

原は、栄子の卒業に合わせ、兄に代わって栄子の縁談を進めた。この時原は大阪毎日新聞社長で、大阪との関わりが深く、一八九九年三月一五日、大阪在住の上田常記《つねき》（盛岡中学卒、帝国商業銀行大阪支店勤務、のちに藤田銀行常務取締役、父は盛岡市外滝沢村《たきざわ》〔現・滝沢市〕の村長）との縁談について、媒酌人に承諾すると伝えた（『原敬日記』一八九九年三月一五日）。原は旧南部藩や岩手県にこだわったのである。

三月二七日、栄子の婚姻の結納を済ませ、二九日には栄子が大阪に着いた。式は四月八日で一〇日は里帰りという日程を決め、外務省以来の原の部下で同じ新聞社に勤めている山田敬徳を正式の媒酌人とした。ちょうどそこに、東京にいる元老井上馨から、至急面会したいとの電報が来た。しかし、原は、四月一〇日を過ぎないと東京へ行けない、と電報で断った。さらに井上に手紙を書いて、兄の長女が大阪で嫁入りするところで、両親も誰も大阪には来ず、原がすべてを取り計らう必要があるから東京に行けない、と事情を説明した（同前、一八九九年三月三〇日。井上馨宛原敬書状、一八九九年三月三〇日、「井上馨文書」国立国会図書館憲政資料室）。

元老井上からの至急の来訪要請すら丁寧に断るほど、原は栄子の縁談に万全を期した。原にとって、栄子は実の娘同様であった。

四月八日に栄子と上田常記との結婚式は滞りなく行われ、一〇日に里帰りの栄子のために祝宴が開かれた。東京の井上に会うために、原が大阪を汽車で発ったのは、一三日の夕方であった（『原敬日記』一八九九年四月八日、一〇日、一三日）。

貢が生まれる

翌一九〇〇年（明治三三）七月四日、栄子は原の大阪の邸（大阪市北区〔現・都島区《みやこじま》〕網島町《あみじまちょう》）で男児を生んだ。常隆《つねたか》である。また一九〇二年七月二〇日には、次男の貢《みつぎ》を生んだ。貢が生まれる前には、浅が大阪にやってきて、栄子の出産の世話をした。栄子の夫の常記は、貢はその時から原家の養嗣子になるべく運命づけられていた、と回想している（『原敬日記』一九〇〇年八月一日。上田常記「大阪と原さん」『新岩手人』三―二、一九三三年二月二五日）。この間原は、一九〇〇年秋に政友会に入党するため大阪毎日新聞社長を辞任して大阪を去り、上田常記・栄子夫妻を大阪の原邸の留守居役とした。間接的に二人の生活費の足しになるばかりでなく、大阪へ出張するたびに、原は栄子やその子どもたちに会うことができた。

常記は、このころの原の様子を次のように回想している。家庭での「原さん」は実にいい人で、なんとも言えない温かい感じがした。あの忙しい日常なので、家族の者と落ちついて話をするのは、いつも夜の一一時から一時ごろであった。政治上の難しい問題のある時でも、一歩家庭に入ると、ニコニコして私たちの集まっている所へ出てきて、罪のない昔話に興じていた。とはいっても、それをよく考えてみると、言外に私たちを啓発する何かを含めていた。新聞は十二、三種類に目を通しており、「恐ろしいスピード」で政治記事や外国電報のみならず、三面記事を含めどの面も読んでいた。三面記事は「民衆」の動向を察する材料にしていたのだろうか。また、大阪の家の台所のたたきは、高下駄で歩くとガタガタ音が鳴ったので、病人の頭に響くと言って、たたきの上にむしろを敷かせるような細かな配慮をする人だった（前掲、上田常記「大阪と原さん」）。

ところが、原と栄子・常記の幸せは長くは続かなかった。栄子が三度目の出産で女の子を生んだ後、一九〇四年九月一二日に病死したからである（生まれた美代も九月一六日に病死）。栄子が亡くなったので、原は大阪宅を引き払い、次男の貢を一二月一日から東京に引き取った。貢をまず芝愛宕町の家で浅と暮らさせ、一九〇五年一二月一六日付で原が貞子と離婚した後、浅とともに芝公園の本宅に移し、実子同然に育てた。貢は最終的に原の嗣子となった。（『原敬日記』一九〇四年九月一二日、一一月三〇日、一二月一日、一九〇五年一二月一七日。原奎一郎〔貢〕『ふだん着の原敬』〔中公文庫版〕一四～一六、一七六～一七八頁）。栄子の長男の上田常隆は上田家を継ぐべく大阪で育ち、後に京都帝国大学法学部を卒業して大阪毎日新聞社に入社、戦後に毎日新聞社の社長にまで昇進した。

第三部 熱闘編

1901年、45歳で北浜銀行頭取に就任したころの原敬

第一四章　伊藤への不信――立憲政友会創立に参加

伊藤博文の新党への期待

すでに述べたように、一八九七年（明治三〇）八月二四日に陸奥宗光が死去すると、原は政界入りするための庇護者を失った。しかし、政界の実力者・伊藤博文との関係は、天津領事の時に面識を得て以来、親密にはならなかったが、陸奥を介して続いていた。

陸奥の死後、原が大阪毎日新聞社に勤めるため大阪に赴任した際も、東京を出発、大磯で途中下車して伊藤を訪問した（当日は伊藤不在）。このように、原は気を使っている。

一八九八年六月下旬に第三次伊藤内閣が倒れ、第一次大隈重信内閣ができると、先述のように、原はまず山県有朋（六月二八日）、松方正義（七月二日）から内閣更迭の事情を聞いた。伊藤本人からは、伊藤が憔悴《しょうすい》から立ち直るのを見計らって、七月四日に大磯の別邸「滄浪閣」を訪問して「詳細」を聞いた。その後、伊藤が中国漫遊に出かける途中に、七月末から八月中旬に京都や大阪を訪れると、原は二度にわたって訪問した（『原敬日記』一八九八年七月二六日、八月一五日）。

また、大隈内閣が倒れたので、伊藤が予定を切り上げて清国から帰ることになり、神戸に戻ってくると、原は一一月二〇日、二二日の二回にわたって訪問し、「時局談」等をした。その後、一一月二七日に山県内閣と憲政党（旧自由党）の提携が成立する。神戸で伊藤が星亨《ほしとおる》（憲政党の最高実力者）に、政府を助けて「上下の信用を得る」のが得策だと勧めたことで、星が最終的に無条件提携を決意したようである。また憲政党は、伊藤をほとんど「将来の総理として仰ぐが如し」とも、原は注目した（同前、一八九八年一一月二〇日、二二日、二七日）。

この間、かつて『郵便報知新聞』の記者時代に、東北・北海道周遊に同伴させてくれた渡辺洪基（前帝国大学〔のちの東京帝大〕総長）が、一八九八年一月末に大阪に来ると、原らが発起人になって懇親会を開いた。八月二四日の陸奥の一周忌の法事への出席のために東京へ戻った際には、二八日に渡辺の妻の百箇日の法事に参会し、その日の夕方発の列車で大阪に帰った（同前、一八九八年一月二九日、八月二八日）。

このように原が渡辺に配慮したのは、単に十数年来の厚意に感謝し懐かしんだからばかりではない。渡辺は初代の帝大総長となり、伊藤の志を具体化して高等教育制度を充実させた人物であった。伊藤系官僚の有力者の一人である渡辺から、原は伊藤新党の情報を知るとともに、新党に参加した場合に渡辺との連携を深める布石としたのである。

一八九九年四月一〇日、伊藤博文は長野市で、いよいよ新政党創立を訴える演説を行った。これを皮切りに、六月までに大阪・神戸・下関・大分・福岡・山口・広島・名古屋などの諸都市を遊説した。伊藤は各地で官民の大歓迎を受け、政治・経済・外交・教育等について二十数回もの講演を行った。伊藤の遊説は、原が社長を務める『大阪毎日新聞』はじめ、『大阪朝日新聞』『東京日日新聞』などの有力紙で大きく報じられた。

大阪へは五月九日に着き、翌日、四条畷《しじょうなわて》神社に参拝し、そこで懇親会に臨んだ。原は伊藤に同伴し、夕方、大阪に戻った。伊藤は翌日には九州方面に向かうべく出立した（同前、一八九九年五月一〇日、一一日）。原は伊藤の新党創設とそれに参加することを待望し、五月一〇日は伊藤に同行したのである。

また、東京へ戻った折には、大磯に伊藤博文を訪れた。その際、伊藤の娘生子の夫で腹心の末松謙澄（前逓相）とも会った。また、伊藤の親友でもある元老井上馨に会うこともあった。伊藤の腹心の西園寺公望（前外相・文相）を大磯に訪れた際、来訪中の伊藤に会うこともあった（同前、一八九九年六月一七日、一二月一二日、一九〇〇年一月三〇日）。

伊藤の下にはお気に入りの西園寺や娘婿《むこ》の末松以外にも、憲法制定以来の腹心である伊東巳代治《みよじ》（前内閣書記官長）や金子堅太郎《けんたろう》（前農商相）、財政通の渡辺国武（前蔵相）ら、閣僚歴のある多彩な人材がいた。また、初代の帝大総長となって、高等教育を充実させるという伊藤の志を具体化させてきた渡辺洪基も有力である。閣僚経験もない原が中核メンバーに入り込むことは、かなり困難だった。さらに問題だったのは、原は伊東巳代治と肌合いが悪かったことである。第二次伊藤内閣で内閣書記官長（現在の官房長官）を務めた伊東巳代治は、伊藤の第一の腹心のような顔で、活動していた。

陸奥への思いと元老との関係

井上馨はかつて、原の第一の庇護者であったが、農商務省での一件以来、原は陸奥に心酔し、井上とは疎遠になっていた。朝鮮国公使になると、一八九六年（明治二九）七月、原は以前井上が朝鮮国公使として行った改革を、日記で強く批判するほどであった（本書第一〇章）。井上は短気で強引な性格である。果断という点では原と一致するが、事がうまくいかないと簡単に投げ出してしまう点で、二人は大きく異なっていた。熟慮したうえで粘り強く事に当たり、時機到来を待って一気に決着をつけるという手法が、原の生涯一貫した流儀である。というわけで、原は井上とは相容れないところも多かった。

しかし陸奥の死後、原の頼れる大物は、井上馨しかいなかった。原にとって幸いなことは、伊藤の下に多彩な人材がいたのに対し、井上の下には都筑馨六《つづきけいろく》（前外務次官、井上の娘婿）がいる程度だったことである。

再び井上を頼るのが自然だったとしても、実際には陸奥の死後も原の陸奥への思いは残り、すぐに井上との関係を深めようと動く気にはなれなかった。とりあえず新聞社を選んだのは、この仕事をしながら幅を広げ、陸奥を失った痛手を癒やそうという気持ちがあったからだろう。原は陸奥の葬儀や相続関係のことを中心となって行った。翌一八九八年になると、大阪の夕陽丘《ゆうひがおか》の陸奥の墓前に石灯籠《いしどうろう》二基を献じようと、原と藤井三郎が主に活動し、二三人の献金を集め、五月四日に落成させた（『原敬日記』一八九七年八月二四日〜九月一二日、一一月一八日、一八九八年五月六日）。

原は一八九八年（明治三一）八月二四日に、浅草海禅寺《かいぜんじ》で行われた陸奥の一周忌法要にも参列した。出席者は陸奥の「親族朋友数名に止ま」った。その際、一〇月に予定されていた夕陽丘の陸奥の墓所での法要に、遺族が行かないとの話が出た。それは将来のために良くない、と原は説得し、一〇月二四日の法要にも、陸奥の未亡人その他親族が出席した（同前、一八九八年一〇月二四日）。原は陸奥のことになると、感情的にすらなり損得抜きで奔走《ほんそう》した。

原と井上馨の間で、本格的な接触をしようと最初に声をかけたのは、井上であった。前章で述べたように、一八九九年三月三〇日、大阪の原に井上馨から、至急面会したいので都合の返事を待つ、との電報が届いた。しかし原は、親代わりとなって結婚の面倒を見ていた栄子（兄恭《ゆたか》の長女）の挙式が四月八日、里帰りが一〇日に予定されているので、一〇日を過ぎないと東京に向かえない、と断った。

原は一三日の夕方大阪を出て、翌日東京に着いた。井上の希望で翌一五日の午前に井上を訪問した。井上の要件は、駐清公使に就任しないかとの、山県首相からの依頼を伝えることであった。原はその場で、大阪毎日新聞社の都合を理由に、就任を断った。しかし井上には、青木周蔵外相の下で清国に赴任しても何事も成功する見込みがない、との「内意を洩《も》らし」た。井上も「多少同感」し、この件は終わった（同前、一八九九年四月一五日）。

陸奥の死後、原が井上馨の庇護を早急に求めず、また家族思いの原が栄子の婚礼を優先させて井上との面会を遅らせたことで、両者の関係は、原が井上に従属するような形にはならなかった。駐清公使就任を断る際に原が井上に漏《も》らした、青木外相の下では何事も成功しない、という「内意」は、原の本音ではないと思われる。これまでに見てきたように、陸奥の外相辞任のころから、原は一貫して政治家になろうとし、伊藤の新党にも注目しているので、井上の機嫌を損ねないように、外交官への復帰を断ったのであろう。

井上馨と伊藤は、長州藩時代に一緒にイギリスに密航して以来、親友として助け合ってきた。しかし黒田清隆・山県有朋のみならず、松方正義ですら二回も組閣する状況で、伊藤より年上なのに、常に伊藤の補佐役に徹し、組閣の機会がなかった井上の心境は、複雑であった（伊藤之雄『伊藤博文』四五五〜四五六頁）。鋭い原は、おそらく井上の伊藤への複雑な感情を嗅《か》ぎ取っていた。井上の好意から申し出を断る際に、伊藤新党のことを出すことによって、井上の感情を不必要に傷つけるのを避けた。同時に、原を山県系官僚として取り込もうとする山県首相の思惑をも外したのだった。

井上馨に駐清公使就任を断った後、京都に滞在している山県首相を同年四月二九日に訪問したが、神戸に行って不在で会えず、五月六日に再度京都に山県を訪問した。六月一〇日から一八日の東京滞在の間にも、一六日に山県首相を訪れて、伊藤の新党組織に対し山県は関係しない、ということを確認した。その後も一九〇〇年一月までに東京や京都に山県首相を七回も訪れた（一回は外出中で会えず）。原は清国政略について話したり、「長時間談話」したり、かなりの意見交換をしたようである（『原敬日記』一八九九年六月一六日、八月一五日、九月五日、二二日、一一月六日、一二月八日、一九〇〇年一月二二日）。

駐清公使の件で山県からの好意を感じ、それを断ったお詫びの気持ちを示す意味と、伊藤新党への山県首相の態度を確認するため、原はたびたび山県を訪れたのである。

井上馨との関係の復活

駐清公使の話を勧めてくれた井上馨とも、四ヵ月後の八月一六日に大阪で将来の政治上のことについて内談したのを皮切りに、翌一九〇〇年（明治三三）一月二九日までの間に七回も会見している。一月二九日の会見では、山県内閣の下では伊藤が理想とする新党ができないので、井上が山県の後任として組閣し、その下で伊藤が思いを果たして政党内閣の基を創るべきだ、と原は井上に説いた。井上は強いて不同意を唱えなかった（『原敬日記』一八九九年八月一六日、九月二五日、一〇月一一日、一〇月二七日、一一月七日、一二月一二日、一九〇〇年一月二九日）。

原は組閣したいという井上馨の自尊心をくすぐりながら、山県首相の下では伊藤新党はうまくいかないとの的確な見通しを示し、井上を伊藤新党に協力させようとしたのだった。

大阪毎日新聞社長として多忙な仕事を抱えながら、伊藤新党に向けて山県首相や井上馨とたびたび会見し、戦略を練った原であったが、陸奥のことは忘れなかった。一八九九年八月一五日に山県首相に面会した際に、今日の新条約実施に関し、条約調印者に重ねて下賜品があったのに、陸奥の遺族に何らも下賜品がないのは不当の処置である、と意見を述べた。陸奥の三周忌についても、少し早めの六月二四日に、墓地のある大阪の夕陽丘で、東京から陸奥未亡人らの参加を得て法事を行った。八月二四日の命日には、墓を掃除させて参拝した（同前、一八九九年六月二四日、八月一五日、八月二四日）。

貴族院入りを求める

一八九九年（明治三二）四月以降、原は井上馨と再び関係を深めていく中で、元老の井上が山県首相に原を推薦することで、原を貴族院の勅選議員にしてほしい、と依頼したようである。一九〇〇年二月二八日、かねてご配慮をお願いしていた貴族院入りの件、今回欠員も生じたようであるので、山県首相に一言述べてくださるようお願い致します、と井上馨に手紙を書いた。原はさらに、〔勅選議員になりたいという〕志願者はずいぶんあるようで、「御迷惑」と思いますが、ご尽力で志望が達せられたなら、このうえない「本懐」の至りと思います、と続けた（井上馨宛原敬書状、一九〇〇年二月二八日、「井上馨文書」国立国会図書館憲政資料室）。しかし、原は貴族院の勅選議員になることはできなかった。

話は少し先に飛ぶが、原は七ヵ月後の同年九月二六日の手紙の中でも、井上馨に貴族院入りに尽力を求めている。同月一五日に伊藤博文が新党運動の帰結として立憲政友会を創立しており（後述）、原はこの時、翌月には大阪毎日新聞社を後任者に任せて入党するつもりであった。

手紙の中で、原は貴族院の勅選議員の選定について、山県首相は政府内の者のみと考えているので到底難しいと思っていますが、先般の井上の「内話」の後そのままになっているので、欠員もあるようなので、この際今一度井上より山県首相にお話しくださらないでしょうか、と井上に懇願している。新聞社の仕事を後任者に譲って政友会のほうに尽力したいと思っていますが、貴族院にでも入っていないと、議場におけることがらはすべて間接のものになるので、非常に「遺憾《いかん》の事」もあるだろうし、政友会の尽力もまったく「下働らき」にすぎなくなると思われる、とも原は井上に理由を説明した（井上馨宛原敬書状、一九〇〇年九月二六日、「井上馨文書」）。

さらにその一九日後、一〇月一五日に伊藤を訪れ、貴族院の勅選議員に第一の機会に任命してくれるよう求めている。その際に原は、第一の機会でもなく他日の好機を待つという返事であるなら、請求を撤回すると述べ、伊藤から必ず任命の取り計らいをするという約束を取り付けた（『原敬日記』一九〇〇年一〇月一五日）。なお、後述するように、この訪問は、伊藤が政権を担当する場合原を入閣させると言っておきながら、二日前に西園寺公望を通して、今回は入閣させられないが次に欠員のある時は必ず入閣させる、と断りを入れてきたことへの返答の訪問であった。約束を破られた原はかなり強気で、貴族院勅選議員任命の推薦を、伊藤に確約させている。

貴族院の勅選議員とは、首相が天皇に欠員の補充を推薦し、天皇はその推薦の名簿によって勅選する形を取っていた。今回の手紙にもあるように、首相は他の元老などの推薦も考慮して、勅選議員候補者の人選をするが、有力元老の山県が首相の場合、他の元老からあまり影響されずに人選ができた。いったん貴族院の勅選議員になると、任期がないので、不祥事を起こさぬ限り死ぬまで議員を務めることができた。勅選されるのは、公使（のちの大使）や次官、有力府県の知事歴任者、将官クラス以上の者たち等、というのが慣行となっていた。原は朝鮮国公使・外務次官を務めているので、官歴からは資格があった。しかし、駐清国公使になってほしいという山県首相の依頼を断っておいて、井上馨を通して勅選議員候補者にしてほしいと、間接的に山県に頼むのは、少し虫が良すぎるともいえる。また手紙にもあるように、山県は自己の系統であるかどうかに厳しい男であった。

しかも、いったん貴族院の勅選議員になってしまうと、明治天皇が「勅選」したポストを辞退して衆議院議員選挙に立候補することは、かなり難しくなってしまう。原は手紙の中で、議員でないと政友会で尽力しても「下働らき」にすぎなくなると説明している。しかし以下で述べていくように、貴族院議員に勅選されないまま一九〇二年八月の第七回総選挙に当選するまで、原は議員でなくても目ざましい活動をしている。

なぜ原は勅選議員になることにこだわったのだろうか。朝鮮国公使として赴任する前、一八九六年六月に盛岡に帰省した際に、原は地元の人々が自分を衆議院議員に推してくれるという熱気を感じることができなかった。その後も特別な動きがなく、おそらく総選挙で当選する自信を十分に持てなかったからだろう。総選挙で落選を続ければ、政友会内での原の威信もなくなり、今までの努力も実を結ばない。このような恐れを感じたのだろう。原ほどの人間でも、衆議院選への初めての立候補には強い不安を感じたのである。

しかし、山県が原を勅選議員の候補者に入れなかったため、結果として、原は衆議院選に立候補する機会を自分で閉ざすことを避けられた。その後の政党政治家としての原の成長を考えると、山県の選択に、原は救われたといえる。

伊藤から新党に誘われる

伊藤の新党組織が具体化するにともない、原は伊藤のみならず西園寺との接触が多くなっていく。原はフランス公使館時代に、パリに立ち寄った西園寺と初めて会った。その後、二人は親しくなった。さらに西園寺は陸奥と親密だったので、原が陸奥の腹心となると、陸奥から西園寺のことを何度も聞いたはずである。陸奥が病気で外相の職務を行えなかった時、また辞任した後、外務次官・朝鮮国公使の原は外相臨時代理や外相の西園寺と、一緒に仕事をしている。

新党を創立する伊藤から、西園寺は後継者とみなされつつあった（伊藤之雄『元老西園寺公望』九八〜一〇三頁）。原は西園寺が伊藤から特別に処遇されているのを感知し、旧来の接点を生かしながら、西園寺との関係を深めたのである。

一九〇〇年七月に入ると西園寺は、大阪に行くことになった中川小十郎《こじゅうろう》（前西園寺文相秘書官、西園寺の私設秘書的存在）まで、自分の多年の親交ある人物として原に紹介している（原敬宛西園寺公望書状、一九〇〇年七月五日、『原敬関係文書』第二巻、四六頁）。

七月二一日、原は五月末に大阪に戻って以来、約五〇日ぶりで東京に着いた。この間、すでに触れたように、大阪では義和団の乱に関連して、『大阪毎日新聞』紙上で列強の出兵や列強会議、清国の兵備、清国と国際法、日本の対外言論のあり方等を論じるのに忙しかった。

七月二三日に原が伊藤博文に面会すると、伊藤は新党を創立することを決心して、原が東京に来るのを待っていた。同日、原は西園寺公望に面会し、新党組織に関する委細の事情を聞いて、原の意見を述べた。二七日、西園寺から大磯に来るようにとの書状を得て、原は夕方七時ごろから午前零時まで長時間にわたって、伊藤と会見した（西園寺が同席）。伊藤から新政党に関する詳細な説明を聞き、尽力を求められ、暗に入閣を求められた（『原敬日記』一九〇〇年七月二三日、二七日）。

伊藤新党と原

ここで原が伊藤から新党への入党を求められ、政権を担当する際には閣僚として処遇することを暗示されるに至るまで、原とは直接関係なく進んでいた伊藤新党をめぐる動きを振り返り、また少し先まで見てみよう。

第一四議会の終了後、憲政党（旧自由党）の最高幹部である総務委員は、山県有朋首相と提携問題について二度の会見を行い、一九〇〇年（明治三三）五月三一日、山県内閣との提携を断絶することにした。山県内閣の閣員の憲政党加盟か、憲政党からの入閣かの、いずれもが受け入れられなかったからである。そこで星亨らは、六月一日、伊藤が憲政党党首になることを求めて訪問すると、逆に伊藤から新党結成を切り出されたので、新党への参加を決めた。星にとってこのコースは、一年数ヵ月前の第一三議会終了前後から構想されていたものであった（伊藤之雄『立憲国家と日露戦争』五二～五三頁）。

二大政党の一つである憲政党が新党への参加の意向を明確にしたことで、伊藤の新党構想はにわかに具体化した。伊藤は山県首相の了解を求める一方で、七月中に伊藤の腹心を自負する伊東巳代治（前農商相）や憲政党のリーダーの星らと、党組織に関する相談を行った。伊藤は官界や実業界からの幅広い参加を期待していたので、彼らの参加を容易にするため、本部と地方組織を、倶楽部《くらぶ》として上下関係の弱いルーズな集団にする考えであった。しかし星や伊東が統制がとれぬと反対したので、本部と支部という、上下関係のはっきりした組織にすることにした。

八月二五日、伊藤は東京市の芝公園「紅葉館」に一三人の有力者を招き、新党創立の趣旨と綱領を発表し、彼らを創立委員とした。その一三人とは、西園寺公望（伊藤系官僚、前外相・文相、公家）・星亨・松田正久（憲政党総務委員、前蔵相）・末松謙澄（前逓相、伊藤の女婿《じょせい》で伊藤系官僚ながら一八九八年一一月に憲政党入党、総務委員）・林有造（憲政党総務委員、前逓相）・金子堅太郎（伊藤系官僚、前農商相）らである。原の恩人であった渡辺洪基（前帝大総長、前東京府知事）も創立委員の一人となった。伊東巳代治は、伊藤が伊東と星を同格の形で新党準備を進めたため、つむじを曲げて新党の創立委員とならず、創立の動きから離れていった（升味準之輔『日本政党史論』第二巻、三四五～三五八頁。山本四郎『初期政友会の研究』二九～五七頁）。伊東巳代治は政党政治への明確な理念がなく、政党を藩閥政府が利用する対象としか見ていない。伊東巳代治が新党に参加しないことになったのは、伊東と折り合いの悪い原にとっては幸運であり、政友会にとっても長期的には良いことであった。なお、原は大阪毎日新聞社の社長であったので、新党の創立委員として名前を出さなかった。

さて、原は八月一日の夕方六時に東京を出発して大磯に立ち寄り、西園寺と内談して、午前零時大磯発の下り列車に乗り、二日午後四時半に大阪に戻った（『原敬日記』一九〇〇年八月一日）。

原は八月一日の西園寺との会見で、新党を作るに際し、伊藤がいずれかの場所で方針について大演説をすべきである、と述べたようである。西園寺もこれに同感したので、伊藤にそのことを伝えた。伊藤も同意した。八月一〇日ごろには西園寺は体調不良で「下痢《げり》」が続き、伊藤のために動き回ることができなかった。それもあって、西園寺は伊藤の「番頭」となり新党結成の要務を進める人間が必要だと考え、その役には原がふさわしいと思った（原敬宛西園寺公望書状、一九〇〇年七月五日、八月

一〇日、『原敬関係文書』第二巻、四六～四七頁）。

原が西園寺に提案した伊藤の大演説は、すでに述べた八月二五日の「紅葉館」での新党創立の趣旨と綱領の発表となっていった。伊藤の「番頭」の役割は、伊東巳代治が、第二次伊藤内閣の内閣書記官長となって以来、自負していた。しかし、原と西園寺は伊東巳代治を信用しておらず、その共通の感覚から二人の連携が深まったのである。

原は伊藤の要請に応じ、八月一六日に再び東京に来て伊藤を訪れ、新政党の主義綱領その他を内見し、伊藤から新政党組織に関する一切の「事務」を担当してほしい、との依頼を受けた。その後、一七日に原は実業家の勧誘と新政党の資金に関し、井上馨とじっくり話し、一八日に伊藤と協議のうえで再び井上と内談した。同じ日に渡辺国武（伊藤系官僚、前蔵相）・金子堅太郎とも会見し、組織の手続きに関して相談した（『原敬日記』一九〇〇年八月一六～一八日）。

原は井上馨と相談して、実業家の勧誘と政治資金に関係するようになったほか、新党組織の手続きに関して、伊藤系官僚で新政党創立後に最高幹部である総務委員になる人物とも話し合っている。原は一九〇〇年八月中旬には、新党における地位を得つつあった。大阪毎日新聞社の社長として、関西財界とのつながりを深めていたことも役立っていた。

大阪毎日新聞社長の後任問題

このころ原は、大阪毎日新聞社を退職することを決意した。関西財界の実力者藤田伝三郎《でんざぶろう》（鉱山業などを営む藤田組の総帥）に依頼書を送って、同社を退きたいとの意向を告げ、社の相談役本山彦一に相談したいので電報をくださいと伝えた。東京に戻った本山と、一九〇〇年（明治三三）八月二八日に原は会見することができ、退社の意を告げた。原は本山と、後任者のことなどを十分に協議することで合意した。ところが翌二九日に藤田伝三郎を訪れると、本山は昨日の約束に反して後任者として矢野文雄を採用したいと藤田に述べていたので、原はそれに反対した（『原敬日記』一九〇〇年八月二〇日、二一日、二八日、二九日）。

本山の推す矢野文雄（龍渓《りゅうけい》）は、『経国美談《けいこくびだん》』などの著作がある有名な言論人だが、政友会と対立することになるであろう憲政本党（大隈重信系、旧立憲改進党）に近い人物で、かつて大隈の腹心だった。『大阪毎日新聞』の発展に尽くしてきた原には、承服できるわけがない。

社長の後任問題がこじれたため、九月一五日に創立式を挙げる新党立憲政友会に原が入党するのが遅れる。

九月一日、原は大阪毎日新聞社で本山彦一に会うと、本山は東京での協議の主旨に反し、原の辞表提出を促し、後任のことは原と協議しないし、後任者は内定した、と告げた。翌日、原は本山の「専横」に対抗するため、退社のことは当分見合わせることを本山と田中市兵衛《いちべえ》の両相談役に申し送った。原は、本山の「専横」は大阪毎日新聞社を危うくするのみならず、原を「侮辱」し、また同社を憲政本党（旧改進党）の機関となす恐れがある、と見た。そこでこの件を伊藤博文・井上馨にも知らせ、藤田伝三郎からも本山に厳しく話してもらうことにした。この問題では、西園寺も原を支持して、伊藤に手紙を書いた。結局、七日に藤田と田中が本山を責めたので、八日に本山が謝罪のため原を訪れ、この件はひとまず終わった（同前、一九〇〇年九月一～八日。原敬宛西園寺公望書状、一九〇〇年九月四日、『原敬関係文書』第二巻、四七頁）。

原には大阪財界にも強い影響力のある元老の伊藤と井上馨という人脈がある。これを背景とし、大阪財界の大物藤田伝三郎を動かし、理不尽な言動をする本山を屈服させた。本章以下で述べるように、政友会に入ってからの原は、党の支持者の意を受けた党人派衆議院議員の意向を重視して、伊藤博文総裁と交渉し、他方で、伊藤総裁や井上馨など元老との人脈を背景に、党人派系有力者を圧倒していく。大阪毎日新聞退社問題では、その後者に似た手法を初めて使ったといえる。

政友会の創立と原

大阪毎日新聞社長の後任問題が一段落すると、その翌日、一番列車で原は東京に向かった。一九〇〇年（明治三三）九月一一日には、大磯に伊藤を訪ね、大阪毎日新聞社との関係について協議した。伊藤は、しばらく現在のままで新聞社を管理すべきといい、それに決定した。箱根からの帰途の井上馨もやってきて、三人で政友会の会務について協議した。伊藤は、山県首相から内閣を譲るとの相談を受けているが、その時機ではないと断った旨を述べた。この日、三人は一緒に東京に帰った。一二日には伊藤も出席して政友会創立委員会を開き、立憲政友会会則を決議した（『原敬日記』一九〇〇年九月九日、一一日、一二日）。

伊藤は新党を創設し、その基礎が整わないうちに組閣したくないとの考えだったが、後に述べるように、原は伊藤がなるべく早く組閣することを望んでいた。そのほうが党の基礎が固まると考えたからである。またすでに触れたように、伊藤の言から、自分が入閣できると期待しており、この日に伊藤・井上という大物たちと行動を共にしたことで、さらに確信を深めたことだろう。

九月一五日、一四〇〇人余の出席者を得て、立憲政友会発会式が帝国ホテルで行われ、伊藤が総裁に就任した。

発会式での伊藤の演説や政友会の綱領等から、伊藤が政友会を創立した意図を見ると、第一に、政友会を通し、従来政治に関わってこなかった多くの地方有力者を政治に関与させることで、国民の政治参加を拡大し、「憲法政治〔立憲政治〕」の完成を目指すことである。第二に、列強と協調し、かつ国防を充実させて日本の安全保障を確かなものとすることである、第三に、教育を振興し、農商工業や航海・貿易を盛んにし、交通の利便を増し、国の経済面での生存の基礎を強めることである。第四に、壮士的行動をするような者の入党を避け、秩序と規律ある政党を育成することである。伊藤はまだ政党の発達が十分でないと考えていたので、総裁（伊藤）が天皇から組閣を命じられた時には、閣僚の任免について政党から関与されず、同様に閣僚も活動について党員から関与されるべきではない、と考えていた。第五に、行政の機能を完全にするため、官吏の任官・昇進をしっかりと行い、また地方自治によって地域の団結を図り、社会経済上の「協同」を完全なものにすることであった（伊藤之雄『立憲国家と日露戦争』五四～五六頁）。第四の、総裁や閣僚は政党の関与を受けないという主張を除けば、これまで原が述べてきた考えと、基本的に同じである。

帝国ホテルで開かれた立憲政友会の発会式

発会式に、伊藤総裁を補佐する最高幹部である総務委員一三名が、伊藤から指名された。一三名中、伊藤系官僚・実業家が西園寺公望・末松謙澄・金子堅太郎らの七人で、一番多い。政党からは憲政党(旧自由党)系の星亨・松田正久・林有造の三名と、憲政本党(旧改進党)系の尾崎行雄ら三名の、合計六名であった(同前、五七頁)。

この一三名の総務委員の中に、閣僚経験者が六名いる。憲政党の最高実力者で、政友会創立にも重要な役割を果たしている星亨(前駐米公使)の入閣も確実であろう。それ以外に、総務委員ではないが元老の井上馨(前外相等)や伊藤系官僚の渡辺国武(前蔵相)という二人の有力者がおり、閣僚候補者は少なくとも九名はいた。伊藤が就任する首相と、陸相・海相を除けば、閣僚ポストは外務・内務・大蔵・司法・文部・農商務・逓信の七つしかない。この中に、閣僚経験のない原が参入するのは、そう簡単なことではなかった。

ところで、山県首相の本音は、伊藤の政党設立に反対であった。それが伝わり、東京・大阪の大商工業者たちは、伊藤・政友会と山県・山県系官僚のどちらからも中立を保ちたかったため、結果としてほとんど政友会に参加しなかった。貴族院からの参加も、伊藤系官僚を中心とした少人数にとどまった。これらは伊藤の誤算であった。

また憲政党員(旧自由党系)は、自動的に政友会員になるとされた。九月一五日の政友会発会式の際、一五二名の衆議院議員中、一一一名(約七三パーセント)が旧憲政党からの入党であったことを考慮すると、政友会は、中央において自由党から憲政党への流れの延長に、伊藤系官僚を加えて成立したといえる。なお、地方都市の商工業者たちは、政友会にかなり参加したようである(同前、五九頁)。

伊藤内閣に入閣できない憤り

話は少し戻るが、一九〇〇年（明治三三）五月二四日、伊藤の新党組織の動きを見た山県首相は、在職一年半に及ぶという理由で、明治天皇に辞意を申し出た。これは伊藤の準備が整う前に政権を譲り、第四次伊藤内閣と伊藤新党を失敗させようとする意図である。山県と伊藤は、憎み合うほどの関係ではないが、山県が政党を否定的にしかとらえられなかったため、伊藤と対立を深めていった（伊藤之雄『山県有朋』第八〜一〇章）。

逆に伊藤は、山県の意図を外し、じっくりと準備してから政権に就こうと考えた。まもなく義和団の乱が激化したので、山県首相はその対応に当たり、引き続き政権を担当した。

すでに述べたように、原は半年前に、元老井上馨が山県の次に組閣して伊藤新党を助けるべきだ、と井上に述べている。しかし後継首相候補者として、井上の名は天皇や元老たちの間では登場しなかった。これは、天皇が伊藤に期待して首相就任を望んでいたうえに、伊藤と井上が一体化されてとらえられたからであろう。

その後、義和団の乱が鎮圧されると、九月末に山県は辞表を提出した。山県と天皇の思惑は異なるが、二人の意向で、天皇は伊藤に組閣の命を下し、一〇月一九日、第四次伊藤内閣が成立した。

伊藤首相と、留任した桂太郎陸相（山県系官僚）・山本権兵衛海相（薩摩派）を除いた閣僚のうち、政党出身者は松田正久文相・林有造農商相・星亨逓相（いずれも自由党の流れをくむ旧憲政党）の三人、伊藤系官僚は西園寺公望（班列）・渡辺国武蔵相・末松謙澄内相・金子堅太郎法相の四人であった。班列相は担当の省を持たない閣僚であるが、近代的内閣制度ができて以降、藩閥官僚の大物を首相と同格、あるいは副総理格として遇するポストとして運用されていた。西園寺は伊藤の後継者として、副総理格の班列相となった。他に外相として、外交官の加藤高明（前駐英公使）が入閣した。四〇歳の加藤は、原よりも四歳も若いが、すでに五年以上駐英公使を務めており、伊藤はイギリスとの関係を考えて、加藤に期待したのだろう。朝鮮問題や義和団鎮圧後の善後処置をめぐり、ロシアと宥《ゆう》和《わ》するにせよ対決するにせよ、イギリスの支援は不可欠であった（伊藤之雄『立憲国家と日露戦争』六〇、七六頁。奈良岡聰智『加藤高明と政党政治』六〇～六四頁）。

結局、原は入閣できなかった。そのことは内閣発足の六日前、一〇月一三日に西園寺から「伊藤を糺問したる結果」として聞いた。伊藤の要旨は、今回は入閣させられないが、次に欠員のある時は必ず入閣させる、入閣までの間は大阪毎日新聞社で受けている俸給を支給する、政友会では総務委員とし、幹事長のような煩雑な職には就かせない、というものであった（『原敬日記』一九〇〇年一〇月一三日）。

原にとっては「意外千万」であった。原は伊藤から、内閣組織に当たっては原が必要なので新党に加入してほしい、と勧められていたからである。原は伊藤が意志「薄弱」だと見た。原との約束に背いたのは、旧憲政党（旧自由党）の四総務委員を入閣させざるを得なくなり、元老松方正義の頼みを容れて加藤高明を外相とし、渡辺国武の「強迫を恐れて」蔵相にしたためだ、と考えたからである。原は西園寺に、三、四日よく考えて返答する、と答えた（同前）ものの、その時点で、伊藤総裁の決定を受け入れざるを得ないかもしれないと予測したようである。

しかし、原は簡単にあきらめるような男ではない。翌日に政友会総務委員会に出席し、党務に意欲を見せた（同前、一九〇〇年一〇月一四日）。一五日には西園寺を同伴して伊藤を訪れ、一三日の伝言に対する返答をした。今さら仕方がないので伊藤の意に従うとしながらも、原は西園寺からの伝言を伊藤に確認したうえで、すでに述べたように、貴族院勅選議員に第一の機会に推薦してほしいと伊藤に求め、承諾を得た。さらに、渡辺国武を入閣させるべきではない、と意見を述べた。この八日前に、原は実業家の大倉喜八郎を訪れて、井上馨を蔵相とするには、実業家の入党勧誘が必要だと述べ、大倉に協力を約束させていた。なお、旧憲政党の重鎮星亨も、井上を蔵相にすべきという考えだった（同前、一九〇〇年一〇月七日、一五日、一六日）。

翌一六日、原は西園寺に手紙を書いて、入閣できるとすれば一五日に申し上げたとおり、どの省でも異存はなく、到底実際には無理だろうが陸軍省・海軍省でもかまわない、と伊藤への助言を頼んだ。ここには、自分は入閣する資格があるんだという原の自負心と、二〇歳代半ば以来イギリスの政党内閣を理想とし、陸海軍大臣は文官でもかまわない、と『大阪毎日新聞』紙上で主張してきた原の思想が表れている（伊藤之雄「原敬の政党政治」）。

しかし一八日に原が大阪に戻ると翌日、すでに述べたように伊藤内閣の閣僚が発表され、原は入閣できず、渡辺国武は蔵相として入閣した。同日、西園寺は、原に手紙を書いた。その中で、一八日に伊藤に同行して東京に戻った際に、やはり原を入閣者名簿に加えないと聞かされたことを伝えるとともに、この内閣はあるいは「大破裂を来す」かもしれないと思う、と書き添えた（原敬宛西園寺公望書状、一九〇〇年一〇月一九日、『原敬関係文書』第二巻、四九頁）。政友会の創立や第四次伊藤内閣の組閣過程で、原と西園寺は連携を強めていた。

同じ一九日、原は陸奥亮子《りょうこ》（陸奥宗光の二番目の妻）の遺骨を大阪の夕陽丘墓地に納めるのに参列した。陸奥未亡人亮子はこの年の八月一五日に病死した。その翌日に原はたまたま東京に来たので、ただちに砂土原町《さどはらちょう》の陸奥邸に行き、一九日の葬儀にも列席していた（『原敬日記』一九〇〇年八月一六日、一九日）。陸奥関係の葬儀・法事には、原は欠かさず参列する。恩もあり深く尊敬していた陸奥を偲《しの》ぶことは、その陸奥に期待されていたころの自分を思い起こすことにつながり、新党に参加する不安や、伊藤の党運営に対する憤りをまぎらわすことにもなったのだろう。

大阪毎日新聞社長を辞任

一九〇〇年(明治三三)一一月九日、東京に帰った原が、腫《は》れ物のため赤十字病院に入院中の井上馨を見舞うと、井上は、大阪毎日新聞社長を辞めてはいけない、と原に勧告した。一一日に原が大阪に戻ると、井上の意を受けた実業家の藤田伝三郎が、原に同じことを勧めた。原は、政友会に入党して新聞社に留まっても妨げがなければそうするが、妨げがあるなら退社する、と答えた(『原敬日記』一九〇〇年一一月九日、一一日)。原が入閣できなかったので、井上馨が配慮したのであろう。

しかし松本重太郎《じゅうたろう》(大阪毎日新聞相談役)は、原に政党との関係を絶って社長をつづけてほしいとの考えだったので、原は退社の決意をした。井上馨に事情を説明し、井上・藤田の厚意に感謝するという手紙を書いた(同前、一九〇〇年一一月一二日。井上馨宛原敬書状、一九〇〇年一一月一四日、「井上馨文書」)。

他方、原は西園寺を通して、大阪毎日新聞社の原の後任の推薦を伊藤に依頼していた。一一月一〇日の段階でも、伊藤の西園寺への手紙には何も記載がなかった。西園寺が問い合わせると、伊藤は原の後任選定のことは忘れていたとして、小松原英太郎(前内務次官)は原と親しいので適当である、と推薦してきた。間違いのないように原からよく説明して取り決めるようにも書いてきた(原敬宛西園寺公望書状、一九〇〇年一一月一〇日、一三日、同封の西園寺公望宛伊藤博文書状、一九〇〇年一一月一二日、『原敬関係文書』第二巻、四九~五〇頁)。入閣できなかったうえに、原の後任の推薦を忘れており、小松原には原が交渉せよとの伊藤の態度に、原は自分を軽視しているとさらに不愉快になったことであろう。

それでも一一月一九日、原は松本重太郎ら同社の三人の相談役に、社長の辞任理由書を示し、原の発議で小松原英太郎を後任に招くことが決まった。二〇日、原は小松原に長文の手紙を書き、原が大阪毎日新聞社に入社した際と同じ条件で（年俸五〇〇〇円、編集一切のことを統轄）、入社するよう勧誘した。小松原の同意を得ると、二四日の同新聞紙上に、一一月二二日付の原の辞任理由と後任が小松原であることを公表した。また慰労金として、原に五〇〇〇円贈与されることも知らされた（『原敬日記』一九〇〇年一一月一九日、二四日。小松原英太郎宛原敬書状、一九〇〇年一一月二〇日、『原敬関係文書』第三巻、六〇一頁）。

西園寺公望との友情が深まる

新聞社の退社をめぐっても、原の伊藤への不信をさらに募らせるできごとが起きた。原は新聞社の社長辞任と同時に政友会総務委員に指名されるはずであった。原はこの点を再確認するため、一九〇〇年（明治三三）一一月二〇日に伊藤首相（総裁）に手紙を書き、二四日に社長辞任を公表するので、そのうえはただちに入会することに差し支えはなく、総務委員に指名してください、と伝えておいた。ところが西園寺から、原を総務委員に指名すべきとの意見はこれまで西園寺からも継続して伊藤に伝えてきたが、原の総務委員指名をしばらく延期することを諒解してほしいとの手紙が来たのである（伊藤博文宛原敬書状、一九〇〇年一一月二〇日、『原敬関係文書』第三巻、五九六頁。原敬宛西園寺公望書状、一九〇〇年一一月二三日、同第二巻、五〇頁。『原敬日記』一九〇〇年一一月二四日）。これは、旧憲政党（旧自由党）党員からも総務委員を増やしてくれと求められているので、伊藤が原のみを新規に総務委員にする決断を躊躇したからである。原はすでに総務委員会にも出席しており、事実上の総務委員として活動していた。

原が総務委員に指名されるのがしばらく延期されるとの手紙を西園寺から受け取ると、原は一一月二五日付で、「甚敷侮辱《はなはだしきぶじょく》」云々と書いた手紙を西園寺に送った。西園寺はただちに二七日付で、伊藤は原を大変頼りにしていることは談話中にも表れており、「侮辱などは夢にも」ないと確信しているので、どうか誤解のないようにお願いします、と原に返事した（原敬宛西園寺公望書状、一九〇〇年一一月二七日、『原敬関係文書』第二巻、五〇頁）。原は伊藤への怒りを西園寺にぶちまけ、西園寺はすぐに原をなだめるなど、二人の関係の良さが確認される。西園寺の手紙に原は気を取り直し、一一月二八日に西園寺への手紙で、自分のほうからだけ「伊藤並《ならびに》政友会の為めを考ふるも彼更《さ》らに感ぜざるに於《おい》ては馬鹿々々しき訳」ではあるが、この際は強いて争わず伊藤の処置を見る、と書き送った（『原敬日記』一九〇〇年一一月二四日、二八日）。

この二八日付の原の手紙を受け取る前、原の動きが心配な西園寺は同日付で、昨日もお手紙で申し上げたように、近いうちに伊藤も東京に出るので、原の総務委員指名は必ず実施されると思います、しばらく「御忍堪」ください、とあらためて原をなだめる手紙を書いた。原が他日政界で働くについても、いろいろな衝突がないほうがおかしいくらいで、どうか国家のために「卓然として御自任」ください、とも願った。さらに、来月五、六日ごろに原が東京に来るのを待ち望んでいることや、政友会の中に「担当の人物」を欠いて憂慮しているという西園寺の気持ちを書き、原への期待を示した（原敬宛西園寺公望書状、一九〇〇年一一月二八日、『原敬関係文書』第二巻、五一頁）。

この時伊藤は五九歳。人生五〇年といわれた当時においては、「剛凌強直《ごうりょうきょうちょく》」（強く厳しく正直）と言われた伊藤も老境に入っていた。理想の政党を創って「憲法政治」を完成させようという志は高く、自負心も強いが、三年前の第三次伊藤内閣組閣のころから、短気で強引な政治運営が目立つようになっていた。また反面、頑強であった体も衰えたためか、気弱な対応を取ることもあった。原に対する伊藤の発言の齟齬《そご》も、そこから来ている。それに対し四四歳と元気盛りの原には、人生を賭けて政党に参加した不安も加わり、伊藤の状況を寛容にとらえることができない。伊藤への強い不信が募り、厳しい批判の言葉となったのである。

西園寺が原をなだめて自重させようとするのは、二人はイギリス風の立憲君主制（政党政治）や陸奥外交に見られる列強の国際規範を守った外交を展開するという点で、ヴィジョンを共有していたからである。このヴィジョンは伊藤のものと同じであった。原と西園寺の違いは、西園寺には心の余裕があったことである。西園寺は伊藤から後継者とみなされ、第四次伊藤内閣の組閣過程においては、一〇月二七日付で枢密院議長という栄職のみならず副総理格の班列大臣にも就任していた。

第一五章　念願の初入閣——逓信大臣の実力

総務委員兼幹事長に指名

さて、大阪毎日新聞社長を辞任することが決まると、一九〇〇年（明治三三）一一月二四日以降、様々な送別会が続く。その後、原は一二月四日に親戚・友人・大阪毎日新聞社員らに見送られ、浅とともに大阪を出発した（『原敬日記』一九〇〇年一二月四日）。政党政治家を目指す原の門出に、事実上の妻として大阪で一緒に暮らした浅を同伴したのである。

その日、原は京都で途中下車し、元老の山県有朋を別荘「無隣庵」に訪ねた。山県の首相辞任後、初めての面会である。政友会の前途や文官任用令の改正等について、山県と話した。翌日には京都にある中井弘の墓に参った（同前、一九〇〇年一二月四日、五日）。

わざわざ山県と会見するところに、政友会と対立する人物の情報を集め、山県との関係も維持しようという、原の意欲、したたかさ、慎重さがわかる。また、妻貞子との関係は冷えても、その父である中井の恩は忘れないという義理堅さが見える。

次いで原は伊勢神宮に参拝し、一二月九日午前一〇時半、東京に帰着した。その後、西園寺や伊藤と面会し、一二月一九日、総務委員兼幹事長に指名された。

なお、創立期の政友会において、政治資金は伊藤総裁みずから扱っており、幹事長の地位は重くなかったので、原は幹事長を兼任することを望んではいなかった*（同前、一九〇〇年一二月七～一九日）。

＊　政友会の幹事長は、一九六〇年代以後の自由民主党の幹事長と異なり、党の（相談役や）総務委員の下のポストであった。一九〇五年三月の政友会の組織改革で総務委員が廃止され、幹事長と四人の幹事を設置した。この体制では、西園寺総裁と原・松田正久という三人のインフォーマルな集団が党の大枠の方針を決め（資金は西園寺総裁が管理）、幹事長と幹事で日常の運営を行った。その時以降、幹事長の就任は一回のみであることが慣行となった。したがって幹事長には、将来性を期待された若手か、総務委員になれずに党歴の長い者かの、どちらかが就任した（伊藤之雄「日本政党政治研究の課題」参照）。

逓信大臣となる

この間、第一五議会の召集を前にした一九〇〇年（明治三三）一二月一七日に、貴族院の中核となる六会派の幹部が相談のうえで、伊藤首相に対し、星亨が逓信《ていしん》大臣の職にあっては内閣の威信が保てないので措置を望む、などの勧告を行った。貴族院議員の多数は、伊藤が元老でありながら政党の党首になったことに対し、反感を持っていた。そうした中で、星を東京市会疑獄事件に関係しているとして批判したのである（有泉貞夫『星亨』三〇四～三〇七頁）。

二〇日、西園寺は原に、翌二一日朝に星が伊藤首相に辞表を出すことに決定した、と話した。翌二一日に星が辞表を提出すると、二二日、原は星の後任として逓信大臣に任命された（『原敬日記』一九〇〇年一二月二〇～二二日）。

逓信大臣とは、鉄道、電信・電話や船舶の航路・灯台などを管轄する逓信省の大臣である。鉄道や航路は、二〇歳代半ばの新聞記者時代から、原の関心事であった。こうして、原はようやく入閣の宿願を果たした。東北出身者で最初の大臣であった。

岩手県同志会代表葛寛蔵・石井喜兵衛からは、一二月二五日付で、東北で最初の大臣が出たのは、原個人の栄光に止まらず「東北の栄」である、との祝いの手紙が届いた。一二月二八日には、原の実家のある岩手県本宮村（現・盛岡市本宮）有志総代からも、歓喜の至りに堪えず本日祝賀会を催した、との書状が送られてきた（『原敬関係文書』第六巻、四八一頁）。

原の逓相就任を祝って、翌一九〇一年一月二五日に、政友会東北会が新年宴会を兼ねた会合を開いた。二六日には、親友の阿部浩（千葉県知事）らが発起人となり、岩手県人が帝国ホテルで祝賀会を開いた。この祝賀会には、南部利恭《としゆき》伯爵（前南部藩主）はじめ田《た》中館《なかだて》愛橘《あいきつ》（東京帝大理科大教授）ら八四名が来会した。原が総選挙に出馬するとすれば関係する可能性がある盛岡からは、宮杜孝一（盛岡市参事会員）・関定孝《さだたか》（盛岡市助役）らが、わざわざ上京して参加した。二七日には南部同郷会が東京の三河屋で午餐会を開いてくれ、四、五十名が集まった。この間一九〇一年一月二三日には、岩手県知事北条《きたじょう》元利《もととし》が逓信省に原を訪れ、県下の事情を述べた（『原敬日記』一九〇一年一月二三日、二五～二七日。『原敬関係文書』第六巻、四八二、四八四～四八六頁）。

もっとも、この時点では原は掌握していないことであるが、清岡等盛岡市長は政友会に入党したり支持したりする気はなく、みずから総選挙に出馬しようとしており、祝賀会のために東京に来ることもなかった。北条知事は山県の腹心平田東助系と見られ、総選挙では表面上は中立を装い、清岡の当選を目指して便宜を図った。いずれにしても、原は念願の閣僚になったことを、政党政治実現のための大きな一歩として満足し、総選挙で勝利できる可能性が強まったという手ごたえを感じたことであろう。

第一五議会の原逓相

原が逓信大臣に任命されて五日後、児玉亮太郎《りようたろう》（ミシガン大卒、後に衆議院議員）を秘書官に任命した（『原敬日記』一九〇〇年一二月二七日）。児玉亮太郎は、和歌山県の旧陸奥宗光派の最高幹部児玉仲児《ちゆうじ》の長男で、原との縁があった。

原は逓信大臣に任命されると、田健治郎《でんけんじろう》逓信総務長官（逓信次官）に仕えている松本剛吉《ごうきち》（前警察官僚）を、芝公園の自宅に招いて、田に留任するよう話してほしい、と依頼した。松本は後に、元老山県有朋、山県の死後は元老西園寺公望の私設秘書になる人物で、保守的思想の持ち主であるが、口が堅く、誠実な人柄であった。原とは人を介して「明治二九年（一八九六）」に原の「外務省政務局長」時代に面識を得ていた、という。田は松本の説得もあり、逓信次官の留任を承諾し、松本がこのことを原に報告すると、原は大変満足した（松本剛吉「原敬卿ノ薨去《こうきよ》ヲ悼ム」一九二一年一一月四日、「松本剛吉文書」国立国会図書館憲政資料室所蔵）。おそらく原は、松本からか、前任逓相の星亨から、田の仕事ぶりを聞いていたのであろう。また原は一八九五年五月には外務次官に昇進しているので、松本が原と最初に会った時の記憶には、少し混乱がある。

後に述べるように、日露戦争後に原が第一次西園寺公望内閣の内相になった際にも、内務省のことはよくわからないから、と水野錬太郎《れんたろう》内相秘書官に留任を求めた。官僚としての経験から、原は外務省や農商務省のことは知っている。しかし、勤務したことのない省の大臣となった時に、官庁はどこでも同じで統率できると思うような、過剰な自信を持たない。信頼できる官僚を見つけ、確かな情報を得て、その省を掌握していくのである。官僚に対してコンプレックスがないから、このようなことができるのである。

原が逓相に就任した時は、例年のごとく一二月末に開院式を行う第一五帝国議会に予算を提出するため、予算案がすでに決まっていた。そこで逓相としての当面の活動は、この予算案を議会で可決することであった。

第一五議会では与党政友会が衆議院の過半数を制していたので、予算案は衆議院を無事通過したが、問題は貴族院であった。同院は、第四次伊藤内閣が政友会を背景とした政党内閣色の濃い内閣であるとして、反感を持っていた。また貴族院の山県系官僚閥の有力者たちは、伊藤首相が官吏の任免の制約を緩和しようと文官任用令・分限令の改正をするのではないか、と伊藤内閣への警戒を強めた。

このため、衆議院で多少の修正を経て可決された酒類税の増加・関税の増加・砂糖消費税の新設等の増税案を、一九〇一年二月二五日、貴族院の特別委員会は否決し、二七日の貴族院本会議に、増税理由が曖昧である、行政・財政整理が完了していないなどと、その否決理由を報告した。この増税案は、北清事変（義和団の乱）に際し、先の山県内閣が臨時に約二九〇〇万円（現在の約四四〇〇億円）使用したものを埋め合わせるためのもので、貴族院側の伊藤内閣へのいやがらせであった。

伊藤内閣は二月二六日に閣議を開き、貴族院の動きへの対抗策を検討した。加藤高明外相・渡辺国武蔵相は、イギリス流に衆議院を解散して「民意」を問う説を述べた（『原敬日記』一九〇一年二月二六日）。貴族院はイギリスでも日本でも解散できない。そこで、イギリスでは庶民院（下院）を解散し、政府が勝利すれば、貴族院は政府の案を可決する慣例がある。それにならい、日本でも衆議院を解散し、勝利して貴族院に増税を可決させようとしたのである。加藤外相や渡辺蔵相らの論は、理想論である。

それに対し、原逓相は、政友会の基礎がまだ強固でないので、衆議院の解散は「熟慮を要すべき」(同前)と、イギリスの立憲君主制にある解散という手法を原則的に支持したが、政友会の状況に鑑み、解散に反対した。

原は閣議で貴族院令を改正することを主張した。原は貴族院令の改正が「至難」であることを知っていたが、まず閣員の確固とした決心を促す手段としてとらえた。そのうえで、それができないなら、議会の停会を決定すべきと考えた。また停会は、「断然たる処置」をなす順序としてとらえていた。こうした考えは、かつて陸奥宗光から教えられた手法であった(同前)。

すでに述べたように、原は二〇歳代半ばの新聞記者時代から、イギリスは政党が発達し政治が安定している、とイギリスの政治のあり方を将来の理想と考えていた(本書第三章)。第一五議会の貴族院の行動への対応に関しても、イギリスを理想とする前提で、政友会の基盤が固まっていない現状を考慮し、議会の停会に始まり、貴族院に断然とした処置を取るとの路線を主張した。原がイギリス政治を理想とする理念と現実を調和させた発想をする政治家であることが、ここでも確認できる。

結局、閣議では、議会を一週間ほど停会し、その間に貴族院各派と交渉することになった。二月二七日の貴族院本会議でも妥協ができなかったので、まず二月二七日から三月八日まで、その後さらに延長されて一三日まで議会は停会となった。この間、元老らの調停が行われたが妥結せず、三月一二日に明治天皇の詔勅が出て、妥協の方向が定まり、一六日の貴族院本会議は、増税法案を衆議院の議決どおりに多数で可決した(山本四郎『初期政友会の研究』九六〜一三四頁)。

第一五議会で、原の管轄する逓信省関係では、既設鉄道改良費・鉄道新設費・電話拡張費総計二〇四二万二二六九円余が可決された（『原敬関係文書』第六巻、六二二頁）。三月二四日、第一五議会は終了した。逓信省関係の予算・法案に関しては、原は特に不満を示していない。しかし貴族院との紛擾に言及し、この機会において「貴族院令の改正をなす事を得ざりしは遺憾の次第なり」と、くやしがった（『原敬日記』一九〇一年三月二四日）。

数字的根拠を示し閣議を主導

第一五議会が終了してまもなく、渡辺蔵相は伊藤首相に一九〇一年（明治三四）度の公債支弁の政府事業をすべて中止すべしとの意見書を提出した。そのうえで一九〇一年四月五日、渡辺蔵相は閣議で、同様の提案を突然行った。経済状況が厳しく公債を発行する見込みがないというものであった。渡辺は組閣時にも、蔵相になれそうにないと見ると、脱党を口にして、党を混乱させた人物だった。

渡辺蔵相は一八日後の四月二三日付で、日本は公債総額約五億円のうち外国市場に一億五六〇〇万円の外債を負っているので、利子だけでも一年に正貨で六八〇万円となる、と現状を憂慮した提議書を出している。渡辺は、新たな公債の募集は困難と見たのみならず、これ以上の公債の募集を行うと国家の信用を失うことになるので、財政整理こそが最大の急務だと考えた。紙幣の乱発行のため、西南戦争後にインフレーションが起きた状況下でも、政府は大決心をして不換紙幣を整理した。今日の状況はそれほどでもないので、政府が少し決心すれば、一般に大きな痛苦を感じることなく難関を経過できる、と論じた（「四月二十三日渡辺大蔵大臣提議写」『原敬関係文書』第六巻、六一五～六一六頁）。

原逓相や他の閣僚は、渡辺の提言を突然で極端なものだと考えた。渡辺の提言があった閣議から戻ると、原はまず田健治郎総務長官（次官）を招いて相談した。翌日の四月六日には、原は田総務長官、松本荘一郎《そういちろう》作業局長、小松謙次郎《けんじろう》通信局長ら逓信省幹部を招き、公債を財源とする事業の中止または繰り延べ等に関する調査を命じた（『原敬日記』一九〇一年四月六日）。原も公債支弁事業をこのまま継続することは難しいと考えており、何か妥協策はないかと、ただちに対案の作成に入ったのである。

四月七日の閣議においては、まず原逓相が渡辺蔵相に質問を試みた。それは、公債支弁事業の中止をどうして今日まで閣員に知らせなかったのか、なぜ今日まで公債募集計画に着手しなかったのか、公債価格がどれほどなら募集の見込みがあるのか等、具体的な八点であった。渡辺の答弁は、どれも要領を得ないものであった。末松謙澄内相が言うように、そもそも第一五議会で予算が可決された公債支弁事業を、議会閉会後間がないうちに、すべて中止するというなら、議会に対する閣員の責任論すら生じてくる（同前、一九〇一年四月七日）。

渡辺は、公債を募集しようとしてできないから公債支弁事業の中止を訴えているのでなく、これ以上の一切の公債募集をすべきでないと思い詰めるに至り、その主張から議論を組み立てているので、原らとは議論がかみ合わなかった。

ところが伊藤首相は、公債を募集することができないので公債支弁事業を中止する、ただしすでに支払いの義務を生じたものや、非常な危険のあるものは、担当大臣が蔵相と協議して処分するべきである、と渡辺の方向を支持する発言をした。

原はそれに対し、辞職すら暗示しながら強い反対の意志を示し、すべての省の公債支弁事業を中止する結果必要となる支出が二五〇〇万円、事業繰り延べの結果必要な支出が二〇〇〇万円であり、繰り延べのほうが五〇〇万円少ないと論じて、繰り延べという妥協を提案した。伊藤も原の提案を理解したようで、原の提案どおりに決まった。原は閣議後、田健治郎総務長官ら逓信省幹部を集め、事業の調査を命じた（同前、一九〇一年四月七日）。

すでに述べたように、原は、四月五日の閣議で渡辺蔵相の提言があると、ただちに逓信省幹部たちに事業の中止または繰り延べについて調査をさせた。次いで四月七日の閣議には、繰り延べのほうが当面必要な支出が少ない、と取りあえずの数字的根拠を示して、閣議を事業繰り延べに主導した。そのうえで、繰り延べについて、さらに綿密な調査を逓信官僚たちに命じている。状況に対し臨機応変の対応ができ、短い時間で最も必要な数字的根拠をつかみ、それをもとに議論をリードする。これが、原が他の閣僚と比べ優れているところである。

渡辺蔵相との対決

ところが、その後、渡辺蔵相は一九〇二年（明治三五）度予算について、公債支弁事業はすべて中止するべきという意見書を伊藤首相宛に送付した。四月一四日、伊藤は原逓相を招いてこの書面を示し、不当であることを述べた。原もざっと読んでほとんど閣議の議題となす価値がないと答えた。伊藤は各閣僚とともに渡辺に十分反論すべきというような意思をもらした。もっとも、渡辺の意見書の中にも、今の閣員と議論しても無益であり、内閣を一部改造しないと議題にしても仕方がないので、参考のために送るとあった（『原敬日記』一九〇一年四月一五日）。

一九〇一年度の公債支弁事業予算は翌年以降に繰り延べる、と四月七日の閣議で決まったのにもかかわらず、渡辺蔵相の提言は、繰り延べされる一九〇二年度以降に公債支弁事業はすべて中止する、というものである。閣議で決定したことの精神をまったくないがしろにするものだ。しかし、あくまで参考意見として伊藤首相のみに送った書面を、伊藤が原逓相に見せ、他の閣僚等と共に反論すべきである、というのも感情的である。渡辺の閣僚としてあまりにも協調性のない行動に、伊藤のがまんも限界にきたのであろう。

原は第四次伊藤内閣の組閣時から、原の後援者でもあった元老井上馨が蔵相になるべきだと思っていた。この時点でも同様であったので（同前、一九〇一年四月六日、一七日）、伊藤の憤慨に応じた。

四月一五日の閣議では、伊藤首相が、渡辺蔵相の書面に法制局の意見をつけたものを示し反論を述べたところ、渡辺は閣議の問題にする意思はないと撤回した。それにもかかわらず、原逓相は一九〇二年度の予算方針を問うた。渡辺が、公債が募集できればその事業を継続しできなければ中止する、と答えると、原は渡辺の無方針を批判した。児玉源太郎陸相も続き、他の閣僚も同調した。党内においても、渡辺蔵相を批判する声が強まっていった（同前、一九〇一年四月一五日、一六日）。この中で、四月二〇日ごろまでに、渡辺蔵相への反感を核に、副総理格の西園寺と、原逓相・党人派の実力者星亨の連携が強まっていった（原敬宛西園寺公望書状、一九〇一年四月二〇日、『原敬関係文書』第二巻、五二頁）。

党内地位の上昇

それにもかかわらず渡辺蔵相は、四月二三日付で、今が公債整理の好時期なので公債を募集して事業を行うべきでない、との新たな意見書を伊藤首相に出してきた。渡辺の意見書は、内国債の募集は無理で、外国債は余地があるように見えるが、日本の信用を傷つけるのでこれ以上募集すべきでない、と論じていた。同日の閣議で、伊藤首相は渡辺の新しい意見書を閣員に示した。原はそれを、単に前の議論を繰り返しているだけと見た。翌二四日、原は一日中官邸にこもって、渡辺蔵相の意見書に対する反論を起草した。すでに、田総務長官（次官）や松本作業局長からは、鉄道建設や電話架設費繰り延べ等の調査も出されていた。四月二五日、原逓相は伊藤首相を訪問して渡辺蔵相の新意見書に対する反対閣議案を提出した（『原敬日記』一九〇一年四月二三～二五日）。

原の主張は、第一に、閣議で一九〇一年度予算で公債支弁事業を繰り延べることが決まったが、翌年に繰り延べられたものをすべて中止するのは、閣議決定に反することである。

第二に、これ以上外国債を募集するのは国家の信用を傷つけるという渡辺の意見は、「抽象的に立論」すればそうかもしれないが、「生産的投資」に充てる公債はこのような理論をもって律することができない、と見ることだ。原は鉄道や電話・製鉄のような「生産的」事業は「国力の発達を促進」する事業なので、公債募集が可能か否かで簡単に実施か中止か決められないものである、と論じた。

第三に、公債を募集することを希望するが、仮に募集できない場合でも、工夫すれば公債支弁事業を継続できる財源を見出せることだ。その財源は、北清事変費のうち使用しなかった分、公債償還金のうち一九〇四年度以降増税でまかなうので必要がなくなる分などである（原敬「渡辺大蔵大臣への反論〔閣議申請〕」一九〇一年四月二五日、『原敬関係文書』第六巻、六二二～六二四頁）。

原は、公債支弁事業の中にも「生産的」なものがあり、それは公債残高が多いから発行を抑制すべきだという議論の枠に単純に入れることができない、という考え方を初めて本格的に打ち出した。これは、その後の原や政友会の公債発行についての基本的な考え方となってゆく。

その日の夕方に、原逓相と西園寺公望（班列大臣、副首相格）・旧憲政党（自由党）系の実力者の星亨（前逓相）の三人で相談し、右の要旨の原の意見書を渡辺が承諾すればいいが、そうしないなら内閣総辞職を覚悟して一歩も譲らない方針を決めた。翌二六日以降、松田正久文相・加藤高明外相・林有造農商相・末松謙澄内相らの支持を得て（末松も原と同様の意見書提出）、閣内で渡辺蔵相を孤立させていった。結局、渡辺蔵相は原らに同意もせず、辞表も出さなかった。五月二日、伊藤首相は閣僚の辞表を集めて、天皇に提出し、一〇日に裁可された。こうして第四次伊藤内閣は、わずか七ヵ月ほどで倒れた（『原敬日記』一九〇一年四月二五日〜五月一〇日）。

この間、五月二日に西園寺は首相臨時代理に任命された。明治天皇は渡辺蔵相を罷免して伊藤内閣を継続させることを望み、五日に元老会議が伊藤の留任を勧告したが、伊藤は辞意を変えなかった。山県有朋ら他の元老たちが伊藤内閣に協力するという姿勢を一致して示さなかったからである。天皇は西園寺も元老同様に元老会議に参加させた（伊藤之雄『立憲国家と日露戦争』一一七〜一一八頁）。

五月八日、原は西園寺を訪問し、事情を聞いた。西園寺は元老総出の〔伊藤〕内閣を元老に勧めたが、元老たちは伊藤が留任を固辞するのなら西園寺が組閣してはどうかと勧めた、という。西園寺は、臨時首相ならともかく首相になるのは断るしかない、と答えた。原が、むしろ西園寺内閣を組織してはどうか、と勧めると、西園寺は、その意思がないわけではないが病身でどうすることもできないし、組閣するとすれば「西園寺流の内閣」を作りたい、と応じた。結局、原と西園寺は井上馨を蔵相にして伊藤内閣を継続することで一致した（『原敬日記』一九〇一年五月八日）。

すでに述べたように、政友会に入党した時、それまでの経歴から見れば、原は党の最有力者の一人というわけではなかった。しかし渡辺蔵相問題で主導権を発揮したことで、伊藤の後継者で副総理格の西園寺と後継内閣について議論できるほどに、党内の地位を向上させたことがわかる。また西園寺も後年のイメージとは異なり、もう少し体調の良い時に自分で閣僚を選んで組閣したい、と政権担当に意欲的であった。

政友会内閣を継続できない

その後も元老会議は、一丸となって伊藤に再組閣を依頼し協力するという姿勢を示さず、組閣を行いたい気色を見せた井上馨を後継首相に推薦した。五月一六日、井上は天皇より組閣の命を受けた(伊藤之雄『立憲国家と日露戦争』一二〇頁)。

井上の話によると、政友会からは原一人を入閣させるだけで、芳川顕正《よしかわあきまさ》(山県系)の他に、大蔵大臣には岩崎弥之助《やのすけ》か渋沢栄一、二人が不承知なら曾禰荒助《そねあらすけ》(山県と伊藤の両方に近い)等、官僚系や財界人の入閣を求める計画だ、と西園寺は原に話した。そこで原は西園寺・星の三人で相談し、その計画では政友会は井上内閣を十分に援助できないだろうと、井上の組閣を断念させることにした。星は一八日、原は一九日に井上と面会した。原は、伊藤に再び組閣させて井上が蔵相になるか、井上が首相兼蔵相となるほかない、と井上に論じた。また井上が首相になる場合は、衆議院で政友会が多数を占めているので、政友会を動揺させないように深く注意してください、と「忠告」した。また同日に西園寺からも、井上が採用しようとする閣員は政友会が満足するメンバーではない、と伊藤と山県に伝えてもらった。伊藤が井上に政友会を率いて援助するというような軽率な約束をしないよう、釘を刺したのである(『原敬日記』一九〇一年五月一七～二〇日)。原は自分に井上内閣への入閣の話があるにもかかわらず、あくまで政友会内閣を作ろうと、西園寺・星と連携して、井上の組閣交渉を妨害したのである。

期待した閣僚を得られず、二三日に井上は組閣を辞退した。そこで二五日、元老会議は山県系官僚の中で山県に次ぐ実力者桂太郎陸軍大将を後継首相に推薦し、二六日に桂に組閣の命が下った。伊藤が再組閣したいと思っていることに配慮し、桂は一応伊藤に組閣を勧め、伊藤が組閣を固辞するのを確認したうえで、六月二日に第一次桂内閣を組織させた。この間も原は、二九日に加藤高明外相を訪れて、伊藤を再び組閣させようと活動するなど、最後まで政友会内閣の継続にこだわった。また原が桂内閣に留任するという説があったので、原自身が井上馨や伊藤に否定した（同前、一九〇一年五月二九日、三一日）。

政友会内閣を継続するという原の願いは実現しなかったが、原は西園寺や星と連携しながら政友会の中での地位を固め、かなり満足したことであろう。

第一六章　政友会の掌握から政党政治家へ
——日露戦争前の山県有朋閥との闘い

山県閥へのはっきりとした対抗心

一九〇一年（明治三四）六月二日、第一次桂太郎内閣ができると、原は逓信大臣を免じられた。桂内閣の閣僚は、首相・桂太郎（山県系、陸軍大将）、外相・小村寿太郎（九月二一日就任、外交官、前駐清公使）、内相・内海忠勝《うつみただかつ》（山県系）、蔵相・曾禰荒助《そねあらすけ》（山県と伊藤の両方に近い官僚）、陸相・児玉源太郎（山県系、陸軍中将、留任）、海相・山本権兵衛（薩摩派、海軍中将、留任）、法相・清浦奎吾（山県系）、農商相・平田東助（山県系）、逓相・芳川顕正（山県系）らで、山県系官僚が中枢を固めた内閣であった。

原は、桂内閣は「山県系の諸氏を以て組織したるもの」であり、「山県、伊藤両系の懸隔《けんかく》は是にて益々判明となる」（『原敬日記』一九〇一年六月二日）と、山県系官僚閥への対抗意識を日記に書いた。原は山県から井上馨を通して駐清公使の要職を提示されたように、これまでは山県との関係も維持してきた。しかし、政友会の第四次伊藤内閣に逓信大臣として入閣し、渡辺蔵相問題で閣内や党をリードするようになり自信をつけると、山県や山県系官僚閥へのはっきりとした対抗心を持つようになった。イギリスの政党政治を理想としてきた原としては当然のことである。以下述べていくように、これ以後二〇年近く、原は山県への対決心を一つの軸として活動していくのである。

フォーマルとインフォーマルの党運営

ところで、伊藤博文政友会総裁を支える最高幹部は、すでに述べたように総務委員である。話はもとに戻るが、第四次伊藤内閣ができると、入閣者が総務委員を辞任し、新たに補充され、一九〇〇年（明治三三）一二月一九日までに総務委員は八名となった。総務委員の「資格」で委員会に出席できる入閣者を含めると一五名にもなり、総務委員会では党の迅速な意思決定が困難であった（伊藤之雄『立憲国家と日露戦争』二九六〜二九八頁）。

そのため、すでに見てきたように、渡辺蔵相問題や伊藤内閣の辞任問題など重要問題が起きても、総務委員会は党の意思決定機関としてあまり機能せず、原・西園寺・末松謙澄らの閣僚、最有力総務委員の星亨らがインフォーマルに動き、伊藤総裁と協議して、党の意思を決定していった。

桂太郎

この中で、一九〇一年五月中旬ごろから政友会内で、総務委員の数を減少させ別にその下の幹部会として評議員会を設けてほしい、という要求が総務委員に準じる有力党員の間で強まってきた。六月二日に第一次桂内閣が成立し、第四次伊藤内閣の閣僚が辞任すると、伊藤は原の他、末松謙澄（前内相）・金子堅太郎（前法相）・林有造（前農商相）・松田正久（前文相）ら政友会前閣僚を総務委員に再度任命した。副総理格の班列相であった西園寺公望は、一九〇〇年一〇月二七日より枢密院議長に就いていたので、総務委員に復帰しなかった。枢密顧問官、ましてや枢密院議長は、政党と強い関わりを持つべきでないとの考えが、大隈重信が一八九一年一一月一二日に枢密顧問官を諭旨免官されて以来、定着していた。

伊藤総裁は、総務委員の中に常任総務委員（常務委員）を置くことも決めており、原ら前閣僚五人を総務委員に復帰させるとともに、同時に原の他、星亨（旧憲政党〔自由党〕系の最高実力者、関東）・尾崎行雄（旧憲政本党〔立憲改進党〕系の実力者であったが、伊藤に誘われ単身で政友会に参加、東海）・片岡健吉《けんきち》（旧自由党以来の土佐派幹部、四国）・大岡育造《いくぞう》（藩閥系の旧帝国党から政友会に入党、中国）の五人が常務委員に任命された。旧閣僚の総務委員復帰と、常務委員の人事は、六月七日の議員総会で報告された。原ら常務委員は、週三回の常務委員会と週一回の総務委員会に出席することになった（同前、二九八～三〇〇頁）。

常務委員の特色は、第一に、総務委員の人数が多すぎて党務を早く処理することができないので、五人に限定し、東北の原の他、関東・東海・四国・中国から一人ずつ選ばれたことである（北陸信州・近畿・九州からは選ばれず）。これは、当時の政友会は自由党時代以来の地方派閥を基礎として引き継いでいたからである。また、土佐派（四国）の実力者は林有造であったが、伊藤はあえて閣僚経験がなく中立的な片岡健吉を選んだ。これは土佐派の影響力をさらに小さくするためであろう。

第二に、尾崎は新参者であり、片岡・大岡は党の有力者ではなかったので、常務委員中で原が星と連携し、伊藤と協議しながら党を主導する体制になったといえる。これは渡辺蔵相問題等で、閣僚や党を主導した原・星と西園寺のインフォーマルなグループのうち、政党に関われない西園寺を除いた二人である。伊藤は、党内を実際に主導し、自分の考えに近い二人に、党運営を委ねたのであった。

この時伊藤は、初入閣ながら実力を発揮して閣僚や党を主導した原と、かつて征韓論政変後に参議兼工部卿として入閣し、一年も経たないうちに木戸孝允に代わって長州系の中心となった伊藤自身（伊藤之雄『伊藤博文』第六章）の姿を重ね合わせたと思われる。星と原を軸に党運営を行えば、自分は楽であるし、西園寺が後を継いでも同様だ、と伊藤は思ったのではないか。

ところで伊藤も原も、規則を作って組織を整えそれに基づいて運営すべきだが、その規則や組織は現実に合ったものでなければならないことをよく知っていた。そういった姿勢は、伊藤が憲法を作り原が外交官採用試験の規則を制定した際などに、よく表れている。

他方、二人の強みは、法令・規則を制定しても、初期の混乱期や大きな変動期には、それらにこだわりすぎると国家や組織がうまく運営できないことも、よくわかっていたことである。したがってこの時期の政友会の組織改革に関する二人の食い違いは、理念をめぐった対立ではない。党の状況をどうとらえるか、という事実認識の相違であった。以下で述べていくように、二人は意見を闘わせながらも、結党から数年間の混乱期を乗り切った時点で、互いに深く理解し合うことができたからである。

なんとか党を指導する

ところが、原も伊藤も予想しないことが起きた。一九〇一年（明治三四）六月二一日午後三時、星亨が東京市役所で伊庭想太郎《いばそうたろう》（剣術家、教育家・実業家）に刺殺されたのである。この日、星は政友会本部で原と将棋を指し、長時間の勝負の末に負け、市役所に出向いたところであった。原が星の家を訪れると、遺体はすでに運び込まれていた。自分に対して厳しいのと同様に他人の言動にも厳しい原が、星については日記で次のように高く評価し、その突然の死を惜しんだ。

本人は種々の悪評を受けたれども、世人の想像するが如き奸悪《かんあく》をなす者にあらず、案外淡泊の人にして金銭に就《つい》ては奇麗《きれい》なる男なりしなり、而《しか》して才気もありたれども随分剛腹にして常に強硬なる態度を取り、政友会の真に柱石たりしが不慮の災に罹《かか》る、真に惜しむべし、政友会に取りても非常の損害なり（『原敬日記』一九〇一年六月二一日）。

原も認めているように、旧自由党以来の党人派の党員で最大の実力者であった星の死は、政友会にとって大きな打撃であった。六月二七日、原は伊藤総裁を訪れ、総裁が奮って党務に従事し、党員の気持ちをつなぎとめることが必要だと説得した。また西園寺に面会して同様のことを話し、党の中に評議員の類いを設けることが必要だろうし、場合によれば枢密院議長を辞任して、もっぱら党務に従事してはどうか、と勧めた。西園寺は、必要なら辞任すると答えた（同前、一九〇一年六月二七日）。原は政友会の統一を強めるため、総務委員に準じる有力党員の間で出てきた、総務委員の下に評議員の類いの組織を作ること等を提案したのである。原は、原ら党の最高幹部たちのリーダーシップを曖昧にする気持ちはなかったが、有力党員の多くに幹部という肩書を与えて、党の団結を強めようとしたのである。

星の後任の常務委員には、六月二八日、松田正久（九州）が伊藤総裁から指名された。松田は第一議会に向けて立憲自由党を創設した時以来の党人派系の有力者で、蔵相・文相等を歴任している。このころには旧自由党以来の土佐派が没落していたので、星に次ぐ党人派系の有力者であった。

七月に入ると、次の議会を指導する責任者として重要な院内総理は原か松田ではないかとの評が、有力新聞に載ったように（『大阪朝日新聞』一九〇一年七月一一日）、伊藤総裁を支え、原と松田が政友会を主導していることが、世間にも周知の事実となっていった。

さて伊藤総裁は、一九〇一年九月中旬から翌年二月上旬まで、欧米を歴訪した。伊藤がイェール大学から名誉博士号を受けるため渡米する機会に、ロシアを訪れ、新しい日露協商の可能性を探るためであった。ロシアは、義和団の乱の際、独自に満州（中国東北地方）に出兵し、そのまま駐兵し続けたので、日本は韓国の勢力圏を脅かされ、日本の安全保障にも関わると危機感を抱いていた。政友会にとっての問題は、伊藤総裁が長期にわたって日本を離れることで、留守中に大きな動揺が起きる恐れがあることだった。

原はその対策について、西園寺枢密院議長と話したうえで、松田と協議して決めた。九月一〇日、総務委員会の承認を取り付け、原と松田は伊藤総裁を訪れて了承を得た。伊藤総裁との会見では、伊藤の留守中は常務委員に全権を委ねることや、西園寺や元老井上馨の助力を内密に求める約束も取り付けた。その際に、総裁不在中の処置として置く総務委員長には松田を、次の議会を指導する院内総務には尾崎行雄を内定した。また総務委員会の下に臨時協議員会も置かれることになり、人選は原・松田ら総務委員で行い、伊藤総裁の同意を得た。

このように、伊藤総裁の外遊中の体制は、原と松田、中でも原が伊藤総裁の意向に配慮しながら形作っていった。党人派で原より一一歳年長の松田を総務委員長とし、旧改進党（旧憲政本党）系だがジャーナリズムに人気のある尾崎を院内総務にしたのは、四五歳に近づいた原の二人への気配りと自信を示している。

なお、伊藤の留守中に全権を委ねられた常務委員会は、伊藤が一九〇二年二月に帰国した後、しだいに開催回数が減少し、同年一一月二〇日が最後となった。一九〇一年秋以降、原と松田の二人による党指導体制が定着していったので、二人の合意が常務委員会の役割を果たし、同委員会開催の必要がなくなったからであろう（伊藤之雄『立憲国家と日露戦争』三〇三〜三〇四、三二四頁）。

桂内閣との闘いと妥協

桂内閣は、第四次伊藤内閣以来の財政難をそのまま引き継いだ。それに対応するためには、行政・財政整理をして財政の無駄を省いたり、内債は困難としても、外債募集や増税をして新しい財源を確保しなければならなかった。さらに桂内閣は、伊藤内閣以上にロシアと対決的であり、ロシアに対抗するため日英同盟を結ぶことや、海軍軍備を拡張することを、組閣にあたり政綱として定めた。

財源を確保するため、行政・財政整理をして外債募集や増税を行うことは、原や政友会も納得できるが、政友会側は得た財源を鉄道・電話等の公共事業に充てることを重視していた。

このころの原のロシアに対する外交観を示す史料は、あまり残っていない。原は、一九〇〇年（明治三三）九月二五日、ロシア等への外交強硬論を主張する国民同盟会の動向を批判している。このことから、対露宥和主義の姿勢で一九〇三年一〇月ごろまで日露戦争を避けられると信じていた元老伊藤博文・井上馨の外交姿勢と、原のそれは類似していたと思われる。後述するように、一九〇三年二月に、原は大阪を中心とした新聞『大阪新報』の社長となる。原の指導の下で、『大阪新報』は日露開戦となるまで開戦論を唱えなかった。また、政友会の機関誌『政友』には、日本国内に増大しつつあった対ロシア強硬論の基調はなかった。原と松田が主導する政友会の政策の基調は、対露宥和主義と公共事業重視であった。

　桂内閣は山県系官僚（藩閥）内閣で、政党を背景とした内閣ではないとの理念上の問題に加え、対露外交や公共事業に対する姿勢が異なるという政策上の問題でも、原や政友会は桂内閣と対立していた。

　伊藤総裁の米欧歴訪の直前の一九〇一年九月ごろから、原は桂内閣を倒し政友会内閣を作ろうと、伊藤総裁の感触を探ったが、伊藤は、政府が理不尽な態度をとらないかぎり、留守中に政変が起きることに否定的であった。しかし原は、倒閣の意思を変えず、伊藤の出発後に、内閣が倒れたら政権を引き受けるよう、西園寺に申し出ていた（『原敬日記』一九〇一年九月一七日、一一月七日）。桂内閣の行政・財政整理は、同年九月末には放棄され、外債募集も失敗が明らかとなった（伊藤之雄『立憲国家と日露戦争』一四六～一五四頁）。

　一一月九日には、常務委員の原、松田正久（総務委員長）・尾崎行雄（次の第一六議会院内総務）は、議会対策や大会決議案などについて協議し、桂内閣を倒すことで合意した。次の第一六議会開会時に、政友会は衆議院の総議席三〇〇のうち一五九を占めており、政友会が団結すれば、予算を否決することで倒閣を狙うことも可能であった。原・松田・尾崎ら政友会指導部は、桂内閣が行政・財政整理や外債募集に失敗し、不確定な要素がある北清事変の賠償金を一般会計に繰り入れて財源としている、と批判した。

　ところが、一二月一三日になると、総務委員に準じるクラスの有力党員田健治郎（前逓信省総務長官〔次官〕）、井上角五郎（広島県、当選六回）、重野謙次郎《しげのけんじろう》（山形県、当選四回）の三名が中心となり、いわゆる浜野屋組（会合した料理屋の名）が、桂内閣と妥協する策動を公然と行うようになった。原は四〇〜五〇名と見たが、『東京朝日新聞』は七二名もの衆議院議員を結集させていると報じた。この背後には、以前は伊藤の腹心でありながら政友会の中軸となれずに不満を持っていた伊東巳代治枢密顧問官（前農商相）がいた。桂首相は、政友会は分裂するだろう、と自信を持って眺めた。

渡米欧中の伊藤総裁と留守を預かる井上馨の両元老は、桂内閣倒閣に反対であった。桂内閣の側も政友会切り崩しのため、鉄道国有法案や呉《くれ》海軍工廠《こうしょう》（海軍関係の建艦・整備・製造の工場）設置という利益問題を匂わせた。当時は日清戦争後のバブル的な好景気が終わり、一九〇〇年不況となっていた。私鉄経営に関係している衆議院議員は、それを国有化という形で買収してもらうことを主張していた。桂内閣は、衆議院議員への直接の買収工作も行った（升味準之輔『日本政党史論』第二巻、四一六〜四一八頁。山本四郎『初期政友会の研究』一九六〜二〇六頁）。

政友会の側も、財源難の状況から積極的に公共事業を提示できないうえに、創立後一年以上経っても、党の組織が不備なこともあり、党員間の意思疎通が不十分で、原・松田・尾崎ら最高幹部に対する信頼は十分でなかった（伊藤之雄『立憲国家と日露戦争』三〇八〜三〇九頁）。

これらが、浜野屋組がここまで勢力を増大させた原因だった。

一二月二五日、原・松田・尾崎ら政友会指導部は、桂内閣批判を撤回し、桂内閣が翌年に行政・財政整理を必ず行うとの条件で妥協を成立させた。翌日、原は予算をめぐる桂内閣との攻防を政友会の一方的敗北ととらえ、悔しさをにじませた手紙を井上馨に書いている。原らの全面的敗北であり、総務委員会の決議として、浜野屋組の中心となった田ら三名を除名しただけであった（同前、一五五〜一五六頁）。

伊藤総裁の奪い合い

一九〇二年（明治三五）一月二五日、原は欧州から船でシンガポールに向かっていると見られた伊藤総裁に宛て、第一六議会での桂内閣との対立と妥協の経過を説明する手紙と、経過を詳細に述べた別紙を送った。その後、この手紙と別紙の到着前に伊藤がシンガポールを離れた可能性が出てきたので、原はその旨を手紙に書いて、同文の別紙を、上海に寄港するであろう伊藤に宛て、二月四日付で送った（『原敬関係文書』第七巻、二五～三七頁）。伊藤家に残されていた文書から、二通の少なくともどちらかが伊藤の手元に届いていたことが確認できる（「原敬書状」「別紙」の一部、「伊藤博文文書」国立国会図書館憲政資料室所蔵）。

原がこのような手紙と「別紙」を伊藤総裁に書いたのは、第一六議会で桂内閣と政友会が対立したのは、原や松田正久ら政友会指導部に問題があったのでなく、桂内閣のほうに問題であったのだと、伊藤に説明するためである。

一月二五日の手紙で、原は第一に、桂内閣の挙動は単に同内閣と政友会との関係に止まらず、「閣下に対する或系統の悪意」によって生まれたのだ、と手紙で推定している。「別紙」では、「浜野屋組」の中心となった田健治郎らが「某枢密顧問官」と結託しており、「某顧問官」は政友会の一部を割きたいとの野心や鉄道国有の希望もあるのみならず、政府と政友会の中間に立って調停の労を執り、両者に私恩を売ろうとした、と述べている。つまり「或系統」とは、伊東巳代治枢密顧問官のことである。

第二に、伊藤総裁の帰国後、桂内閣からはどのようなことが伝えられるかわからないが、桂内閣は一方には元老諸公をたぶらかして同情を得ようとし、他方には政友会の一派をそそのかして統一を乱して不振を図り、内閣の位置を維持しようとしている、と手紙で論じた。「別紙」でも、桂内閣は、伊藤総裁もご存じのように、政党に関係なく誠意誠心を以て国務に任じるなどと最初から言いふらしていたが、実際には政友会に対して、一方には党の「末輩《まつぱい》〔非有力者〕」を煽動して動揺を企てさせ、他方には党員「某々等〔田・井上（角）・重野〕」を使って党内の一致を欠くようにさせた、と批判している。すなわち、伊藤総裁出発前の訓示に従い、政友会はだいたい善意で政府案を迎えるつもりであったが、政府のほうの態度に問題があった。政友会はいわれのない反抗を企てたのではない、というのである。

なお、元老井上馨についても、「別紙」で、井上から伊藤にどのような電報が届いたか判然としないが、井上はたぶん「世間の風説」によって憂慮したほかに、政府筋から何か聞き込んで電報を打ったようだ。しかし、政友会内部の真相を井上にじっくりと話したら、十分了解してくれた、と原は伊藤総裁に報じた。

原は、伊東巳代治や桂内閣は政友会への悪意を持っているととらえ、それと区別して、井上は政友会の態度を誤解したことがある、と伊藤に説明し、伊藤の帰国後の支持を取り付けようとした。

伊藤総裁は原を常務委員とし、原を党指導の中心として期待していた。しかし北清事変後、満州に駐兵したロシアとの緊張が高まっているのに、組閣後一年にもならない桂内閣を倒したくなかった（井上馨宛伊藤博文電報、一九〇一年一一月二九日発、『原敬日記』一九〇一年一二月四日）。それに対し原は、桂内閣成立当初から山県系官僚内閣として不信感を抱き、政友会が再び政権を取るほうが内政・外交いずれにおいても日本のためだ、と考えた。この差が、第一六議会をめぐる原と伊藤総裁の齟齬《そご》の原因であり、日露開戦への危機感が高まる一九〇三年秋ごろまで続いた。

ところで、伊東巳代治枢密顧問官は、政友会の指導部の桂内閣への「党略」的にも見えるような行動が、内閣と政友会の関係を悪化させたのであり、元老井上馨も非常に心配して総務委員中の二〜三名を自宅に招いて叱責諭誡《しっせきゆかい》されたなどと、一九〇一年一二月九日付の長文の手紙で伊藤に報じた。さらに一二月三一日付で長い手紙を伊藤に書き、政友会の予算査定方針は誤っていると論じ、浜野屋組の行動はむしろ内閣と政友会のあるべき関係を求めたもので、田・井上・重野らの除名処分は不当である、と訴えた。また、伊東は一二月九日の手紙で「〔伊藤総裁の〕直参派と称せらるゝ人々より過激の議論」が出たことは「世人」がやや意外とする、と伊藤系官僚として政友会に入り、党人派の松田と連携して党を主導している原を批判した（『伊藤博文関係文書』第二巻、四〇七〜四二四頁）。

伊東巳代治の手紙を見る限り、伊東は政友会の指導部では松田正久と直接会見しているが、原との接触は確認されない。『原敬日記』でも同様である。原と伊東は、松田と伊東よりもきわめて悪い関係にあったといえる。

伊東巳代治と悪い理由

すでに述べたように、原は農商務省参事官時代の一八八九年（明治二二）に、前田正名一派と折り合いが悪く、枢密院書記官に転任することを検討したが、伊東巳代治枢密院書記官長の対応は原に敬意を払ったものではなかった（本書第七章）。これ以来、原は伊東に良い感情を持たなかったようである。一八九二年三月、陸奥農商相とともに農商務省を辞任した後、伊東枢密院書記官長を介して、後任の河野敏鎌農商相から勅任局長に昇進させる内意で、同省へ再就職を求められても断った。また、一八九五年五月の日記には、伊東内閣書記官長は伊藤首相に嫌われて用いられなかったが、陸奥外相の仲介で、日清戦争の講和が近づいたころに初めて用いられた、と伊東に対し否定的な内容を記している（『原敬日記』一八九二年三月三一日、一八九五年五月八日）。

日清戦争中に伊東は、林有造を軸に自由党主流であった土佐派との連携を深め、自由党操縦の拠点とした。しかし、原が陸奥とともに自由党に入党することを考えた際にも、伊東・林有造や土佐派は障害であった。原は政友会に入った後も、衰えたとはいえ旧土佐派を嫌っていた。

原は、伊東や旧土佐派が自分達の権力を増大させることを主眼とした行動を取りがちで、原のようにイギリス風の政党政治を実現するという確固とした理念がないことで、嫌悪感を強めていったのであった。今や原は、伊藤総裁が渡米欧中の政友会を指導する最有力者となり、かつての伊東と立場が逆転した。二人は理念の違いから、ますます募る互いへの悪感情を背景に、対決したのだった。

党の組織改革を提案

伊藤が米欧周遊旅行を終えて長崎に到着する約一ヵ月前、一九〇二年（明治三五）一月三〇日に日英同盟協約がロンドンで結ばれた。これに先立ち伊藤は、満州問題・韓国問題ともにロシアと交渉しなければ解決しないと見て、日英同盟の締結の前に、新しい日露協商を結ぼうと、一九〇一年一二月、ロシアのペテルスブルクでラムスドルフ外相やヴィッテ蔵相（事実上の首相）と交渉を始めた。ところが、桂内閣が進める日英同盟交渉が急速に進展しており、同内閣は元老会議等を経て、一二月一〇日にまず日英同盟を結ぶことと、内容の概略を確定した。

日英同盟の特色は、第一に、韓国と清国の独立と領土保全を維持し各国の商工業者に均等の機会を得させる、とイギリスの要望を容れて韓国と清国を同列に扱ったことである（前文）。

第二に、イギリスは主に清国に関し、日本は清国で有する利益に加えて韓国において政治上ならびに商業上および工業上格段に有する利益について、列強が侵略的行動を取ったり、清国または韓国で騒動が発生したりしたら、その利益を守るため、必要欠くことができない措置を執れることを承認することである（第二条）。

第三に、日英のいずれかが右の利益の防護に関し、列強と戦争する場合は、他の一方は厳正中立を守り、日英以外の他の国が同盟国に対する戦争に加わる場合は、他の締約国は援助を与え協同戦闘を行うことである（第二条・第三条。伊藤之雄『立憲国家と日露戦争』一三〇～一四四頁）。

原はまず、帰国する伊藤総裁と関係を強めようとした。加藤高明（前外相）が二月一日に訪れたので、長崎に帰着する伊藤総裁に会うための相談をした。二人は加藤が何か用事があるということにして長崎に行くことに決め、原は伊藤に送った内々の手紙の写しを加藤に見せた。一二日にも加藤とその件で数時間相談している。一五日には、政友会よりは伊藤の出迎えのため、総務委員の大岡育造が長崎まで出張することが決定された。原と松田は、神戸まで行って伊藤を出迎えることにした。次いで二月一八日、日英同盟協約に関して原は元老の井上馨から事情を聞いた（『原敬日記』一九〇二年二月一日、一二日、一五日）。

二月二七日未明、伊藤が神戸港に到着すると、さっそく原は伊藤と対談した。まず原は、留守中について、「政党の刷振〔新〕」を必要とすること、桂内閣の処置が良くないことを話した。その後、日英同盟の話に移った。井上の話とだいたい同じで、伊藤は、満州問題も韓国問題もロシアとの間でなければ解決しないと考え、ロシアに行ってヴィッテ等と交渉を始めたが、英国が日英同盟協約の締結を急いだので同盟に至った、と述べた（同前、一九〇二年二月二六日）。

原は政友会の課題を伊藤に述べるとともに、日英同盟および日露協商交渉における伊藤総裁の構想と行動を正確につかんだ。こうして、内政・外交両面で、反対派からの政友会攻撃に備えた。原は、留守中の原・松田らの党指導について、伊藤が特に批判的に見ていないことに安心したであろう。当面の課題は、伊藤から政友会の組織改革の承認を得ることだった。

原は松田らと相談のうえ、三月二日の総務委員会で、①総務委員を三名または五名に減少させる、②一五〜二〇名の政務委員を置き、現総務委員は辞職することを決議した。

二日後、原と松田は伊藤を訪れて、総務委員一同の辞表と改革案を提出し、理由を説明した。最高幹部の総務委員が初めて公式に党組織の大改革を要求したにもかかわらず、伊藤は改革の効果が疑問であり、総務委員になれない者が紛擾を起こす恐れがあるとの理由で、改革には消極的であった。このため、党員の多数は伊藤の曖昧な処置に満足せず、党内は何となく不穏な状況になっていった。伊藤は、総務委員をはずれる者の不満という問題以外に、この党組織改革を受け入れれば、自分の党に対するリーダーシップが弱まると考えたのであろう。

そこで原は個人として党組織改革意見書を作り、三月一三日に伊藤に渡し、写しを伊藤の後継者とみなされている西園寺にも送った。その内容は、伊藤が改革を受け入れやすいように、総務委員に次ぐ委員（政務委員）の設置を取り下げ、その代わりに従来任期がなかった役員に任期をつけることで、総務委員に再任されなかった者の不満を緩和しようというものであった。また、本部の費用を削減し、費用を伊藤個人の請負にしなくてもやっていけるようにしようとした。費用を集める苦労だけさせられ権限を十分に振るえない、との伊藤の不信感を和らげるためである。この他、前回の総選挙から四年経っており、衆議院の任期満了で、八月には選挙が行われることが確実であるので、選挙では政友会員の同士討ちを戒め、できるだけ調停を試みる、という提案もした。

原は、政友会内の空気と伊藤の感情の両方に配慮し、さらに近代政党として党中央での候補者調整を指導する問題まで視野に入れた改革案を示したのである。しかし伊藤は原の意見書にも積極的に応じようとしなかった。四月一日に原は、伊藤がやる気を出したり、出さなかったり、気分の変化が近頃特にはなはだしい、と日記に書いて、伊藤の党指導に対する不満を初めてはっきりと示した。

総選挙の候補者調整と過半数確保

総選挙に向け政友会本部で候補者調整を指導すべきである、という原の提案は、本部に受け入れられていった。一九〇二年（明治三五）四月四日、政友会本部は各地方支部に対し、八月の総選挙の候補者を定めるための選挙委員会を設け、委員と会長、決定した候補者を党本部に報告するよう、訓示を出した（『政友』第一九号、一九〇二年四月一〇日）。今回は、一九〇〇年の選挙法改正で、衆議院の総議席は三七六に増加し、都市部は独立選挙区、その他は府県単位の大選挙区になっていたので、調整がより必要となっていた。

しかし実際に行われた不況下の総選挙では、党員を一つにまとめるための積極政策などの明確なスローガンが出せない中、政友会の各支部での候補者の公認調整はきわめて不十分で、同士討ちが目立ち、支部機能や本部統制の弱さが印象づけられた。こうした状況は、政友会のみならず、衆議院第二党の憲政本党（大隈重信系）でも同様だった。

憲政本党系も混乱したので、選挙結果は、政友会が若干勢力を後退させながらも、一九〇名の当選を得て衆議院の過半数を維持した（伊藤之雄『立憲国家と日露戦争』三一一、三二八頁）。また原自身も初めての総選挙に立候補し、新たに設定された盛岡市部（定員一名）で大差をつけて当選した（本書第一七章で詳述する）。

桂内閣との妥協

義和団の乱後、日露関係が緊張していったので、桂内閣は第三期海軍拡張計画を実現するため、一九〇三年（明治三六）度までの五年間と限定された地租増徴（地価の二・五パーセントから三・三パーセントにする）を継続しようとした。すでに述べたように、第一七議会に地租増徴継続法案が出されたが、衆議院第一党の政友会と第二党の憲政本党が反対し、一九〇二年一二月二八日に衆議院は解散された。こうして、前回の総選挙からわずか数ヵ月で再び選挙戦に突入することになった。それにもかかわらず、原ら政党側が地租増徴継続法案に反対したのは、桂内閣が行政・財政整理で政費を節減することを前議会で約束しておきながら、ほとんど実施できていなかったからである。

他方、伊藤総裁は第三期海軍拡張計画を実現させるため、一二月下旬には約一年前の第一六議会と同様に妥協の道を探ろうとした。まず桂ら内閣幹部、原・松田の政友会幹部、犬養ら憲政本党幹部が会見したが妥協が成立しなかった。そこで一九〇三年初頭から伊藤総裁と桂首相らとの間で妥協交渉が始まり、二月下旬までに骨子が定まった。この交渉は、原・松田ら政友会幹部にも知らされなかった。総選挙は、三月一日に行われた。

政友会は全国的には過半数を若干下回ったが、衆議院第一党の地位を確保した。原によれば、脱会している者でその後必ず入会する数名を入れれば、過半数を得ていた。原は三月三日夕方に地元選挙区の盛岡駅を出て、四日午前に東京に着いた（伊藤之雄『立憲国家と日露戦争』三一〇頁。『原敬日記』

一九〇三年三月三〜五日)。政友会が全国的に衆議院の過半数を実質的に確保し、後述するように、盛岡市部にも「平和一致」を確立し、岩手県郡部でも勢力を伸ばしたことで(本書第一七章)、原はきわめて満足であったことであろう。

第一八特別議会を前にした四月二五日、伊藤総裁は、原ら政友会総務委員たちに対し桂内閣との妥協を突然要請し、翌日総務委員たちは受け入れた。原・松田ら総務委員の多数が、次の首相候補者としての伊藤を失うことを恐れたためである。

原らは妥協を受け入れる代わりに、政友会創立以来の懸案であった最高幹部(総務委員)の削減を、伊藤総裁に承諾させた。五月一日に公表された党組織改革では、総務委員が廃止され、三〇名の協議員を設置、その中から原・松田・尾崎行雄の三名が常務員となった。この改革は、原・松田・尾崎の三人が実質的に従来の総務委員になることと同じだ。旧総務委員からの妬《ねた》みを避けながら、原を中心に三人が実質的に党を掌握する体制を確実にしようとしたのである。原ら三人は、伊藤総裁から第一八議会で政友会の議員を指導する院内総務にも指名された。

政友会と桂内閣との妥協案は、五月二〇日にまとまった。それは、地租増徴継続をしない代わりに海軍拡張財源として、鉄道計画延期約四五〇万円(現在の約六八〇億円)、行政整理約一〇〇万円、電話事業繰り延べ約五〇万円、鉄道経費財源の流用約五五〇万円を充てること等である。この妥協条件は、行政整理が約一〇〇万円と不十分で、政友会が求めていた鉄道・電話敷設など積極政策の財源約五五〇万円が繰り延べされ、しかも鉄道経費財源約五五〇万円が流用されるなど、政友会が譲るところが大きかった(伊藤之雄『立憲国家と日露戦争』一六六〜一七〇、一七五〜一七六頁)。

政友会にとって成果と言えるものは、鉄道財政を特別会計とし、一般財源に流用されにくいようにして、鉄道の建設・改良計画を安定的に実施する素地を作ったことであった。原は日露戦争後に、帝国鉄道会計法を改正して、鉄道建設を促進していった（三谷太一郎『日本政党政治の形成』一三三～一三六頁）。

桂内閣に譲るところが大きかったので、党幹部が妥協を決断したにもかかわらず、党内に妥協反対の空気は強かった。

原と松田による党指導

原と伊藤の間にイギリス風の立憲政治を形成するという大枠で、大きな差があったわけではない。しかし原は、政党（政友会）が藩閥官僚内閣（桂内閣）を圧倒して政党政治を実現するという点を最も重視した。行政・財政整理を実行せず、政友会との約束を守らず、政友会も含め政党に対決姿勢を取る内閣を許せなかった。松田も同様であっただろう。他方、伊藤は日露戦争になる恐れすらある中で、日本国内の挙国一致ということを最も重視した。したがって、たとえ政友会が桂内閣にだまされたとしても、日本国内が不統一だと見てロシアが強硬に出てくることに比べれば、ましであると思ったのだろう。これが両者の桂内閣に対する姿勢の差となって表れたのである。

一九〇三年（明治三六）五月二一日、伊藤は総裁辞任の意向さえ示して、政友会員の妥協反対の動きを抑えようとした。伊藤がこのような形で総裁を辞任すれば、創設後三年にも満たない政友会は解体してしまう恐れもあった。伊藤の覚悟を知り、原常務員は政友会を妥協に向けてまとめていく中心となった。こうして、妥協案が五月二四日の議員総会でようやく承認され、第一八議会で政友会と桂内閣の妥協条件に関連する法案が成立した。

伊藤総裁と原ら幹部に対する党内の対露強硬派の不満等も重なり、この妥協の政友会への影響は大きかった。四月一八日に三名の衆議院議員が除名されて以降、一一月五日までの約七ヵ月間に、政友会は合計六一名の衆議院議員を脱党や除名で失った。これは政友会所属衆議院議員一八七名の約三分の一に当たるだけでない。院内総務で常務員の尾崎行雄、土佐派最高幹部の林有造・片岡健吉（いずれも協議員、前総務委員）らも六月上旬までに脱党するという大変動であった。

原と松田も議会開会後に妥協の責任を取って辞任するつもりであり、伊藤も二人の辞表提出を望んだ。二人は六月四日、常務員の辞表を提出した。ところが、党幹部会である協議員一同が二人の辞任に強く反対したので、六月一一日、伊藤は二人の留任を願い、その不平を聞くと約束した。

こうして原と松田は、伊藤よりもむしろ二人が党を掌握していることを確認した。原は党人派の松田と連携し、政党政治（政友会）の発展を念頭に党を指導し、妥協問題をきっかけに、政友会の最高幹部としての地位を固めていった（伊藤之雄『立憲国家と日露戦争』一七六～一七七頁）。

西園寺新総裁を支える

桂首相や有力閣僚らが中心となり、元老山県有朋を含めた山県系官僚たちは、第一八議会の閉会前後から動揺している政友会を切り崩そうとし、伊藤政友会総裁を辞任させようとした。一九〇三年（明治三六）六月二三日、桂首相は伊藤と会見し、議会の態度から見て伊藤を向こうに立てて仕事をすることが困難だとして、政権を投げ出すことを述べた。辞意は桂首相のポーズであり、伊藤に政友会総裁を辞任させることが目的であった。

続いて七月一日、桂首相は病気を理由に辞表を提出し、他の閣僚も続いた。ロシアは、満州からの第一期撤兵こそ実施したが、半年後の一九〇三年四月八日より予定された第二期撤兵を実施しなかった。第一期撤兵とは満州各地に散開しているロシア軍を撤兵の準備として東支鉄道沿線に集めるもので、第二期撤兵を実施しないと、実質的な撤兵にはならなかった。このため、日露間の緊張が高まっていた。六月二三日、元老と主要閣僚が参加して御前会議が開かれ、ロシアとの交渉方針が決められた。

このような中、明治天皇は桂内閣の辞職を認めなかったが、桂は方針を変えなかった。遅くとも七月二日までに、山県は伊藤が枢密院議長に就任すべきと上奏した。当時の枢密院議長は、西園寺公望であった。この西園寺が枢密院議長になる際、政友会役員（総務委員）を辞任したが、枢密院では西園寺が政党員のまま議長を務めることが問題となったほどであった（ただし西園寺は政友会を脱党せず）。伊藤が枢密院議長に就けば、政友会総裁を辞めることは当然と考えられていた（伊藤之雄『立憲国家と日露戦争』六二、一七二～一七四、一七八～一八〇、二〇五～二〇七頁）。原・松田らが主導権を握りつつあるとはいえ、伊藤総裁を失うことは、政友会の危機であった。

伊藤もこのことをよく承知しており、枢密院議長に就任したくなかった。明治天皇も伊藤の気持ちは痛いほどわかっており、二日間ほど迷った末に、七月四日に伊藤を枢密院議長にする決断をした。七月六日、伊藤は拝謁を命じられ、天皇から、満州・韓国問題に関し、ロシアとの交渉が最も重要であり、伊藤を手元において相談したいので、枢密院議長に任命したいと述べた。伊藤は十分考えたいと、数日の猶予を願い出た。

伊藤が枢密院議長に就任することについては、伊藤の後継者の西園寺枢密院議長、原敬らも反対であった。原も、伊藤・西園寺も、伊藤に枢密院議長就任を求める動きが、桂や山県系官僚らの陰謀であることを、よく知っていた。

しかし七月八日、伊藤は桂内閣が再び辞表を提出しないという条件で枢密院議長に就くことを内諾し、七月一三日に就任した。明治天皇が迷った末に大局的観点からそれを勧めたことを、伊藤が受け入れたのである。

さて、伊藤は枢密院議長に就任することを内諾すると、一三日の正式な就任前に、原・松田に後任総裁として西園寺を勧め、合意を得た。西園寺が伊藤の後継者であることは、初の政友会内閣である第四次伊藤内閣時からの暗黙の合意事項だった。一四日には同党幹部会である協議員たちの合意も得、七月一五日に西園寺が第二代政友会総裁になった。西園寺は公家出身で、外相・文相や、枢密院議長・臨時首相代理・臨時首相も務めていた。原や政友会幹部は、西園寺が薩長以外の有力者として首相になる格式を有していることに期待したのである。伊藤の総裁辞任も加わり、政友会の動揺は続き、すでに述べたように一一月初めまでに約三分の一の衆議院議員を失うことになるが、政友会解体の危機が起こる可能性は七月二〇日ごろにはほとんどなくなった。この点では、原・松田らの尽力で、桂首相らの目論見《もくろみ》が外れたのである（同前、一八一～一八四頁）。

なお、七月一六日、二四日と、原と松田は西園寺や伊藤を訪問して、会計その他に関して協議している。このうち七月二四日には、原は朝一人で西園寺を訪れて会計その他について会談し、午後に西園寺・原・松田で相談している（『原敬日記』一九〇三年七月一六日、二四日）。党の会計の大枠については、西園寺総裁と原・松田両常務員の三人の最高幹部が責任を持つが、とくに会計については原が担当する体制となったと推定される。このことは、翌一九〇四年四月八日に、政友会関係の会計を原から大岡育造（前総務委員、協議員）に引き継いだことからもわかる（同前、一九〇四年四月九日）。

その間、一九〇四年三月一日には総選挙があった。原は党として集めた総選挙費用二八六九円を伊藤大八《だいはち》幹事に渡し、それを総選挙の視察・巡回等の各費目に使用した件の報告を、伊藤幹事より受けた。また選挙の候補者に貸し付ける選挙資金一万四三九円の個別貸出や返済の管理も行った（「明治三十七年総選挙会計関係書類」『原敬関係文書』第七巻、四一～四四頁）。

政友会の運営資金の最大の提供者でもある伊藤総裁が辞任し、西園寺新総裁の下で、党の資金のあり方は大きく変動し、それまでの会計の慣例では対応できない。その変動が収まり、平時の体制になるまで、原が新たな会計を構築する責任を負ったのである。原は大局的な判断ができる一方で、数字に明るく、几帳面《きちょうめん》な性格である。このようなことができるのは、党内で原以外にいなかった。

第一七章　初めての総選挙への自負
——盛岡市からの初出馬と圧勝

原の盛岡入り

すでに述べたように、一八九六年（明治二九）六月一一日、原は朝鮮国公使に任命されると、一五年ぶりに盛岡に帰省した。これは総選挙に出馬することを念頭においた地方状況の視察だったと思われる。しかし、原は総選挙への確かな手ごたえを感じたわけではなく、また盛岡市では清岡等《ひとし》市長らを擁した清岡派が勢力をふるっており、自由党（政友会）系の地盤は必ずしも強くなかった（本書第一〇章）。

その後、一九〇〇年一二月、逓信大臣として第四次伊藤内閣に入閣し、東北で初めての大臣として、とりわけ東北地方で注目された。翌年六月に山県系の桂太郎内閣ができ、逓相を辞任して四ヵ月後、原の東京宅に同居していた母リツが約五年ぶりに郷里に帰るのに付き添い、原は一〇月五日に東京を出発して盛岡に帰り、母を兄恭《ゆたか》（郡長）の家に送って、一五日に東京に戻った。原は盛岡での八日間に、母リツと大慈寺に墓参し、本宮村の旧宅を訪れて姉に会い、次いで親類を訪問した。また、親類数名を盛岡の料亭「秀清閣」に招いて晩餐を食べたり、盛岡市仁王小路《におうこうじ》にある兄の家を二度訪問して「俗事」を話し合ったりした（『原敬日記』一九〇一年一〇月六〜一五日）。

この間、原の行動で目立ったのは、立憲政友会の最高幹部の一人として、盛岡市や岩手県民に接し、党勢の拡大と自分の選挙区地盤の育成を図ったことであった。

六日に原が盛岡に到着すると、市有力者の政友会員や親族・知人が盛岡駅に出迎えた。その夜には、政友会地方幹部の鵜《う》飼《かい》節《せつ》郎《ろう》（南部藩士の子、自由民権運動以来の「老将」）・宮杜孝一（盛岡市会議長、弁護士）ら数名に晩餐に招かれた。鵜飼は安政三年（一八五六）五月に盛岡に生まれ、県の御用掛を務めた後、自由民権運動に加わり、国会期成同盟の主唱者の一員となり、第一回総選挙にも自由党から立候補するが敗北した。このころは、自由民権運動以来の自由党系の活動家として、政友会支部で重きをなしていた。翌日も、四、五名の党員が原の宿舎である「高与《たかよ》旅館」に詰めた（『原敬日記』一九〇一年一〇月六日。『岩手毎日新聞』一九〇二年七月一二日。『岩手日報』一九〇一年一〇月八日）。

一〇月八日夕方には、山県の腹心の平田東助系の北条元利知事が原を訪れたので、「秀清閣」で晩餐をともにし、原は県政の状況を聞き、政友会との意思疎通の道を開こうとした。九日には、六日の答礼として政友会の盛岡の有力者数名らとともに晩餐をした。一三日午前には、政友会支部創立事務所に行き、政治の談議をした。

五年前、一八九六年六月に帰郷した際は、原は朝鮮国公使に任命された直後であった（前外務次官）。原と会合した者は、有力者の大矢馬太郎（清岡派、地主、のち盛岡市長、岩手県会議長、衆議院議員）を例外として、氏名がわかるのは小学校教育にたずさわる若い幹部や盛岡市議たちで、市の最有力者たちではなかった。

ところが今回、原には「東北地方で最初の大臣」などの肩書がついており、原を訪れた者も、北条知事や清岡派の最高幹部の一人の清岡等、地元政友会支部の最高幹部など、有力者を網羅していた。

また原は、盛岡中学校校友会、旧藩校の同窓生・先生たち三〇名ほど（秀清閣）、市内有志者八十余名（同前）などの招きにも応じ、それぞれに演説や談話をした。また出発予定の一四日にも、日詰《ひづめ》町《まち》（現・紫波町《しわちょう》）有志から招かれたので、盛岡を出発し、日詰の懇親会で演説し、夜七時過ぎに日詰駅から東京に向かった。

これらの会で原が行った演説の内容は、①国の富強隆盛を図るには、商工業の振興が必要で、伊藤総裁らが市部独立選挙区を実現したのも、そのためであり、商業地としての大阪の繁栄が貿易によるものであることを、当地も学ぶ必要がある、②そのためには学問の程度を高めることが必要である、③また東北弁は東京や他地方ではなかなか通じにくいので、東北人みずから克服する覚悟がいる、④いずれにしても、「不屈」の精神と「独立心の養成」が必要だ、などである（『原敬日記』一九〇一年一〇月八～一四日。『岩手日報』一九〇一年一〇月一五日）。

また原は地元紙の記者の取材に応じ、政友会はいつでも内閣を組織できる程度に準備している、と自信を示した。地元の産業については、岩手県は東北六県の中で、青森県には勝っているかもしれないので尻から二番目だ、と厳しい認識を公言した。金利が高く、商工業は発達しておらず、鉱山開発・開墾・水産・養蚕などは希望が持てるが、すべてにおいて事業を真面目にやり通すという「忍耐」がなければならない、とも述べた（「原敬氏を訪ふ」上・下『岩手日報』一九〇一年一〇月一二日、一三日）。

つまり原は政友会が政権を担当すれば、日本の産業振興を最も適切に行えるが、それには盛岡・岩手県など各地方民も独立心を持ち、広い視野で、「忍耐」強く各地方にあった産業を振興し、商工業をも発展させなければならぬ、と訴えた。また、それを担う将来の人材の育成のための教育や、東北方言克服の重要性についても述べた。この原の姿勢は、公共事業の利権を持ってくるから政友会を支持せよ、といった安易な利益誘導とは異なっている。

原が盛岡市を去る日、当地の政友会員および親族・知人・市内実業家ら百余名が、駅で見送った。原は日記に「官民見送り来る者多し」と書いたように（『岩手日報』一九〇一年一〇月一〇日、一五日。『原敬日記』一九〇一年一〇月一四日）、原は自分の地盤について、かなり満足したと思われる。

盛岡市新選挙区の状況

一八九八年（明治三一）八月一〇日に第六回総選挙が行われたので、衆議院の解散がなくても任期の四年が満了する一九〇二年八月には、次の総選挙が実施されることになっていた。清岡等盛岡市長は、その前年の七月には市長を辞任して総選挙に立候補しようと決意し、九月には清岡派の有力者から辞任の同意を取り付け、一九日に辞表を提出した。一〇月一日の市会で、辞表は認められた（助役の関定孝が一〇月に後任の市長に就任）（「清岡等日記」一九〇一年七月〔日付不明〕、九月一六～一八日、盛岡市長清岡等の辞表〔写〕一九〇一年九月一九日、「清岡等文書」）。

すでに述べたように、原が母リツを送りがてら盛岡にやってきたのは、清岡の市長辞任の直後の一〇月六日であった。他の市有力者とともに、清岡は盛岡駅に原を出迎えた。総選挙に立候補するにあたり、政友会からも支援を得て当選を確実にしたいと思い、前逓相で、衆議院第一党の政友会最高幹部の一人である原に、敬意を表したのである。

一〇月八日夜と九日に、それぞれ料亭「秀清閣」（北条知事の招き）と原の宿舎「高与旅館」で、原と清岡は会談している。この時原は、清岡に政友会に入党するよう求め、そうしないなら盛岡市選挙区から政友会員を立候補させることを止められない、と警告した。原はこの機会に、清岡や清岡派を政友会に入党させ、政友会岩手県支部を円満に発足させようとしたのである。原は清岡が政友会に入党するなら、盛岡市部区は清岡に譲り、自分は生家のある本宮村を含んだ岩手郡等を基盤に、郡部区から立候補しようと決意していたのであろう。

しかし清岡は、盛岡市選挙区から立候補する政友会員がまさか原自身であるとは思っていない。政友会から立候補する者がいたとしても、落選し続けている宮杜孝一（岩手県議、弁護士）であるとの信頼すべき情報が、県庁の北田親氏（第四課長、清岡と盛岡学校の同窓、のちに盛岡市長）を通して、清岡のもとに改めて入ってきたのである。このため清岡は、政友会入党について原に積極的な姿勢を示さず、その後も真剣には考えないまま過ごすことになった。代わりに清岡は、原を招待する会を開くため奔走したり、一四日に原が東京へ出発する際には盛岡駅まで見送ったりするなど、原の好意をつなごうと尽力した（伊藤之雄「原敬と選挙区盛岡市・岩手県」）。

一九〇二年総選挙に際し、盛岡市の有権者は三一六人であった。内訳は、商業者一二一人（呉服・小間物・米穀・生糸・薬種など、あらゆる商品販売業）、工業者二五人（鉱山・請負・建築・製造・活版印刷業など）、地主および農業二一人、金貸業一一人、料理店（そば屋など）八人、銀行会社員九人、官公吏九人、弁護士・公証人・医師六人、旅館業三人、貴族院勅選議員一人、家令一人、貸座敷業一人である。政友会に批判的な新聞は、このうち党籍のある者はわずか四、五人であると報じた（『岩手日報』一九〇二年八月五日）。

一九〇二年一月、地元の『岩手毎日新聞』は、近頃盛岡には鹿角《かづの》鉄道（盛岡から秋田県鹿角を経て大《おお》館《だて》への鉄道）が通るとか、電灯会社を設けるとか、陸軍歩兵五連隊が移転してくるとか、まことに良い話ばかりあるそうだが、実際どこまで進んでいるのか教えてほしい、などと地元の産業振興につながりそうな施設が実現できない不満を訴えた。また、東北大学創立について、東北の各県みな尽力しているようだが、設立されたところで我々の利益は少ない、と断言する。ついては「当世流行の利益交換」として盛岡―宮古間の官設鉄道復活、いや速成問題でも担ぎ出してはどうか、と提言した（『岩手毎日新聞』一九〇二年一月二一日）。政友会創立前後に各地域に地元への地方利益を求める声が日本全国に高まったことの反映として、盛岡市においてもそうした声が根強く残っていた。盛岡市からの立候補に際し、原はそれらにどのように対応したのであろうか。

総選挙に盛岡市から出馬する

地元の新聞『岩手日報』に、総選挙の立候補がらみで原の名が初めて登場するのは、総選挙の四ヵ月前、一九〇二年四月一一日である。そこでは独立選挙区となった盛岡市では、市の有力団体交話会（清岡派）が四月一〇日夜に集会を開き、いよいよ清岡を推すことに決定したと報じられた。原は「市の形勢実状に就ては先刻承知のことなれば」簡単に立候補はしないと考えられる、とされた（『岩手日報』一九〇二年四月一一日）。

すでに同年三月中旬、坂本安孝《やすたか》（清岡派、藩校「作人館」に学ぶ、第九十国立銀行頭取、岩手県議などを歴任）が東京に原を訪れ、盛岡市からは清岡前盛岡市長を選出したいので、代わりに郡部から原を推したいと申し出た。一四日にも同様のことを言ってきた。

前に述べたように、清岡が政友会に入党しないなら政友会員を盛岡市に立候補させることを止められない、と原は昨年すでに清岡に警告していたが、清岡から返事がなかった。しかし、清岡が、政友会に入党する可能性があるような噂もあったので、原は坂本に、熟考するとのみ答えておいた。その日、原は東京で開かれた政友会東北会に出席し、選挙に関する件等を談話し懇親会を開いた。翌一五日には、親友の阿部浩（千葉県知事、藩校「作人館」以来の親友）が訪れ、盛岡市選出候補者に関して内談した。原は清岡が政友会に入党せずに出馬するなら、自分が盛岡市から出馬する覚悟であった。

四月四日に仙台市の政友会の候補者調整のため、同市に出張すると、翌五日、盛岡市から宮杜孝一（盛岡市会議長、弁護士）・平田箴《ただし》（弁護士、前岩手県会議長、衆議院議員）・横浜幾慶（弁護士、東北学院卒）といった政友会岩手県支部幹部が原を訪れ、原に盛岡市からの出馬を求めた。原は「盛岡市の平和」を害せず、市民多数で円満に推薦するなら喜んで出馬すると答えた。宮杜らは市内の有力者と交渉して、必ず推薦状を送ると述べて、ただちに盛岡に帰った（伊藤之雄「原敬と選挙区盛岡市・岩手県」）。

四月九日、宮杜ら政友会系の弁護士たち四人は、清岡本人も含め村井弥兵衛（盛岡銀行取締役会長、呉服・太物・綿糸問屋）ら清岡派幹部四人に対し、盛岡市部区の衆議院議員候補者に関し、会見を申し込んだ。しかし宮杜らは原を、村井らは清岡を推したい、と主張して、たがいに譲らなかった。この日、清岡派は料亭「秀清閣」で会合を行い、清岡を候補者とすることを決めた。そこで同日、清岡は政友会からの出馬を断る長文の手紙を、原に書いた。翌日に清岡は同派の会合で推薦に応じ、国家のために誠意を持って尽力すると演説し、さらに翌一一日、清岡は同派の推薦候補者として立候補する件で、県庁に北条元利知事を訪ねた（「清岡等日記」一九〇二年四月九～一一日、「清岡等文書」）。

四月一二日、清岡より手紙が原に届いた。そこで一五日、一七日と、原は盛岡市からの出馬について、親友の阿部浩（千葉県知事）と相談した。阿部は久慈《くじ》千治（盛岡市参事会員、旧清岡派、大地主で鉄工場社長）・小野慶蔵《けいぞう》（盛岡市議、旧清岡派、地主、盛岡銀行取締役、第九十銀行取締役）とも協議しており、必ずしも勝算がないわけではない、という。原は立候補を決意し、北条岩手県知事が東京に来て原を訪問したので一七日に面会し、出馬の意向を伝えた（『原敬日記』一九〇二年四月一二日、一五日、一七日）。

清岡は地元で実績を積んで安定した支持を確保し、自信を持って国政に進出しようとしている。それを向こうに回し、原は当選のたやすい郡部区をあえて選ばず、落選すれば大きな屈辱となる危険を冒しても、盛岡選挙区から立候補することを決断したのである。

原は、宮杜ら政友会系の弁護士を中心とした新興勢力、および阿部を通して小野や久慈のような清岡派であった実業家・地主を選挙運動の基盤として得た。小野や久慈は、経済的な有力者であったが、清岡派の中枢にいなかったので原支持に変わったのだろう。

その後原は、宮杜が宮杜と鵜飼節郎の名で発した電報を受け取って、四月二〇日付で二人に手紙を書き、宮杜・鵜飼で協議のうえ、小野慶蔵らとも相談したうえで必要であるならいつでも出馬を承諾したと発表する、という意思を示した。また原は、単に政友会員から求められて出馬するという形ではなく、盛岡有志者から求められたという形にするほうが「将来に都合」が良いと思う、と提言した（宮杜孝一・鵜飼節郎宛原敬書状、〔一九〇二年〕四月二〇日、「原敬記念館所蔵資料」四〇一一番）。

この手紙から、原に出馬を勧めた中心は、宮杜・鵜飼という盛岡市の政友会員の有力者と、阿部に切り崩された小野・久慈ら清岡派の有力者であったことがわかる。原は、政友会を正面に出さず、盛岡有志者から求められたという形にするのが将来に都合が良い、と提言し、盛岡市の幅広い勢力を結集させようとした。

その後、原を推す有力者たちは、四月二五日に「盛岡市実業有志者」名で、原を盛岡市選出の衆議院議員候補者に推薦したことを「特別広告」に出した（『岩手日報』一九〇二年四月二五日）。これは、宮杜・鵜飼ら盛岡市政友会幹部が、原の意向に沿って行った活動であった。

さらに四月二九日の地元紙で、四月二二日付の形で原は盛岡市の有権者に立候補の意図を明らかにした。それは、①盛岡市の候補者に立つよう、実業者・友人・その他政友会員より強く勧誘を受けた、②他府県において推薦されるよりも、郷里より選出されるほうが自分の本懐であるので出馬を決意した、③すでに候補者がいるのみならず、今後更に二、三の候補者が出るかもしれないが、貴下においては「不肖の赤誠《せきせい》」を御諒察し何卒《なにとぞ》ご支援ください、などの内容のものであった。特に政策の抱負は示していなかった（同前、一九〇二年四月二九日）。

その後の政治姿勢の原点となる政見表明

盛岡市の有権者は三一六名である。六月初めに、小野・久慈から帰省を求める電報が来たので、原は六月五日から盛岡に滞在した。七日には「実業講話会」を「杜陵館《とりょうかん》」で開き（来会者は五〇〇名弱、うち有権者は一五〇名ほど）、一〇日には政談演説会を芝居小屋の「藤沢座」で行った（開会前に千二百余名が集まり、入場できない者も出る）。

原派の分析によると、六月八日段階で、原は有権者の中で一四〇名の確実な支持を得ており、清岡は八十余名にとどまっていた。大勢がすでに定まったので、六月一五日午後六時、原は東京へ向けて盛岡を離れた。

六月七日と一〇日の会での原の演説の特色を見てみよう。

それは第一に、一八九四年（明治二七）の条約改正、日清戦争の勝利、義和団の乱の出兵などに言及しながら、国際環境の変化の中で、日本は立憲政治と国力を発展させ、列強と「対等」の地位に立つことができるようになり、その仲間入りができた、と論じたことである。また同時に、それにもかかわらず国力や人智発達の程度は、欧米にまだ及ばないところが非常に多い、とも指摘した。

第二に、政治家や立憲政治のあるべき姿を正面から訴えたことである。政治家のみが国家に対して義務を尽くすのでなく、どのような職業・位置にあっても、国民は残らず国家を重視しなければならない、と論じる。また、国民の意思を発表する場所は議会の他はないので、議員一人一人が「善良」であって、議会を良くすべきである、と国民の意思を代弁する政治家の役割を重視した。原は帝国主義の厳しい時代の中で、日本国民が生き残るために「国家」を重視したが、国民の意思も重視している。現在の言葉に置き換えるなら、原の主張は公共性（原の使う用語の「公利」）を重視しているといえる。

第三に、鉄道建設などの公共事業を地方利益として積極的に掲げて支持を拡大しようとは、一切しなかったことである。日露戦争前の財政難の当時において、建設費用と経済利益のバランスを考慮すると、ほとんど実現の可能性のない盛岡市を経由する東北横断線を取り上げて、盛岡市民を煽《あお》ることは良くない、と考えたからであろう。これは、原の盛岡市民や日本国民に対する誠意であった。

第四に、盛岡市や東北地方が、日本の他の地域や地方に比べて停滞していると見て、各人が自立心を持って創意工夫をし、新しい産業を興す努力をすることを求めたことである。これは鉄道と関連づけずに論じられた。

第五に、原が郷里に愛着を抱いていることを少し丁寧に述べ、中央で相当な地位がないと郷里の役には立てない、とさらりと述べたことである。これは、政友会から出馬せず対立候補となった清岡への当てこすりでもあった。

なお、これら二つの演説には、今後に盛岡市選挙区でも示される原の重要な政治姿勢が一つ、はっきりとは出ていない。それは、日露戦争開戦まで半年もない一九〇三年八月二七日に「杜陵館」で開かれた有志招待会での原の演説に見られるような、性急な開戦論など軽率な対外硬論に対する批判である（伊藤之雄「原敬と選挙区盛岡市・岩手県」）。

原は、一九〇二年から翌年にかけて、国際環境の変化の中で、日本や地域のあるべき姿をよく考え、国際規範を理解して列強との協調外交を行うことや、国民が自立心を持って立憲国家や地域の産業を発展させることの重要さを、盛岡市民に訴えかけたのである。また、この時点における原の発言から、自立しみずから学習し考える選挙民の意見である「輿論《よろん》」を信頼していこうということと、「輿論」を育成することを政治家の義務と考えていることが推定される。「輿論」については、後でも触れることになるであろう。

「公利」を求め幅広く支持を得る

原は一九〇二年（明治三五）八月に、清岡等（前盛岡市長）を破って当選を果たした。その約一週間後に、日記で選挙区での対立について分析している。それによると、清岡を支持するのは、村井弥兵衛（盛岡銀行取締役会長）・太田小二郎（清岡派、北上廻漕《かいそう》社長、盛岡銀行取締役）等の「市の富豪と称せらるゝ者多数」である。また岩手県庁は、表面上は中立であるが、実際には山県系である北条知事は清岡派に便宜を図った。

原は、だいたい「富豪に反抗する一部」、原を信頼する一部、清岡派を喜ばない者たちから真っ先に支持を取り付け、さらに、盛岡市の刷新はこの選挙によって行われるべきと信じた者へ支持層を広げていった。とりわけ、盛岡市青物町《あおものちょう》・仙北町《せんぼくちょう》・川原町《かわらちょう》・鉈屋町《なたやちょう》・材木町《ざいもくちょう》などは、一、二の町を除くほか、初めから原に賛成した。

盛岡の城下町は、城を中心に、まず五〇〇石以上の高知衆《たかちしゅう》の邸宅や役宅を配置した。内丸《うちまる》は御屋敷町である。次いで、商工業者の町を配置した。呉服町《ごふくちょう》、紺屋町《こんやちょう》、鍛冶町《かじちょう》、本町《ほんちょう》、材木町などである。当初から原に賛成した地域は、盛岡の城下町の中で近世以来の中核をなした伝統的地区とは異なる場所が多かったことが、特色である。

すなわち原は親友阿部の協力も得て、清岡派の旧体制下で盛岡市の発展が沈滞気味であったところを突き、清岡らの体制の中核に入れない層を結集して勝利したといえる。なお、仙北町の大地主の佐藤清右衛門《せいうえもん》は、岩手県一の多額納税者であり、当初は清岡派であったが、原支持に変わった。佐藤のような人物が原支持になったところに、原の魅力と、清岡派の限界が見える。

原への支持が拡大した理由は、すでに述べた六月七日と一〇日の原の演説で表されたように、幅広い識見を持った大物政治家原敬が「公利」（公共性）を求めて誠実に活動する、ということへの期待であった（伊藤之雄「原敬と選挙区盛岡市・岩手県」）。

原と清岡の違い

清岡の演説と原の主張を比べてみよう。選挙戦の終わりの八月六日に、清岡は「杜陵館《とりょうかん》」で次のような演説をした。①岩手県の商工業は衰退しているので、県立工業学校ができた今、とりわけ商業教育の充実が必要、②商工業の発展のためにも、市独立選挙区からは商工業者の代表を選出しなければならず、盛岡市では自分である、③政党は立憲政体の下では必要であるが、政友会は宣言は立派であったが今は伊藤総裁すら持て余すほどで、政党の弊害は克服されていない、④今回の選挙では政友会が過半数を占めることができず、第二党の憲政本党も百内外の議席を得るだろうから、市部の実業家を代表する中立議員がキャスティング・ヴォートを握って商工業の振興を実現していく、⑤具体的には、行政の刷新と財政整理、海陸軍の軍備拡張は国力に応じたものにする、外交関係を整備して国際的地歩を進め、東洋問題に着目する、また⑥教育の普及を図り国力によって小学校経費にも支出する、高等教育の充実のため、要地に高校・大学を置く、交通機関を整頓し、運輸交通の便を図る、などである。

これらは、政友会批判や政友会が過半数を取れないとの予想、中立議員がキャスティング・ヴォートを握って政策をリードすることを除けば、原や政友会がこれまで主張してきたことと同じといって良い。

もっとも原と清岡の政策の中で、根本的に異なる点もある。同じ八月に清岡が、宮古もしくは山田より盛岡に達する線（盛岡市と三陸海岸を結ぶ）よりも、まず盛岡から鹿角《かづの》（秋田県）を経て、大館《おおだて》（秋田県）に達する線路を早期着工することを主張したことである。これまで見てきたように、清岡は地元に鉄道を引く運動をすることに公共性を見出している。しかし、原はこうした実現の可能性の薄い公共事業をめぐる地方利益を選挙の争点とすることに、日本全体から考えた公共性の観点から反対であった。また、この選挙でもそうしたことを主張していない。

すなわち、この総選挙における原と清岡の違いは、第一に、盛岡市や岩手県の発展を、世界や日本の変化を見通すヴィジョンの中で、実現の可能性を考慮して現実的にとらえられるのか、ということであった。また第二に、候補者の政治力・誠実さ、候補者を支える組織等が、政策の実現に期待できるか、ということであった。有権者はそれらを総合的に選択することを求められた（伊藤之雄「原敬と選挙区盛岡市・岩手県」）。

原の支持組織の特色

盛岡市における原の選挙運動の中心は小野慶蔵と久慈千治・宮杜孝一らで、小野は全体の中心、久慈は原との連絡役や資金面を担当していた。原の支援グループは一枚岩というより、いくつか背景の異なる支援グループの集合体であった。清岡派が原の支援者たちを「混成師団」等と呼んだのはその実態をそれなりに表している。

この他すでに触れたように、親友の阿部浩（千葉県知事）は、原の選挙支援の活動に半ば公然と関わった。阿部は、桂内閣から良く思われないことも覚悟して、原を支援した。結局、阿部はこの選挙の半年後に新潟県知事に左遷されるが、約三年後に政友会の第一次西園寺内閣ができ、原が内相になると、一九〇六年（明治三九）一二月に貴族院議員に勅選され（新潟県知事を兼任）、一九〇八年三月には東京府知事に栄転する。総選挙で原を支援したことで、阿部は政治的に原と一蓮托生《いちれんたくしょう》の人生を歩むことになるのである。

この総選挙で原支持が拡大したもう一つの理由は、原の人柄によって、従来の盛岡市の政治において発言が期待されていなかった多くの有権者を引きつけたからである。「下町の酒造家村井（源三郎、盛岡市議、鉈屋町）さんは原派の有力なる運動者」「原派の運動者鉈屋町米屋内藤祐吉」「市内馬町の馬商連は油三」と協議して原派のために尽力などと、清岡派の体制では自発的に活動することのなかった、中小商店主など中堅の実業家層が原を熱心に支援した。

それは原が、東北出身の初めての大臣という大物であるにもかかわらず、権威ぶらないので、盛岡市で親しみを持って迎えられたのである。現在もなお、盛岡市民は原敬のことを「原先生」とは呼ばず、親しみをこめて「原サン」と呼んでいる。この呼び方は、最初の総選挙の期間中の五月下旬に地元の新聞に現れていた。

原の支援者のひとり「村源」こと村井源之助（前盛岡市議、薬品販売、ビール・ワイン・洋食品・缶詰類等販売、肴町《さかなちょう》）が原の前で、自分は「ケチな素《そ》町人」だから礼儀作法は知らぬと言って胡坐《あぐら》をかいたところ、原はにっこり笑い、「いや夫《それ》がいい、我輩も其《そ》の方が勝手がイヽ」と一緒に胡坐をかいて、すっかりうちとけたという（伊藤之雄「原敬と選挙区盛岡市・岩手県」）。

清岡派の原批判

すでに述べたように、勝利へ向け、大勢がすでに定まったので、原は一九〇二年（明治三五）六月一五日午後六時、東京へ向けて盛岡を離れた。

劣勢になった清岡派は、系列の新聞で原や原支持者への誹謗《ひぼう》をさらに強めた。その一つは、原の支持者が少ないと公言することである。

原の支援者たちは、原の盛岡への帰省を機会に「カラ景気」「付《つけ》景気」のために政談演説会を開いたが、九日の「実業講話会」に集まった有権者は五十余名にすぎない（『岩手日報』一九〇二年六月六日、一〇日）と、原派推定の約三分の一の数を報じたのである。

二つ目は、盛岡市長を務めた清岡は「土着派」であることに対比し、あまり郷里に帰らなかったことで、原が盛岡に対して「冷淡且《か》つ不親切」と攻撃することであった。原は国務大臣・全権公使や新聞社社長・銀行頭取となり、「盛岡人」としてはあまりに「立身栄達」し過ぎたので、小さな「ムサ苦しい郷里」などに尽力するほどの考えも時間もなかったが、伊藤の新党に身を投ずることになったので、衆議院議員の肩書をつけるために出馬したのだ、とも報じた（同前、一九〇二年六月一〇日、一一日）。

しかし、これらの原への攻撃は、あまり効果はなかった。

すると清岡派は、原がキリスト教信者であるので仏法受護の有権者を惑乱しようとしている、という記事まで掲載した（同前、一九〇二年七月二六日、二七日）。*

＊　一八七三年（明治六）四月、一七歳の年に原はキリスト教の洗礼を受け、洗礼名をダビデ・ハラとした（本書第二章）。原がいつごろまでキリスト教を信じていたのかは定かでない。それから一三年近く経ち、一八八五年一二月にフランスの日本公使館書記官として着任した原は、翌八六年二月に、日本の人民の多数が「異教〔仏教〕」では欧州各国と同様の地位に至りにくいと思うので、キリスト教国として見られるようにしたい、と伊藤博文首相に手紙を書いた。しかし実際にはにわかにキリスト教が広がることもないので、社会の「上流」にいる者はなるべく欧州、キリスト教人民のような品行を「仮面にせよ」装うことが最も緊要と思う、とも原は続けている（本書第六章）。そこに見られるのは、キリスト教の日本での普及を、条約改正など日本の地位の向上と関連づけて肯定的に見る功利主義的な立場で、純粋なキリスト教信者の立場ではない。この後、日清戦争直前から日露戦争前後にかけ日本の国際的地位が欧米に並ぶようになっていくと、青年期に洗礼まで受けたキリスト教への熱意は、さらに失せていくのであろう。したがって、一九〇二年の時点で、原をキリスト教信者であると批判的に紹介するのは、真実ではない。第一次世界大戦後の一九二〇年一〇月には、元老山県有朋、西本願寺の大谷光瑞《こうずい》とのそれぞれの内談

で、キリスト教も儒教や仏教のように日本化する様子であるが、外国人宣教師による宣伝と、大戦の影響で、キリスト教が日本人の思想の動揺の原因となるかもしれない、と原は警戒感すら示している（『原敬日記』一九二〇年一〇月九日、一四日）。

なお、一九一五年三月に落成した原の腰越別荘の庭には、「隠れ切支丹《きりしたん》」の石灯籠があったという（原敬遺徳顕彰会『写真集　原敬』一八頁）。これがどのような経緯で置かれたのかはわからない。原にはキリスト教を信仰した若い時代を懐かしむ気持ちは残っていたといえるが、キリスト教の信仰を生涯持っていたわけではない。

圧勝

総選挙の投票を前に、八月七日、八日と両派の選挙運動は「激甚」となった（「清岡等日記」一九〇二年八月七日、八日、「清岡等文書」）。原派は投票前日より各町の担当部署を定め、八月一〇日の当日は朝から順次町ごとに徒歩で投票に繰り出した。他方、清岡派はばらばらに投票場に行っただけだった。夕方には、原の当選を祝う市内大懇親会を一三日に開くことが発表された。翌一一日、投票結果が判明した。投票総数二七二（有権者三一六）の内、原は一七五を得て、九五の清岡に圧勝した。原に投じられた票のうち二票が無効とされたので、実質的に原は一七七票を得たことになる。この得票数は当初の見通しからほとんど変わっていない（『原敬日記』一九〇二年八月一〇日、一一日）。

原の選挙事務の中心となったのは、新渡戸宗助（新渡戸稲造《いなぞう》の従兄弟、郡長を歴任した後、鉄道その他の請負事業を営む）であった。この総選挙の際、新渡戸は支持者に礼状を出すように助言したらしく、六月二六日に原はすべて発送した（新渡戸宗助宛原敬書状、一九〇二年六月二六日、個人所蔵。本書下巻四三五頁に写真掲載）。有権者が三一六人であるので、原支持を承知した有権者すべてに直筆の礼状を送ったのであろう。新渡戸が原に報告した得票数は、開票結果と同数であったという。新渡戸はこの後も、盛岡市の原の選挙事務の中心となって働く。

敗北した清岡は、すでに見たように学識とかなり広い視野を持ち、盛岡市長就任以来、盛岡市や岩手県の発展のために尽力してきた。地域の政治家として水準がかなり高い人物であった。しかし原という、能力・経歴のうえで、この時期の岩手県や東北地方でも比類のない政治家を相手にする巡りあわせになったことが、不運であった。

岩手県郡部区（定員五人）の当選者は、一ノ倉貫一（中立、清岡派、岩手県農工銀行頭取）・高橋金治（憲政本党）・大隈英麿（憲政本党、旧南部藩主の次男、大隈重信の娘婿）・松本与右衛門（政友会）・鵜飼節郎（政友会）であった。選挙前は、政友会は岩手県全体で五人中二人（四〇パーセント）であったのに対し、今回の選挙で六名中三名（五〇パーセント）になった。原は岩手県の政友会の地盤を強めたといえる。すでに述べたように、全国的には、政友会が若干勢力を減退させながらも衆議院の過半数を維持した。

総選挙後、八月一三日の原派の「大懇親会」は会費五〇銭（現在の約八〇〇〇円）で行われ、会場の「杜陵館」には四〇〇名ほどの人が来会した。この会には、原派・清岡派を問わず来会するように求めたが、反対派の来会者は少なかった。そこで原派は四日後の八月一七日に、清岡派がよく利用していた料亭「秀清閣」で、両派の合同懇親会を開いた。このように、原は清岡派への和解を求めたのであるが、選挙のしこりはすぐには解けなかった（伊藤之雄「原敬と選挙区盛岡市・岩手県」）。

盛岡市の「平和一致」の確立

この四ヵ月半後の一九〇二年（明治三五）一二月二八日、桂内閣は衆議院が地租増徴継続に反対の姿勢を示したので、衆議院を解散した。こうして、翌年三月一日に、また総選挙が行われることになった。清岡は再び出馬する意欲を示した。

これに対し、一九〇三年一月初めから、鵜飼節郎や宮杜孝一ら原派幹部が清岡に立候補の辞退を働きかけた。この結果、清岡は、同派幹部の太田小二郎・村井弥兵衛・大矢馬太郎らに相談し、一九〇三年総選挙への出馬を断念することにした。清岡らは東京の原を訪れ、断念を告げ、「市の平和一致」を申し入れた。

一月二七日、盛岡市の「秀清閣」で、原派の宮杜孝一らと清岡派の大矢馬太郎らが、総選挙の候補者推薦に関し協定した。それは、清岡が候補を辞し同志者一致して原を推薦するのは、盛岡市の「融和を図る」ためであり、「将来一致協同して公益を増進」するというものだった。原は八二票も離されて落選した者が「市の融和云々」というのも適当とは思えないが、彼らの顔を立てて承認した（『原敬日記』一九〇三年一月三〇日。『岩手日報』一九〇三年二月三日）。このように原は、敵対する者は撃破するが、そうした者でも降伏してくれれば名誉を守ってなるべく味方に引き込む、という剛と柔の手法を使いこなした。

原は二月二日夕方に東京を出発、翌日盛岡駅に到着し、四日に「杜陵館」で開かれた「有権者有志大懇親会」に出席した。

「大懇親会」の演説で、まず原は、前回の総選挙以来、盛岡市の「融和」と「協同一致」を願ってきたが、今回「清岡君」が候補を辞退し、その支持者も原を推してくれるのを「深く感謝」すると述べた。さらに、総選挙は「一身一家の私事」ではなく、憲法・法律によって与えられた「公けの権利」

を施行するについて争いをしたにすぎないのである、と原則を述べた。しかし「人情の弱点」として、その争いが互いの交際にも影響を及ぼしているが、それは「道理」においてあってはいけない。これを機会に、「市民一致協同」の旧状態に立ち返り、盛岡市の「将来の利益」と「福利」を増進することを希望する、と論じた。清岡も、「市の平和を図り市の進歩を図る」ために立候補を辞退した、と演説した（『岩手日報』一九〇三年二月六日）。ここでも、憲法や立憲政治の目的としての原理・原則を強く意識し、「人情」や清岡派のメンツという現実を考慮した原の柔軟な態度が見られる。「大懇親会」の後、両派の有力者が「瀬川屋」で宴会を開き、原も出席した。

二月五日には「杜陵館」で政談演説会が開かれ、原は第一七議会の経過や政府予算への数字をあげた見解を述べ、政局の現状について論じた。

原は翌六日夕方の汽車で、東京へ向かった。原派、清岡派の中にも今回の解散・総選挙で原派との和解の機会ができたという者がいる一方、清岡派の太田小二郎や村井弥兵衛らは「遺憾」の念を捨て去っていないようである、と原は見た。東京に戻ると党の最高幹部の一人として、さっそく全国の選挙に関する件を処理し、和歌山市や神戸市の候補の応援のための出張も行い、伊藤総裁と政局について内談するなど、多忙な生活が続く。

投票日が近づくと、原は二月二五日に再び盛岡市に戻った。選挙事務所は二〇日に開かれており、旧清岡派の大矢らも総選挙についての幹部協議に来会した。三月一日に投票が行われ、盛岡市部には対立候補者がなく、原が二九六名の有権者中、二三八票を獲得して当選した。清岡に投票した者も四名いた。翌日、市内有権者の懇親会を「秀清閣」に開き、原は演説をした。旧清岡派の新聞でも、この懇親会を「呉越の感情」を一気に洗い流し、「渾然《こんぜん》たる融和の下に」行われ、数百人が集まって

「近世無比の盛況」だったと報じるようになった*（『岩手日報』一九〇三年三月四日）。

＊　もっとも、一九〇三年総選挙を経て、清岡等ら清岡派が、すぐに原や政友会の確固とした支持基盤になったわけではない。当面は、衆議院選で盛岡市部区に対立候補を立てて原と争うようなことはしない、という消極的な原支持であった。原が盛岡に帰省した際、清岡が原を盛岡駅に出迎え、さらに見送りをするようになったのは、それから六年以上経った一九〇九年五月であった（前掲、「清岡等日記」一九〇九年五月五日、七日、「清岡等文書」）。さらに、清岡が政友会に入党するのは、その翌年の一九一〇年八月二〇日（発表）であった（『原敬日記』一九一〇年八月一九日）。その後、旧清岡派の平野常次郎（石油・砂糖・和洋小間物等の商人）も政友会に入党したが、翌年八月になっても大矢馬太郎（前盛岡市長）ら旧清岡派はなかなか入党しなかった（『岩手公論』一九一一年八月五日）。その後、一九一二年五月の総選挙の際、一九一二年四月五日に旧清岡派と一体である盛岡市実業家の有力者の団体である盛岡交話会の例会で、原を推すことが提議され満場異議なく決定された（『岩手日報』一九一二年四月一一日）。また同年六月五日には、政友会支部総会と盛岡交話会が「秀清閣」で開かれた。一九一二年夏に、旧清岡派は、ようやく原派と一体のものになったといえる。

岩手県郡部（定員五人）においては、政友会から松本与右衛門・鵜飼節郎が再選された。前年八月の総選挙では、松本・鵜飼は四位・五位と下位の当選であったが。今回は松本がトップ当選（二〇五二票）、鵜飼が四位（一七七七票）と、前回よりも好成績であった。また郡部区から無所属で当選した阿部徳三郎は、一九〇三年一二月に政友会に所属を変えた。こうして岩手県では、定員六人中、原を含め四人の議席を政友会が占めるようになった（伊藤之雄「原敬と選挙区盛岡市・岩手県」）。

第一八章　新聞経営の意地――『大阪新報』社長の非戦論

北浜銀行頭取を兼ねる

話を、原が逓信大臣として初入閣した第四次伊藤博文内閣が辞職したころに、再び戻そう。一九〇一年（明治三四）五月三一日、元老井上馨が原逓相を自宅に招き、次に組閣する桂が原に留任を求めたらどうするか、と尋ねた。原が当然辞退するつもりだと答えると、井上は、実業界を体験するため大阪の北浜《きたはま》銀行頭取になってはどうか、と勧めた。原は非常に感銘し、承知した。

それまで北浜銀行の頭取だった渡辺洪基（貴族院議員、前帝国大学総長）は、病気で辞任した後、同年五月二四日に死去していた。そこで、藤田伝三郎（関西財界の有力者、藤田組は北浜銀行の大株主）・岩下清周《きよちか》（北浜銀行常務取締役）らが後任者を推薦してほしいと井上に求めた。井上が原を頭取に推薦したのは、第四次伊藤内閣での原は「経済上の論理又は行為」等についても抜群だったと見たからである。伊藤も同様の評価で、閣僚の内で加藤高明（外相）・山本権兵衛（海相）・原の三人は卓越し、さらに原については「経済上の理論」に多く取るべき点がある、とも褒めていた。井上が原を北浜銀行頭取に推薦したいというと、原が実業界に入って経験を積めば将来「有為の人」になることは疑いない、と伊藤も大賛成であった。一九〇〇年から翌年にかけ、日本に恐慌が起こっており、井上は日本の経済再建のため調査が必要であり、大阪方面については原に調査を依頼したいとも考えていた。藤田も岩下も、頭取として原の名前が出たことを喜んだ（『原敬日記』一九〇一年五月三一日。井上馨宛藤田伝三郎書状、一九〇一年六月八日、藤田伝三郎・岩下清周宛井上馨書状写、一九〇一年六月上日〔ママ〕、『原敬関係文書』第一巻、八八、一八九〜一九〇頁）。

藤田伝三郎は原が大阪毎日新聞社の社長を辞任し、政友会に参加する際に、関西財界の有力者として後始末に協力していた。岩下清周は三菱商業学校を卒業し、三井物産に入社、パリ支店長、三井銀行大阪支店長などを歴任していた。原のフランス公使館書記官時代以来の知人であり（『原敬日記』一八八六年七月三日）、すでに述べたように、一八九七年に原が大阪毎日新聞社に入社するにあたって、北浜銀行常務取締役として世話をした。

北浜銀行頭取になっても、原は政友会の仕事を中心とし、東京から大阪に時々出張して北浜銀行の仕事をこなすつもりであった。そのことは、一九〇一年六月中旬に、伊藤と井上それぞれに了解を得ていた。七月一〇日の北浜銀行株主総会で、原は取締役に選ばれ、取締役の互選で頭取になり、翌日に正式に就任した（同前、一九〇一年六月一〇日、一一日、一三日、七月一〇日、一一日）。

北浜銀行は一八九七年に設立され、岩下清周が常務取締役として「放胆」ともいえる投機を行い、実質的に切り盛りしていた。原が入社する約一年半前、一八九九年一二月、北浜銀行取締役の鷲尾久太郎が大阪の西成《にしなり》鉄道の株を買い占めていたが、株式代金が払えなくなり、北浜銀行が鷲尾家所有の動産不動産全部を抵当として、巨額の資金を貸し出していた（一九〇二年に八十四万余円〔現在の約一二五億円〕の貸金）。

また、一九〇一年三月より大阪では金融恐慌が起こり、その最中の五月一一日に大阪地裁判事が米の売方仲買人の訴状によって北浜銀行本店を臨検した。この結果、同行の金庫の中には現金が七万円しかないとの噂が流れ、一時的に同行本店・支店から預金者が預金を引き出そうとする動きが起きたのみならず、大阪銀行界にも金融不安騒動が広がっていった（小川功「明治三〇年代における北浜銀行の融資基盤と西成・唐津鉄道への大口融資」。同「近江鉄道の資金調達と北浜銀行」）。北浜銀行は原を頭取にすることで、関西財界や預金者の信用を高めようとしたのであろう。

原は七月一一日に正式に頭取に就任する前、七月九日から一二日、一六日から二六日までのおよそ一三日間大阪に滞在し、一七日から銀行の業務を見た。在阪中は知人数名を招いたのを初めとし、住友・鴻池《こうのいけ》その他各銀行員を数回招待するなど、ほとんど毎晩宴会を行った。北浜銀行にはこのような慣習はなかったが、北浜銀行の状況等を考慮し、感情の融和を目指した（『原敬日記』一九〇一年七月九〜二六日）。四五歳の原は、北浜銀行の窮状を打破しようと、頭取としてエネルギッシュに活動し始めた。

翌一九〇二年一月一〇日、北浜銀行は株主総会を開き、今期配当を六パーセントにすることを決議した。二月一九日は、近来の金融緩慢と多少の信用回復の結果、預金高は五〇〇万円（現在の約七五〇億円）以上と、これまでにない額になった。銀行の株も三十二、三円であったものが、四〇円余に上がり、さらに上昇している。三月一七日には新築祝宴を開いた。七月一二日の株主総会では、配当を八パーセントに引き上げることを決めた（同前、一九〇二年一月一〇日、二月一九日、三月一七日、七月一二日）。経済状況の好転にも助けられ、原頭取の下で、このように北浜銀行は順調に発展していった。

政務多忙で頭取を辞任

ところが原は、翌一九〇三年（明治三六）一月八日、元老井上馨を興津に訪問し、北浜銀行頭取を辞任して単に取締役のみを務めるほうが、政界に奔走するのに便利である、と提案した。一月はちょうど同行の役員の改選期に当たっていた。井上にも異議はなく、藤田伝三郎によく相談せよ、と述べた。原が岩下清周を後任の頭取とする考えを述べると、井上はそれにも同意した。原は、藤田の同意も取り付けた。

ところが磯野《いその》小右衛門《こえもん》（米穀取引所理事長兼北浜銀行取締役）は、後任を岩下とすることには異議がないが、株主も原が頭取であることを銀行に重きを置くためと了解している、としきりに留任を勧告した（『原敬日記』一九〇三年一月八日、一〇日）。磯野の言葉からわかるように、原が頭取でいること自体が北浜銀行の経営を安定させていたと見られたのである。

しかし原は、頭取留任を承知しなかった。結局、一月一三日の同行株主総会では、八パーセントの配当と重役の重任が決められ、取締役の互選で岩下が頭取兼常務取締役になることが決まった。原は世間の誤解がないように、新聞記者らにも政治上で忙しいので頭取を辞任したことを発表した（同前、一九〇三年一月一三日）。

実際、一九〇二年八月一〇日に第七回総選挙、一二月には第一七議会（解散）、一九〇三年三月一日に第八回総選挙があったこともあり、原はきわめて多忙であった。一九〇二年七月から、原が井上に頭取辞任を申し出る翌年一月八日までの約半年の間に、原が大阪に滞在し銀行の仕事ができたと推定されるのは、三一日間にすぎず、一一月五日以降はまったく大阪に行くことができなかった（表1）。

頭取を辞任し、取締役のみになった原は、一九〇四年一月一六日、七月一六日に同行総会に出席

期間	日数
1902年7月3日～4日	1日
7月12日	1日
8月27日～9月4日	8日
10月1日～16日	16日
10月31日～11月5日	5日
合計	31日

表1　大阪に滞在し銀行の仕事に従事できたと推定できる日数（史料：『原敬日記』1902年7月～1903年1月8日）

し、一二月三〇日に同行重役会に出席、一九〇五年一月一四日同行総会に出席、三月一六日同行重役会に出席など、同行関係の負担は大幅に減少した。それでも、四月一日に古河鉱業の副社長に就任したので（本書下巻第二二章）、同年七月三〇日付で同行取締役も辞任した（『原敬日記』一九〇五年八月八日）。

大阪毎日新聞社の営業成績を上げ、北浜銀行の経営も良くなったように、原は企業経営に自信を持っていた。しかし、以前から、常務取締役の岩下が投機的経営をしている銀行に対し、自分が十分に監督できないのに形だけの頭取として収入を得ることを好まなかったのである。企業経営への責任感の強さのみならず、過大ともいえる多額の貸し付けを行う同行の不祥事を見抜けず、つまらないことで政治家として傷ついてしまっては愚かだとも考えたのであろう。古河鉱業の副社長就任は、元老井上の感情を傷つけずに北浜銀行を辞める良い機会であった。

実際一九一四年に、北浜銀行は、経営が行き詰まり取り付けが起こるという「北浜銀行事件」を起こし、岩下は頭取を退任した。その後も経営を立て直せず、一九一九年摂陽銀行に名称を変えるが、一九二六年に三十四銀行に併合されてしまった（佐藤英達「北濱銀行の没落」）。

原が北浜銀行頭取を辞めたもう一つの理由は、次に述べるように、政友会の大阪における機関紙である大阪新報社の経営を立て直すため、社長に就任し、これまでよりも同新聞に関与するためでもある。原は同紙を朝日・毎日に並ぶ全国的な新聞にして輿論を育成するとともに、日本の経済の中心である大阪での政友会の地盤をさらに強めたかったのだろう。一九〇二年八月一〇日の第七回総選挙において、政友会は大阪市三（総議席六）、堺市一（同一）、郡部三（同六）と、総議席数一三のうち七を占めた。

『大阪新報』を指導し社長になる

一時的に大阪新報社の経営にも参画した小林一三《いちぞう》（実業家、後に阪急電鉄社長、第二次近衛内閣の商工相）によると、大阪新報社は一八九〇年（明治二三）一〇月成立の合資会社で、新聞『大阪新報』を発行した。一九〇〇年ごろに資本は岩下清周（北浜銀行取締役）が出し、仕事は原の指導を受けて、原の外務省通商局長時代に部下（外務属）であった山田敬徳（前大阪毎日新聞記者）が引き受けることになり、岩下らに買収されたという（小川功「明治三〇年代における北浜銀行の融資基盤と西成・唐津鉄道への大口融資」）。原の日記には、一九〇〇年九月、原が政友会創立に参加するため大阪毎日新聞社長を辞任しようとして後任を検討している時、山田敬徳も同社を去ると言い、原が止めたにもかかわらず辞めることになった、とある。そのころ、大阪新報社が売りに出ているというので、購入することになった。購入と新聞経営を始めるにあたっては、岩下・山田らと相談したという（『原敬日記』一九〇九年六月一二日、一九一五年三月三〇日）。

大阪新報社買収の話は、一九〇〇年九月一二日付の手紙で、岩下が原に持ちかけたのが発端のようである。それは、大阪新報社の持ち主が資金に窮し、同紙を売却したがっており、同紙は目下一万五〇〇〇部発行、一ヵ月三〇〇〇円の出費、二五〇〇円の収入であるので、整理すればすぐに収支はトントンにはなると言っているという。もし他日に新政党の機関紙とする可能性があり、原が間接的に世話をしてくださるなら、この際買い取っておくこともできます、と岩下は提案した(原敬宛岩下清周書状、一九〇〇年九月一二日、『原敬関係文書』第一巻、一八七頁)。

九月一五日に山田が原に伝えたところによると、大阪新報社の買収価格は八〇〇〇円でほぼまとまった。岩下清周は、買収資金は北浜銀行で提供し、山田が借主となり、原が保証人となると山田に提案した。山田は保証のことを原に電信で伝えたが、岩下はそんなことをすればかえって原に迷惑がかかる、と山田に述べた(原敬宛山田敬徳書状、一九〇〇年九月一五日、『原敬関係文書』第三巻、四三七〜四三八頁)。

原の日記には、九月二一日に山田敬徳が大阪毎日新聞社を退職し、『大阪新報』を引き受けたとあるように(『原敬日記』一九〇〇年九月二一日)、山田が大阪新報社長になった。一時的に大阪新報社の経営にも参加した小林一三の回想によると、同紙は日露戦争ごろまでは、時に黒字を出すこともあったが、「ただ真面目な新聞」というだけで、「一向に面白くもない売れない新聞であった」という(小川功「明治三〇年代における北浜銀行の融資基盤と西成・唐津鉄道への大口融資」)。

このため、一九〇三年二月七日、総選挙の最中に、原が社長として、『大阪新報』を「引受」けることが具体化した。原は二月一四日に大阪に着くと、山田(大阪新報社長)・岩下(北浜銀行頭取)らの勧誘を受け、社長を引き受ける内諾をした。二月一七日に諸帳簿を検査した後、藤田伝三郎と小松原英太郎(大阪毎日新聞社長)に社長引き受けの事情を話した。二〇日には大阪新報社に行き、社員一同を集めて、原が社長として同社を引き受けることを公示し、大阪を出発した。二一日に東京で総選挙の打ち合わせをし、二三日(福島県)・二四日(宮城県)と選挙応援演説をし、すでに述べたように、二五日に盛岡市の自分の選挙区に戻った。

『大阪新報』の管理は三月一日より原に移り（『原敬日記』一九〇三年二月七日〜三月五日。菊池悟郎「初めて原さんに逢った頃の思ひ出」『新岩手人』三―一一、一九三三年一一月二五日）、社長であった山田は副社長になった。このように原は、総選挙の最中で忙しいにもかかわらず、大阪新報社のことをかなり重視して行動した。北浜銀行頭取は辞めたがったのに、原は新聞発行には情熱があったのである。

朝日・毎日に並ぶ新聞にする意気込み

総選挙後、原はいったん東京に戻り、党務を行った後、一九〇三年（明治三六）三月一三日に大阪に向かった。一月以来、大阪まで一四時間で行けるようになっていた。翌一四日には大阪新報社に出社し、同社の整理に着手した。三月一日に原が同社の社長になることを公表して以来、新聞の販売部数は増加していった。一七日には、入社に関して来社した高橋光威《みつたけ》と協議した。高橋は三月末に来阪することになった（『原敬日記』一九〇三年三月六〜一七日）。

高橋は慶應義塾卒業後、福岡日日新聞社に入社、まもなく米・英に渡り、コロンビア大学・ケンブリッジ大学で経済学を学んだ。帰国後、『福岡日日新聞』の主筆を経て、大阪新報社に入社した。のち一九〇六年原が第一次西園寺内閣の内務大臣に就任すると、内相秘書官となったのを端緒に、原の忠実な側近として、原が暗殺されるまで仕えることになる。

原社長の下で『大阪新報』は順調に発展し始め、五月一八日には第五〇〇〇号祝いをし、頁数を三六とした。三月初めに一万二〇〇〇〜一万三〇〇〇部にすぎなかった発行部数が、わずか八ヵ月後の一〇月下旬には三万部に達した（同前、一九〇三年五月一八日、一〇月二九日）。先に述べた小林一三の話の中で、大阪新報社は黒字を出すこともあった、というのはこの頃のことを指しているのだろう。原は『大阪新報』を、政友会の機関紙であり、かつ大阪を中心とした一介の中小新聞に留めて置くつもりではなかった。『大阪朝日新聞』『大阪毎日新聞』という、当時の一流紙に並ぶ新聞として成長させようとしていた。そのことは、一九〇三年一一月に起きた裁判所登記広告の掲載料問題からわかる。

この広告料の定価について、朝日・毎日両新聞に対し、『大阪新報』の定価を安くしようとの提案に対し、原は発行部数なら、朝日第一、毎日第二、大阪新報第三とも見るべきも、毎日は朝日と同等を望む、と反論する。結局、朝日・毎日を一等とし、大阪新報を二等とする順序になるのだろうが、大阪新報社の体面において承諾できない。しかし、単に一年限り朝日・毎日と幾分の差をつけることを承諾することは最後の決心としてはやむを得ないが、その差をできるかぎり小さくすべきである。「新報の紙数増加は非常にて、来年に至ては毎日を凌駕《りょうが》したるのみならず、朝日を凌駕すべしと、臆面なく主張し十分我権利を主張」してほしい（山田敬徳宛原敬書状、〔一九〇三年〕一一月三〇日。この書状の年代推定は、この書状と、山田敬徳宛原敬書状〔一九〇三年一一月二三日〕に石油発動器〔機〕・輪転機の到着云々という同一の話題があることによる。両書状は、いずれも「原敬記念館所蔵資料」三九七六番）。このように、原は強気であった。この手紙から、原が『大阪毎日新聞』の社長を小松原に譲った後、同社は『大阪朝日新聞』に発行部数を追い越されてしまったこともわかる。

『大阪朝日新聞』『大阪毎日新聞』に対抗できる新聞に育て上げようと意気込んでいたので、原は社説を書き、発行された新聞の版が異なるものにも目を通し、手紙等で様々な注意をした。

たとえば一九〇三年四月には、次のように書き送っている。一二日の社説中で「三万円」云々とあるのは、「三十万円」の誤りで、「原稿では確かに三十万と記載」してあった様に記憶している、数字の間違いは大変不都合であるので、やむを得ず電報で訂正を申し送った。「今後数字の所は必らず原稿と照校する様」その担当者に注意してほしい。

同じ手紙で、原はさらに言う。一二日の『大阪新報』が本日午後三時に東京の原宅に届いたのは、これまでになく早かった。これまでは新聞の二版か三版を送ってきたので時間がかかったが、今後は常に一版を送ってほしい。その後の版は東京支局で閲読する。一般読者にはなるべく遅い版のほうが完成度が高くて良いとの考えもあるが、地方では「原稿の善悪よりは遅速の方」が大切なので、なるべく一版を送ったほうが良いだろう。また同一人にある時は一版を送り、別の時は二版・三版を送るようなことをしてはいけない。新聞を受け取るのが早くなったり遅くなったりして不規則だと思われるし、記事が重複して乱雑のように見られる恐れがあるからである（山田敬徳宛原敬書状、〔一九〇三年〕四月一二日、前掲「原敬記念館所蔵資料」。年代推定の根拠は手紙の中の「鑑〔観〕艦式」云々の記述）。

この『大阪新報』の論調の特色は、日露開戦となるまで開戦論を唱えなかったことである。原の主張は、戦争は最後の手段として外交交渉に徹し、平和に局を結ぶことをよしとするもので、最後までぶれることなく開戦を迎えた（飯塚一幸「原敬社長時代の『大阪新報』」）。このような姿勢は、これまで本書で述べてきた原の外交観・外交論の延長にあるが、日露戦争前の日本の一般紙の中では稀有《けう》のことであった。

大阪新報社長としての苦闘

ところが一九〇四年（明治三七）二月に日露戦争が始まると、『大阪新報』の部数は思いどおりに伸びなくなった。六月末には四、五名の社員を解雇せざるを得なくなった。同年一二月三〇日には、同紙は戦争中なので利益がないが、諸友人との関係上急に同紙を捨てることもできない、と原が親しい陸奥広吉（宗光の長男）に漏らすような状況であった（『原敬日記』一九〇四年五月一三日、六月三〇日、一二月三〇日）。

一九〇四年七月から一一月までに作成されたと推定される北浜銀行の非公式の「貸付金明細表」（貸金高は同年六月決算時の可能性が高い）によると、山田敬徳（前社長）に対し二万五〇〇〇円（うち信用貸しは二万円）を貸し付けている（小川功「明治三〇年代における北浜銀行の融資基盤と西成・唐津鉄道への大口融資」）。これは現在の三億八〇〇〇万円ぐらいにあたり、創業以来の大阪新報社の借金が、赤字経営が重なってかえって増加しているものと思われる。*

＊　原は大阪新報社の借金について、元老井上馨との人脈、北浜銀行と岩下清周社長・藤岡伝三郎らの人脈、鴻池銀行の島村久《ひさし》らの人脈を通して、継続を承認してもらったようである。たとえば一九〇五年七月、鴻池銀行より「負債となせる」大阪新報地所については、時局終結まで現在のままにしておくべし、との一言を、元老井上から鴻池銀行に告げてもらうことを、原は井上に承諾してもらった（『原敬日記』一九〇五年七月二八日）。

『大阪新報』の赤字が日露開戦後に増加していったのは、販売部数が伸びず、広告料収入が不足したからである。

一九〇五年三月には一九〇〇円（現在の二九〇〇万円ほど）の欠損を出した。それがわかった四月に、原はそれを広告料収入の不足のためであると見て、広告料を増やす努力をするよう指示した。三月にも二月の広告料について同じ注意をしたばかりであった（山田敬徳・富樫万次郎宛原敬書状、一九

〇五年三月一日、山田敬徳宛原敬書状、一九〇五年四月九日、前掲「原敬記念館所蔵資料」)。

他方、原は『大阪新報』の部数を伸ばすため、同新聞で行った福引の賞品の質を落とさないように、また福引を利用し販売部数を伸ばした販売店には礼金を出すことを、山田敬徳らに指示した。また海軍の艦隊や陸軍にも記者を従軍させることも求めた。記事の誤りについても、かなり厳しく注意した。さらに、経費を使い、「京城通信」「北京通信」や「ロンドン電報」を載せ、紙面を充実させた。この一方で、本社で付録を編纂するために社全体で増員せず、社員の移動で間に合わせ、経費を増やさないようにした(山田敬徳宛原敬書状、一九〇四年三月一日、山田敬徳・富樫万次郎宛原敬書状、一九〇五年三月一日、二四日、二九日、六月四日、前掲「原敬記念館所蔵資料」)。

それにもかかわらず、日露戦争の講和条約が調印される直前、一九〇五年八月は三〇〇〇円余もの損失を出した。それでも原は、講和条件が不完全で人気が進まない事情があるが、これは一時のことで、帰還兵の祝いもあるだろうから、何やかやにて多少のにぎわいも生じるわけで、前途は有望と思う、と強気であった(山田敬徳宛原敬書状、一九〇五年九月三日、前掲「原敬記念館所蔵資料」)。

経営が苦しくとも対外強硬論を主張せず

米国のポーツマスで日露講和条約が調印される二日前、一九〇五年九月三日、原は講和に対する大阪新報社の方針を山田敬徳・高橋光威ら幹部に指示した。その中で、九月三日の社説「冷静の判断」を例に挙げ、「事理最も明瞭」と評価し、この論調はたびたび繰り返してよいと思う、とまず切り出した。また、もう少し時が経てば、きっと我が社の説に同感を表する者が多くなるだろうから、これまで通りにて行うべきだ、と述べた(山田敬徳・高橋光威・富樫万次郎宛原敬書状、一九〇五年九月三日、前掲「原敬記念館所蔵資料」)。

この時期、桂内閣から戦況や日本の国情についての厳しい情報が発表されていないことも加わり、国民の間にはロシアから賠償金も取るべきだとの過大な要求が強まっていた。原は、非理性的な対露強硬論や桂内閣批判に結びつきかねない世論を抑える必要を感じ、三日付の社説を評価したのである。

原は同じ手紙で、新聞の社説などの編集方針を、以下のようにまとめている。講和の成立は国家の利益であり、講和条件の不備は当局者の責任であるが、国家は賠償金がないことで落胆するような軟弱なものではない。フランスは「プロシアとの戦争に」敗北した後、賠償金五〇億フランと土地を割譲したにもかかわらず、非常に発展した。いわんや我が帝国は戦勝の余威に乗ずれば、賠償金を取らないが如きは何でもないことである。このような気概を以て事をなさないと、到底国家の発達を期することはできない。今後の急務はどのようにして「戦後の財政を料理し」、どのようにして国力の発達を促進するかを研究することにある。「国家は当局者の私有物」ではないので、責められて当局者がその職を退いたとしても、国家は当然の仕事をなさなくてはならない。

原はこのような原則を示したうえで、有識者と「一般人民」との間には外交に対する理解に非常な差があるわけなので、いたずらに「有識者」のみを喜ばせておき「多数の人の人気」を失うのもすぐれたやり方とは言えないので、その辺は「多少の手加減」をしてほしい、と論じた(同前)。

日露開戦後、『大阪新報』の発行部数の伸びが止まり、赤字が増加したことと、日露講和に対する同紙の論調への原の指示から判断すると、『大阪新報』が衰退していく有力な原因が推定できる。

それは、右に述べたように原は、「一般人民」の間には非理性的な対露強硬論が根強いので、それにも多少は配慮するように指示したものの、対露強硬論など対外硬論と、すべてを政府の責任とする非理性的な反政府論を抑えたことである。数年前、大阪毎日新聞社の社長として、原は右のような論調で、懸賞や海外報道の充実等の努力とあいまって、『大阪毎日新聞』の発行部数を飛躍的に伸ばし、経営に成功した。今回も同じことをやろうとしたのであるが、うまくいかなかった。この理由は、日露戦争後の経済状況が日清戦争後以上に厳しかったことや、ロシアに勝ったことで国民の間に慢心からくる対外強硬論が強まったからであろう。選挙では組織力や資金力があり、政権にも近く、体系的な政策を提示する政友会が勢力を維持することができたが、原の主導する政友会的なバランスの取れた論調を掲げた『大阪新報』は、部数を伸ばすことができなかった。

その後、原は一九〇六年一月七日に第一次西園寺公望内閣の内務大臣に就任して大阪新報社長を辞任し、後任には山田敬徳が復帰した。

日露戦争後には、経済不況が起こり、大阪新報社は赤字が続き、北浜銀行よりの借り入れの金額も少しずつ増加していった。すでに一九〇五年七月三〇日付で、原は北浜銀行取締役を辞任しており、大阪新報社買収時の仲間であった岩下清周（北浜銀行頭取）は、ほとんど債権主のように「友情もなく」苦情をたびたび言うようになった。そこで原は、一九〇九年六月一一日に北浜銀行で岩下・加藤恒忠（前ベルギー公使、衆議院議員、司法省法学校以来の友人）・小塚正一郎・山田敬徳と協議し、山田が大阪新報社長を辞任し、加藤が社長となり全権を委任されることが決まった。それでも、一年間に三万円くらいは損失するものと予想された。

六月二四日にも原は岩下と大阪新報社の改革について協議した。一年間に三万一〇〇〇円余りを損失するだろうが、広告収入の増加とともに損失は減少し、経済界が回復すれば前途は多少の望みがある、と原は強気の予想を続けた（『原敬日記』一九〇九年六月一一日、二四日）。

以上のように、原が社長になると一時的に大阪新報社の経営は好転したが、日露戦争で経営不振になったうえに、原が入閣して社長を辞任し、戦後不況もあって赤字が続いた。その後も同社の経営は好転せず、廃刊となった。

自覚がない限りどうにもならない

原は政友会最高幹部として党を指導する一方、一九〇二年（明治三五）の総選挙で盛岡市部から当選したことで、さらに政党政治家としての内実も伴うようになった。他方、北浜銀行頭取等として大阪とのつながりも継続し、銀行経営を体験するとともに、政友会の都市地盤育成にも努めた。このように原は、日露戦争前から終了後にかけ、政党政治家としての幅を広げていった。

それとは逆に、妻貞子との関係および、貞子の実家である中井弘家の跡目の維持に関しては、破局に向かっていった。まず中井弘家について見ていこう。一九〇一年一一月八日、中井弘の親戚の本田親雄（薩摩出身、男爵）が原を訪れ、中井松太郎が中井家の遺産中で松太郎その他に分与すべき分を渡してほしいとしきりに申し出てきており、松太郎は訴訟を起こしかねない、と伝えた。原は本田と相談の結果、中井家の将来の目途は十分ではないが、松方正義（元老で薩摩の最有力者）にも相談し、松太郎・与市・貞子の三人にそれぞれ分配し、その残りは中井家相続人に与えるべき分として保管することにした。一二月六日に松太郎に三〇〇〇円（現在の四五〇〇万円ほど）を渡した。与市と貞子にも分配し、中井家に保留する分のみ保管することを改めて本田と合意した（『原敬日記』一九〇一年一一月九日、一二日、一二月六日）。

すると翌年四月ごろ、中井家相続人を廃されていた中井龍太郎が、原らが松太郎に譲与した「一万円」を自分に渡してほしいと、裁判所の執達吏を通して請求してきた。龍太郎からの預かり金は龍太郎が使い果たしたので「四〇〇〇円足らず」残っている計算であるが、龍太郎も別人から訴えられていた。松太郎や与市らも仕事に失敗したので、中井家遺産はまったく湯水のように使い果たされてなくなる運命のようである、と一九〇三年九月には原はあきらめの気持ちになった。一九〇五年一月には、放蕩《ほうとう》の末に箱根富士屋ホテルの番頭になった松太郎が原を訪れ、これまでの身持ちの悪さを謝って、将来のことを依頼してきた。原は教訓を与えるとともに、中井の子どもらが「一人も満足なるもの」がないのは嘆かわしい、と思った（同前、一九〇二年五月二日、一九〇三年九月一二日、一九〇五年一月二二日）。

原や本田の尽力にもかかわらず、中井家のことはどうにもならなかった。遺産受け取りをめぐって原らを訴えかねなかった松太郎が更生したのが、せめてもの救いであった。しかし、他人が善意でいろいろ世話を焼いても、当人たちに自覚がない限りどうにもならない。これは自分を律することに厳しい原が、他人にも求める人生哲学であった。徒労に終わった中井家存続の試みを通し、原は改めてそのことを感じただろう。

貞子と離婚する

一八九六年（明治二九）一〇月一二日に、原は妻貞子と別居し、翌月浅を原家に入れて事実上の妻としたが、貞子が改心して再び同居することを求めて来て、母リツらがとりなしたことに応え、原は一八九八年一二月にもう一度貞子と同居した（本書第一三章）。その後、原が大阪毎日新聞社長や北浜銀行頭取になったことで、浅は主に大阪宅、貞子は東京芝公園の原邸に住むという形で、原と貞子の関係はそれなりに維持できた。

たとえば、一九〇三年四月二七日には、大阪市で開催された第五回内国勧業博覧会を見物するため、原は貞子と一緒に大阪に行った。翌二八日には、貞子とともに京都市東福寺にある中井弘の墓に参拝もしている。一二月末には貞子が肺炎にかかったので、看護婦を雇い入れたりして、大阪への出張を一〇日間も延期した（『原敬日記』一九〇三年四月二七日、二八日、一二月三〇日、一九〇四年一月八日）。

ところが、原と貞子のそれなりの関係は、一九〇四年一一月に原が大阪宅を引き払って以後、崩れていったようである。大阪の家を維持するのを止めたのは、兄恭《ゆたか》の娘で、子どものいない原が自分の娘のようにかわいがっていた栄子が、三度目の出産の後の一九〇四年九月に死去したからである。原は栄子の夫の上田常記を大阪宅の留守居として雇っていたが、栄子の死後、費用がかかることもあり、大阪ではホテルに宿泊することにしたのである（同前、一九〇四年一一月三〇日）。原が大阪宅を引き払ったので、浅は芝公園の本宅と近い芝愛宕町《しばあたごちょう》で、栄子の次男の貢《みつぎ》と暮らすようになる。これが貞子には精神的に耐えがたかったようである。

一九〇五年一〇月初め、原が東北巡回を終えて東京に戻ると、貞子が他人の子どもを懐妊しすでに五ヵ月であることを聞いた。貞子はこのことを発覚させないように、三浦半島の三崎に転地保養に行った。原は、中井の親戚である本田と相談、さらに兄恭ならびに同郷の親友の阿部浩（新潟県知事）とも相談、本田が貞子に使いを出して、貞子から離婚を求めさせることになった。結局、貞子が旅行先より協議離婚の届書を一二月一六日付で送ってきた。原は本田と兄恭を証人として、原籍地の役場に送付し届け出た。原は貞子の将来をかわいそうに思い、転地中の費用を支払い、別に二〇〇〇円（現在の約三〇〇〇万円）を手当として支給することにした（同前、一九〇五年一〇月一〇日、一二月一七日)。こうして、一九〇五年一二月一六日付で、原と貞子は離婚した。

翌一九〇六年に、貞子は転地先の三崎で女児を生んだ。貞子は東京に戻り、四月二六日には原の留守中に突然、東京の原邸にやってきたが、謝絶して入らせなかった。貞子のことは本田が親類として万事引き受け、五月五日に東京市麻布《あざぶ》に家を借りて引き移らせた。原はそこに貞子の所有物その他を送付するように取り計らい、女児が原の子どもではないと貞子に書かせたものを受け取った(同前、一九〇六年五月六日)。

なお、貞子が産んだ女児は、貞子の弟の与市が引き取ることになり、原は別途、与市と貞子に五〇〇〇円(現在の約七五〇〇万円)を与えた。貞子はこの他に、父中井弘の遺産として分与された三六〇〇円を所有しており、五〇〇〇円を除いても五六〇〇円(現在の約八五〇〇万円)の財産を持っていた。当時は利子が五パーセント程度であるので、贅沢《ぜいたく》さえしなければ、女一人が利子で暮らしていくのに困ることはなかった(原敬宛本田親雄書状、一九〇六年九月二五日、一〇月一九日、『原敬関係文書』第三巻、二三五、二三八頁)。

当時、夫以外の男性との子を産んだ女性は、自分の財産を除き、何も与えられずに追い出されても文句が言えなかった。原は、貞子の生活が成り立つようにして離婚したのである。

このように貞子に配慮しつつ離婚し、中井家と原の姻戚関係はなくなったが、一九〇六年、中井弘の十三回忌法事を京都で行うことに関し、本田と協議した(原は現職の内相として当日は東京におり出席できず)。その後も、一九〇九年に原はみずからも費用を支弁して中井弘の半身像と碑文(文字は伊藤博文の起草)を、京都市の円山《まるやま》公園内に建てた。また、中井弘が京都府知事時代に岡本サダという女性に産ませた子どもの正一(一八九二年三月一二日生まれ)が、名門京都府立一中に在学していると知ると、原は岡本サダと正一に面会し、学費として相当の補助をすることを約束し、実施した。正一は一九一〇年夏に原と一緒に盛岡別邸に長期間滞在するなど、原の家族同様の扱いも受けている（『原敬日記』一九〇六年九月三〇日、一〇月一〇日、一九〇九年六月一九日、二一日。岡本正一宛原敬書状、一九〇九年六月二一日、一九一〇年八月二八日、一九一一年三月二日、「岡本信正家文書」）。

貞子との関係にかかわらず、原は尊敬していた恩人中井弘に対してはいつまでも感謝を忘れず、義理堅かった。またみずから努力する岡本正一や、彼を女手一つで育てたサダのような、苦境にあってもしっかりした精神を持って自立して生きていく人間に共感し援助するのであった。

岡本正一は原の期待に応え、勉学に励んだ。京都府立一中から難関の第三高等学校第一部甲類を卒業後、京都帝大法科を卒業し、内務官僚となった。その後、貞子が一九一九年三月二四日の深更に病死すると、正一は中井弘の位牌《いはい》などの遺品を引き取って中井家を継ぐ形になった。正一は最終的に、高知・福井・群馬各県の学務部長を歴任し、太平洋戦争下で退官した（岡本信正氏談話。岡本信正『ある地方教育行政官の歩み』。『原敬日記』一九一九年三月二四日）。

この間、一九〇八年一月一三日に原は浅を入籍し、正式な妻とした。すでに前年末、母リツはじめ兄弟親類すべて異議がないことを確認していた。浅自身は、自分は無教養で到底妻の位置につくべき者ではない、と固辞したが、一同は認めず、強いて承諾させた。浅が自分を「助くること既に十五年の久しきを経たるものなり」と、原は感慨深かった（『原敬日記』一九〇八年一月一四日）。

原《はら》敬《たかし》
外交《がいこう》と政治《せいじ》の理想《りそう》（上）

二〇一四年一二月一〇日第一刷発行

著者 伊《い》藤《とう》之雄《ゆきお》

発行者 鈴木 哲
発行所 株式会社 講談社
東京都文京区音羽二丁目一二—二一 〒一一二—八〇〇一
電話（編集部）〇三—三九四五—四九六三
（販売部）〇三—五三九五—五八一七
（業務部）〇三—五三九五—三六一五

装幀者 奥定泰之
本文データ制作 講談社デジタル製作部
本文印刷 信毎書籍印刷株式会社
カバー・表紙印刷 半七写真印刷工業株式会社
製本所 大口製本印刷株式会社

ISBN978-4-06-258592-7 Printed in Japan
N.D.C.210 458p 19cm

講談社選書メチエ　刊行の辞

書物からまったく離れて生きるのはむずかしいことです。百年ばかり昔、アンドレ・ジッドは自分にむかって「すべての書物を捨てるべし」と命じながら、パリからアフリカへ旅立ちました。旅の荷は軽くなかったようです。ひそかに書物をたずさえていたからでした。ジッドのように意地を張らず、書物とともに世界を旅して、いらなくなったら捨てていけばいいのではないでしょうか。

現代は、星の数ほどにも本の書き手が見あたります。読み手と書き手がこれほど近づきあっている時代はありません。きのうの読者が、一夜あければ著者となって、あらたな読者にめぐりあう。その読者のなかから、またあらたな著者が生まれるのです。この循環の過程で読書の質も変わっていきます。人は書き手になることで熟練の読み手になるものです。

選書メチエはこのような時代にふさわしい書物の刊行をめざしています。

フランス語でメチエは、経験によって身につく技術のことをいいます。道具を駆使しておこなう仕事のことでもあります。また、生活と直接に結びついた専門的な技能を指すこともあります。

いま地球の環境はますます複雑な変化を見せ、予測困難な状況が刻々あらわれています。

そのなかで、読者それぞれの「メチエ」を活かす一助として、本選書が役立つことを願っています。

一九九四年二月　　野間佐和子

講談社選書メチエ　社会・人間科学

MÉTIER

アイヌの世界観	山田孝子
日本語に主語はいらない	金谷武洋
英語にも主語はなかった	金谷武洋
テクノリテラシーとは何か	齊藤了文
〈育てる経営〉の戦略	高橋伸夫
日本人の脳に主語はいらない	月本　洋
性欲の文化史①②	井上章一 編
複数の日本語	工藤真由美　八亀裕美
観光人類学の挑戦	山下晋司
日本語は論理的である	月本　洋
〈代表〉と〈統治〉のアメリカ政治	待鳥聡史
「女装と男装」の文化史	佐伯順子
自由だけではなぜいけないのか	荒井一博
日本人の階層意識	数土直紀
湾岸産油国	松尾昌樹
ことばと身体	菅原和孝
株とは何か	山本昌弘
「社会」の誕生	菊谷和宏
どのような教育が「よい」教育か	苫野一徳
会社を支配するのは誰か	吉村典久
文明と教養の〈政治〉	木村俊道

講談社選書メチエ　日本史（〜江戸時代）

MÉTIER

琉球王国　赤嶺　守
代官の日常生活　西沢淳男
会津戦争全史　星　亮一
島津久光＝幕末政治の焦点　町田明広
幕末の将軍　久住真也
江戸の病　氏家幹人
鷹と将軍　岡崎寛徳
薩摩藩士朝鮮漂流日記　池内　敏
吉田神道の四百年　井上智勝
江戸幕府と国防　松尾晋一